geografía
chino
2. cuidades
Comida típicas
musica
lenguas
Cultura

¡Ven conmigo!®

Holt Spanish
Level 3

HOLT, RINEHART AND WINSTON

Harcourt Brace & Company

Austin • New York • Orlando • Atlanta • San Francisco • Boston • Dallas • Toronto • London

ISBN 0-03-093992-5

67 032 99 98

Director: Lawrence Haley
Executive Editor: Richard Lindley
Editorial Staff: José Luis Benavides, Maria Böhm, Paul A. Cankar, Denise Dakhlia, Philip Donley, Karin Fajardo, Kerry Greene, Christa Harris, Sharon Heller, Beatriz Malo, Jackie Pike, Amy Propps, Paul Provence, Wanda Reyes, Glenna Scott, Dana Slawsky, Harold Swearingen, Cristina Villarreal, Douglas Ward, Charles Warlick, Michael Webb, Janet Welsh Crossley, Beth Goerner, *Department Secretary*
Editorial Permissions: Ann Farrar, *Permissions Editor;* Jeffrey Reeder, *Interpreter*
Design, Production, Photo Research, and Software Development: Pun Nio, *Senior Art Director;* Joe Melomo, *Designer;* Elaine Tate, Vicki Tabor, Bob Prestwood, Randy Ross, Kathy Sherby, Carol Colbath, *Design Staff;* Donna McKennon, *Media Designer;* Rebecca Byrd-Bretz, *Marketing Designer;* Betty Wong, *Design Secretary;* Debra Saleny, *Manager of Photo Research;* Shelley Boyd, *Photo Researcher;* Angi Cartwright, *Photo Coordinator;* Carol Martin, *Electronic Publishing Manager;* Kristy Sprott, *Electronic Publishing Supervisor;* Debra Schorn, *Electronic Publishing Senior Coordinator;* Lana Castle, Barbara Hudgens, Mercedes Newman, Rina Ouellette, Monica Shomos, C. J. Wright, *Electronic Publishing Staff;* Donna Lewis, *Production Coordinator;* Amber Martin, *Production Assistant;* Jenine Street, *Manufacturing Coordinator;* George Prevelige, *Manufacturing Manager;* Armin Gutzmer, *Manager of Software Development;* Jeanne Payne, *Senior Editor;* Cathy Soltau, *Technical Assistant*

For permission to reprint copyrighted material, grateful acknowledgment is made to the following sources:
American Cancer Society, Inc.: Adaptation of "Quémate ahora, paga después" from the title page of American Cancer Society brochure, 1986. Copyright © by American Cancer Society, Inc.
Américas: From "Una causa picante" by Jack Robertiello from *Américas,* vol. 46, no. 1, 1994. Copyright © 1994 by *Américas,* a bimonthly magazine published by the General Secretariat of the Organization of American States in English and Spanish.
Bienestar: Adaptation from "17 Claves para manejar el Estrés" (Retitled: "Cómo aliviar el estrés: 10 cosas esenciales") from *Bienestar,* no. 9. Copyright © by Bienestar: Organización Sanitas Internacional.
Conocer: From "Cómo mantener el cerebro en plena forma" from *Conocer,* no. 120, January 1993.
Maia A. Chávez: "Gringa/Chicana" by Maia Chávez from *Imagine,* no. 1, Tino Villanueva, Editor.
Marco Denevi: Adapted from "Las abejas de bronce" by Marco Denevi.
Ediciones Destino, S.L.: From "El árbol de oro" from *Historias de la Artámila* by Ana María Matute.
Editora Cinco, S.A.: Adapted from "Reír es bueno" from "Medicina noticias" from *En Forma,* año 6, no. 60, January 1993. Copyright © 1993 by Editora Cinco, S.A.
Editorial América, S.A.: Adapted from "Para hacer las paces" from *Tú internacional,* año 11, no. 11, November 1990. Copyright © 1990 by Editorial América, S.A. From "El ejercicio, los alimentos . . ." from *Tú internacional,* año 13, no. 10, October 1992. Copyright © 1992 by Editorial América, S.A. "Mi 'escape' favorito . . ." from *Tú internacional,* año 13, no. 12, December 1992. Copyright © 1992 by Editorial América, S.A. Adapted from "Estrategias para triunfar" from *Tú internacional,* año 14, no. 1, January 1993. Copyright © 1993 by Editorial América, S.A. Adapted from "Test: ¿equilibrada o descontrolada?" from *Tú internacional,* año 14, no. 7, July 1993. Copyright © 1993 by Editorial América, S.A. Adapted from "Él te tiene loca... pero dudas si es fiel..." from *Tú internacional,* año 14, no. 11, November 1993. Copyright © 1993 by Editorial América, S.A.
Editorial Armonía, S.A.: From "Como mantener vivas las buenas amistades" from *Kena Tips,* año 15, no. 10, 1991. Copyright © 1991 by Editorial Armonía, S.A.

ACKNOWLEDGMENTS continued on page 401, which is an extension of the copyright page.

ii

AUTHORS

Nancy A. Humbach
Miami University
Oxford, Ohio
Ms. Humbach collaborated in the development of the scope and sequence and created activities.

Dr. Oscar Ozete
University of Southern Indiana
Evansville, Indiana
Dr. Ozete collaborated in the development of the scope and sequence and wrote grammar explanations.

CONTRIBUTING WRITERS

Kristin Boyer
McPherson, KS
Ms. Boyer wrote activities for several chapters.

Jean R. Miller
The University of Texas at Austin
Ms. Miller wrote activities for several chapters.

Abby Kanter
Dwight Englewood High School
Englewood, NJ
Ms. Kanter wrote the material for **De antemano** and **¡Adelante!** for several chapters.

Corliss Figueroa
Orlando, FL
Ms. Figueroa wrote activities for several chapters.

Susan Peterson
The Ohio State University
Columbus, OH
Mrs. Peterson was responsible for developing reading activities.

Barbara Sawhill
Noble and Greenough School
Dedham, MA
Ms. Sawhill wrote activities for several chapters.

CONSULTANTS

John DeMado
John DeMado Language Seminars
Washington, CT

Dr. Ingeborg R. McCoy
Southwest Texas State University
San Marcos, TX

Jo Anne S. Wilson
J. Wilson Associates
Glen Arbor, MI

REVIEWERS

These educators reviewed one or more chapters of the Pupil's Edition.

Silvia Alemany
Native speaker reviewer
Austin, TX

O. Lynn Bolton
Nathan Hale High School
West Allis, WI

Juanita Carfora
Central Regional High School
Bayville, NJ

Renato Cervantes
Pacific High School
San Bernardino, CA

Dr. Lynn Cortina
North Miami High School
North Miami, FL

Dr. Rodolfo Cortina
Florida International University
Miami, FL

Lucila Dorsett
Native speaker reviewer
Round Rock, TX

Dr. Barbara González-Pino
The University of Texas at San Antonio

Dr. C. Gail Guntermann
Arizona State University
Tempe, AZ

Dr. Audrey Heining-Boynton
The University of North Carolina at Chapel Hill

Dr. Dianne Hobbs
Virginia Polytechnic Institute and State University
Blacksburg, VA

Rose Kent
Finneytown High School
Cincinnati, OH

Stephen Levy
Roslyn Public Schools
Roslyn, NY

Miranda Manners
Jordan High School
Los Angeles, CA

Dr. Cristóbal Pera
The University of Texas at Austin

Dr. Francisco Perea
Native speaker reviewer
Austin, TX

John Piermani
Carlisle High School
Carlisle, PA

Edward Quijada
Native speaker reviewer

Carmen Reyes
Jonesboro High School
Jonesboro, GA

Dr. Yolanda Russinovich Solé
The University of Texas at Austin

Carol A. Villalobos
Hazelwood Central High School
St. Louis, MO

Dora Villani
John F. Kennedy High School
New York City, NY

Isabel de Weil
Native speaker reviewer
Miami, FL

FIELD TEST PARTICIPANTS AND REVIEWERS

We express our appreciation to the teachers and students who participated in the field test.

Bill Braden
South Junior High School
Boise, ID

Paula Critchlow
Indian Hills Middle School
Sandy, UT

Frances Cutter
Convent of the Visitation School
St. Paul, MN

Carlos Fernández
Sandy Creek High School
Tyrone, GA

Jan Holland
Lovejoy High School
Lovejoy, GA

Gloria Holstrom
Emerson Junior High School
Yonkers, NY

Nancy Holmes
Marian Catholic High School
Chicago Heights, IL

K. A. Lagana
Ponus Ridge Middle School
Norwalk, CT

Michelle Mistric
Iowa High School
Iowa, LA

Rubén Moreno
Aycock Middle School
Greensboro, NC

Maureen Nelligan
Marian Catholic High School
Chicago Heights, IL

Fred Pratt
San Marcos High School
San Marcos, TX

Regina Salvi
Museum Junior High School
Yonkers, NY

Lorraine Walsh
Lincoln Southeast High School
Lincoln, NE

To the Student

Some people have the opportunity to learn a new language by living in another country. Most of us, however, begin learning another language and getting acquainted with a foreign culture in a classroom with the help of a teacher, classmates, and a book. To use your book effectively, you need to know how it works.

¡Ven conmigo! *(Come along!)* takes you to six different Spanish-speaking locations. Each location is introduced with photos and information on four special pages called Location Openers.

There are twelve chapters in the book, and each one follows the same pattern.

First, the two Chapter Opener pages announce the chapter theme and list the objectives. These objectives give you reasons for learning and set goals that you can achieve by the end of the chapter.

De antemano *(Beforehand)* and **¡Adelante!** *(Onward!)* These sections of the chapter are a collage of dialogues, letters, articles and interviews, using the language you'll be learning in the chapter. You can listen to the material on audiocassette or CD and sometimes on video. These two sections introduce the **Primer paso** and the **Segundo paso**, respectively.

Primer paso *(First Part)* and **Segundo paso** *(Second Part)* Each chapter contains two **pasos**. At the beginning of each one is a reminder of the objectives you'll be aiming for. The **Así se dice** *(Here's how you say it)* boxes contain Spanish expressions you'll need to communicate. Look for new words under the heading **Vocabulario**. Grammar is presented under the headings **Gramática** and **Nota gramatical**. Each **paso** also contains opportunities to practice with listening, speaking, reading, and writing activities that you'll do individually, with a partner, or in groups.

This book will also help you get to know the cultures of the people who speak Spanish.

Panorama Cultural *(Cultural Panorama)* On this page of the chapter you'll read spontaneous interviews with Spanish-speaking people around the world. You can watch these interviews on video or listen to them on audiocassette or CD.

Nota Cultural *(Culture Note)* These notes provide relevant and interesting cultural information about everyday life.

Encuentro Cultural *(Cultural Encounter)* This page, which appears in five of the chapters, offers deeper insight into Spanish-speaking cultures.

Vamos a leer *(Let's read)* After the two **pasos,** a reading selection based on authentic articles or literature related to the chapter theme will help you improve your reading skills.

Vamos a escribir *(Let's write)* In this section, you'll have a chance to develop your skills as you learn to be expressive, creative, informative, and persuasive in your new language.

Repaso *(Review)* A variety of activities give you opportunities to put into practice what you've learned in the chapter in new situations. You'll improve your listening skills and practice communicating with others orally and in writing.

A ver si puedo... *(Let's see if I can . . .)* Here's a chance to check yourself at the end of the chapter. On this page, a series of short activities will help you decide how well you can do on your own.

Vocabulario *(Vocabulary)* On the last page of the chapter, you'll find a Spanish-English vocabulary list. The words are grouped by **paso** and listed under the objectives they support. You'll need to know these words and expressions for the Chapter Test!

Sugerencia *(Suggestion)* Check out the helpful study hints in these boxes.

A lo nuestro *(The Spanish way)* These boxes will give you additional Spanish expressions to add more color to your speech.

¿Te acuerdas? *(Do you remember?)* These notes will remind you of things you might have forgotten.

¿Se te ha olvidado? *(Have you forgotten?)* These stamps will refer you to other pages in the text where you can get more review or help.

También se puede decir *(Another way to say it)* This section gives you other ways to say the items presented in the **Vocabulario** boxes.

Un poco más... *(A little more . . .)* This is a menu of extra vocabulary from which you can choose.

At the end of your book, you'll find a list of the communicative functions, a summary of the grammar, and Spanish-English, English-Spanish vocabulary lists. The words you'll be tested on are in bold type.

¡Ven conmigo! Come along on an exciting trip to a new culture and a new language.

¡Buen viaje!

¡Ven conmigo! Contents

Come along—to a world of new experiences!

¡Ven conmigo! offers you the opportunity to learn the language spoken by millions of people in the many Spanish-speaking countries around the world. Let's find out about the countries, the people, and the Spanish language.

¡Ven conmigo a
La Coruña!

**VISIT THE BEAUTIFUL PORT CITY OF
LA CORUÑA, SPAIN, AND—**

Express your reactions to various sports and
hobbies • **CAPÍTULO 1**

Talk about taking care of yourself • **CAPÍTULO 2**

CAPÍTULO 1
¡Qué bien lo pasé este verano! 4

CAPÍTULO 2

Por una vida sana.............28

¡Ven conmigo a Caracas!

VISIT THE MODERN AND COSMOPOLITAN CITY OF CARACAS, VENEZUELA, AND—

Express and support your point of view • **CAPÍTULO 3**

Talk about how food tastes • **CAPÍTULO 4**

CAPÍTULO 4
Alrededor de la mesa............84

¡Ven conmigo a
Guadalajara!

VISIT THE CULTURALLY RICH CITY OF
GUADALAJARA, MEXICO, AND—

Talk about your hopes and wishes • **CAPÍTULO 5**

Make suggestions and recommendations • **CAPÍTULO 6**

CAPÍTULO 5
Nuestras leyendas *112*

CAPÍTULO 6
El arte y la música..............136

¡Ven conmigo a

Buenos Aires!

**VISIT THE ETHNICALLY DIVERSE CITY OF
BUENOS AIRES, AND—**

Express happiness and unhappiness • CAPÍTULO 7

Talk about what's possible and impossible • CAPÍTULO 8

CAPÍTULO 7

Dime con quién andas *166*

¡Ven conmigo a
Nueva York!

**VISIT THE EXCITING METROPOLIS OF
NEW YORK CITY, AND—**

Talk about your emotional reactions • CAPÍTULO **9**

Talk about your accomplishments • CAPÍTULO **10**

CAPÍTULO 9
Las apariencias engañan 220

CAPÍTULO 10
La riqueza cultural.......244

¡Ven conmigo a

Costa Rica!

**VISIT THE COLORFUL CITY OF SAN JOSÉ,
COSTA RICA, AND —**

Talk about how you would solve a problem • **CAPÍTULO 11**

Talk about your future career plans • **CAPÍTULO 12**

CAPÍTULO 11

El mundo en que vivimos......274

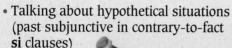

CAPÍTULO 12

Mis planes para el futuro 298

CULTURAL REFERENCES

xix

PEOPLE

PLAYS, POEMS, AND SHORT STORIES

POINTS OF INTEREST

SCHOOL LIFE

TECHNOLOGY

VACATION/TRAVEL

La Península Ibérica

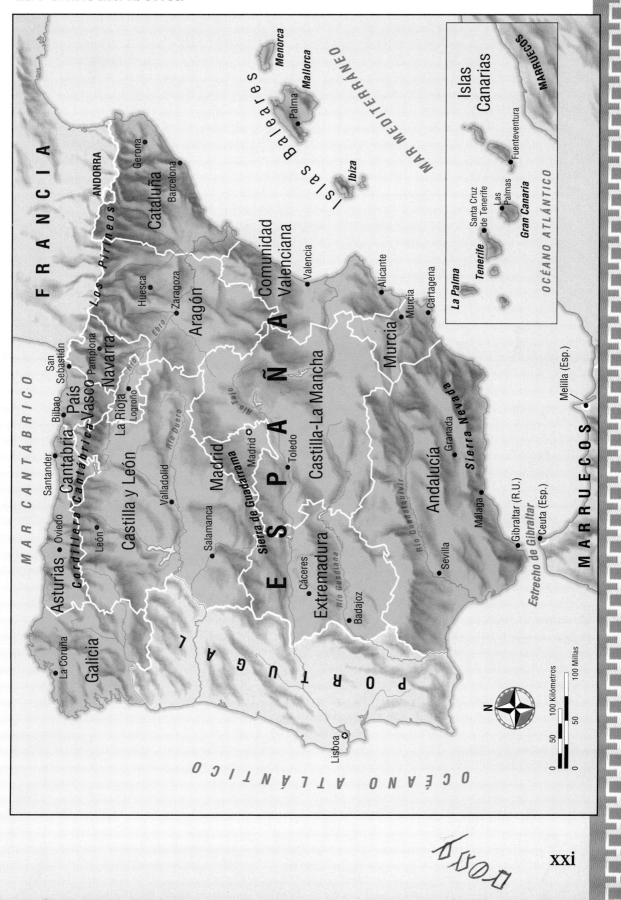

América Central y las Antillas

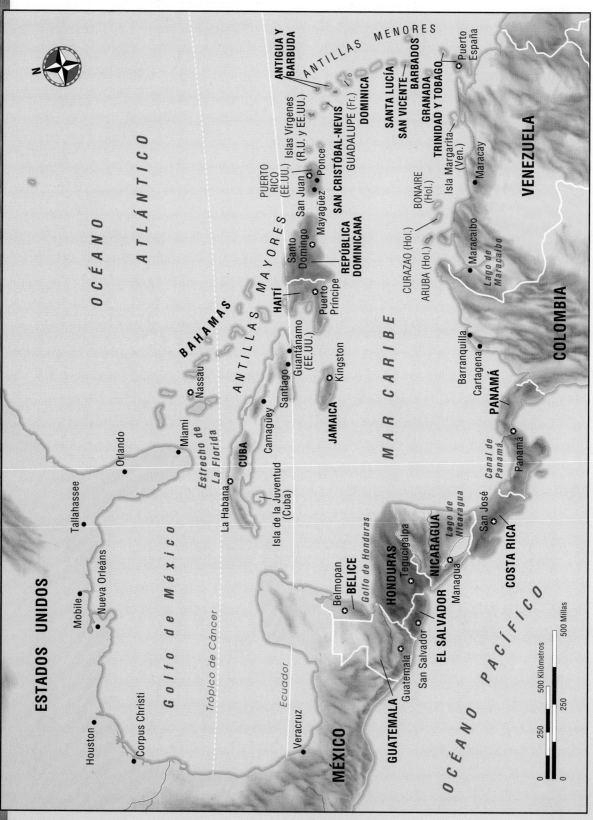

México

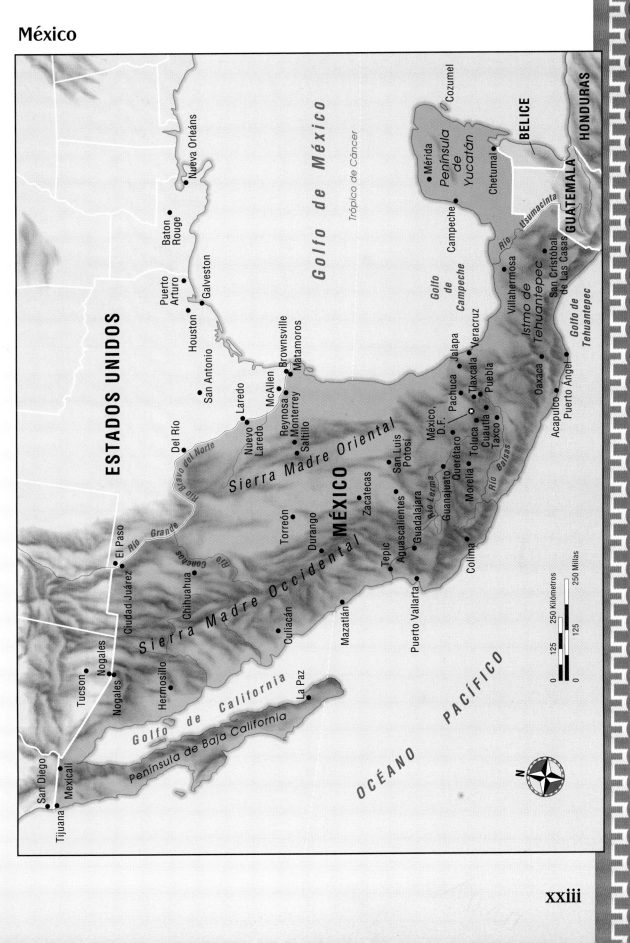

América del Sur

MAR DE LAS ANTILLAS

OCÉANO ATLÁNTICO

América Central

Cartagena
Maracaibo
Caracas
VENEZUELA
GUYANA
SURINAM
Medellín
Ciudad Bolívar
Georgetown
Cayena
COLOMBIA
Paramaribo
GUYANA FRANCESA
Bogotá

Islas Galápagos (Ecuador)

Quito
Ecuador
ECUADOR
Río Putumayo
Cordillera
Guayaquil
Cuenca
Río
Manaus
Amazonas
Belem

B R A S I L

PERÚ
Andes
Recife

Lima
Cuzco
Salvador

Lago Titicaca
La Paz
Brasilia

BOLIVIA
Sucre

OCÉANO

Cordillera de los
PARAGUAY
Río Paraná
Río de Janeiro

Trópico de Capricornio
Asunción
San Pablo

CHILE
Tucumán
Río

PACÍFICO
ARGENTINA
Córdoba
Mendoza
URUGUAY
Valparaíso
Santiago
Buenos Aires
Montevideo
Río de la Plata

OCÉANO

N

Bariloche
ATLÁNTICO

Cordillera de los Andes

0   500   1.000 Kilómetros
0   500   1.000 Millas

Estrecho de Magallanes
Islas Malvinas (R.U.)
Punta Arenas
Tierra del Fuego
Cabo de Hornos

Ecuador

Estados Unidos de América

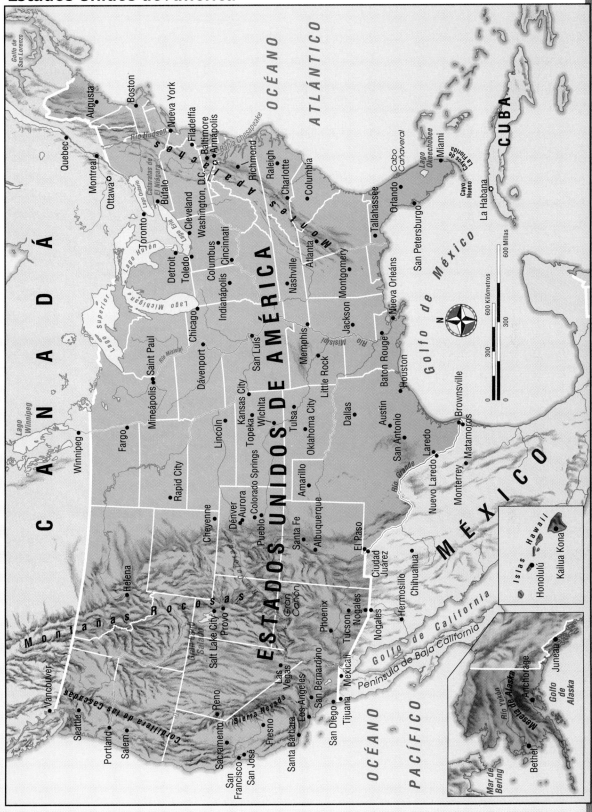

El mundo

OCÉANO
ÁRTICO

GROENLANDIA
(DINAMARCA)

ALASKA
(EE.UU.)

CANADÁ

AMÉRICA
DEL NORTE

Ottawa

OCÉANO
ATLÁNTICO

ESTADOS UNIDOS

• Nueva York
◇ Washington, D.C.

BERMUDA
(R.U.)

Islas Canarias
(Esp.)

SAHARA
OCCIDENTAL

ISLAS HAWAII
(EE.UU.)

La Habana   BAHAMAS

MÉXICO   CUBA
REP. DOMINICANA

CABO VERDE

◇ Ciudad de México   JAMAICA   PUERTO RICO (EE.UU.)

BELICE   HAITÍ   San Juan

GUATEMALA   HONDURAS
EL SALVADOR   NICARAGUA

GAMBIA

GUINEA BISSAU

OCÉANO PACÍFICO

COSTA RICA   Caracas   TRINIDAD Y TOBAGO

SIERRA LEON

PANAMÁ   VENEZUELA   GUYANA
SURINAM

Bogotá   GUYANA FRANCESA

Ecuador   Islas Galápagos
(Ecuador)   COLOMBIA

SANTO T

ECUADOR   AMÉRICA
DEL SUR   BRASIL

KIRIBATI

PERÚ

Lima

BOLIVIA

PARAGUAY   Río de Janeiro   OC

ATL

ARGENTINA

CHILE

Santiago   Buenos
Aires   URUGUAY

N

Islas Malvinas
(R.U.)

0	1.000	2.000 Kilómetros
0	1.000	2.000 Millas

PAÍS	CAPITAL
1 REPÚBLICA CHECA	Praga
2 REPÚBLICA ESLOVACA	Bratislava
3 ESLOVENIA	Liubliana
4 CROACIA	Zagreb
5 BOSNIA Y HERZEGOVINA	Sarajevo
6 MACEDONIA	Skopje
7 YUGOSLAVIA	Belgrado
8 LITUANIA	Vilna
9 LETONIA	Riga
10 ESTONIA	Tallin
11 LIECHTENSTEIN	Vaduz
12 LUXEMBURGO	Luxemburgo

¡Ven conmigo a La Coruña!

La Coruña, en la región de Galicia, es llamada La Ciudad Cristal por los balcones de vidrio o *galerías*.

Galicia

Población: 2.800.000

Área: 28.815 km²; un poco más grande que Maryland

Clima: 38 pulgadas de lluvia al año. Temperatura promedio: 8°C (46°F) en enero, 18°C (64°F) en julio

Ciudades principales: La Coruña, Vigo, Lugo, Santiago de Compostela, Orense

Productos agrícolas: leche, carne, vino, queso, miel, patatas

Industrias: pesca, textiles, autos, joyas, madera, barcos, electrónica

Personajes famosos: Gregorio Hernández (1566–1637), escultor; Rosalía de Castro (1837–1885), escritora; Luis Seoane (1910–), pintor

Platos típicos: caldo gallego, empanada de sardinas, calamares en su tinta, merluza a la marinera

GALICIA

Con sus bonitas bahías y playas y la verdura de su paisaje montañoso, Galicia es una de las regiones más preciosas de toda España. Los romanos llamaron a Galicia Finis Terrae, *el fin del mundo, porque era el punto más occidental de su imperio. Galicia le ofrece al visitante un fuerte contraste entre lo antiguo y lo moderno. Presenta al mismo tiempo un pasado céltico y romano y un amplio panorama de industrias y tecnologías modernas. Es un centro artístico de primera categoría. Galicia tiene algo para todos.*

② Galicia tiene 240 millas de costa. Las rías de Galicia son como los fiordos *(fjords)* de Noruega. Su belleza es extraordinaria.

① El faro *(lighthouse)* de La Coruña, la Torre de Hércules, es el único faro romano en el mundo que todavía se usa. Hay tres leyendas sobre quién lo construyó: el Hércules de los mitos de Grecia y de Roma, el legendario jefe céltico Breogán o los romanos.

③ Se dice que el Apóstol Santiago está enterrado en Santiago de Compostela. Durante la Edad Media muchos peregrinos *(religious pilgrims)* de todas partes de Europa hacían el viaje a Santiago de Compostela a pie cada año. La catedral de Santiago existe desde el siglo 11, y hoy día llegan muchos turistas para verla.

En los dos capítulos siguientes, vas a conocer a unas personas de Galicia. La larga historia de Galicia se refleja en su arquitectura, música, danza, literatura y en su lengua propia. Además del español, muchos gallegos también hablan el gallego, un idioma derivado del latín. Aunque son de una región fuertemente tradicional, vas a ver que los gallegos tal vez no son tan distintos de ti en sus maneras de pasar el tiempo y en sus actitudes hacia la salud.

(4) La Plaza de María Pita en La Coruña es un hermoso ejemplo de cómo La Coruña combina elementos de lo antiguo y lo moderno.

(5) El instrumento tradicional de Galicia es la gaita *(bagpipes)* y el baile tradicional es la muñeira *(a type of dance)*. Estas dos tradiciones muestran la influencia céltica. Los celtas poblaron esta región hace muchos siglos, mucho antes que los romanos.

(6) El mar, que es tan importante para la economía de Galicia, también ofrece muchas oportunidades para el recreo. Galicia tiene algunos de los lugares más bonitos para los deportes acuáticos como, por ejemplo, el buceo *(diving)* y la vela ligera *(sailing)*.

1

¡Qué bien lo pasé este verano!

1 ¿Cuándo aprendiste a bucear?

La vida de los jóvenes españoles de tu edad no es tan distinta de la tuya. Les gusta visitar a sus amigos, jugar a los deportes, y explorar lugares y paisajes hermosos en su país. Si conoces a alguien de España, ¿sobre qué cosas van a hablar ustedes? ¿Qué debes decir para descubrir qué intereses tienen ustedes en común?

In this chapter you will review and practice

- expressing interest, indifference, and displeasure
- asking for information; describing yourself and others

And you will

- listen to teenagers in La Coruña talk about their favorite hobbies and sports
- read an article about a new sport in Spain called *parapente*
- write a letter about your favorite hobby
- find out about the city of La Coruña

② Soy una aficionada a la fotografía.

③ ¿Cómo es mi mejor amigo? Es buena gente y tiene un buen sentido del humor.

DE ANTEMANO

Una carta a Amparo

Miguel Pereira es un muchacho de La Coruña. Le escribió una carta a Amparo Pedregal, una nueva amiga en la ciudad de Gijón. En su carta le dice cómo es, qué hizo de vacaciones este verano y qué deportes y pasatiempos le gustan.

CURSOS DE VELA LIGERA

El Club de Vela
ofrece cursos de vela ligera para jóvenes de 9 a 18 años durante los meses de junio, julio y agosto. Cada curso dura tres semanas.
Horario:
11.00 a 15.00 horas.

El mes de julio tomé cursos de vela en el Club de Vela. También tomé clases de tenis y jugué mucho.

GALICIA

27 de agosto

Querida Amparo,

¡Hola! Encantado de conocerte, aunque sea por carta. Me llamo Miguel y tengo dieciséis años. Soy alto, moreno y atlético. Vivo en La Coruña con mis padres y mi hermano menor, Jorge, que tiene diez años.

Soy un gran aficionado a los deportes, sobre todo al remo, a la vela y al tenis. Me encanta el baloncesto y me gusta mucho bucear. Realmente me interesa casi todo menos ver televisión—¡eso me parece un rollo! Me gustan las tiras cómicas y los videojuegos.

Yo pasé un verano estupendo. Normalmente mi familia viaja durante el verano. El año pasado fuimos a Barcelona y mi madre insistió

Me encanta el grupo Mecano. Fui a uno de sus conciertos en julio.

Me la paso coleccionando adhesivos y leyendo tiras cómicas.

O ♥ ESPAÑA!

en visitar todos los museos. Puedo apreciar la cultura, pero ¡qué paliza! Estaba harto de tantos museos. Este año decidimos quedarnos aquí en La Coruña. Me da igual si no viajamos. Es más, prefiero estar aquí porque hay tanto que hacer, ¡sobre todo los deportes!

Un amigo mío de Nueva York, Josh, pasó el mes de agosto con mi familia. Lo pasamos super bien. Escuchamos música, jugamos al baloncesto y salimos con amigos.

Trato de imaginarme cómo eres. ¿Cuántos años tienes? ¿Eres alta o baja? ¿Rubia o morena? ¿Tienes hermanos? ¿Cómo pasaste el verano? ¿Tocas algún instrumento? (Yo no). Espero recibir una carta tuya dentro de poco. ¡Escríbeme pronto!

Saludos,

Miguel

Mi amigo Josh—es un poco tímido pero muy divertido. Fuimos varias veces a la playa Riazor para nadar. Le enseñé a bucear y pasear en velero.

El verano que viene voy a hacer una vuelta ciclista rumbo a Francia. Vamos a pasar un día en Gijón y podemos conocernos. ¡Qué suerte!

1 ¿Cierto o falso?

Indica si cada frase es **cierta** o **falsa**. Si es falsa, corrígela.

1. Miguel es alto y rubio.
2. A Miguel le encantan los deportes.
3. Miguel tenía ganas de visitar más museos.
4. Amparo pasó el mes de agosto con Miguel.
5. Mecano es el grupo favorito de su amigo de Nueva York.
6. La Coruña está al lado del mar.
7. A Miguel le gusta mucho ver televisión.
8. Miguel sabe bucear.
9. Miguel le enseñó a Josh a remar.

2 Busca la expresión

¿Qué expresiones usa Miguel para...?

1. preguntarle a Amparo qué edad tiene
2. describirse a sí mismo físicamente; describir a Josh
3. expresar su entusiasmo por los deportes y sus pasatiempos
4. decir que algo no le importa
5. decir que algo no le gusta

3 Ponlo en orden

Con un(a) compañero(a), pon en orden estas frases que resumen lo que escribió Miguel.

1. Miguel toma cursos de vela en el Club de Vela.
2. Miguel hace una vuelta ciclista rumbo a Francia.
3. Josh, el amigo de Miguel, viene a visitarlo.
4. Miguel va a Barcelona con su familia.

4 ¿Comprendiste?

Contesta las siguientes preguntas en español.

1. ¿Dónde pasó Miguel el verano este año?
2. ¿Dónde lo pasó Miguel el año pasado?
3. ¿Qué tipo de vacaciones prefiere él?
4. ¿Por qué quiere quedarse en La Coruña?
5. ¿Quién vino a visitar a Miguel?
6. ¿Qué deportes acuáticos se puede practicar en La Coruña?
7. ¿Cuándo van a tener la oportunidad de verse Miguel y Amparo?

6 de agosto
COPA AUTONOMIAS DE PATINAJE
JARDINES DEL NAUTICO

5 Ahora te toca a ti

Mira otra vez las fotos que le manda Miguel a Amparo. ¿Qué deporte o pasatiempo te interesa más a ti? ¿Crees que te gustaría visitar La Coruña? ¿Por qué o por qué no?

Expressing interest, indifference, and displeasure

ASÍ SE DICE   Expressing interest, indifference, and displeasure

Cuando algo te interesa puedes decir:

Soy un(a) gran aficionado(a) a los deportes.
Soy un(a) fanático(a) de...
Estoy loco(a) por...
Me la paso coleccionando adhesivos.   *I spend my time . . .*

Cuando algo no te importa puedes decir:

Me da igual. } *It's all the same to me.*
Me da lo mismo. }

No me importa.   *It doesn't matter to me.*
Como quieras.   *Whatever (you want).*

Para decir que algo no te gusta puedes decir:

Ver televisión **me parece un rollo.**
A mí **no me interesa para nada** ver televisión.
¡Qué paliza! Estoy harto(a) de tantos museos.
What a drag! I'm fed up with . . .

© Billiken

6 Como quieras

En una hoja de papel, escribe **interés, indiferencia** y **disgusto** en tres columnas. Escucha las siguientes conversaciones. Luego, escribe en la categoría apropiada el nombre de la persona que expresa cada emoción.

7 ¿Qué dicen ellos?

¿Qué crees que están pensando las personas en estos dibujos? ¿Les gusta el deporte o pasatiempo? Usa las frases de **Así se dice** para expresar sus pensamientos.

Adriana

Beto   Ken

> ¿Quieres ver una película o ir a un concierto?

Marcos   Charo

Gonzalo

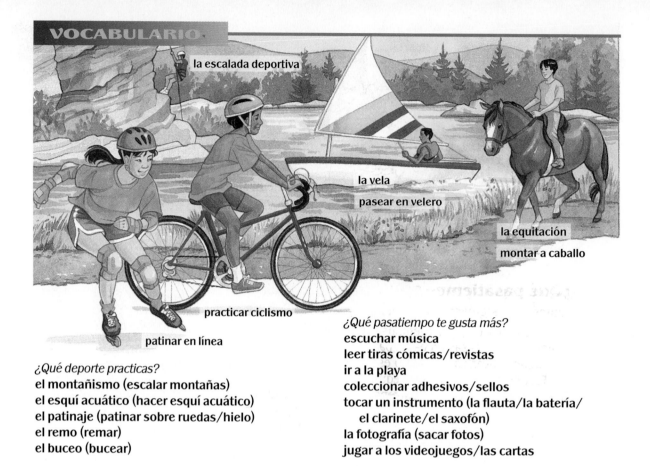

la escalada deportiva

la vela
pasear en velero

la equitación
montar a caballo

practicar ciclismo

patinar en línea

¿Qué deporte practicas?
el montañismo (escalar montañas)
el esquí acuático (hacer esquí acuático)
el patinaje (patinar sobre ruedas/hielo)
el remo (remar)
el buceo (bucear)

¿Qué pasatiempo te gusta más?
escuchar música
leer tiras cómicas/revistas
ir a la playa
coleccionar adhesivos/sellos
tocar un instrumento (la flauta/la batería/
   el clarinete/el saxofón)
la fotografía (sacar fotos)
jugar a los videojuegos/las cartas

---

8 Una entrevista

Una periodista está entrevistando a varios jóvenes
sobre qué pasatiempos y
deportes les gustan. Vas a
escuchar seis frases. ¿Qué
deporte o pasatiempo le gusta a
cada persona?

¿Se te ha olvidado?
sports and hobbies
Ver páginas 382-397

También se puede decir...
Puedes decir **alpinismo** por
montañismo. En Latinoamérica también se usa **andinismo**. Puedes usar
submarinismo por **buceo, tomar
fotos** por **sacar fotos** y **calcomanías**
por **adhesivos**.

9 ¡Estoy harto del fútbol!

Escribe frases que expresan interés, indiferencia o disgusto con el deporte o pasatiempo
indicado. Usa expresiones de **Así se dice** en la página 9.

1. la escalada deportiva
2. la fotografía
3. la natación
4. el patinaje
5. dibujar
6. leer tiras cómicas
7. el montañismo
8. el esquí acuático
9. escuchar música

10 Es tu turno

Ahora reúnete con un(a) compañero(a). Usen expresiones de **Así se dice** para comparar lo
que escribieron Uds. en la Actividad 9. ¿Qué deportes o pasatiempos pueden hacer juntos?

Los verbos de cambio de raiz.

Gramática de repaso Present tense of stem-changing verbs

Here is a review of stem-changing verbs in the present tense. Notice that the endings are regular.

	e > ie	o > ue	e > i
yo	empiezo	puedo	pido
tú	empiezas	puedes	pides
él, ella, Ud.	empieza	puede	pide
nosotros	empezamos	podemos	pedimos
vosotros	empezáis	podéis	pedís
ellos, ellas, Uds.	empiezan	pueden	piden

11 ¿Qué pasatiempo te gusta?

Contesta las siguientes preguntas.

¿Se te ha olvidado?
present tense
Ver la página 345

1. ¿Qué deportes y pasatiempos prefieres? ¿Cuánto tiempo por semana pasas en estos pasatiempos y deportes?
2. ¿Puedes hacerlos solo(a), o es necesario jugar con otra(s) persona(s)?
3. ¿Prefieres los deportes de equipo?
4. ¿Cuándo empiezan los entrenamientos (*training*) para los deportes en tu escuela?
5. ¿Hay un pasatiempo o deporte que quieres aprender?
6. ¿Puedes adivinar *(guess)* el pasatiempo favorito de tu profesor(a)?
7. ¿Qué piensas hacer después de llegar a casa esta tarde?

12 Enlaces de amistad

Entrevista a cinco estudiantes en tu clase acerca de sus deportes y pasatiempos favoritos. Decide cuál de los siguientes amigos por correspondencia es más apropiado(a) para cada estudiante.

Nombre: Liliana Aguilar
Edad: 15 años
Pasatiempos: Practicar deportes, ir a la playa, coleccionar adhesivos de distintos países, escuchar música y leer.

Nombre: Laura Espinoza
Edad: 16 años
Pasatiempos: Patinar en línea, hablar por teléfono con mis amigos, coleccionar afiches de mis artistas favoritos, bailar, escuchar música, leer revistas.

Nombre: Antonio Villa
Edad: 16 años
Pasatiempos: Montar en bicicleta, ir al cine, sacar fotos, pintar, escribir poemas, tocar la guitarra.

Nombre: Francisco Andrade
Edad: 17 años
Pasatiempos: ir a conciertos, practicar deportes, coleccionar postales, tocar la batería, ver televisión, jugar videojuegos.

The preterite is used to talk about what happened on a particular occasion or within a certain period of time in the past.

PASAR	COMER	INSISTIR
pasé	comí	insistí
pasaste	comiste	insististe
pasó	comió	insistió
pasamos	comimos	insistimos
pasasteis	comisteis	insististeis
pasaron	comieron	insistieron

13   ¿Cómo lo pasaste?

Vas a escuchar a Luisita conversar por teléfono sobre sus vacaciones. Para cada verbo que sigue, indica si están hablando del **presente** o del **pasado**.

1. escuchar la radio
2. ir a la playa
3. nadar en el mar
4. esquiar en el agua
5. pasear en velero
6. jugar a las cartas
7. leer el periódico
8. ir al concierto

14   En mi diario

Con un(a) compañero(a), haz un resumen de lo que escribió Josefina. Luego digan dónde y cuándo conocieron Uds. a su mejor amigo(a) o novio(a).¿De qué hablaron la primera vez que se conocieron?¿Se hicieron amigos(as) inmediatamente?

¿Se te ha olvidado?
irregular preterite
Ver la página 346

2 de septiembre

Querido diario,

    Hoy conocí a un tipo increíble. Fui a la Playa Riazor esta tarde y vi al chico de mis sueños pero estaba segura de que él no me vio a mí. Bueno, esta noche hubo una fiesta en casa de Teresa. De veras no quería ir, pero fui... y ¿sabes qué? ¡El chico de la playa estaba allí! Resulta que es amigo de Teresa. Pues ella me lo presentó y empezamos a hablar. Se llama Joaquín y es de La Coruña. Hablamos tres horas sin parar y nos dimos cuenta de que tenemos mucho en común. Y no puedo creer lo que me dijo... ¡que me reconoció de la playa! Quiero hablar más con él pero mañana vuelvo a Madrid. ¡Qué lata que no puedo quedarme!

SUGERENCIA

Are you feeling like you've forgotten all your Spanish? Here are some tips:

· Familiarize yourself with the reference pages at the back of the book, starting on page 324. These have lists of vocabulary, grammar, and functions, much of which you've already learned. You'll probably recognize and remember a lot.

· Don't be too worried about making mistakes in class. They're an opportunity to learn more about Spanish.

15 Una cita

Imagina que acabas de pasar un fin de semana inolvidable con un grupo de amigos. ¿Qué hicieron? ¿Adónde fueron? Escribe un párrafo con los siguientes verbos u otros. También puedes usar palabras como **primero, luego, después** y **por fin**.

estar

pasar

regresar

ir

montar

esquiar

jugar

hacer

NOTA CULTURAL

¿Acaso come tu familia percebes *(barnacles)* en casa? Pues, la gente de Galicia y de Asturias come muchos mariscos. Algunos de los mariscos que comen son el bacalao *(cod)*, los mejillones, las vieiras *(scallops)*, las sardinas *(sardines)*, los calamares, las anguilas, el centollo y las almejas. Hasta se come el pulpo *(octopus)*, que se cocina en ollas *(pots)* grandes en las fiestas de ciudades y pueblos. ¿Te gustan los mariscos?

la anguila

el calamar

el centollo

el mejillón

la almeja

muscle

clam

16 ¿Qué tal las vacaciones?

Pregúntale a un(a) compañero(a) qué hizo en sus vacaciones de verano. Escribe después un párrafo sobre sus experiencias y preséntalo a la clase.

¡NO PUEDO CREERLO! ¡YA TENGO TAREA! ¡Y APENAS REGRESÉ A LA ESCUELA!

¡TENGO QUE ESCRIBIR UN PÁRRAFO SOBRE LO QUE HICE EN EL VERANO! ¡UN PÁRRAFO COMPLETO!

¡NUNCA PODRÉ ESCRIBIR TANTO! ¡NO ES JUSTO!

¿CÓMO VAS?

NO TAN BIEN. ¿QUÉ HICISTE ADEMÁS DE VER T.V.?

¡ADELANTE!

Una carta a Miguel

Amparo recibió la carta de Miguel y le respondió. Ella es de Gijón, una ciudad en la región de Asturias. Amparo le cuenta cuáles son sus pasatiempos y deportes favoritos. Lee su carta para saber más de ella.

Querido Miguel,

3 de septiembre

¡Gracias por tu carta! Yo también tengo 16 años. Soy baja y rubia, y mis amigas dicen que soy simpática aunque Isabel, mi hermana menor, piensa que soy la persona más pesada del mundo. Ella tiene 10 años y es muy traviesa.

Me gustan también los deportes, pero prefiero los deportes individuales, y no de equipo. Practico el montañismo en los Picos de Europa y sé montar a caballo. También me gusta mucho esquiar. Una vez mi familia y yo fuimos a Valgrande-Pajares a esquiar, un lugar de esquí fenomenal en Asturias. Además, también me interesan la fotografía y las películas.

Yo también lo pasé muy bien este verano. Hice camping con mi familia en Covadonga, un parque nacional. ¡Me gustaría conocerte el próximo año! Quiero saber más de ti. ¿Te llevas bien con tu hermanito, o a veces es tan pesado como mi hermana? ¿Cómo sabes practicar tantos deportes? ¿Cuándo aprendiste a bucear? ¿Dónde conociste a tu amigo de Nueva York?

Bueno, es todo por ahora.

Saludos,

Amparo

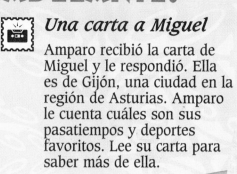

Lo mejor del verano fue el concierto de Hombres en la Luna. Fui al concierto con mis amigos.

Hice una excursión a caballo en junio. En julio mi familia y yo hicimos camping en el Parque Nacional de Covadonga.

17 ¿Cómo es Amparo?

Completa las siguientes oraciones según la carta de Amparo.

1. Según sus amigas, Amparo es una persona...
2. Según su hermana menor, Amparo es...
3. A ella le gustan los deportes pero prefiere los...
4. Practica el montañismo en...
5. Una vez esquió en...
6. A ella le gustan...
7. Amparo fue al concierto de...
8. Ella hizo camping en...
9. Amparo piensa que su hermana es...

18 ¿Qué palabras se usan?

¿Qué palabras usa Amparo para...?

1. describirse a sí misma
2. hacerle preguntas a Miguel sobre los deportes
3. hablar de lo que hizo de vacaciones
4. hablar de lo que le interesa

19 ¿Comprendiste?

Contesta las siguientes preguntas.

1. ¿Qué tienen en común Miguel y Amparo?
2. ¿Qué tipo de deportes prefiere Amparo? ¿Cuáles son?
3. ¿Cuáles son sus pasatiempos?
4. Según Amparo, ¿cuál fue la mejor experiencia del verano?
5. ¿Qué hizo ella en junio?
6. ¿Adónde fue Amparo con su familia en julio? ¿Qué hicieron allí?
7. ¿Crees que Miguel y Amparo son compatibles como amigos? ¿Por qué o por qué no?

FESTIVAL INTERNACIONAL DE CINE DE GIJON

20 ¿Qué tienen en común?

Vas a escuchar a seis compañeros de Amparo hablar de lo que hicieron durante el verano. Después de escuchar las frases, indica si tienen más en común con Amparo o con Miguel.

21 Ahora te toca a ti

Lee la carta y mira las fotos de Amparo otra vez. ¿Qué tienes en común con Amparo? ¿Qué deporte o pasatiempo te interesa más? ¿Crees que te gustaría visitar Asturias? ¿Por qué o por qué no?

Asking for information; describing yourself and others

ASÍ SE DICE   Asking for information

Para hacer una pregunta en español puedes usar palabras interrogativas como **¿Quién?**, **¿Por qué?** y **¿De dónde?** Mira los ejemplos:

¿Cuántos años tienes?

¿Qué te gusta hacer en tus ratos libres?

¿Cómo sabes practicar tantos deportes?

¿Cuándo aprendiste a bucear?

¿Dónde conociste a tu amigo de Nueva York?

22 ¿Me oíste?

Amparo está hablando con varios amigos en una fiesta. No responde bien a las preguntas porque la música está muy alta y no oye bien. Escucha las siguientes conversaciones e indica si las respuestas son **lógicas** o **ilógicas**.

¿Te acuerdas?

Sometimes questions are formed by reversing the word order of the subject and verb in a sentence: **¿Escala montañas Pedro?** You can also add a word like **¿no?** or **¿verdad?**, as in **Susana toca la flauta, ¿verdad?**

23 ¿Cuál es la pregunta?

Mira otra vez la información cultural en las páginas 1, 2 y 3. Con un(a) compañero(a), escribe preguntas apropiadas para las siguientes respuestas. Puede haber *(There can be)* más de una pregunta.

1. Galicia es una región muy verde y fresca.
2. Muchos peregrinos cristianos iban a Santiago de Compostela durante la Edad Media.
3. Galicia tiene una área de 28.815 kilómetros cuadrados *(square)*.
4. La Coruña se llama La Ciudad Cristal porque tiene galerías o balcones de vidrio.
5. Rosalía de Castro fue una escritora famosa de Galicia.
6. Galicia tiene unos 2.800.000 habitantes.
7. Los celtas poblaron Galicia mucho antes que los romanos.
8. La gaita es un instrumento tradicional de Galicia.
9. El único faro romano que todavía se usa es la Torre de Hércules.
10. Galicia tiene 240 millas de costa.

ASÍ SE DICE — Describing yourself and others

Noor es muy simpática e inteligente. Es alta, morena y muy guapa, ¿no crees?

Si quieres describir el aspecto físico de una persona, puedes decir:

El Sr. Montálvez **tiene bigote y barba,** y es calvo.
. . . has a moustache and a beard . . .

Mi prima Julia **es pelirroja y tiene el pelo rizado.**

Patricio **es de estatura mediana y lleva gafas.**

Si quieres describir la personalidad de una persona también, puedes decir:

La profesora Minguillón **es seria pero es muy buena gente.**
Florencio es **pesado;** ¡no hay quien lo aguante!
Esteban es **un tío estupendo.**
. . . a great guy . . .
Mi novio es muy **abierto** y tiene un buen sentido del humor.

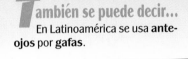
También se puede decir...
En Latinoamérica se usa **anteojos** por **gafas.**

24 Amigos nuevos

Escribe descripciones de las siguientes personas. Usa expresiones de **Así se dice.**

a.

b.

c.

d.

roxy

Rizado- curly haired

VOCABULARIO

abierto(a)	*open*	**un gran tipo**	*a great guy*
buena gente	*nice*	**majo(a)**	*nice (used in Spain)*
fenomenal	*great*	**no hay quien lo (la) aguante**	*nobody can stand him (her)*
una gran persona	*a great person*	**pesado(a)**	*annoying /* BORING

25 ¿En quién piensas?

Turnando con dos compañeros de clase, describe a cuatro personas famosas para ver si pueden adivinar quiénes son.

¿Se te ha olvidado? adjectives Ver páginas 382–397

*G*ramática de repaso saber vs. conocer

Both **saber** and **conocer** mean to know.

1. **Conocer** means *to know, to meet* or *to be familiar with* a person or a place. Remember to use the "personal **a**" when referring to a person.

> ¿Dónde conociste a tu amigo de Nueva York?
> ¿Conoces las playas de Galicia?

2. **Saber** means *to know* a fact or *to have information about* something or someone. It also means *to know how* to do something when used with an infinitive.

> Quiero saber más de ti.
> Amparo sabe escalar montañas.

26 ¿Lo sabes o lo conoces?

Con un(a) compañero(a), decide qué forma de **saber** o **conocer** se debe usar. Si pueden, contesten la pregunta.

1. ¿ _Conoces_ a una persona muy inteligente?
2. ¿ _Sabes_ el nombre del rey de España?
3. ¿ _Sabes_ tocar un instrumento?
4. ¿ _conoces_ al presidente de los Estados Unidos?
5. ¿ _sabes_ remar?
6. ¿ _sabes_ cuál es la flor oficial de tu estado?
7. ¿ _conoces_ a alguien que practique ciclismo?

27 ¿Sabes patinar?

Lee las siguientes frases con dos o tres compañeros(as) e indica si son **ciertas** o **falsas**. Luego cambien las frases falsas para reflejar *(reflect)* la realidad de su grupo.

MODELO   Todos sabemos patinar.
>   Falso. Uds. saben patinar pero yo no.

1. Nadie en nuestro grupo conoce a ninguna persona de otro país.
2. Dos personas en nuestro grupo saben esquiar en el agua.
3. Todos sabemos tres idiomas.
4. Todos conocemos a un adulto pesado.
5. Una persona en nuestro grupo sabe bucear.
6. Todos conocemos Escocia e Inglaterra.
7. ¿?

Nota *G*ramatical

In Spanish, **o** *(or)* changes to **u** before a word that begins with **o-** or **ho-**. **El viaje a La Coruña es de siete u ocho horas.** In the same way, **y** changes to **e** before a word that begins with **i-** or **hi-**. **Sergio e Hilaria van a bucear.**

28 En mi cuaderno

Imagina que quieres ser estudiante de intercambio en España. Antes de ser admitido(a) a un programa de intercambio, la directora del programa te entrevista. Te hace preguntas sobre tus datos personales (edad, domicilio, etc.), los deportes y pasatiempos que te gustan o no te gustan y tus amigos y familiares. Escribe tu conversación con la directora.

¿Qué hiciste en las últimas vacaciones?

¿Qué piensas que hacen de vacaciones los muchachos hispanohablantes? ¿Tienes algo en común con estos tres jóvenes?

PANORAMA CULTURAL

● Yoni Antonio
Barba de Heredia, Costa Rica

"Bueno, me quedé ayudándole a mi padre a hacer trabajos allí en la casa y por ratillos ir a practicar deporte: la montañera *(mountain bike)* o jugar básquetbol".

● Begoña
Madrid, España

"Fui a Cataluña. Me lo pasé muy bien y me bañé, visité monumentos... fui de compras... compré cosas para la playa".

● Vivian
Miami, Florida

"Estuve en Nueva York con mi mamá y con mi hermana y con una amiga mejor allí. Fuimos a pasear, a hacer de compras".

Para pensar y hablar...

A. Escribe en una hoja de papel qué hiciste durante las últimas vacaciones. Compara tu respuesta con la de las personas entrevistadas.

B. Barba de Heredia is a small town. Imagine that Yoni Antonio went to Madrid for vacation. What kinds of activities could he do in Madrid that he probably couldn't do in his hometown? If Begoña were to travel to Barba de Heredia, what could she do there that she probably couldn't do in Madrid?

El parapente

¡A comenzar!

A. Before you read in detail, skim the reading to see what it's about. List as many things as you can about the article without stopping to read for detail. Then compare lists with one or two classmates. See if you all agree.

B. Scan the article for cognates. Make a list of ten cognates and compare your list with a classmate's.

Al grano

C. Now you will read the article about a sport practiced in Spain and France that is a cross between parachuting and paragliding.

¿Te acuerdas?

Take summarizing notes. Taking notes will help you make sense of what you are reading—and you will remember more of what you read.

Parapente, o la necesidad de algo distinto

- Joaquín Colorado Sierra

...¿Qué es?

La palabra *parapente* no figura en el diccionario de la lengua española. Fue <u>importada</u> de nuestros vecinos franceses hace apenas cinco años para referirse a una entonces curiosa y naciente actividad deportiva que hoy día sigue siendo el más moderno de los deportes aéreos. Con un paracaídas, saltamos y caemos; pero con un parapente despegamos y volamos.

...¿Cómo?

La mecánica del vuelo en parapente comienza desplegándolo en la ladera de una montaña o sobre un relieve con cierto desnivel. Tras una breve carrera cara al viento lo inflamos y es cuando éste adopta sus características de ala, es decir de una estructura diseñada para volar, justo antes del momento de despegue. Nuestros pies <u>se separan</u> de la tierra con más suavidad de la que hubiéramos podido prever, aunque en nuestro primer vuelo no nos enteramos muy bien de lo que está pasando, pero aseguramos la maniobra siguiendo las indicaciones de nuestro instructor. Una vez en el aire su naturaleza es como la de cualquier aeronave, y su pilotaje se convierte en una técnica en la que las leyes aerodinámicas y fenómenos aerológicos deben seguirse, conocerse y respetarse. El aire en la cara, el susurro del viento relativo en nuestros oídos, los árboles cada vez más pequeños pasan lentamente bajo nuestros pies, la sensación de que estamos volando es sencillamente fascinante. El aterrizaje, también cara al viento, resulta suave y sencillo.

... Por qué?

La gran acogida que ha tenido el parapente como actividad deportiva debe ser analizada desde dos puntos de vista: técnico y sociológico.

TECNICO:

No necesita motor, pesa poco (5 kg), se guarda y se transporta en cualquier sitio, puedes realizar sin consecuencias diversos intentos de despegue, su maniobrabilidad le permite aterrizar casi en cualquier sitio, los modelos diseñados para escuela toleran sin problemas muchos errores del alumno e incluso el primer día de prácticas se podría estar ya volando... ¿qué más se puede pedir?

SOCIOLOGICO:

A lo largo de su historia, el hombre ha fabricado todos los utensilios y se ha valido de los medios que ha necesitado, dominando poco a poco el mundo que le rodea. Este desarrollo tecnológico incrementa nuestra sensación de fuerza, y con la civilización nos protegemos de todas esas hostilidades con las que las fuerzas de la Naturaleza tanto atemorizaron al hombre primitivo. Ahora nos encontramos inmersos en un mundo lleno de mecanismos rutinarios, prisas y competitividad. Nuestros sentidos han dejado de percibir las auroras, los cirros allá en lo alto o la brisa que acaricia el manto verde de una ladera. Sentimos que nos olvidamos de algo. Por eso los hay que afrontan los mares con barcos sin motor con la esperanza de sentir el viento; otros atraviesan inmensidades polares o desérticas para escuchar el silencio; escalan verticales paredes o surcan los cielos con planeadores ultraligeros. Así un público cada vez más numeroso opta por la búsqueda de aquello que pueda llegar a realizar con el mínimo de utensilios posibles, valorando su propio esfuerzo y enriqueciendo su espíritu.

1. Read the section **...Qué es?** Now choose which of the following sentences best summarizes the section.
   a. Parasailing is not considered proper in Spain, but the French like to parasail over Spain's borders.
   b. Parasailing is a new aerial sport, brought from France, in which you fly rather than jump.
   c. Parasailing is a sport that can be done behind a boat, on skis, or by running down a hill.

2. Read the first three sentences of the **...Cómo?** section. Which sentence below is the best summary?
   a. You climb onto the mountain with a ladder, and as you jump, the sail inflates.
   b. You follow the directions of an instructor who understands the mechanics of parasailing.
   c. You run into the wind on a hill, your sail inflates, and your feet lift off the ground smoothly.

3. Which of the following best summarizes the rest of **...Cómo?**
   a. The pilot should be an expert with a knowledge of aerodynamics.
   b. The aerodynamic techniques are like piloting a plane, but the air gives a wonderful sensation of flying and the landing is smooth and easy.
   c. Improvements in technology have made parasailing safer and better.

...De qué manera?

4. Under **...Por qué?**, read the **Técnico** section. Write a one-sentence summary and then compare your summary with those of two or three classmates.

5. Summarize the remaining sections in a few sentences. Compare your summaries with a classmate's.

D. Ahora que comprendes las ideas básicas del artículo, vamos a ver algunos detalles. Hay varias palabras subrayadas *(underlined)* en el artículo. Lee las frases que contienen las palabras e indica qué significan las palabras.

1. En **...Qué es?**, ¿qué quiere decir la palabra <u>importada</u>?

2. En **...Cómo?**, ¿qué significado tiene el verbo <u>se separan</u>?

3. En **Técnico**, ¿qué quieren decir las palabras <u>modelos diseñados</u> y el verbo <u>toleran</u>?

4. En **Sociológico**, ¿qué significan las palabras <u>inmersos</u>, <u>rutinarios</u>, y <u>competitividad</u>? ¿Qué significado tienen las palabras <u>desérticas</u> y <u>silencio</u>?

5. En **...De qué manera?** ¿qué significa la frase <u>oficialmente reconocida</u>?

E. Ahora reúnete con un(a) compañero(a) y di si quieres practicar **parapente**. ¿Por qué o por qué no? ¿Hay un lugar ideal cerca de donde viven para practicarlo? ¿Dónde deben aprenderlo? ¿Qué tipo de equipo necesitan? ¿Qué tipo de precauciones deben seguir?

Para dar con seguridad y continuidad vuestros primeros pasos en el mundo del parapente, buscad una escuela que esté <u>oficialmente reconocida.</u> Exigid de vuestros instructores la titulación como tales expedidos por la Federación Española de Deportes Aéreos. Pedid el programa de actividades de ese curso de iniciación que queréis realizar y el método de enseñanza a aplicar. Desconfiad de aquellos enseñantes que ya desde el primer día os hacen realizar vuelos de cierta altura (por encima de los 50 m. de desnivel). Los vuelos guiados por radio durante el 2, 3 y/o 4 día de curso son necesarios. En parapente no es real decidir que en un curso hay un número *X* de alumnos por instructor, ya que un equipo mínimo de enseñanza está integrado por dos instructores (uno en control de despegue y porte del vuelo, otro en el resto del vuelo, aproximación y aterrizaje).

Finalmente, al término de esta actividad, si el alumno ha adquirido la aptitud suficiente, la escuela le expedirá el título B de piloto de parapente, y que le capacitará para realizar sus primeros vuelos fuera del control de esa escuela, pero al menos acompañado de un piloto de categoría C, o experto. A partir de aquí, la escuela que os ha formado debe abriros un amplio abanico de posibilidades para continuar volando.

Have you ever tried to explain one of your pastimes to someone? To explain a hobby to someone who doesn't know much about it, you have to choose your words carefully. In this activity, you'll write to a friend about a hobby he or she is interested in learning about and you'll learn a way to plan ahead for the writing task.

Tu pasatiempo favorito

Imagina que tienes un(a) amigo(a) que quiere saber más sobre tu pasatiempo o deporte favorito. Escríbele una carta para describirlo, cómo se practica, qué equipo se necesita, las precauciones necesarias, etc. Toma en cuenta lo que tu amigo(a) ya sabe de tu pasatiempo.

A. Preparación

Antes de escribir tu descripción, considera las siguientes preguntas.

1. ¿Por qué escribes esta carta?
2. ¿Para quién escribes? ¿Es niño(a) o adulto(a)? ¿Debes usar **tú** o **usted**?
3. ¿Cuánto ya sabe esta persona de tu pasatiempo o deporte?
4. ¿Qué detalles necesitas incluir para describirlo bien?
5. ¿Necesitas incluir fotos o dibujos para hacer una buena descripción?

ALGUNOS CONSEJOS
Know your audience Before you write, think about who you're writing to and the reason you're writing. Write using words your reader could be expected to understand, and use an appropriate tone. For example, you'd describe a hobby differently depending on whether you were writing to your grandmother or to a child.

B. Redacción

1. Escribe tu carta. Pon la fecha y una introducción para preguntar cómo está tu amigo(a), qué pasa donde vive, etc.
2. Escribe otros párrafos para describir tu pasatiempo o deporte. Usa el vocabulario y los detalles apropiados. Si la persona que va a leer esta carta es de tu edad, usa las formas de **tú**.
3. Escribe una conclusión apropiada. Si quieres, puedes resumir *(sum up)* los detalles más importantes de tu descripción.
4. Incluye fotos o dibujos si son apropiados.

C. Evaluación

1. ¿Usaste un tono apropiado? Si no, puedes hacerlo más formal o más informal.
2. Mira bien las palabras que usaste. ¿Crees que tu amigo(a) puede comprenderlas? Si no, usa otras.
3. ¿Escribiste bien todas las palabras? Si no, corrige las palabras incorrectas.
4. Si usaste fotos o dibujos, ¿qué piensas de ellos? Si no apoyan la presentación, omítelos o busca otros.

1 Amparo está invitando a varios amigos a acompañarla a la playa, ¡pero todos ya tienen planes! Escucha las siguientes conversaciones e indica qué dibujo corresponde a cada conversación. Una de las conversaciones no corresponde a ningún dibujo.

a.

b.

c.

d.

2 Imagina que un(a) amigo(a) volvió ayer de unas vacaciones en La Coruña. Escribe una lista de preguntas que puedes hacerle sobre sus vacaciones. Usa algunas de estas palabras.

montar a caballo   tener   sacar fotos

leer

bucear   conocer   ir   remar   jugar

venir

3 Imagine that you're going to spend a summer in Galicia. Using the cultural information you have learned about Galicia in this chapter, write a short paragraph describing what you will do there. Describe the foods you'll probably eat, sports and activities you'll participate in, and places you'll visit.

4 Con un(a) compañero(a), compara estos deportes o pasatiempos. Indiquen si a Uds. les interesan, si no les interesan tanto o si no les gustan para nada.

5 Imagina que eres la persona que entrevistó a la joven alpinista del artículo. ¿Qué preguntas le hiciste para descubrir la siguiente información?

1. su nombre
2. su edad
3. el monte que escaló
4. el nombre de la persona que la entrenó
5. su edad cuando aprendió a esquiar
6. la ubicación (location) del monte

SUPERNIÑA ALPINISTA

La alpinista más joven que haya escalado el Monte Blanco es la genovesa Valerie Schwartz, de siete años. La niña hizo la ascensión con sus padres y un guía. Su papá la entrenó durante dos años. Valerie esquía desde los dos años y está acostumbrada a caminar en terrenos difíciles. El Monte Blanco, de 4.810 metros, es el más alto de Europa. Está en los Alpes.

6 Escoge a un(a) amigo(a) por correspondencia de la **Actividad 12** en la página 11 y escríbele una carta para presentarte a él o ella. Descríbele cómo eres (físicamente y tu personalidad) y pregúntale de su personalidad, sus pasatiempos y deportes favoritos.

7
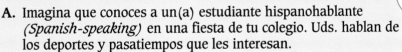
S I T U A C I Ó N

A. Imagina que conoces a un(a) estudiante hispanohablante *(Spanish-speaking)* en una fiesta de tu colegio. Uds. hablan de los deportes y pasatiempos que les interesan.

B. El (La) director(a) de tu colegio quiere nombrar *(nominate)* al (a la) mejor estudiante del colegio. Piensas que tu mejor amigo(a) merece *(deserves)* este honor. Escribe una carta en que describes a tu amigo(a). Indica por qué él o ella merece este honor y menciona las cosas importantes que hizo este año.

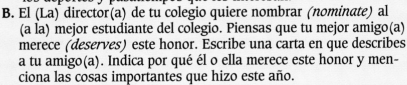

Can you express interest, indifference, and displeasure? p. 9

1 Tu mejor amigo(a) te sugiere cosas que Uds. pueden hacer este fin de semana. Responde a cada una de las ideas de tu amigo(a).

1. ¿Por qué no jugamos videojuegos?
2. ¿Qué te parece si jugamos a las cartas en mi casa?
3. ¡Vamos a escalar la Montaña Encantada!
4. Va a hacer buen tiempo. Podemos montar en bicicleta.
5. ¿Qué te parece si vamos a la playa?
6. Podemos tomar una clase de patinaje.

Can you ask for information? p. 16

2 Un amigo te presenta a Mónica, una estudiante nueva. ¿Qué preguntas le haces para descubrir la siguiente información?

1. su lugar de origen
2. la fecha cuando llegó
3. el número de hermanos y hermanas que tiene
4. lo que le gusta hacer
5. el modo de transporte que usa para llegar al colegio
6. sus motivos para estudiar en los Estados Unidos

3 ¿Cómo le preguntarías a un(a) compañero(a) lo que hizo ayer después de clases? Usa las sugerencias a la derecha.

por qué
a qué hora
qué
cuándo
qué tal
adónde
con quién
(algún deporte)
(algún pasatiempo)

Can you describe yourself and others? p. 17

4 Indica si conoces a las siguientes personas y qué sabes de él o ella.

MODELO   mi prima Julia
—Sí, la conozco y sé que es pelirroja y tiene el pelo rizado.

1. el (la) gobernador(a) de tu estado
2. el padre o la madre de tu mejor amigo(a)
3. tus primos(as)
4. el alcalde o la alcaldesa *(mayor)* de tu ciudad
5. el (la) profesor(a) de español
6. el (la) entrenador(a) del equipo de baloncesto

PRIMER PASO

Expressing interest

Estoy loco(a) por... *I'm crazy about . . .*
Me la paso... *I spend my time . . .*
Soy un(a) fanático(a) de...
  I'm a big fan of . . .
Soy un(a) gran aficionado(a) a...
  I'm a big fan of . . .

Expressing indifference

Como quieras. *Whatever (you want).*
Me da igual. *It's all the same to me.*
Me da lo mismo. *It's all the same to me.*
No me importa. *It doesn't matter to me.*

Expressing displeasure

Estoy harto(a) de... *I am fed up with . . .*
Me parece un rollo.
  It seems really boring to me.
No me interesa para nada.
  It doesn't interest me at all.
¡Qué paliza! *What a drag!*

Sports

el buceo *scuba diving*
la equitación *horseback riding*
la escalada deportiva *rock climbing*
el esquí acuático *waterskiing*
el montañismo *mountain climbing*
montar a caballo *to go horseback riding*
pasear en velero *to go sailing*
el patinaje *skating*
patinar en línea *to go inline skating*
patinar sobre hielo *to ice-skate*
el remo *rowing*
la vela *sailing*

Hobbies

coleccionar adhesivos/sellos
  to collect stickers/stamps
escuchar música *to listen to music*
la fotografía *photography*
ir a la playa *to go to the beach*
jugar a las cartas *to play cards*
leer tiras cómicas *to read comics*
sacar fotos *to take pictures*
tocar un instrumento *to play an instrument*
los videojuegos *videogames*

Musical instruments

la batería *the drums*
el clarinete *the clarinet*
la flauta *the flute*
el saxofón *the saxophone*

SEGUNDO PASO

Asking for information

¿Cómo? *How?*
¿Cuándo? *When?*
¿Cuánto(a)(os)(as)? *How much? How many?*
¿Dónde? *Where?*
¿Por qué? *Why?*
¿Qué? *What? Which?*
¿Quién(es)? *Who?*

Describing yourself and others

abierto(a) *open*
alto(a) *tall*
los anteojos *glasses*
la barba *beard*
el bigote *moustache*
buena gente *nice*
de estatura mediana *of medium height*
fenomenal *great*
guapo(a) *good-looking*
llevar anteojos *to wear glasses*
una gran persona *a great person*
un gran tipo *a great guy*
majo(a) *nice* (used in Spain)
moreno(a) *brunet, brunette*
No hay quien lo (la) aguante.
  Nobody can stand him(her).
pelirrojo(a) *red-headed*
pesado(a) *annoying*
rizado(a) *curly*
tener un buen sentido del humor
  to have a good sense of humor
un(a) tío(a) estupendo(a) *a great guy/girl*

la anguila - eel
el calamar - cal...
el centoll... - crab

Por una vida sana

① ¿Puedes darme algún consejo?
Estoy preocupada por mis notas.

Muchas personas quieren llevar una vida sana. Hacer ejercicio, comer bien, y controlar el estrés de todos los días—todas estas cosas pueden ayudarnos a vivir más y mejor. ¿Qué hacen los jóvenes españoles para cuidarse? ¿Crees que los jóvenes españoles tengan distintas ideas sobre qué es una vida sana?

In this chapter you will learn

- to ask for and give advice
- to talk about taking care of yourself

And you will

- listen to part of a call-in show
- read an article about managing stress
- write a letter to a friend who has moved away
- find out how Spanish-speaking teens take care of themselves

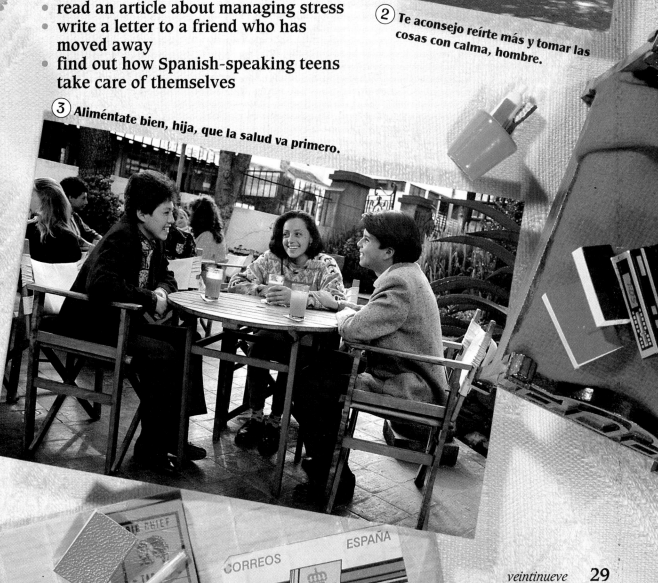

② Te aconsejo reírte más y tomar las cosas con calma, hombre.

③ Aliméntate bien, hija, que la salud va primero.

DE ANTEMANO

Una vida equilibrada

Los amigos, la familia, los estudios, las fiestas, el trabajo... la vida está llena de actividades y diversiones y a veces, estrés. ¡No te preocupes! Este "test" te va a ayudar a entender cómo organizas tu tiempo.

¿Equilibrado o descontrolado?

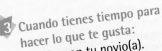

La vida es un gran pastel con muchas rebanadas: los amigos, la familia, los estudios, las fiestas, el trabajo. ¿Qué tal andas tú en distribuir tu tiempo? Aquí tienes una prueba para saberlo. Tómala y sin trampas.

1 Los sábados en la mañana estás:
- **a.** en casa de tu mejor amigo(a).
- **b.** haciendo las compras o cualquier otra tarea doméstica.
- **c.** esperando la llamada de tu novio(a).
- **d.** trabajando para ganar dinero.
- **e.** en la cama, durmiendo.

2 Si despiertas a medianoche y no puedes dormir, estás pensando en:
- **a.** buscar otro(a) novio(a).
- **b.** ganar dinero.
- **c.** cómo sacar buenas notas en los exámenes.
- **d.** un problema familiar.
- **e.** lo que te vas a poner para la fiesta del viernes.

3 Cuando tienes tiempo para hacer lo que te gusta:
- **a.** sales con tu novio(a).
- **b.** vas a un concierto de rock o a un evento deportivo.
- **c.** descansas.
- **d.** practicas tu deporte o actividad favorita.
- **e.** te cortas el pelo o te haces la permanente.

4 Cuando te sientes cansado(a), es porque:
- **a.** pasaste toda la noche de fiesta.
- **b.** hablaste toda la noche con tus papás.
- **c.** estudiaste toda la noche.
- **d.** fuiste de compras todo el día.
- **e.** trabajaste demasiadas horas extra.

5 Tu mejor amigo(a) te describe como:
- **a.** un "trabajo-hólico(a)".
- **b.** un cerebro.
- **c.** divertido(a).
- **d.** muy unido(a) a tu familia.
- **e.** víctima de la moda.

6 Tu peor enemigo(a) dice que eres:
- **a.** super-engreído(a).
- **b.** antipatiquísimo(a).
- **c.** solitario(a).
- **d.** codicioso(a).
- **e.** enamoradizo(a).

7 Para relajarte:
- **a.** compartes una pizza con tus amigos(as).
- **b.** prefieres ir al parque para mirar a los (las) chicos(as).
- **c.** escuchas música tranquila o lees en tu cuarto.
- **d.** hablas con tu mamá.
- **e.** haces ejercicio.

8. Tus fantasías del futuro son:
   a. casarte con tu chico(a).
   b. conseguir un buen trabajo.
   c. ir a la universidad.
   d. tener una fiesta de graduación enorme.
   e. ser actor o actriz.

9. A veces sufres del estrés cuando:
   a. no tienes tiempo para descansar.
   b. no tienes tiempo para estudiar lo suficiente.
   c. no estás con tu familia.
   d. no estás con tus amigos(as).
   e. no tienes ni trabajo ni dinero.

10. El trabajo que te gusta es:
   a. maestro(a) o vendedor(a).
   b. escritor(a) o investigador(a).
   c. trabajador(a) social, consejero(a) o ministro(a).
   d. profesor(a) de universidad, artista, atleta profesional.
   e. diseñador(a) de moda o estilista de cabello.

amor · familia · ejercicio · estudios · diversión · amigos

Confidencial

P: Querida Consuelo, ¡Socorro! Estoy agobiado por las presiones de mi vida. Tengo muchísimo que hacer en casa, en el colegio y en el trabajo. Quiero tener una vida social también. ¿Qué me aconsejas hacer?
Ansioso en
La Coruña

R: Querido Ansioso, ¡No te pongas ansioso! Es posible resolver tus problemas. Primero, deberías organizar tu tiempo. Pídeles ayuda a tus padres, profesores y compañeros de clase. Te recomiendo dedicar tiempo todas las semanas a las cosas que te interesan y hacerlas con gente que te gusta. Descansa y duerme bien. ¡Cuídate mucho!
Consuelo

Puntuación

¡Ahora te llegó el momento de la verdad! Compara tus respuestas con las de abajo. ¿Cómo pasas el tiempo?

Amigos, diversión: 1a, 3b, 4a, 5c, 7a, 8d, 9d, 10a
Los (Las) chicos(as), tu novio(a): 1c, 2a, 3a, 6e, 7b, 8a
Estudios o proyectos especiales: 2c, 3d, 4c, 5b, 6b, 8c, 9b, 10d
La casa, la familia: 1b, 2d, 4b, 5d, 7d, 9c, 10c
El trabajo: 1d, 2b, 4e, 5a, 6d, 8b, 9e
Pasatiempos o relajamiento: 1e, 3c, 6c, 7c, 9a, 10b
La moda y tu apariencia física: 2e, 3e, 4d, 5e, 6a, 7e, 8e, 10e

1 Los problemas de "Ansioso"

Indica si cada frase de la carta es **cierta** o **falsa**. Si es falsa, corrígela.

1. El problema más grande de "Ansioso" es que no tiene nada que hacer.
2. "Ansioso" sale mucho con sus amigos.
3. Le escribe a Consuelo para pedirle consejos y resolver sus problemas.
4. Según ella, "Ansioso" debe dedicar tiempo a las actividades interesantes.
5. Consuelo le aconseja trabajar más.

2 ¿Cómo los describes?

Escucha las siguientes descripciones e indica qué adjetivo corresponde mejor.

a. antipatiquísimo(a)
b. enamoradizo(a)
c. solitario(a)
d. super-engreído(a)
e. codicioso(a)

3 Personalidades

Con un(a) compañero(a), escribe descripciones de siete personas imaginarias que prestan mucha atención a cada categoría.

MODELO   A Elisa le encantan las revistas de moda y quiere ser modelo.

familia

moda o apariencia física

amor

amigos

estudios

diversión o relajamiento

trabajo

¡PAREN EL MUNDO, ME QUIERO BAJAR!

4 ¿Qué palabras se usan?

1. ¿Qué expresión usa "Ansioso" para decir que tiene muchas presiones?
2. ¿Cómo le pide consejos a Consuelo?
3. Busca por lo menos tres expresiones que usa Consuelo para darle consejos.

5 ¿Cuáles son tus prioridades?

Ahora compara los resultados de la prueba con un(a) compañero(a). ¿Cuáles son las prioridades de cada persona? ¿Llevan Uds. vidas equilibradas o descontroladas?

NOTA CULTURAL

Aunque el idioma nacional de España es el español, algunas regiones de España tienen sus propias lenguas. En Cataluña se habla **catalán,** por ejemplo, y los vascos hablan una lengua misteriosa llamada **éuskera,** que no es similar a ningún idioma conocido. En Galicia se habla el **gallego.** El gallego es similar al portugués y al español. Por ejemplo **tienda** es *tenda* en gallego, **primero(a)** es *primeiro(a),* **mujer** es *muller,* y **llorar** es *chorar.* ¿Qué idiomas se hablan en los Estados Unidos además del inglés?

Asking for and giving advice

ASÍ SE DICE   Asking for and giving advice

Aquí tienes algunas frases que puedes usar para pedir y dar consejos a otra persona.

¿Qué me aconsejas hacer?

¿Qué me recomiendas hacer?

¿Puedes darme algún consejo?

¿Qué debo hacer?

Te aconsejo comer bien.

Te recomiendo hacer más ejercicio.

Sería bueno expresar tus emociones.

Deberías descansar más.

No debes preocuparte tanto.

6 ¿Qué me aconsejas?

Con un(a) compañero(a) de clase, indica qué consejo es el mejor para cada problema que sigue.

"Me encanta la comida italiana, sobre todo si tiene ajo. Y cuando cocino, cocino con mucho ajo. El problema es que a mi novia no le gusta para nada y no me quiere hablar si lo como. ¿Puedes darme algún consejo?"

"Tengo 16 años y soy muy independiente para mi edad pero mis papás no me permiten hacer nada después de las nueve de la noche. Si llego tarde, no me permiten salir con amigos, ir a fiestas ni hablar por teléfono por una semana. ¡No es justo! ¿Qué me aconsejas?"

A. ¡Deberías comer lo que te gusta! Si tu novia te quiere, te va a aceptar tal como eres.

B. Sería bueno dejar de comer ajo por completo. Tu novia tiene razón, el ajo es horrible. No debes hacerla sufrir.

C. ¡Hay una solución! Puedes cocinar con ajo pero sólo una vez por semana.

A. Deberías buscar un apartamento y vivir sola. Tus padres no son razonables.

B. Te recomiendo hablar con tus padres para buscar una solución. Tal vez te permitan salir hasta las diez o las once sólo los sábados. Y si no, pues dentro de unos años puedes hacerlo.

C. Te aconsejo seguir las reglas de tus padres totalmente. Eres muy joven para salir de noche.

7 ¿Buen consejo?

Escucha los siguientes problemas y consejos. Si te parece bueno el consejo, escribe **buen consejo** en una hoja de papel. Si te parece malo, escribe **mal consejo**.

8 Problemas sentimentales

Imagina que tu compañera(o) se peleó *(quarreled)* con su novio(a) y ahora necesita tu ayuda. Dale consejos con estos verbos: **discutir, hablar, comprar, perdonar, dar, ir** y **decir**.

9 ¡Ayuda a Pablo!

Pablo necesita tu ayuda. Se despertó tarde hoy y tiene un examen en su primera clase. Con un(a) compañero(a) de clase, dale cinco consejos sobre lo que debe hacer para no llegar demasiado tarde al colegio y cinco consejos sobre lo que no debe hacer.

¿Te acuerdas?

Here are some informal commands that have irregular forms:

decir	**di**	salir	**sal**
hacer	**haz**	ser	**sé**
ir	**ve**	tener	**ten**
poner	**pon**	venir	**ven**

VOCABULARIO

¿Cómo estás hoy?

agotada

histérico

agobiado

ansiosa

¿Qué causa el estrés?

estar rendido(a)   *to be worn out*
llevar una vida agitada   *to lead a hectic life*
ponerse nervioso(a)   *to get nervous*
sufrir de presiones   *to be under pressure*
sufrir de tensiones   *to suffer from tension*

¿Qué alivia el estrés?

cuidarse   *to take care of oneself*
reírse   *to laugh*
relajarse   *to relax*
resolver un problema   *to solve a problem*
tomar las cosas con calma   *to take things calmly*

---

10   ¡No lo aguanto más!

Mira el dibujo e indica qué tensiones sufre Yolanda y qué puede hacer para aliviar el estrés. ¿Alguna vez estuviste tan ocupado(a) como ella? ¿Por qué?

¿Te acuerdas?

One way to talk about what's happening right now is to use the present progressive. It's formed with **estar + -ando/-iendo**. It corresponds to the English -ing form in sentences like: **Estamos esperando a Marta.** *(We're waiting for Marta.)*

11   ¿Cómo te sientes cuando...?

Con un(a) compañero(a), completa las frases con el vocabulario apropiado.

1. Es importante relajarse porque...
2. Sufro de presiones cuando...
3. Me siento tranquilo(a) cuando...
4. Estoy rendido(a) después de...
5. Estoy agobiado(a) cuando...
6. Para mí, la mejor forma de relajarme es...
7. Tres cosas que me causan el estrés son...
8. Tres cosas que me hacen reír son...

12   ¿Cómo alivio el estrés?

Con unos(as) compañeros(as), comparen sus respuestas de la Actividad 11. Dales consejos a tus compañeros(as) sobre las cosas que les causan estrés. Luego piensa en los consejos que te dieron tus compañeros(as). ¿Cuáles van a ser difíciles de seguir? ¿Por qué?

bonus for quiz

Un poco más...

abrumado(a)   *overwhelmed*
desvelarse   *to stay up late*
estar hecho(a) polvo
   to be worn out
madrugar   *to get up early*
ponerse ansioso(a)
   to become anxious
enojarse
   to become angry

■ ■ ■ ■ ■ ■ ■ ■ ■ ■ ■ ■ ■ ■ ■ ■

Bonus: Haz bien y no mires a quien. Do good and don't look at others

13 Consejero en la radio

Imagina que trabajas para una emisora *(radio station)*. Recibes llamadas de gente que necesita tu ayuda. Escucha la siguiente llamada y toma apuntes *(notes)* sobre el problema. Escucha otra vez y luego escribe una respuesta que le da consejos. Menciona por lo menos tres consejos.

14 Mi escape favorito

En grupos de tres o cuatro estudiantes, lean el artículo sobre los escapes favoritos de Susy, Beto y Patricia. ¿Qué hacen ellos para aliviar el estrés? Escriban un párrafo sobre los "escapes" favoritos de cada miembro de su grupo.

MI "ESCAPE" FAVORITO...

¿Abrumado con las presiones del día a día? ¿Echas humo de la tensión? ¡No estalles! Tres lectores comparten contigo su "escape" predilecto:

Susy, 17 años: "La playa me serena. Me gusta sentarme frente al mar y concentrarme en el ir y venir de las olas. Me basta con media hora para sentirme como nueva. Si por algún motivo no puedo ir a la playa, contemplo un rato las nubes. Es que a mí me relaja mucho la naturaleza..."

Beto, 18 años: "Para poner mi mente en piloto automático, me gustan los crucigramas y los juegos de palabras. La concentración me hace olvidar los otros problemas. Además, mejoro mi vocabulario..."

Patricia, 15 años: "A mí me relaja la actividad física. Nadar, correr, hacer ejercicios aeróbicos...Todo eso me saca de mis problemas en un 'tilín'..."

¿Cómo te cuidas?

¿Crees que los jóvenes de España y los países de Latinoamérica se cuidan de la misma manera que tú? ¿Sufren ellos del estrés también? Entrevistamos a varios jóvenes para preguntarles qué hacen. ¿Qué tienes en común con ellos?

PANORAMA CULTURAL

Gloriela
San Antonio, Texas

"Yo me cuido la salud por comer bien, no como tanto, no como tanto también en la noche y como cosas como verduras, frutas y no compro tanto dulce".

Érica
San José, Costa Rica

"Bueno, yo hago ejercicios, voy a La Sabana, corro, juego un rato con mi esposo, con mi familia, eso es lo que hago."

Alberto
Caracas, Venezuela

"Para mantener la salud hago deporte, hago una rutina diaria de físicocul- turismo y trato de estar al día en todo lo que se respecta al estado de la forma".

Para pensar y hablar…

A. ¿Qué haces tú para mantener la buena salud? Lee con atención las respuestas de Alberto y Érica y compáralas. ¿Cuál de los dos prefiere hacer ejercicios en el parque y en grupo y quién lo hace individualmente y en lugares cerrados?

B. Why do you think it's important to exercise and eat a balanced diet? How does inactivity affect your health? How does overeating affect your health?

¡ADELANTE!

¡Nos cuidamos mucho!

Pilar, Carlos y Elena hablan de los buenos hábitos.
¿Tienes algo en común con ellos?

Pilar

Normalmente los padres les enseñan a los hijos los buenos hábitos de alimentación y salud. Pero en mi familia no es así. Cuando mi madre era niña, la gente no sabía mucho sobre los peligros por los que nos preocupamos hoy en día. Por ejemplo, mi madre siempre se bronceaba sin crema protectora y a veces se quemaba. Le hablé del peligro de cáncer de la piel y ahora ella se pone crema protectora. También, ella siempre le echaba mucha sal y aceite a la comida. Ahora sabemos que el uso excesivo de sal y aceite contribuye a los problemas de salud. ¡Nos cuidamos mucho!

Antes tenía problemas en hacer amigos porque era bastante reservado. Muchas veces me quedaba en casa, no salía con amigos y no hablaba mucho con mis papás ni con mis amigos. Francamente, me interesaban más las cosas que las personas. Nunca compartía mis problemas con nadie y me sentía muy solo. Un día decidí que tenía que cambiar mi modo de ser. Ahora sé que las personas son más importantes que las cosas. Cuando algo me molesta o si estoy agobiado por las tensiones de la vida, trato de compartirlo con alguien, por ejemplo, con mi familia o con amigos. Comparto las buenas cosas también. Así las cosas negativas no parecen tan graves y ¡las cosas positivas son mejores!

Carlos

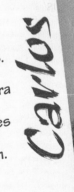

Elena

Mi amiga Marianela siempre estaba a dieta para bajar de peso. Quería ser tan delgada como las modelos de las revistas. Está bien cuidarse el peso, pero al mismo tiempo yo me preocupaba por ella: no comía lo suficiente, estaba delgadísima y se pesaba dos veces al día. Estaba tan delgada que se cansaba fácilmente. Afortunadamente, sus padres se dieron cuenta del problema y la llevaron a ver a un doctor. Ahora ella está mejorando y subiendo de peso poco a poco. Estoy muy contenta ahora pues es mi mejor amiga y me importa mucho.

15 Correcciones

Indica si la frase es **cierta** o **falsa**. Si es falsa, corrígela.

1. En el pasado, Carlos hablaba con sus papás o amigos cuando tenía estrés en su vida.
2. La mamá de Carlos nunca se ponía crema protectora cuando salía al sol.
3. Pilar y su familia ahora se cuidan mucho.
4. Ahora Elena se preocupa por su amiga porque todavía quiere bajar de peso.
5. La amiga de Elena está mejor ahora.

16 Un resumen

Con un(a) compañero(a), haz un resumen de cada párrafo que leyeron en la página 38. ¿Cuál era el problema de cada persona? ¿Cómo resolvió cada persona su problema o el problema de otro?

17 ¿Qué expresiones usan...?

1. Pilar, Carlos y Elena para hablar de buenos hábitos de salud
2. Pilar, Carlos y Elena para hablar de los malos hábitos que tenían Carlos, Marianela y la madre de Pilar

18 Entre amigos

Las siguientes personas tienen malos hábitos de salud. Con un(a) compañero(a), dales buenos consejos. Usa las expresiones de la Actividad 17, frases como **Deberías** o **No deberías** y vocabulario de las páginas 34 y 35.

1. Toño duerme solamente cuatro horas al día.
2. Anita no habla de sus problemas con nadie.
3. Armando va a la playa mucho y no usa crema protectora.
4. Felipe no come lo suficiente y se pesa *(weighs himself)* todo el tiempo.
5. Midori nunca hace ejercicio y ve mucho la tele.
6. Ignacio sólo come carne y pollo frito.
7. Yusef trabaja 20 horas al día.
8. Florencia toma refrescos todo el día.
9. Nekeshia no come muy bien. Depende de las vitaminas.
10. Andrés se siente muy solo pero no habla con nadie.

LA SALUD ES TODO

Por una vida más sana come sólo lo mejor

"La nutrición es nuestra especialidad"

COMESTIBLES NUTRITEC S.A.

19 Ahora te toca a ti

Describe tus hábitos de salud: lo que comes, si te pones crema protectora, si hablas con tus amigos y familiares cuando estás agobiado(a), y cómo te cuidas el peso. Tu compañero(a) te va a dar consejos con base en lo que describes.

Talking about taking care of yourself

ASÍ SE DICE Talking about taking care of yourself

Para decir que no te cuidas mucho, puedes decir:

> Siempre **le echo mucha sal a la comida.** Casi nunca **hago ejercicio. Me quedo frente a la tele** por horas.
>
> Nunca **duermo lo suficiente.**
>
> Siempre **estoy a dieta. Me peso** dos veces al día.
>
> Nunca **comparto** mis problemas **con nadie** y **me siento muy solo(a).**

Para decir que te cuidas mucho, puedes decir:

> **Tengo buenos hábitos de alimentación.**
>
> **Como comida sana** con poca grasa.
>
> Cuando **me bronceo, me pongo crema protectora.**
>
> **Me mantengo en forma. Hago ejercicio aeróbico** tres veces por semana.

También se puede decir...
Algunas personas dicen **estar a régimen** por **estar a dieta.**

20 ¡Suerte, Li!

Lee este artículo y luego contesta las preguntas que siguen.

1. ¿De dónde es Li Fapin?
2. ¿Por qué se entrena?
3. ¿Qué tiene de especial el caso de Li?
4. ¿Cómo piensa Li que va a resultar el maratón?
5. ¿Cómo se siente Li ahora?
6. ¿Cómo se mantiene en forma?

¿Se te ha olvidado?
parts of the body
Ver páginas 382–397

"MARATÓN A LOS 80"

- Li Fapin sueña con convertirse en un chino famoso. ¿Cómo? ¡Corriendo! Li se entrena todos los días para participar en un maratón internacional de 10.000 metros. Y, por supuesto, piensa llevarse los laureles. Lo sorprendente del caso es que tiene 80 años, una salud excelente y energía para cien años más. Mantiene una estricta disciplina. Se acuesta temprano y es un gran madrugador; su dieta es vegetariana y toma vino en raras ocasiones. ¡Suerte, Li!

*G*ramática de repaso Reflexive verbs

1. To conjugate a reflexive verb like **levantarse** *(to get up)*, remember to use the appropriate reflexive pronoun with the verb:

me levanto	nos levantamos
te levantas	os levantáis
se levanta	se levantan

2. Remember to use the reflexive verb in the infinitive form with another conjugated verb:

Voy a **acostarme** a las diez y media.   **Me** voy a **acostar** a las diez y media.

3. Attach the reflexive pronoun to the end of an affirmative command and place it before a negative command.

¡Cuída**te** mucho!   No **te** acuestes muy tarde.

21 ¿Buenos hábitos?

Escucha lo que dicen las siguientes personas. Luego indica si cada persona tiene hábitos saludables o no.

22 Una familia ocupada

La familia Suárez siempre está muy ocupada. La señora trabaja durante el día pero su esposo trabaja de noche. Escribe un párrafo corto para describir lo que cada persona está haciendo.

¿Te acuerdas?

acostarse	levantarse
bañarse	ponerse
despertarse	quitarse
lavarse	vestirse

alimentarse bien/mal

ducharse

pesarse

broncearse

la alimentación *nutrition*		**el peligro** *danger*	
contribuir *to contribute*		**la piel** *skin*	
cuidarse el peso *to watch one's weight*		**ponerse crema protectora** *to put on sunscreen*	
darse cuenta de *to realize*		**quemarse** *to get a sunburn*	
dormirse *to fall asleep*		**subir de peso** *to gain weight*	

23 ¡Qué lío!

 Escucha las descripciones e indica a qué dibujos corresponden.

a.

b.

c.

d.

24 ¿Se cuidan?

Compara tus hábitos de salud con unos(as) compañeros(as). ¿Se cuidan Uds. o no? ¿A qué hora se levantan? ¿Qué comen normalmente para el desayuno? Hagan una lista de los buenos y malos hábitos que comparten. ¿Qué consejos puede dar el uno al otro?

25 ¡Tantos errores!

Carlos se despierta muy cansado todas las mañanas. Por eso, comete *(makes)* varios errores durante el día. Lee el párrafo que describe lo que le pasó hoy. Corrige las oraciones ilógicas. Luego con un(a) compañero(a) de clase, escribe un párrafo tan ilógico como éste. ¡Usen su imaginación! Cambien su párrafo con otro equipo de compañeros(as) y escriban una versión lógica.

Carlos se levantó a las seis de la mañana, muy cansado. Fue al baño y se lavó los dientes con el peine. Después, se duchó y se lavó el pelo con pasta de dientes. Después se vistió: se puso un traje de baño, sandalias y un abrigo. Salió de la casa y fue al colegio con su mochila. Regresó a casa, vio la radio unas horas y luego se acostó en el baño a las nueve.

*G*ramática de repaso   The imperfect

The imperfect tense is used to talk about actions in progress in the past and about what happened in the past on a regular or habitual basis. These are the endings for -**ar**, -**er**, and -**ir** verbs as well as the irregular verbs **ver**, **ser**, and **ir**.

-**ar** verbs	-**er** verbs	-**ir** verbs	ver	ser	ir
llev**aba**	corr**ía**	dorm**ía**	veía	era	iba
llev**abas**	corr**ías**	dorm**ías**	veías	eras	ibas
llev**aba**	corr**ía**	dorm**ía**	veía	era	iba
llev**ábamos**	corr**íamos**	dorm**íamos**	veíamos	éramos	íbamos
llev**abais**	corr**íais**	dorm**íais**	veíais	erais	ibais
llev**aban**	corr**ían**	dorm**ían**	veían	eran	iban

26 En el colegio

Ricardo, estudiante en la Universidad Central, habla de sus años en el colegio. Escucha cada frase e indica si habla de **acciones habituales** o **no habituales**.

¿Se te ha olvidado?
uses of the imperfect
Ver la página 346

NOTA CULTURAL

A muchos(as) jóvenes españoles(as) les gusta salir por la noche para caminar y ver a sus amigos(as) en las calles y en los cafés. Cuando una persona sale con sus amigos(as) en España, hay mucha flexibilidad social. No es obligatorio asociarte sólo con el grupo con el que saliste. Es común andar con gente de varios grupos durante una noche. ¿Ocurre lo mismo en los Estados Unidos?

27 En aquel entonces

Carolina quiere hablar con su abuelo sobre su vida cuando era niño. Lee su conversación y contesta las siguientes preguntas.

1. ¿De qué tipo de presiones sufría el abuelo?
2. ¿Cómo se divertían el abuelo y su familia?
3. En tu opinión, ¿cómo era la niñez del abuelo?
4. ¿Cómo se compara la niñez del abuelo con tu niñez?

CAROLINA   Abuelo, ¿cómo era tu niñez? ¿Era muy diferente de la mía?

ABUELO   Bueno, en algunas cosas sí, en otras no. Por ejemplo, de niño yo me levantaba a las cuatro y media de la mañana, porque vivíamos en el campo y tenía que ayudar con las labores de la finca *(farm)*. Tú no te levantas hasta las siete.

CAROLINA   ¿Sufrías de muchas presiones?

ABUELO   No sufría del estrés de la vida urbana como ahora pero sí había presiones. Nos preocupábamos por el clima, por ejemplo. Si no llovía, la finca no producía lo suficiente. Y claro, asistía a la escuela como tú, y a veces me sentía rendido por los estudios.

CAROLINA   ¿Y se divertían?

ABUELO   Ah, ¡pues claro! Dedicábamos mucho tiempo a las actividades para toda la familia, hablábamos y leíamos por la tarde y nos reíamos mucho. En general, yo fui muy feliz de niño.

28 ¡Vaya diferencia!

Mira los dibujos de Francisco. La primera serie de dibujos muestra *(shows)* la vida de Francisco cuando tenía seis años. La segunda muestra su vida ahora. Con un(a) compañero(a), describe las diferencias entre la primera y la segunda serie de dibujos.

En aquel entonces

Hoy en día

29 ¿Qué está mal en este dibujo?

Mira el dibujo de Ana Patricia cuando era joven. Luego escucha lo que dice sobre su vida en la escuela secundaria. Hay tres errores en el dibujo. ¿Cuáles son?

30 ¿Qué hacían Uds.?

En grupos de tres o cuatro, hablen de su vida hace diez años y su vida ahora. ¿Tienen mucho en común con Ana Patricia? ¿Cómo se cuidaban? ¿Sufrían mucho del estrés? ¿Por qué? ¿Cómo eran sus horarios? ¿Cómo son sus vidas ahora? Hagan una lista de cinco recomendaciones para mejorar la vida actual *(present)* de cada compañero(a).

31 A la hora de cenar

Lee la tira cómica de Calvin. Después, haz una de las siguientes actividades.

1. Escribe un diálogo entre Calvin y su mamá en el que cada uno defiende sus opiniones. La mamá explica por qué es importante comer bien y Calvin explica por qué no quiere comer verduras.

2. Escribe un párrafo que compara tu niñez con la de Calvin. ¿En qué eran diferentes? ¿Qué tenían en común? ¿Cómo eran tus padres en comparación con los de Calvin?

32 En mi cuaderno

Ahora escoge una de las siguientes actividades.

(a) Entrevista a una persona mayor en tu familia, de tu colegio o en tu barrio y pregúntale cómo era la vida cuando él/ella era joven. Escribe un diálogo o párrafo como el de Carolina y su abuelo en la Actividad 27 y preséntalo a la clase.

(b) Imagina que ya tienes 75 años y estás hablando con tus nietos. Escribe un diálogo o párrafo en el que les describes cómo era la escuela cuando eras joven.

Cómo lograr el balance en tu vida

Una vida balanceada

*D*o you ever feel so busy that some activities in your life, like just relaxing and having fun, are crowded out? These articles are about exactly that: achieving a balance and managing stress.

Estrategia

Pause and think about the topic. What comes to mind when you read the title? What do the pictures remind you of? What do you think the article might talk about? Thinking about your background knowledge activates pertinent vocabulary and ideas in your mind.

¡A comenzar!

A. Lee el título del primer artículo. ("Cómo lograr el balance..."). Piensa en las preguntas y después escribe tus respuestas: ¿Cuáles son las áreas más importantes de tu vida? ¿Qué tipo de balance puedes establecer entre estas áreas?

B. Lee el título del segundo artículo. ("Cómo aliviar el estrés..."). Reflexiona sobre las preguntas. Ahora anota tus respuestas: ¿En qué áreas sientes más estrés? ¿Qué puedes hacer para controlarlo?

C. Júntate con un(a) compañero(a) para comparar lo que escribieron en las Actividades A y B.

LOS AMIGOS, LA DIVERSIÓN

*T*e encanta la gente. ¡Tu debilidad es compartir con tus amigos! Claro, todo con medida. Quizás usas las salidas para escapar de tus problemas. Podrías ser muy susceptible a la presión del grupo, lo cual te metería en muchos problemas. Recomendación: cultiva tu mundo interior.

LOS CHICOS/LAS CHICAS

*S*i tu vida se reduce a la búsqueda y captura del sexo opuesto, es señal de que tu nivel de autoestima está muy bajo. Es que sientes que no eres nadie sin un(a) chico(a) a tu lado. Busca otras amistades, envuélvete en diferentes actividades. De esa forma, con o sin novio(a), lo pasarás súper.

TU "LOOK"

*V*ives para la apariencia física. Eres lo que se dice una "víctima" de la moda. Esmerarse en el físico no es malo, si no se convierte en una obsesión o llegas a pensar que lo único que cuenta es la fachada. Nutre tu mente, tu espíritu; busca la compañía de gente interesante. Comparte ideas, gustos y actividades. Es bien importante ser lindo por dentro.

Cómo aliviar el estrés: 10 cosas esenciales

1 Piensa bien en lo que comes. Una dieta balanceada es importante para una buena salud y te protege contra el estrés. Evita la grasa, sal y azúcar. Come alimentos ricos en vitamina B: granos germinados, huevos, nueces. Y en vitamina C: frutas y vegetales verdes, que ayudan a evitar el estrés.

ESTUDIOS

Definitivamente, estudiar está muy bien, pero si es tu obsesión... ¿Es que sientes que las buenas calificaciones son lo único que tienes que ofrecer? No te limites a nutrir tu cabecita: llena tu vida de gente y cosas lindas.

LA FAMILIA

Si la familia es la base de tu vida, es bueno que mejores las relaciones, pero ¡no te encierres en ella! Si existen problemas, busca ayuda de un(a) consejero(a) o un(a) adulto(a) de confianza. Fíjate: mami, papi y tus hermanos no pueden ser la suma de tu vida social.

EL TRABAJO

No hay dudas, trabajar es bueno, porque te enseña a ser responsable, a tener disciplina y a concentrarte. Pero... ¡OJO! ¿Vives para hacer plata? Eso está mal. Tienes que tener prioridades: ¿trabajas para ahorrar dinero para los estudios... o para coleccionar toneladas de discos compactos? Hum. Sé muy cauteloso(a).

EL "RELAX"

Relajarte y dedicarte a tus pasatiempos es tan importante como cumplir con tus deberes, porque si no... ¡te quemas! Pero si descuidas tus estudios, el trabajo o tus relaciones por pasarla bien, estás creando un desbalance peligroso en tu vida. ¡Equilíbrate!

Duerme lo suficiente, de 7 a 8 horas cada noche. Si duermes bastante y si te acuestas y te levantas a la misma hora, puedes alargar tu vida y controlar el estrés.

Haz ejercicio, porque el ejercicio consistente fortalece el corazón, mejora la circulación, disminuye el colesterol, controla el peso, reduce la hipertensión y ayuda a controlar el estrés.

Al grano

D. Completa los siguientes esquemas que resumen los dos artículos. Puedes hacerlo al leer la lectura o después.

1. Cómo lograr el balance en tu vida
   a. Los amigos, la diversión:
   b. Los chicos/Las chicas:
   c. Los estudios:
   d. La familia:
   e. El trabajo:
   f. El "relax":
   g. Tu "look":

2. Cómo aliviar el estrés: 10 cosas esenciales
   1. Piensa bien en lo que comes.
   2. _____
   3. Haz ejercicio consistente.
   4. _____
   5. _____
   6. Resuelve los conflictos con tu familia.
   7. _____
   8. _____
   9. Expresa el cariño y amor. Sé generoso(a).
   10. _____

E. En el segundo artículo, cada sección tiene un consejo y las razones por las que se debe *(the reasons why one should)* seguir el consejo. Haz una lista de las razones para cada sección.

VAMOS A LEER

F. Imagine a friend asks your advice about balancing his or her life. Answer the following questions based on information in the first article.

1. What's so bad about experiencing a lot of peer pressure from my friends?
2. How can getting a job benefit me?
3. If I'm having family problems, where can I go for help?
4. If I'm desperate for a boyfriend/girlfriend, what does that have to do with my self-esteem?
5. Besides my looks, what else should I pay attention to in my life?
6. What happens if I neglect my studies, work, or friendships?

G. Do you agree or disagree with the advice given in these two articles? Get together with two or three classmates and discuss the following questions. (Use as much Spanish as possible!)

1. In the first article, which ideas or suggestions were most useful?
2. Would you change anything if you were to rewrite the article?
3. Which article did you like better and why?
4. In the second article, which suggestions do you agree with most?
5. Do you think any of the advice was unwise or not very important?
6. What other suggestions would you include?

4 Busca buenas amistades. Una persona de confianza es un apoyo y una ayuda. Conversa con esta persona, cuéntale tus alegrías y tristezas. Un(a) buen(a) amigo(a) puede aliviar el estrés con sólo estar presente.

5 Analiza las emociones de furia, malgenio, ansiedad, depresión porque llevan al agotamiento. Reprimirlas puede disminuir la resistencia al estrés. Expresa estas emociones. Sé positivo(a) y comunica tus sentimientos a otros.

6 Resuelve los conflictos familiares cada día, no los aplaces. El equipo familiar hace la vida más fácil. Habla con los tuyos con claridad, abiertamente y con respeto.

7 Organiza bien tu tiempo. "El tiempo es como un trozo de oro, pero con todo el oro del mundo no puede comprarse un trozo de tiempo" (proverbio chino). Identifica, entonces, qué es para ti lo fundamental.

8 Conserva tu peso a un nivel saludable. Si tienes exceso de peso disminuye la grasa, el dulce y come alimentos saludables.

9 Expresa el cariño: las personas alegres y cariñosas viven más y mejor. Expresa el amor con un abrazo y un beso y con palabras tiernas. Demuestra que es mejor dar que recibir.

10 Cultiva el optimismo para evitar complicaciones mentales y síquicas. Las personas optimistas poseen personalidades más fuertes.

If someone you cared about wrote you for advice on an important topic, would you know what to say? Before you wrote your reply, you'd think about what you already know about the topic and how you'd organize that information.

¡No lo aguanto más!

Imagina que tu mejor amiga Lucía se ha mudado *(moved)* a otra ciudad. Te escribe para decirte que está sufriendo de mucho estrés. Lee su carta y escríbele y dale unos consejos sobre cómo controlar su estrés.

A. Preparación

1. Pon los conceptos de tu lista en un orden lógico con diagramas.
2. Haz una lista de detalles que puedes mencionar bajo cada concepto en tu lista.
3. Decide qué conceptos y detalles son más importantes. Vas a mencionar estos detalles en tu carta.

B. Redacción

1. Escribe una introducción. Pregúntale a tu amiga cómo está, qué pasa en su vida, etcétera.
2. Menciona las presiones de que tu amiga está sufriendo. Luego, escríbele sobre tus consejos. Escribe un párrafo por cada concepto básico.
3. Termina la carta con conclusiones generales.

C. Evaluación

1. Lee bien la carta. ¿Contiene toda la información que quieres mencionar? Si no, incluye más información de tu lista de temas. Puedes agregar *(add)* más conceptos a tu lista si quieres.
2. ¿Está bien organizada? Puedes usar tus diagramas para organizarla mejor. Si es necesario, haz diagramas nuevos.

ALGUNOS CONSEJOS

Listing and clustering
Before writing, put your ideas about the topic on paper. First, list everything you know about a topic as quickly as you can. Then draw diagrams using circles and lines to help you visualize how those ideas are related.

Hola.

Parece imposible pero aquí estoy en mi nueva ciudad. Y tengo que decirte la verdad... ¡no quiero vivir aquí! La gente parece simpática pero no lo es conmigo. Nadie me invita a fiestas ni a actividades de la escuela. No sé si es que no me están haciendo caso o que no me quieren. Estoy frustradísima. Mi vida no es más que clases y tarea. No quiero salir porque no conozco a nadie. Me la paso mirando la tele y comiendo. Estoy cansada todo el tiempo y a veces lloro hasta que me duermo. ¿Qué debo hacer? Las cosas van de mal en peor. Escríbeme lo más pronto que puedas.

Un abrazo de tu amiga
Lucía

1 Escucha la descripción del día de Gloria. En una hoja de papel, escribe las letras de las fotos en el orden en que ocurrieron.

(a)   (b)   (c)   (d)

2 ¿Sufres mucho del estrés? ¿Tienes dificultades académicas, familiares o de salud? Con un(a) compañero(a), habla de tus problemas y de cómo se pueden resolver.

3 Indica si las siguientes frases son **ciertas** o **falsas.** Si son falsas, corrígelas.
Cuando era niño(a)...
1. no me gustaba comer dulces.
2. hacía montañismo para mantenerme en forma.
3. jugaba mucho en casa con mis amigos y amigas.
4. iba mucho a casa de mis abuelos.
5. seguía una dieta estricta.
6. nunca jugaba a los videojuegos.

4 Completa las frases con información cultural de este capítulo.
1. El descanso tradicional durante el día de trabajo se llama ══════.
2. España tiene cada día más contacto con Europa porque participa ahora en ══════.
3. La dieta de los españoles es generalmente más rica en ══════ que la dieta de los estadounidenses.
4. Los españoles por lo general pueden caminar al trabajo porque ══════.
5. Muchos creen que los horarios de trabajo en España deben cambiar para ══════.

5 Lee los consejos de los dos artículos. ¿Estás de acuerdo con lo que dicen? ¿Qué más debes hacer para tener una vida sana? Con un(a) compañero(a), habla de por qué sí o por qué no estás de acuerdo y qué más es importante hacer.

UNA VIDA SALUDABLE

El ejercicio, los alimentos, el agua, son necesarios para tener una vida saludable. Además, ésa es la imagen actual. Fortalece tu figura haciendo gimnasia un par de horas al día, tres veces por semana.
Toma agua por barriles y balancea tu alimentación. Duerme, descansa, ejercítate y relájate.

REÍR ES BUENO

Si usted ríe fácilmente con cualquier chiste o frecuentemente y toma la vida con humor, no sólo será una persona más feliz sino más sana. Nuevos hallazgos en la materia han demostrado las capacidades curativas de la risa. Por ejemplo, 20 segundos de carcajadas equivalen a 3 minutos de extenuante ejercicio. Reír acelera el ritmo cardíaco y el respiratorio y hace trabajar los músculos del estómago; además, refuerza el sistema inmunitario.

6 Lee los dos párrafos y escríbele algunos consejos a cada persona.

Ramón
¿Qué me aconsejas hacer? Hay una chica en mi clase y quiero conocerla mejor. Pero me pongo muy nervioso cuando trato de hablarle. Me siento muy ansioso y casi no puedo hablar. Ella no se da cuenta de que me gusta y cree que soy muy tímido. Por eso nunca me habla.

Fernanda
¿Puedes darme algún consejo? Hay un chico en mi clase que me gusta. Pero él no se siente igual. No me habla, no trata de conocerme. Estoy muy nerviosa en su presencia y él cree que soy una esnob. Pero es que no me puedo relajar. Me preocupo mucho porque no sé cómo resolver esta situación.

7

S I T U A C I Ó N

Lee lo que dicen Pilar, Carlos y Elena en **¡Adelante!** en la página 38. Luego tú y un(a) compañero(a) toman los papeles *(roles)* de Pilar y su madre, Carlos y un amigo, o Elena y Marianela. Una persona empieza la conversación mencionando de una forma diplomática el problema que la otra persona tiene. La otra persona defiende sus acciones o hábitos. La primera persona le da consejos y la otra al fin acepta los consejos y describe cómo va a cambiar sus acciones o hábitos.

Can you ask for and give advice? p. 33

1 Imagina que tienes los siguientes problemas. Pídeles consejos a las personas indicadas. Explica el problema y cómo te sientes.
1. tienes tres exámenes el mismo día / tus profesores
2. quieres bajar de peso / tu amigo o amiga
3. estás agobiado(a) por las presiones / tus padres
4. sufres de muchísimo estrés en la escuela / un(a) consejero(a)

2 Ahora llevas una vida mucho más agitada que hace cinco años. Imagina que hablas con un(a) amigo(a). ¿Puedes contarle cómo era tu vida hace cinco años y cómo es ahora? ¿Puedes pedirle consejos?

3 Tus amigos y tu familia siempre te piden consejos. Lee sus problemas y dales consejos a todos.
1. Tu amiga Cristina siempre está aburrida y nunca sabe qué hacer.
2. Tu amigo Jorge, un chico inteligente, saca malas notas porque no dedica suficiente tiempo a los estudios.
3. Tu mamá sufre mucho del estrés en su trabajo.
4. Tu hermanita tiene miedo de decirles a sus padres que sacó una mala nota en su último examen.

Can you talk about taking care of yourself? p. 40

4 ¿Qué buenos o malos hábitos de salud tienen las siguientes personas? Si son malos hábitos de salud, ¿qué pueden hacer para mejorarlos?

5 ¿Qué haces para cuidarte? Contesta las preguntas.
1. ¿Qué haces para aliviar el estrés todos los días?
2. ¿Qué haces todos los días para no enfermarte?
3. ¿Qué es lo más importante que haces todos los días para cuidarte?

PRIMER PASO
Asking for and giving advice

agobiado(a)   *worn out, overwhelmed*   (abrumado)
agotado(a)   *exhausted*
aliviar el estrés   *to relieve stress*
ansioso(a)   *anxious*
causar el estrés   *to cause stress*
cuidarse   *to take care of oneself*
Deberías + inf.   *You should . . .*
estar rendido(a)   *to be worn out*
histérico(a)   *stressed out*
llevar una vida agitada   *to lead a hectic life*   must not
No debes + inf.   *You shouldn't . . .*
ponerse nervioso(a)   *to get nervous*
¿Puedes darme algún consejo?
   Can you give me any advice?
¿Qué debo hacer?   *What should I do?*   must
¿Qué me aconsejas hacer?
   What do you advise me to do?

¿Qué me recomiendas hacer?
   What do you recommend that I do?
reírse   *to laugh*   ei
relajarse   *to relax*
resolver un problema   *to solve a problem*
Sería bueno + inf.
   It would be a good idea for you to . . .
sufrir de presiones   *to be under pressure*
sufrir de tensiones   *to suffer from tension*
Te aconsejo + inf.
   I advise you to . . .
Te recomiendo + inf.
   I recommend that you . . .
tomar las cosas con calma   *to take things calmly*

agitado = agitated/stressed
cansado = tired

SEGUNDO PASO
Talking about taking care of yourself

la alimentación   *nutrition*
alimentarse bien   *to eat well*
alimentarse mal   *to eat poorly*
broncearse   *to suntan*
comer comida sana   *to eat healthy food*
compartir con alguien   *to share with someone*
contribuir   *to contribute*   irregular
cuidarse el peso   *to watch one's weight*
darse cuenta de   *to realize*
dormir lo suficiente   *to get enough sleep*
dormirse   *to fall asleep*
ducharse   *to take a shower*
echarle mucha sal a la comida
   to put a lot of salt on food

estar a dieta   *to be on a diet*
la grasa   *fat*
hacer ejercicio   *to exercise*
el peligro   *danger*
pesarse   *to weigh oneself*
la piel   *skin*
ponerse crema protectora   *to put on sunscreen*
quedarse frente a la tele
   to stay in front of the TV
quemarse   *to get a sunburn*
sentirse muy solo(a)   *to feel very lonely*
subir de peso   *to gain weight*
tener buenos hábitos de alimentación
   to have good eating habits

¡Ven conmigo a Caracas!

Caracas, la capital de Venezuela, es una ciudad moderna y cosmopolita.

Venezuela

Población: Caracas: 1.275.591
(zona metropolitana: 3.373.059);
Venezuela: 19.733.000

Área: Venezuela, 912.050 km²;
Caracas, 78 km²

Ciudades principales: Caracas,
Maracaibo, Valencia, Barquisimeto

Productos agrícolas: arroz, maíz,
plátanos, café, cacao, caña de azúcar, algodón

Industrias: petróleo, productos
comestibles, acero, aluminio

Personajes famosos: Simón Bolívar
(1783–1830), libertador; Luis
Aparicio (1934–), jugador de béisbol; Carolina Herrera (1939–), diseñadora de moda; María Conchita
Alonso (1957–), actriz y cantante

Platos típicos: pabellón criollo,
arepas, tequeños, cachapas, hallacas

Mar Caribe

Maracaibo
Caracas
Valencia
Maracay
Cumaná
Barquisimeto
San
Cristóbal
R. Orinoco
Ciudad
Guayana
VENEZUELA
COLOMBIA
BRASIL
N

0   250   500 Kilómetros
0   250   500 Millas

VENEZUELA

Venezuela, cuyo nombre quiere decir "Pequeña Venecia", es un país de contrastes, un país a la vez andino, caribeño, amazónico y urbano. Caracas, su capital, es un núcleo de energía y diversidad. Durante los últimos cien años, encima del viejo centro colonial se ha levantado la Caracas moderna: la Caracas de rascacielos impresionantes y un sistema de metro entre los mejores del mundo. Desde la nieve del Pico Bolívar, el punto más alto de Venezuela, hasta las playas de Isla de Margarita, Venezuela es un país único e inolvidable.

(1) En la Plaza Bolívar de Caracas, se encuentra esta escultura del héroe nacional de Venezuela, Simón Bolívar, El Libertador. Con la ayuda de un ejército compuesto de europeos y americanos, Bolívar liberó los territorios de Colombia, Bolivia, Ecuador y Venezuela del dominio español en 1821.

(2) El Salto Ángel, la catarata más alta del mundo, presenta una imagen espectacular. Las aguas del Salto Ángel caen unos 979 metros. La catarata está en la Gran Sabana en el oriente de Venezuela.

(3) Una tarde de sol en el Parque del Este de Caracas. La mayoría de los venezolanos sale del trabajo a pasar la siesta—de las doce del mediodía a las dos de la tarde—con la familia.

④ La población de Venezuela refleja las tradiciones indígena, europea y africana que formaron la principal corriente étnica y cultural de Sudamérica.

En los dos siguientes capítulos vas a conocer a varias personas de Caracas. Vas a aprender de ellos algo del carácter nacional venezolano, que incorpora fuertes elementos del individualismo, la diversidad y el entusiasmo por todo lo moderno. Caracas, la primera ciudad de Venezuela, es un buen ejemplo de la identidad venezolana.

⑤ Estas grúas petroleras están en el lago Maracaibo. Descubrieron en 1922 un depósito inmenso de petróleo debajo de este lago, el más grande de Sudamérica. Hoy en día, la explotación del petróleo forma la base de la economía venezolana.

⑥ Esta escultura cinética, creación del escultor venezolano Jesús Soto (nacido 1923), está en la calle peatonal de la Sabana Grande, al salir del metro en la estación Chacaíto. La zona es un mosaico de música caribeña y de escaparates llenos de perfumes y artesanías venezolanas.

⑦ La Isla Margarita, con sus kilómetros de playas preciosas, es donde pasan sus vacaciones miles de venezolanos. Margarita es la más grande de las islas caribeñas venezolanas.

CAPÍTULO

3
El ayer y el mañana

① **Es cierto que Caracas ha cambiado mucho pero todavía tiene sus partes pintorescas.**

Parece que algunas personas imaginaron el futuro con mucha claridad, como cuando previeron los submarinos, los viajes en el espacio y la televisión. Otras predicciones fueron tan incorrectas que nos reímos de ellas hoy. Por ejemplo, muchas personas predijeron ciudades en la luna para la década de los 90. En tu opinión, ¿cómo va a ser el futuro?

In this chapter you will learn

- to talk about what has happened; to express and support a point of view; to use conversational fillers
- to talk about future events; to talk about responsibilities

And you will

- listen to someone talk about what Caracas used to be like
- read an article about time capsules
- write about eight inventions that have affected your life
- find out how Venezuela has changed since the oil boom

② Nos toca a nosotros buscar soluciones.

③ Bueno, se me hace que en el futuro habrá más rascacielos.

DE ANTEMANO

La vida de ayer

¿Cómo era la vida diaria de tus padres y abuelos cuando eran jóvenes? Bastante diferente de la tuya, ¿verdad? Claro que los últimos años han traído muchos avances tecnológicos, como los teléfonos celulares, contestadores y computadoras avanzadas. Los adelantos en la tecnología nos afectan cada día más. Les hicimos varias preguntas a unas personas que viven en Caracas sobre cómo ha cambiado el país y sobre algunos aspectos de la tecnología hoy en día. Lee sus respuestas para ver si estás de acuerdo con ellos o no.

> **Caracas era la ciudad de los techos rojos.**

Ilda Martínez de Betencouth

¿Cómo ha cambiado Venezuela desde que Ud. era niña?

Ha cambiado muchísimo, porque Caracas era la ciudad de los techos rojos. Aquí no existían edificios, ni ranchos, ni bloques, nada de eso; eran puras casas.

¿Le parece un cambio positivo o negativo?

Bueno, sí, positivo.

¿Y en cuanto a la gente?

Bueno, hay mucha gente que no son de aquí.

Ha venido mucha gente de fuera, ¿no?

¿Cómo ve el futuro de Venezuela?

Bueno, yo pienso que... que va a prosperar mucho.

¿Cómo ha afectado su vida la tecnología?

Bueno, en el momento actual, ahorita, me imagino que no, sin esos aparatos que uno usa diariamente sería imposible sacar, cumplir uno con sus tareas....

¿Nos podría dar un ejemplo?

Bueno, las fotocopiadoras incluso; ahora hay demasiadas fotocopiadoras avanzadas....

¿Y en el trabajo?

En el trabajo también es indispensable porque antes no existía una computadora que te procesara a ti una información básica que tú necesitas al momento, tú tenías que hacer investigaciones para llegar a algo. Ahora todo es más fácil con las computadoras porque bueno, pues, es más avanzado.

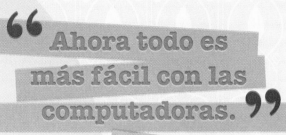

Ahora todo es más fácil con las computadoras.

Dania Padilla

Sebastián Mozetic

Antes cuando no existía el televisor uno podía leer más, había más tiempo para otras cosas.

¿Cuáles son las cosas más importantes de la tecnología que usas?

El televisor, la radio, la computadora y si no los tuviera, no sé, me costaría mucho adaptarme, porque la televisión te informa, estás conectado con el mundo, igual que con la computadora.

¿Qué ventajas tienen?

Y agilizan mucho la vida diaria, ayudan, por ejemplo, para hacer trabajos con la computadora ganas mucho tiempo.

¿Y las desventajas?

Que el televisor tiende a atarte, a estar frente al televisor. Antes cuando no existía el televisor uno podía leer más, había más tiempo para otras cosas.

1 ¿Quién lo expresó?

Todas las siguientes oraciones son parecidas a frases de las entrevistas. Lee cada una e indica quién expresó el concepto—Sebastián, Ilda o Dania.

1. La población de Caracas ha crecido *(has grown)* mucho.
2. ¿La tecnología? Bueno, en el trabajo ahora me parece algo esencial.
3. Antes, la gente salía de noche o leía. Hoy día se queda en casa viendo la tele.
4. Las telecomunicaciones nos mantienen informados.
5. Sin la tecnología es más difícil cumplir con tus tareas.

2 Pienso que...

Busca las palabras que usan Ilda, Dania y Sebastián para...

1. ganarse tiempo para pensar.
2. dar y apoyar opiniones.
3. hablar de lo que ha pasado *(has happened)*.

Sometimes people feel anxious when they read in a foreign language because comprehending the entire text seems to be an overwhelming task. One easy way to reduce this anxiety is to divide the reading task into parts. You can divide the text into small sections and concentrate your attention on one section at a time.

3 ¿Comprendes?

Contesta las siguientes preguntas.

1. ¿Cómo era Caracas cuando la señora Betencouth era niña?
2. Nombra tres aparatos tecnológicos que usa Sebastián.
3. ¿Cómo ve el futuro de Venezuela la señora Betencouth?
4. ¿Qué cosas han hecho el trabajo más fácil, según Dania?
5. ¿Qué preocupación tiene Sebastián acerca del televisor?

4 ¿Y qué más hay?

Lee la lista de adelantos *(advances)* que cambiaron nuestras vidas. Luego, con un(a) compañero(a), haz una lista de los adelantos mencionados en **De antemano**. Hagan una lista de otros aparatos o inventos que afectan nuestras vidas diarias.

5 Ahora te toca a ti

¿Qué piensas tú de los adelantos tecnológicos? ¿Crees que tu vida es mejor o peor que la de tus abuelos? ¿Por qué? ¿Qué hacían ellos que tú no haces? ¿Qué otros adelantos esperas ver en tu vida? Considera el trabajo de oficina, el transporte, la medicina, la comida, las escuelas...

5 COSAS QUE CAMBIARON NUESTRAS VIDAS Y NO EXISTÍAN EN 1968

la calculadora de bolsillo: 1971

los discos compactos: los años 80

el videocasete: 1969

el contestador automático: los años 70

la fibra óptica: 1977

Talking about what has happened; expressing and supporting a point of view; using conversational fillers

VOCABULARIO

el horno de microondas

hacer trabajos con la computadora

Lo siento, pero...

el contestador

hablar por teléfono celular

a la vez	*at the same time*
adaptarse	*to adapt*
los adelantos	*advances*
la autopista	*freeway, highway*
la computación	*computer science*
la desventaja	*disadvantage*
empeorar	*to get worse*
en seguida	*right away, immediately*
hoy en día	*nowadays*
informar	*to inform*
el rascacielos	*skyscraper*
el siglo	*century*
la tecnología	*technology*
el tráfico	*traffic*
la ventaja	*advantage*
la vida diaria	*daily life*
la videocasetera	*videocassette player*

> **También se puede decir...**
>
> Se puede decir **la contestadora** y **la máquina de contestar** por el contestador. Se puede decir **hoy día** en vez de **hoy en día**. Otra palabra que significa **tráfico** es **tránsito**. En España dicen **ordenador** en vez de **computadora** y dicen **informática** por **computación**.

6 La tecnología

Completa las siguientes oraciones con el nuevo vocabulario.

1. Puedes preparar la cena en seguida con...
2. Puede ser peligroso manejar *(to drive)* un carro mientras hablas por...
3. Si estás fuera de casa con frecuencia y la gente te quiere llamar por teléfono, es bueno tener...
4. Mucha gente se enoja cuando hay demasiado tráfico en...
5. El mundo cambia cada día más, por eso hay que...
6. Si quieres ver un video en televisión, necesitas...
7. La gente que programa las computadoras estudia...

¿Se te ha olvidado?

object pronouns

Ver la página 337

ASÍ SE DICE   Talking about what has happened

Si quieres hablar de lo que ha pasado *(has happened)*, puedes decir:

Caracas **ha cambiado** mucho.
. . . *has changed* . . .
Mucha gente **ha venido** de fuera.
. . . *have come* . . .
La contaminación del aire **ha empeorado** bastante.
. . . *has gotten worse* . . .

7 El pasado se repite

Escucha mientras una señora de Caracas cuenta cómo la vida ha cambiado desde que era niña. Luego completa las siguientes oraciones.

1. ...ha empeorado.
2. ...ha crecido bastante.
3. ...ha cambiado mucho.
4. ...ha regresado.
5. ...es más y más rápida.

*G*ramática   The present perfect

The present perfect tense describes what has or has not happened. It's formed by combining the present tense of **haber** and the past participle of a verb.

1. Use these endings to form the regular past participles:

-ar verbs (-ado)		-er/-ir verbs (-ido)	
he bailado	hemos bailado	he comido	hemos comido
has bailado	habéis bailado	has comido	habéis comido
ha bailado	han bailado	ha comido	han comido

2. Here are some irregular past participles:

abrir: **abierto**	morir: **muerto**
decir: **dicho**	poner: **puesto**
descubrir: **descubierto**	romper: **roto**
escribir: **escrito**	ver: **visto**
hacer: **hecho**	volver: **vuelto**

3. Forms of **haber** and the past participle form a unit that cannot be separated by any other words.
   ¿Has visto a Teresa?
   No, no la he visto todavía.

¿Te acuerdas?

Some expressions you are familiar with—**todavía** *(still)*, **ya** *(already, yet)*, and **alguna vez** *(ever)*—are often used with the present perfect tense. **Todavía** is used for actions that haven't taken place yet: **Todavía no he leído el periódico. Ya** is used for actions that have already happened: **¿La nueva película de Spielberg? Ya la he visto. ¿Alguna vez has ido a la playa?** means *Have you ever been to the beach?*

8 ¿Lo has hecho ya o todavía no?

Haz una lista de cinco cosas que ya has hecho y cinco cosas que todavía no has hecho pero que te gustaría hacer.

MODELO Ya he aprendido a manejar un carro.
Todavía no he viajado a Hawaii.

¿Se te ha olvidado?
affirmatives & negatives
Ver la página 181

9 ¿Alguna vez has...?

Usa las siguientes preguntas para entrevistar a un(a) compañero(a). Luego responde mientras él o ella te entrevista.

1. ¿Has practicado un deporte acuático alguna vez?
2. ¿Alguna vez has sufrido mucha presión? ¿Por qué?
3. ¿Adónde has viajado con tu familia?
4. ¿Cuál es la mejor película que has visto? ¿la peor?
5. ¿Qué inventos tecnológicos has usado durante la última semana?

VOCABULARIO

el ayuntamiento   *town hall*
el basurero   *trash can*
la calidad del aire   *air quality*
crecer   *to grow*
establecer una zona peatonal   *to set up a pedestrian zone*
la fábrica   *factory*
mejorar   *to improve*
sembrar   *to plant*

10 ¡Ha cambiado bastante!

Con un(a) compañero(a), compara los dibujos. Luego escriban cinco oraciones en las que describen los cambios que Uds. notan. ¿Qué ha cambiado?

ASÍ SE DICE   Expressing and supporting a point of view

Hay varias formas de expresar y apoyar *(support)* tu punto de vista *(point of view)*.

Son buenos los adelantos tecnológicos pero **ten en cuenta que** la tecnología no lo resuelve todo.
. . . keep in mind that . . .

Me imagino que los adelantos nos ayudan mucho.

Lo que noto es que ahora hay más estrés en la vida.
What I notice is that . . .

Me parece que mejoran la calidad de nuestra vida.

Se me hace que tenemos que usar el transporte público más.
It seems to me . . .

Lo que es importante es tener cuidado con la tecnología.

Creo que vale la pena desarrollar nuevas tecnologías.
I think it's worth it . . .

Es cierto que hay ventajas, **pero por otro lado** hay desventajas también.
It's true that . . . but on the other hand . . .

11 La vida moderna

Daniela y Felipe están hablando sobre el progreso tecnológico. Escucha su conversación y luego indica cuál de los dos está de acuerdo con las siguientes ideas.

1. Lo que noto es que hay más estrés que nunca.
2. La vida moderna es un poco más complicada pero ten en cuenta que tiene algunas ventajas.
3. Se me hace que la contaminación del agua y del aire está afectando nuestra salud.
4. Por otro lado se puede cocinar rápidamente y saber las noticias casi al instante.
5. Creo que vale la pena tener un contestador porque siempre sabes si alguien te llamó.

> ### Nota *G*ramatical
>
> **Lo que** means *what.* It's used to introduce a clause with a verb in it. **¿Entendiste lo que dijo la profesora?** means *Did you understand what the professor said?*

12 Varios puntos de vista

En un grupo de dos o tres compañeros(as), discutan sus puntos de vista sobre estos temas. Usen expresiones de **Así se dice.**

1. La contaminación es un problema grave.
2. La tele destruye la unidad de la familia.
3. La vida moderna tiene más ventajas que desventajas.
4. Los pueblos pequeños son mejores que las ciudades.

NOTA CULTURAL

El petróleo no les interesaba mucho a los indios ni a los exploradores españoles. Los indios lo usaban para arreglar *(fix)* sus canoas. Esa actitud cambió cuando comenzó el *boom* petrolero en 1922. Muchas compañías vinieron a extraer el petróleo, y se construyeron muchos caminos, casas y puertos. Cuando los precios del petróleo bajaron en los años 80, la calidad de vida de los venezolanos empeoró drásticamente. Ahora la economía depende menos del petróleo y la situación está mejorando.

ASÍ SE DICE   Using conversational fillers

Cuando estás hablando y no sabes qué decir, puedes ganarte un poco de tiempo al usar algunas palabras muy útiles. Si alguien te pregunta **¿Cuáles son los inventos más importantes de este siglo?**, puedes responder:

Bueno, a ver...

> **Bueno,** me parece que son...
> **Este...** no sé.
> **La verdad es que...** hay tantos inventos.
> **A ver,** un invento muy importante es...
> **Pues,** los aparatos que usamos todos los días.
> **Eh...** la máquina de fax es importante.

13 Este, pues...

Pon las siguientes frases en orden para formar una conversación entre Alberto Flojo y su maestra. Ella quiere saber por qué Alberto no hizo su tarea.

a. Bueno, sí, este... es que mi perro se lo comió.
b. Sí, puedes empezar.
c. Pero, ¿qué te pasó? No hiciste tu informe todavía?
d. A ver, Alberto, empecemos con tu informe sobre algunas soluciones al problema de la contaminación del aire.
e. Pues, en verdad no puedo.
f. Eh... ¿yo? ¿de primero?

14 La verdad es que...

Todas estas personas no saben qué decir. Con un(a) compañero(a), usa las expresiones de **Así se dice** y crea frases apropiadas para cada dibujo.

15 Cuando mamá era joven

¿En qué año tenía tu mamá, tu papá o abuelo(a) tu edad? En los años siguientes, ¿cuántos adelantos tecnológicos han aparecido? Resume los cambios que han ocurrido.

¡ADELANTE!

 ## ¿Cómo será el futuro?

La tecnología nos afecta tanto que no podemos imaginar nuestras vidas sin ella. ¿Has pensado cómo afecta tu vida la tecnología? ¿Y cómo piensas que será en el futuro, igual que ahora o diferente? ¿Mejor que ahora o peor? Les hicimos estas preguntas a dos jóvenes de Caracas. Sus respuestas son interesantes.

Ofelia Fontés
18 años

La tecnología es para mí una necesidad en la vida. Por ejemplo, sin el microondas no vivo. Lo uso para todo. En cuanto al futuro... creo que si el mundo ha cambiado tanto durante la vida de mi abuela, no hay duda que el mundo cambiará más durante mi vida. Yo pienso que el futuro será mucho mejor. Habrá muchos más adelantos que van a ayudar en la medicina, por ejemplo.

Me imagino que habrá carros eléctricos o solares. Todo estará más mecanizado que ahora y habrá todo tipo de robots que te puedan hacer todo.

"Yo pienso que el futuro será mucho mejor."

16 ¿Comprendes?

Usa la información de ¡Adelante! para contestar las siguientes preguntas.

1. Nombra tres aparatos eléctricos que menciona Ofelia.
2. ¿Para qué usa ella el microondas?
3. ¿Qué piensa Ofelia del futuro?
4. ¿Cuáles son dos cosas que ella dice que habrá en el futuro?
5. ¿Piensa Eduardo que habrá más problemas o menos durante su vida?
6. Nombra dos cosas negativas que él menciona acerca del futuro.
7. ¿Por qué cree él que la comunicación mejorará en el futuro?
8. Según Eduardo, ¿quién es responsable del futuro?

17 En el futuro habrá...

Ofelia y Eduardo compararon el futuro con el presente cuando dieron sus puntos de vista. Haz una lista de las comparaciones que hicieron.

"Yo creo que habrá tantos problemas como ahora..."

Creo que habrá tantos problemas como ahora, sólo que serán diferentes. Por ejemplo, habrá más contaminación del medio ambiente y menos recursos naturales. Más especies de animales estarán en peligro de extinción. Por eso tenemos que trabajar juntos para protegerlos. Y no sé cómo estará la situación del empleo. Por otro lado, creo que la comunicación entre países mejorará porque todos hablaremos más idiomas. ¿Quién sabe exactamente cómo será? En fin, me parece que nos toca a nosotros los jóvenes mejorar el mundo.

Eduardo Pantoja

16 años

18 ¿Quién será?

Lee las oraciones e indica quién estaría de acuerdo con la idea—Ofelia o Eduardo.

1. Vivir en el futuro va a ser más fácil porque va a haber más adelantos tecnológicos.
2. La vida en el futuro va a ser más difícil para los animales.
3. En el futuro los niños van a tener un robot que les ayudará con la tarea.
4. No van a usar la estufa en el futuro. Van a usar el microondas nada más.
5. Nadie sabe cómo va a ser el futuro.

19 ¿Tú qué piensas?

Lee estas oraciones con un(a) compañero(a). ¿Están de acuerdo?

1. El futuro va a traer una vida mejor.
2. Va a haber tantos problemas en el futuro como ahora.
3. El mundo va a cambiar mucho durante los próximos 50 años.
4. Los jóvenes van a crear *(create)* el futuro.
5. Va a haber mejor comunicación entre los países.

Talking about future events; talking about responsibilities

ASÍ SE DICE   Talking about future events

Cuando quieres hablar de algo que va a pasar en el futuro, puedes decir:

El futuro **va a ser** mucho mejor.

Va a haber carros eléctricos o solares.

Todo **va a estar** más mecanizado que ahora.

Mañana **recogemos** basura en el parque.

La comunicación entre países **mejorará** porque todo el mundo **hablará** más idiomas.

Más gente **va a usar** teléfonos celulares.

20 Noticias del candidato

Lee este boletín de prensa. Luego indica si los eventos ocurrieron en el pasado o si van a ocurrir en el futuro.

1. hacer un anuncio
2. ser candidato para la reelección
3. sufrir un ataque al corazón
4. discutir la posibilidad de no ser candidato
5. salir del hospital
6. hacer un viaje de campaña electoral *(campaign)* por todo el país

El candidato presidencial Julián Galdós anunció hoy que su campaña electoral continuará. Aunque Galdós sufrió un ataque al corazón el mes pasado, se considera en buenas condiciones. Galdós admitió que los últimos meses han sido difíciles y que discutió con su esposa la posibilidad de no ser candidato. Saldrá del hospital en dos semanas y seguirá su campaña por todo el país.

 ### NOTA CULTURAL

"La ciudad de los techos rojos" ha cambiado mucho. Antes no había tanto tráfico ni contaminación y la vida era más tranquila. Ahora Caracas tiene los problemas de una ciudad grande y moderna: contaminación, tráfico, y claro, estrés. ¿Qué hacen los habitantes de Caracas para descansar? Cuando llega el fin de semana, a muchas personas de Caracas les gusta ir a nadar. Antes iban al río Guaire porque la playa les quedaba muy lejos. Hoy en día, el río Guaire está muy contaminado y ahora hay una autopista para llegar a la playa más rápido.

*G*ramática The future tense

1. The future tense is formed by taking the infinitive and adding the future endings, which all have an accent mark, except the **nosotros(as)** form.

-é	-emos	viajar**é**	viajar**emos**
-**ás**	-**éis**	viajar**ás**	viajar**éis**
-**á**	-**án**	viajar**á**	viajar**án**

same endings as p. per.

2. The stems of some verbs in Spanish are irregular in the future. To the following irregular stems, add the same endings:

decir: **dir-**	querer: **querr-**	poder: **podr-**	tener: **tendr-**
haber: **habr-**	saber: **sabr-**	poner: **pondr-**	valer: **valdr-**
hacer: **har-**	salir: **saldr-**	venir: **vendr-**	

3. The future tense form corresponds to *will* in English:

Luis vendrá el martes. *Luis will come on Tuesday.*

21 ¿Cuándo empezará?

Escucha a Bárbara y Ernesto hablar sobre varias funciones *(events)* culturales. Luego indica si la función **ya pasó** o si **pasará** en el futuro.

1. concierto de guitarra
2. exhibición de arte de Siqueiros
3. exhibición de arte de Soto
4. película de Meryl Streep
5. película de María Conchita Alonso
6. concierto de Luciano Pavarotti
7. concierto de Plácido Domingo

22 ¿Qué harán?

Julián está mirando las fotos de sus compañeros(as) del colegio en el anuario *(yearbook)*. Según las fotos, ¿qué piensas que harán en el futuro?

Jaime
Diana
Hiro
YOLANDA

23 La cápsula de información

Lee el siguiente artículo sobre cápsulas de información *(time capsules)* y luego contesta las siguientes preguntas.

1. ¿En qué año mirarán las cosas en la cápsula en Montreal?
2. ¿En qué país se abrirá la cápsula en el año 6970?
3. ¿Dónde instalaron una habitación subterránea?
4. ¿Qué cosas encontrarán las futuras generaciones?

ABRIR EN EL AÑO 3502

Historia del siglo XX

Para que los arqueólogos del futuro no tengan tanto trabajo cuando quieran estudiar el siglo XX, se ha "sembrado" el planeta con cápsulas de información. Se ha hecho un plan de apertura de esas cápsulas (que quién sabe si se cumplirá). En el año 2067 se abrirá una en Montreal, Canadá, enterrada en 1967. Pero hay fechas más ambiciosas. En el 6939, si todos los países siguen estando donde están, hay que abrir una cápsula en la ciudad de Nueva York. En el 6970, la que está en Osaka, Japón. Y en el 8113 se abrirá una habitación subterránea instalada en Georgia, Estados Unidos, en 1940. ¿Qué encontrarán en estos "paquetes"? Desde canciones de Los Beatles hasta libros en todos los idiomas actuales, más películas, videos, juguetes, máquinas, etc. Todo lo que nosotros, antiguos del siglo XX, amamos, usamos, vimos, leímos e inventamos.

24 Este año será diferente.

¿Tienes planes para mejorar tu vida? Completa las siguientes oraciones. Luego compara tus oraciones con las de un(a) compañero(a).

1. Yo... más y... menos que ahora.
2. Para mejorar mis notas, yo...
3. Quiero proteger el medio ambiente. Entonces...
4. En mi casa yo...
5. Durante mi tiempo libre...
6. Necesito más dinero. El próximo verano...

¿Te acuerdas?

To compare people or things that are the same or equal, use:
> **tan** + adjective/adverb + **como**
> *(as ... as)*.

To compare equal amounts, use:
> **tanto(a)(os)(as)** + noun + **como**
> *(as much/as many ... as)*.

To express inequalities use:
> **más/menos ... que.**

25 ¿Qué pondrás en la cápsula?

Imagina que tu escuela va a depositar una cápsula. En grupos de tres o cuatro estudiantes, hagan una lista de lo que pondrán Uds. en ella y expliquen por qué incluirán esas cosas.

ASÍ SE DICE   Talking about responsibilities

Lo que hacemos hoy afecta el futuro. ¿Qué debemos hacer para garantizar un futuro mejor?

Hay que buscar soluciones.
It's necessary . . .

Nos toca a nosotros salvar la tierra.
It's up to us . . .

Tanto los jóvenes como los mayores **deben** pensar en el porvenir.

Es nuestra responsabilidad encontrar nuevas formas de energía.
It's our responsibility . . .

Estamos obligados a proteger los animales en peligro de extinción.

Es nuestro deber mejorar el mundo.
It's our duty . . .

REDUCIR · REUSAR · RECICLAR

26 El club de voluntarios

Escucha lo que dice Maricarmen, la presidenta del club de voluntarios, en una reunión. Luego, completa las siguientes frases.

1. Hay que pensar en...
2. Nos toca...
3. Tanto los jóvenes como los adultos deben...
4. No debemos...

¿Te acuerdas?

One way of saying *let's* + verb is to use **vamos a** + *infinitive*.

Let's go eat a sandwich.
Vamos a comer un sándwich.

VOCABULARIO

el aparato eléctrico   *electrical appliance*
botar   *to throw out*
el carro eléctrico   *electric car*
desarrollar   *to develop*
descubrir   *to discover*

destruir   *to destroy*
la energía nuclear   *nuclear energy*
la energía solar   *solar energy*
el porvenir   *future*

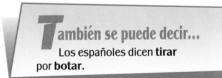

También se puede decir...
Los españoles dicen **tirar** por **botar**.

27 Adelantos tecnológicos

Completa las siguientes oraciones con una palabra de la lista de vocabulario. Usa la forma apropiada.

1. Es necesario ~~desarrollar~~ nuevos modos de transporte en las ciudades grandes.
2. ¿Qué haremos sin los ~~el aparato eléctrico~~? No podremos preparar la comida sin ellos.
3. Creo que en el ~~porvenir~~ usaremos más formas alternativas de energía como la ~~la energía solar~~, sobre todo en lugares donde hace mucho sol.
4. Mis papás quieren comprar un ~~carro eléctrico~~ porque no usa gasolina. Pero los precios están muy altos todavía.
5. Tenemos que ~~botar~~ la basura; ¿dónde está el basurero?

28 ¿Qué debemos hacer?

Con un(a) compañero(a), haz una lista de tres problemas que existen en tu colegio o ciudad. En una hoja de papel, describan el problema y mencionen por lo menos dos soluciones para cada problema. Usen frases de **Así se dice**.

29 Nuevas tecnologías

Tu grupo está encargado de *(in charge of)* desarrollar nuevas tecnologías para resolver los graves problemas que nos enfrentan. Lee los siguientes artículos y escoge la tecnología que prefieren desarrollar para el futuro. Expliquen por qué el invento será útil.

MODELO   Debemos escoger ... porque así evitaremos más contaminación del aire.

Carros de gas natural

No hay sólo carros eléctricos sino también carros propulsados por gas natural. Ecocar, una compañía norteamericana, ha establecido el primer lugar para vender y reparar estos carros.

Hacia finales del siglo próximo, se habrán agotado las reservas de petróleo y el recurso hidroeléctrico estará saturado. El avance en la tecnología de las estaciones espaciales facilita un proyecto formidable: obtener energía del Sol desde colectores en órbita.

Fábricas ecológicas

Naturcorp, una compañía belga de productos de limpieza, ha construido una fábrica ecológica, la primera en el mundo. Usaron materiales totalmente reciclables, menos el servicio de empaquetado.

Si se cumple el pronóstico de los científicos, dentro de sólo diez años, gracias a los medios interactivos de comunicación, usted podrá sentarse en casa frente al televisor y, entre otras cosas, modificar el final de una película, jugar tenis con Jimmy Connors, pedir su saldo bancario y detener la acción de una telenovela cuando le plazca.

30 En mi cuaderno

Escribe un párrafo con tus predicciones para el futuro y tus ideas para mejorar el mundo. ¿Cómo crees que será el mundo dentro de diez años? Escoge un tema como la educación, el crimen, tu comunidad u otro tema.

Creo que el futuro será...

Lo bueno/malo es que...

Una cosa que cambiará mucho es... porque...

A los jóvenes les toca...

¿Se te ha olvidado?
supporting opinions
Ver la página 66

¿Cómo te afecta la tecnología?

Para unos la tecnología es la solución y para otros... ¡es el problema! Estas tres personas nos contaron lo que ellos piensan de la tecnología.

● Alberto

Quito, Ecuador

"Bueno, la tecnología que va avanzando poco a poco aquí en el Ecuador es muy importante, ya que cada uno de nosotros utilizamos la tecnología prácticamente para todo... Por ejemplo, en el colegio, los microscopios electrónicos; en la casa, ... el microondas, la televisión... Las computadoras facilitan el trabajo de una persona, pero poco a poco me parece que va a ir teniendo sus desventajas, de que puede ser que después de algunos años los robots reemplacen a los hombres".

● Geralberto

Ponce, Puerto Rico

"Nosotros hemos ido adaptando la tecnología en nuestro sistema educativo, y en cierta medida nos ha ido... facilitando el trabajo a los maestros, ya que, pues, las clases se nos hacen un poco más fácil... Por ejemplo, nosotros tenemos aquí... computadoras".

● Jennifer

San Diego, California

"Las computadoras y mi cámara porque... ya están poniendo que las fotos estén en computadoras, entonces, yo no voy a saber cómo hacer las cosas... Tengo que aprender cómo hacerlo diferente cada día más... ¿Ventajas?, sería más rápido para hacer las cosas; ¿desventajas?, sería más tiempo aprenderlo, cómo hacerlo".

Para pensar y hablar...

A. ¿Cuáles son las ventajas y las desventajas de la tecnología según los entrevistados? ¿Con quién(es) estás de acuerdo?

B. How does technology affect your daily life? How will it affect your future?

Imaginación y realidad

*L*o que fue pura imaginación hace cien años ahora es nuestra realidad. ¿Y qué será de nuestros sueños en cien años más? Este artículo intenta proyectar algunos de estos sueños al siglo veintiuno.

Estrategia

As you read in Spanish, you will encounter words that you haven't learned yet. A good way to figure them out is to look at the surrounding words, or the context. For example, "When I was four years old, I learned to tie my _____." You know intuitively that the word "shoes" goes in the blank. Treat unknown words as if they were blanks and use the context to fill in the blanks logically.

¡A comenzar!

¿Te acuerdas?

Una lectura superficial basta para formarse una idea. Examina los títulos, subtítulos y fotos para saber de qué trata la lectura.

A. Ojea el texto y completa las siguientes oraciones.
   1. El artículo trata del
      a. pasado
      b. presente
      c. futuro
   2. Los investigadores espaciales se interesan mucho en
      a. la luna
      b. España
      c. Marte

SUEÑOS POSIBLES

Conocer el futuro es una vieja obsesión de los seres humanos. El escritor francés Julio Verne, por ejemplo, que vivió en el siglo pasado, anticipó en sus libros la invención de los submarinos, los helicópteros, la televisión a colores, los satélites artificiales y las computadoras. El mismo Verne anunciaba sin embargo, en una carta a un amigo en 1858: "Todo lo que yo invento, todo lo que yo imagino, será siempre inferior a la realidad, porque llegará el momento en que las creaciones de la ciencia sobrepasarán a las de la imaginación". Verne no se equivocaba. Pero aún hoy, cuando sus invenciones existen, hay personas que siguen imaginando el futuro, buscando soluciones para los próximos años y también para los próximos siglos.

Futuro avión supersónico: el Superconcord

Algunos de estos proyectos del hombre para el futuro incluso ya tienen fecha. El Superconcord, avión supersónico de pasajeros con capacidad para 300 personas y una velocidad máxima de 2.500 kilómetros por hora, se calcula que estará listo para surcar los cielos en el año 2005.

INVENTAR CIUDADES

Japón está terriblemente superpoblado, y casi ni hay espacio para la gente. Por eso, arquitectos y urbanistas japoneses se pusieron a planear posibles ciudades del futuro. Uno de los proyectos más impresionantes, la Aerópolis 2001, es un gigantesco rascacielos de 500 pisos y 2.000 metros de altura para 150.000 personas. La ciudad X-Seed 4000 es todavía más grande que la Aerópolis 2001. Estaría construida en una sola pieza de 4.000 metros de alto, con una base circular de 3.000 hectáreas que flotaría sobre el mar.

Será para más de 700.000 habitantes. Otros planes incluyen enormes ciudades subterráneas con sus centrales eléctricas, tratamiento de aguas y reciclaje de sus propios desechos, o también en la creación de inmensos depósitos de agua que faciliten la vida en los desiertos. Pero no todos se entusiasman con estas ideas: a muchos investigadores les parece que las nuevas ciudades tecnológicas le impedirían al hombre tener su necesario contacto con la naturaleza.

La X-Seed es igual a un monte de Japón.

LOS AUTOS QUE VENDRÁN

Previendo el futuro agotamiento del petróleo, los científicos ya están poniendo a prueba diversos modelos de automóviles, que funcionan con otros tipos de energía. En Japón se inventó un coche que usa hidrógeno líquido. Se supone que estos autos saldrán a la venta dentro de diez años. En los Estados Unidos, mientras tanto, se investigan los autos eléctricos, que funcionan en base a baterías de plomo y ácido, recargables cada 200 kilómetros. También se experimenta mucho con coches que funcionan en base a la energía solar. Estos vehículos cuentan con paneles solares en la parte superior, que recogen la energía, y están conectados al acelerador. Sus formas suelen ser bastante extrañas, y su objetivo es alcanzar la máxima velocidad.

Los autos solares todavía no están perfeccionados. Sus formas raras son así para ganar velocidad.

3. La superficie del planeta Marte es como un
   a. jardín
   b. desierto
   c. océano
4. Un avión supersónico que tiene capacidad para 300 personas será el
   a. Supersónico
   b. Superhombre
   c. Superconcord
5. Los autos solares se mueven con
   a. caballos
   b. petróleo
   c. energía del sol

Al grano

B. Lee el texto entero, pero rápidamente. Luego nombra el tema de cada párrafo. Compara tu lista con la de un(a) compañero(a). ¿Están de acuerdo?
   1. Sueños posibles
   2. Inventar ciudades
   3. Los autos que vendrán
   4. Posta en el espacio

C. Ahora lee el texto con más cuidado. Después de cada sección, indica si cada frase es **cierta** o **falsa**. Corrige las falsas.
   1. **Sueños posibles**
      a. Julio Verne es un autor actual.
      b. El Superconcord podrá llevar a trescientas personas.
   2. **Inventar ciudades**
      a. La ciudad X-Seed será subterránea.
      b. La superpoblación es un problema grave en Japón.
   3. **Los autos que vendrán**
      a. Las baterías de los coches eléctricos no son recargables.
      b. Para los autos solares, la velocidad no es importante.
   4. **Posta en el espacio**
      a. La estación Freedom está en órbita desde hace muchos años.
      b. Algunos vivirán permanentemente en Freedom.

VAMOS A LEER

D. Busca las palabras claves *(key words)* para contestar estas preguntas.

1. ¿Cómo se llama el rascacielos japonés de quinientos pisos?
2. ¿De qué están hechas las baterías para coches eléctricos?
3. ¿A qué velocidad irá el Superconcord?
4. ¿De qué país era Julio Verne?
5. ¿Cuándo se pondrá en órbita la estación espacial Freedom?

E. Usa el contexto para adivinar el significado de las palabras indicadas.

1. En la introducción:
   a. aún
   b. no se equivocaba
   c. sobrepasarán
2. En "Inventar ciudades":
   a. superpoblado
   b. urbanistas
   c. desechos
3. En "Los autos que vendrán":
   a. previendo
   b. agotamiento
   c. alcanzar

F. En realidad, ¿crees tú que va a llegar el día en que los seres humanos puedan vivir en Marte? Expresa tus ideas en tres o cuatro oraciones sencillas. Luego discute tus ideas con tres o cuatro compañeros(as).

G. Con un(a) compañero(a), prepara un minidrama sobre el siguiente tema con la idea de presentarlo a la clase:

Es el siglo XXII, y un(a) inventor(a) famoso(a) habla con el alcalde o la alcaldesa *(mayor)* de Caracas sobre las ventajas y desventajas de reconstruir la ciudad en forma de un rascacielos enorme.

POSTA EN EL ESPACIO

Así como alguna vez lo fue la Luna, hoy el centro de atención de los investigadores espaciales es Marte. Pero el planeta rojo se encuentra a 70 millones de kilómetros de nosotros, y no es posible hacer todo ese viaje sin paradas. Por eso, entre 1995 y 1999 se pondrá en órbita la estación espacial Freedom, un gigantesco satélite de 152 metros de largo que estará a 400 kilómetros de la Tierra. La estación Freedom estará permanentemente habitada, y contará con laboratorios, viviendas, telescopios, antenas, radares y paneles para producir energía. Será una increíble posta en el espacio que facilitará el viaje interplanetario.

QUE QUEREMOS DE MARTE

Marte es el planeta más cercano a la Tierra, y también el más parecido. Por eso, los científicos consideran seriamente la posibilidad de que en un futuro, una parte de la humanidad se mude a su superficie. Pero eso requiere modificar la atmósfera marciana, haciéndola respirable. Sólo de ese modo podremos sobrevivir nosotros y también los animales y vegetales que necesitamos para alimentarnos. ¿Podremos convertir el desierto de polvo rojo a millones de kilómetros de la Tierra en un clima tropical? No lo sabemos, pero probablemente sea uno de los desafíos en los siglos que vienen.

*H*ave you ever felt like you understood a topic well but couldn't find a way to organize the information on paper? Frequently the topic itself will suggest the order in which you should present what you know. In this activity, you will write about technological advances that have affected our lives, and you will learn a simple way to arrange the information logically.

Inventos importantes

Escribe un ensayo *(essay)* corto sobre los inventos que han afectado mucho nuestras vidas, e indica por qué estos inventos han sido importantes. Considera inventos que han tenido impacto en las siguientes áreas:

medicina

comunicaciones

transporte educación

cocina trabajo ciencia

ALGUNOS CONSEJOS

Listing in order of importance. An easy way to write about inventions that have mattered in your life is to list them in the order of their importance. This gives your reader a clear idea of how you value each item. You can list things from the most to the least important or vice versa.

A. Preparación

1. Haz una lista preliminar de inventos que han afectado nuestras vidas.
2. Busca detalles interesantes sobre cada invento y anótalos *(write them down)*.
3. Al lado de cada uno, escribe tus impresiones del invento (por qué es importante, cómo ha cambiado nuestras vidas).
4. Busca, si quieres, una foto de cada invento.

B. Redacción

1. Escoge los ocho inventos más importantes de tu lista y escribe sobre ellos en orden de importancia. No te olvides de explicar por qué escogiste cada invento.
2. Incluye las fotos para hacer más interesante la presentación.

C. Evaluación

1. Lee lo que escribiste. ¿Está claro por qué escogiste cada invento? Si no, agrega más detalles.
2. ¿Deletreaste *(Did you spell)* correctamente todas las palabras? Búscalas en un diccionario para estar seguro(a). Si están incorrectas, corrígelas.
3. ¿Son visualmente impresionantes las fotos? ¿Ayudan tu descripción? Si no, omítelas o busca otras fotos más interesantes.

REPASO

1 A veces la tecnología no funciona como lo esperamos. Escucha mientras seis personas hablan de los inventos que usan a diario y escoge el dibujo que corresponde a cada situación. Luego haz una lista de los inventos en el orden que se mencionan y da tu opinión sobre cada uno.

a.

b.

c.

d.

e.

f.

2 Con un(a) compañero(a), habla de las siguientes cosas. Tienen que pensarlo bien antes de responder. Tómate un poco de tiempo antes de dar tu opinión.

MODELO   —¿Dónde vivirás cuando tengas cuarenta años?
—Bueno..., pues, me imagino que viviré en Barcelona. ¿Y tú?

1. ¿Cómo era la vida durante la época de tus abuelos?
2. ¿Cómo crees que será el mundo en veinte años?
3. ¿Han cambiado muchas cosas en los últimos cincuenta años?
4. ¿Cómo han afectado tu vida las cosas como la videocasetera, los discos compactos y los productos desechables *(disposable)*?
5. ¿Cómo era la vida cuando tus papás eran estudiantes? ¿Cómo será en el futuro?

3 Haz tu propio pronóstico del futuro con fechas y explica tus ideas. Usa tu imaginación y los siguientes conceptos para empezar.

MODELO   La contaminación del agua
—No habrá contaminación del agua en el año 2525 porque...

la colonización del mar

un viaje al planeta Marte

los viajes a otra galaxia

la paz mundial

4 Usa las secciones culturales de este capítulo para contestar las siguientes preguntas.

1. ¿Quién es el héroe nacional de Venezuela, y por qué?
2. ¿Cuál es la industria más importante de Venezuela?
3. ¿Qué pasó cuando bajó el precio del petróleo en los años 80?
4. ¿Qué importancia tiene la tecnología en los países hispanohablantes?

5 Mañana hay una fiesta de cumpleaños en tu casa y tienes que prepararla. Con dos compañeros(as) de clase, formen preguntas sobre lo que ya han hecho todos.

MODELO —Ya has comprado comida?

hacer la torta de cumpleaños

conseguir música

limpiar la casa entera

poner el helado en el congelador

comprar los refrescos

mandar las invitaciones

6 ¿Cuáles son las responsabilidades de los profesores y los estudiantes en el sistema educativo que tenemos ahora? ¿Cómo cambiarán las escuelas en el futuro? Lee este artículo y escribe un párrafo para expresar y apoyar tus opiniones.

LA ESCUELA EN LA TELE

● Los ministros de Educación de Argentina y España dieron a conocer un acuerdo por el cual todos los países de América Latina tendrán acceso al canal de televisión educativa que funcionará a través del satélite español de comunicación "Hispasat". Serán emitidos programas de divulgación científica, aspectos de los distintos países y temas relacionados con lo estrictamente escolar. Posible diálogo:

Mamá: "¡Nene, otra vez en la tele!" "Pero má, ¡estoy viendo la germinación de la mandioca en Venezuela y la recolección de bananas en el Ecuador!" En fin con un click tendrás una enciclopedia en la pantalla.

---

7 **S I T U A C I Ó N**

Reúnete con un(a) compañero(a). Escojan una de las siguientes situaciones y preparen un diálogo para presentar a la clase.

A. Uno(a) de Uds. hará el papel de un(a) inventor(a) que quiere ver mucho progreso y mucha tecnología nueva. La otra persona será un(a) ecólogo(a) que quiere proteger el medio ambiente.

B. Estás en un café con un(a) amigo(a). Están hablando de política, del amor o de la moda. El problema es que tienen opiniones casi opuestas *(opposite)*. En la conversación traten de presentar y apoyar sus opiniones sin ofender a la otra persona. Usen expresiones apropiadas para ganar tiempo cuando sea necesario.

Can you talk about what has happened? p. 64

1 Mira estas dos fotos de Caracas y explica los cambios.

Can you express and support a point of view? p. 66

2 Mañana en la clase de español habrá una mesa redonda *(round table)* sobre los siguientes temas. Expresa y apoya tus opiniones para estar bien preparado(a).

1. programas de televisión violentos
2. teléfonos celulares
3. automóviles solares o eléctricos
4. preparar toda la comida en el microondas
5. la contaminación del aire en las ciudades grandes

Can you use conversational fillers? p. 67

3 A veces no sabes qué decir y tienes que usar palabras como **este, eh, bueno...** ¿Cómo respondes tú en estas situaciones?

1. Tu hermanito te pide tu nuevo disco compacto.
2. Tu mejor amigo quiere tu opinión sobre su nueva chaqueta.
3. La maestra de física te pregunta si puedes explicar la Teoría de Relatividad.
4. Quieres invitar a salir a alguien y estás nerviosísimo(a).

Can you talk about future events? p. 70

4 Haz pronósticos sobre tus familiares, tus compañeros y la gente famosa.

1. ¿Cuántas horas tendrán que estudiar tú y tus compañeros(as) para sacar buenas notas?
2. ¿Cuántas horas dormirán tus padres esta noche?
3. ¿Adónde viajará tu cantante favorito(a) durante sus próximas vacaciones?
4. ¿Trabajarás o estudiarás después de terminar la secundaria?
5. ¿Te casarás pronto, en muchos años o nunca?

Can you talk about responsibilities? p. 73

5 Crea lemas *(slogans)* para un club ecológico. Piensa en tres lemas para inspirar a la gente a mejorar el medio ambiente, a salvar la tierra y cuidar la ciudad.

MODELO ¡Nos toca a nosotros salvar las ballenas *(whales)*!

PRIMER PASO

Talking about what has happened

...ha cambiado mucho.   . . . has changed a lot.
...ha empeorado mucho.   . . . has gotten quite worse.
...ha venido de fuera.   . . . have come from outside.

Expressing and supporting a point of view

Creo que vale la pena...   I think it's worth it . . .
Es cierto que...   It's true that . . .
Lo que es importante es...   What's important is . . .
Lo que noto es que...   What I notice is that . . .
Me imagino que...   I imagine that . . .
Me parece que...   It seems to me that . . .
pero por otro lado...   but on the other hand . . .
Se me hace que...   It seems to me . . .
Ten en cuenta que...   Keep in mind that . . .

Using conversational fillers

A ver...   Let's see . . .
Bueno...   Well . . .
Eh...   Uh . . .
Este...   Umm . . .
La verdad es que...   The truth is that . . .
Pues...   Well . . .

Advantages and disadvantages of modern life

a la vez   at the same time
adaptarse   to adapt
los adelantos   advances

la autopista   freeway, highway
la computación   computer science
el contestador   answering machine
la desventaja   disadvantage
empeorar   to get worse
en seguida   right away, immediately
hacer trabajos con la computadora   to write papers on the computer
el horno de microondas   microwave oven
hoy en día   nowadays
informar   to inform
el rascacielos   skyscraper
el siglo   century
la tecnología   technology
el teléfono celular   cellular phone
el tráfico   traffic
la ventaja   advantage
la vida diaria   daily life
la videocasetera   videocassette player

Around town

el ayuntamiento   town hall
el basurero   trash can
la calidad del aire   air quality
crecer   to grow
establecer una zona peatonal   to set up a pedestrian zone
la fábrica   factory
mejorar   to improve
sembrar   to plant

SEGUNDO PASO

Technology

el aparato eléctrico   electrical appliance
botar   to throw out
el carro eléctrico   electric car
desarrollar   to develop
descubrir   to discover
destruir   to destroy
la energía nuclear   nuclear energy
la energía solar   solar energy
el porvenir   future

Talking about responsibilities

Es nuestra responsabilidad...   It's our responsibility . . .
Es nuestro deber...   It's our duty . . .
Estamos obligados a...   We're obligated to . . .
Hay que...   It's necessary . . .
Nos toca a nosotros...   It's up to us . . .

4

Alrededor de la mesa

1 ¿Serías tan amable de decirnos dónde queda el museo de arte?

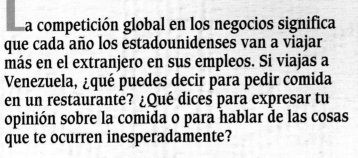

La competición global en los negocios significa que cada año los estadounidenses van a viajar más en el extranjero en sus empleos. Si viajas a Venezuela, ¿qué puedes decir para pedir comida en un restaurante? ¿Qué dices para expresar tu opinión sobre la comida o para hablar de las cosas que te ocurren inesperadamente?

In this chapter you will learn

- to talk about how food tastes; to talk about unintentional events
- to ask for help and to request favors

And you will

- listen to people talk about accidents or mistakes they made
- read about indigenous South American foods
- write a recipe for your favorite dish
- find out about specialty foods in Venezuela

② Le falta sal, ¿no cree?

③ ¡Se me olvidó echarle aceite al carro!

DE ANTEMANO

El anillo

¿Qué pasa en un restaurante? Pues, pedimos la comida, comemos y pagamos, naturalmente. Pero un restaurante puede ser el escenario (*stage*) de pequeños dramas humanos. Lee lo que le pasó a Fernando un día en el restaurante donde trabaja.

Manuel: ¿Qué tal, hombre? ¿Cómo anda lo del compromiso?
Fernando: Todavía no le he hecho la pregunta. Pero mira. Hoy le compré el anillo. Me costó un ojo de la cara. Voy a dárselo esta noche después del trabajo.
Manuel: ¡Buena suerte! ¡Que te vaya bien!

Fernando: ¡Caramba!
Manuel: ¿Qué te pasó?
Fernando: ¡El anillo! ¡Se me cayó y no lo puedo encontrar! ¡Ayúdame!

El jefe: ¡Basta ya! ¡Hay clientes que esperan!
Fernando: Hombre, ¿qué hago?
Manuel: Vete al comedor. El anillo a lo mejor está debajo del horno. Lo buscaremos después. No hay remedio.

Fernando: Eh, buenas noches, señora. ¿Qué desea Ud.?
Señora: ¿Me puede traer el menú, por favor?
Fernando: Perdone Ud., se me olvidó traérselo. En seguida vuelvo.

Fernando: ¿Qué le puedo traer? ¿Una ensalada mixta? ¿El puerco asado? ¿El arroz con frijoles? El pollo aquí es exquisito también.

Señora: Tráigame uno de todos los platos principales, por favor. Y de postre, un pastel de chocolate, el flan y helado de vainilla.

Fernando: Este… perdone, ¿van a llegar unos amigos suyos, señora?

Señora: No, estoy sola esta noche.

Señora: ¡Qué riquísimo sabor! ¡Qué arroz más sabroso! ¡Qué carne más deliciosa! ¡Sabe muy rico el flan!

Mesero: ¡Qué buen apetito tiene la señora! ¿Dónde pondrá tal cantidad de comida?

Fernando: ¡Ay, se me cayeron los platos!

Señora: Hay que tener más cuidado, joven. Oiga, ¿me hace el favor de traerme otro flanecito?

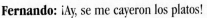

Señora: ¡Qué cosa más rara! ¿Desde cuándo cocinan flan con anillos?

Señora: ¿Puede traerme la cuenta, por favor?

Fernando: Sí, señora, se la traigo ahora mismo.

Señora: ¡Ay! ¡Se me perdió el dinero! ¡Qué vergüenza! Pero tengo una idea. ¿Es posible pagar con este anillo? Valdrá aun más que esta cena maravillosa.

DE ANTEMANO

1 ¿Comprendes?

1. ¿Qué compró Fernando? ¿Por qué lo compró?
2. ¿Qué le pasó a Fernando en la cocina?
3. Según Manuel, ¿dónde está el anillo?
4. ¿Cómo es la cliente de Fernando?
5. ¿Qué se le olvida a Fernando darle a la señora?
6. ¿Qué platos pide la señora?
7. ¿Qué piensan los meseros de la cena de la señora?
8. ¿Qué problema tiene la señora al final? ¿Qué crees que Fernando va a hacer?

2 ¿Se sabe?

Responde a cada frase con **cierto, falso** o **no se sabe.**

1. Manuel está casado.
2. El anillo cayó debajo del horno.
3. Al jefe de meseros no le importa el problema de Fernando. Dice que todos tienen que trabajar.
4. La señora va a cenar con unos amigos esta noche.
5. A la señora le gusta la paella.
6. A la señora se le perdió el anillo.
7. La señora comió el anillo sin darse cuenta.
8. Fernando va a pagar la cena de la señora.

3 ¿Qué palabras se usan?

Encuentra por lo menos dos expresiones por cada pregunta.

1. ¿Qué expresiones usa la señora para pedir comida en el restaurante?
2. ¿Qué expresiones usa ella para describir la comida?
3. ¿Cuáles son las expresiones que se usan para hablar de cosas que ocurrieron inesperadamente *(unexpectedly)*? (Por ejemplo: Se me cayó la sopa.)

4 En orden

Pon las siguientes frases en orden cronológico.

a. El jefe de meseros se enoja con Fernando.
b. La señora pide muchos platos.
c. A Fernando se le olvida traer el menú.
d. La señora ofrece pagar con el anillo.
e. Fernando enseña el anillo a su amigo.

5 Ahora te toca a ti

¿Te ha pasado algo interesante alguna vez en un restaurante o fiesta? ¿Fue algo que te dio vergüenza o no? Con un(a) compañero(a), habla de lo que pasó. Dile también dónde y con quién(es) estabas y cómo te sentiste.

PRIMER PASO

Talking about how food tastes; talking about unintentional events

ASÍ SE DICE · Talking about how food tastes

Si un plato no te gusta, puedes decir:

Le falta sal/sabor/no sé qué.
It lacks . . .
Tiene sabor a grasa. *It tastes greasy.*
Lleva mucho ajo. *It has too much garlic.*
Está echado a perder.
It's spoiled (ruined).
Me cae gordo. *It disagrees with me.*
¡Guácala! ¡Qué asco![1]
Yuk! How disgusting!

Si te gusta la comida, puedes decir:

¡Qué bueno/sabroso!
Sabe riquísimo.
Está en su punto.. *It's just right.*

¿Te acuerdas?

The **-ísimo(a)** ending intensifies the meaning of an adjective or adverb. With adjectives, the ending changes:

Las papas son **riquísimas** y las puedes preparar **rapidísimo.**

6 ¡Qué sabroso!

Escucha las oraciones e indica si cada una es un **cumplido** *(compliment)*, una **queja** o un **comentario neutro.**

7 Y eso, ¿con qué se come?

Imagina que te sirven platos poco usuales. Usa expresiones de **Así se dice** para describir el sabor. Luego expresa tu opinión de los platos servidos en la cafetería esta semana.

carne cruda
hormigas fritas

mermelada de tomate
ceviche

helado de aguacate
¿...?

8 ¡Ni en pintura!

Piensa en algo que odiabas de niño(a). Entrevista a tus compañeros de clase y averigua cuántos de ellos odiaban el mismo plato. Luego comparen sus opiniones actuales de las mismas comidas. ¿Han cambiado Uds. de opinión?

1. These expressions are common in Mexico.
   They can be used among friends but are not suitable in a formal situation.

Ensalada mixta
Ensalada de aguacate

Carnes
bistec a la parrilla
puerco asado
chorizo
ternera   *veal*
chuletas de cerdo
pollo frito

Pescados
pargo   *red snapper*
bacalao   *cod*
trucha   *trout*

Mariscos
almejas
ostras

Legumbres
caraotas

Postres
torta de chocolate
quesillo (*custard*)

Frutas
patilla
melocotones
piña

---

9 ¿Dónde quieres comer?

Lee los anuncios de los restaurantes y contesta las preguntas. Luego, reúnete con un(a) compañero(a) y escoge adónde quieren ir a comer.

1. ¿Qué restaurante ofrece la posibilidad de comer sin salir de casa?
2. A tu amigo(a) no le gusta comer carne. ¿Dónde vas a cenar con este amigo(a)?
3. ¿En dónde van a estar abiertos a las tres de la tarde el domingo?
4. Vives en la urbanización *(neighborhood)* El Rosal. ¿Cuáles son los dos restaurantes que te quedan más cerca?
5. Tu comida favorita son los camarones. ¿Qué restaurante le recomiendas a una amiga?

También se puede decir...

En algunos países	En Venezuela
los frijoles negros	las caraotas
los duraznos	los melocotones
la sandía	la patilla
el ananás	la piña
el pastel	la torta
el puerco/el cerdo	el cochino

En México, se dice **huachinango** por **pargo**.

Restaurante Frutos de la Tierra
• Comida macrobiótica •
• Comida vegetariana •
Sólo usamos los ingredientes más naturales
Abierto todos los días
de 12 am a 11 pm
Calle Sotomayor con Robledo
Urb. La Feria
Teléfono 73.38.45

El Palacio Chino
Abierto de lunes a sábado de 12 a.m. a 10 p.m. *Servicio rápido a domicilios*
Teléfono: 367.9831
Urb. El Rosal

— **El Pozo** —
Carnes a la parrilla • Comida internacional
Avenida Campos, Urb. El Rosal
Edificio Rodríguez Peña
Teléfonos: 33-29-48 o 33-29-49

Restaurante Las Olas
• Pescado y mariscos •
Abierto domingos,
11 a.m. a 12 p.m.
Avenida Universidad
Cruce con Los Pinos
Teléfono 359.9631

---

10 La cuenta, por favor

Júntate con tres o cuatro compañeros(as). Primero, preparen varios menús —uno para bajar de peso, otro para subir de peso y otro más para vegetarianos. Luego, en turnos, hagan el papel del mesero y los clientes. Los clientes deben ordenar la comida, pedir la cuenta y comentar sobre la comida.

¿Se te ha olvidado?
ordering a meal
Ver la página 328

ASÍ SE DICE Talking about unintentional events

En la charla de la sobremesa nos contamos muchas cosas, entre ellas los eventos inesperados que nos han ocurrido. Para hablar de ellos, puedes decir:

Se me perdieron las llaves. *I lost . . .*
Se me acabó la comida. *I ran out of . . .*
La máquina de contestar **se nos descompuso.** *. . . broke.*
¿**Se te olvidaron** los boletos? *Did you forget . . .?*
Se nos cayeron los libros. *We dropped . . .*

*G*ramática Se + indirect object pronoun

Use **se** + indirect object pronoun + verb to talk about unintentional events.

1. The indirect object pronoun depends on whom the event happened to.
   Se les quedó el pan en casa.
   They left the bread at home. (They forgot the bread.)
2. Use the plural of the verb if the item involved is plural.
   Se me perdieron las fotos.
   I lost the pictures.
3. A clarifying phrase with **a** may be added to explain the indirect object pronoun.
   A Teresa se **le** rompió el vaso.

11 ¡Qué desastre!

Vas a escuchar cinco frases. Después de escuchar cada frase, decide a qué dibujo corresponde. Ojo: una frase no corresponde a ningún dibujo.

Pablo

Beatriz

Diana

Felipe

A LO *N*UESTRO

Spanish has many expressions using **se** plus an indirect object pronoun which can be used when the speaker wants to be more polite, or to soften what he or she is saying. Some examples are:

Se me pasó por alto.
  It slipped my mind.
Se me hace un poco absurdo.
  It seems a little absurd to me.
Se le nota que está enojada.
  You can tell that she's angry.
Se le hizo tarde.
  It got late on him.
Se nos fue el tren.
  The train went off and left us.

12 La fiesta de Natalia

Escribe un párrafo y explica por qué llegaron tarde los invitados a la fiesta de Natalia. Usa la información de cada lista.

MODELO   Guillermo quería venir pero no pudo. Se le acabó la gasolina.

Guillermo	acabar la gasolina
Ángeles y yo	olvidar comprar un regalo
Yo	romper los discos compactos
Tú	quemar la torta de chocolate
Andrés y Gabriela	perder las llaves del carro
María José	romper el reloj
nosotros	caer un árbol sobre el carro

13 Una buena excusa

Con un(a) compañero(a), haz una lista de las mejores excusas para cada situación. Usen su imaginación. Después, toda la clase puede votar por la mejor excusa. ¿Por qué...?

1. no llegaste a la escuela a tiempo
2. no hiciste la tarea
3. llegaste a casa a la una de la mañana
4. saliste sin avisar a nadie
5. recomendaste este restaurante tan horrendo
6. faltaste a una cita

¿Te acuerdas?

Para excusarte, puedes decir:

Tenía que…   Esperaba… pero no pude.
Pensaba…   Quería… pero no pude.
Debía… pero se me hizo tarde.

NOTA CULTURAL

En Venezuela y otros países hispanohablantes, muchas familias tienen la costumbre de quedarse sentadas para la **sobremesa.** Es un tiempo para tomar un café y hablar de temas de todos tipos. Se habla de problemas personales y profesionales, la política, los deportes y otros asuntos. La costumbre de la sobremesa se observa en los restaurantes también. ¿Y tú? ¿Cuánto tiempo te quedas sentado(a) a la mesa después de comer?

Personal que presta servicios

Si vas a un país extranjero, vas a conocer a muchas personas que prestan diferentes tipos de servicio. ¿Cómo te diriges a esas personas?

Emergencias Médicas	
	621
Ambulancia	45-23-12
Hospital central	33-21-48
Maternidad Santa Lucía	25-25-25
Cruz Roja	112
BOMBEROS	123
POLICIA	101
TRANSITO	
OTROS SERVICIOS	
Servicio de información	48-93-77
Quejas y reclamos	48-27-36

Para discutir...

1. ¿Sabes qué hacer si estás en apuros, si te sientes mal o si se te descompone el carro? Imagínate que estás de visita en algún país de habla hispana. ¿Cómo encuentras el servicio necesario, y cómo pides ayuda?

2. Con un(a) compañero(a), escribe una lista de expresiones de cortesía para pedir ayuda. También imaginen cómo van a llamarle la atención a una persona desconocida.

Vamos a comprenderlo

Los servicios de emergencia son casi siempre iguales en todos los países. Generalmente, el personal médico está vestido de blanco, y los policías de azul. Siempre es buena idea consultar una guía telefónica para una lista de números de emergencia.

Para hablar con una persona que presta servicios hay que usar siempre el pronombre formal, **usted**. También es importante decir **por favor** siempre. Cuando se trata realmente de una emergencia, puedes gritar, **¡Auxilio!** o **¡Socorro!** En situaciones menos urgentes, puedes llamarle la atención a alguien al decir **Oiga usted, Con permiso** o **Discúlpeme, por favor**.

¡ADELANTE!

Platos favoritos

¿Tienes un plato favorito? Cuando preparas tu plato favorito, ¿dónde compras los ingredientes? Lee lo siguiente para aprender algo sobre los platos típicos de Venezuela, cómo se preparan y dónde se pueden comprar los ingredientes.

GISELA GIL

P: ¿Cuál es su plato favorito?

R: Espagueti.

P: ¿Qué come para mantener la salud?

R: Eh, nada en especial, como muy mal, sándwich, como cualquier basura.

P: ¿Qué comida considera Ud. saludable?

R: Bueno, ensaladas, por supuesto, carnes sin grasas.

P: ¿Y no saludable?

R: Pues, hamburguesas, perros calientes, refrescos.

P: ¿Y qué comidas hay aquí en Venezuela... para Navidad o Semana Santa?

R: Bueno, en Semana Santa se come pescado; razones religiosas hacen que mucha gente evite comer carnes rojas, o carne de pollo y en, pues, en Navidad, hallaca, pan de jamón...

P: ¿Y hay un plato típico de Venezuela?

R: Yo creo que ya Venezuela no tiene platos típicos, como dije, es una mezcla de muchos países, de muchas inmigraciones, de mucha gente. Entonces, hay... platos típicos ya también es la pasta, plato típico ya también es la hamburguesa, plato típico también es un sándwich. Hay... no se puede hablar de un plato típico en Venezuela, ¿no? Es una mezcla de todo.

P: ¿En su familia se hace la sobremesa?

R: No, tenemos todos horarios diferentes de comer entonces no, pocas veces nos encontramos para comer.

YAMILE ANTHONY

P: ¿Adónde va Ud. para comprar frutas y vegetales...?

R: Bueno, por aquí en la zona existe lo que sacan directamente del campo, ¿okay? La producción propia ya, sin necesidad de tener que pasar por lo que implica el mercado, ¿no? Entonces es allí donde vamos y compramos los vegetales.

P: ¿Y para comprar... la comida en lata?

R: Se va a un automercado.

P: ¿Y ya también hay como ... mercados al aire libre?

R: Sí, los hay pero son mercados más que todo a nivel de cosas naturales que son las frutas, los vegetales y las verduras, lo que llamamos papas, zanahorias, remolachas y otras.

14 ¿Comprendes?

Contesta las preguntas en español.

1. ¿Cuáles son algunas comidas que se comen en los días festivos en Venezuela?
2. ¿Dónde se puede comprar comida en latas?
3. ¿Dónde se compran las frutas y los vegetales?
4. ¿Por qué dice Gisela que no hay plato típico de Venezuela?
5. ¿Cómo se llama la conversación que ocurre después de una comida?
6. ¿Adónde irá Guillermo por la torta de cumpleaños?
7. ¿Qué necesita traer Guillermo para su mamá?

GUILLERMO ENRIQUE

P: ¿Cuál es su plato favorito?

R: Bueno, el pabellón me gusta mucho.

P: ¿Qué es el pabellón?

R: Es un plato de arroz, caraota, carne, tajada...

P: ¿Qué comida come Ud. para mantener la salud?

R: Bueno, en la mañana siempre tomo leche, así, eh, pan también y...

P: ¿Qué comida se come aquí en Venezuela para ciertas fiestas...?

R: En Navidad, la hallaca, eh, bueno y...

P: ¿Qué es la hallaca?

R: Es un... plato típico de las Navidades que es masa y con carne, varias cosas.

P: ¿En su familia se hace la sobremesa...?

R: Bueno sí, de vez en cuando.

P: ¿Y de qué hablan?

R: De los problemas que uno tenga, los asuntos de la casa, cosas así, personales.

Querido Guillermo,

Por favor ayúdame con la comida de esta noche. El pabellón es el plato favorito de tu papá y quiero hacérselo esta noche para su cumpleaños. ¿Podrías hacerme el favor de traerme unas cosas? Cómprame dos kg de caraotas y unos plátanos en el mercado. Pedí carne de res en la carnicería... ¿puedes recogérmela? También ordené un pastel en la panadería... hazme el favor de pagarlo y traérmelo a casa. Vas a necesitar dinero... te lo dejé en la cocina, al lado del teléfono.

Un abrazo,
Mamá

Pabellón criollo

Ingredientes:

1 kg carne, falda de res
2 cebollas grandes
aceite
onoto
3 dientes de ajo
ají dulce

2 tomates grandes y maduros
sal y pimienta al gusto
caraotas
plátano frito
una pizca de comino

---

15 ¿Qué palabras se usan?

En la nota que escribe la mamá de Guillermo, busca las dos palabras que ella usa para decirle a Guillermo qué tiene que hacer, y las tres expresiones que usa para pedirle un favor.

16 ¿Quién lo diría?

Escucha cada frase e indica quién la diría, ¿**Gisela, Yamilé, Guillermo** o **la mamá de Guillermo?**

17 Es tu turno

Usa las mismas preguntas de la entrevista de Gisela para entrevistar a tu compañero(a). Luego cambien de papel.

Asking for help and requesting favors

ASÍ SE DICE   Asking for help and requesting favors

Para pedir un favor, puedes decir:

Por favor, ayúdame con los platos.

¿Me podrías ayudar a preparar la cena para la familia?

Hazme/Hágame el favor de comprarme los ingredientes para las hallacas.

¿Podrías hacer un mandado por abuelito, Chuy?

¿Sería Ud. tan amable de darme una bolsa para estas flores?

18 ¿Qué se le ofrece?

Indica si el hombre en cada conversación que escuchas es **el cliente, el dependiente, o un transeúnte** *(passerby)*.

19 Tu propio robot

Imagina que te dio alguien un robot para tu cumpleaños. Puedes programarlo para hacer diez cosas, pero tienes que ser muy cortés.

MODELO   —Limpie mi cuarto, por favor.

20 Organízala

Te toca organizar la cena anual en beneficio de la banda de tu colegio. Con un(a) compañero(a), prepara un plan para presentar a la clase. Consideren la comida, quién la compra y la prepara, la música, etc.

Nota Gramatical

Por and **para** can both be translated as *for.* **Por** can mean *in exchange for, for the benefit of,* or *in favor of:*

¿Podrías hacer un mandado por abuelito?

It is also used in many idiomatic expressions like **por favor, por cierto** and **por ahora.**

Para often implies *intended for, for the purpose of:*

Necesito una bolsa **para** estas flores.

NOTA CULTURAL

La gran variedad cultural del pueblo venezolano se refleja en los platos típicos. Se nota la influencia de italianos, portugueses, alemanes, franceses y chinos. En algunos lugares, como en el Amazonas, uno puede comer bachacos, u hormigas fritas *(fried ants),* y caribes *(pirañas)*. Pero la comida más típica es la arepa, una bola de masa asada y rellena con carne, huevos, queso y otros ingredientes. ¿Hay una comida típica de tu ciudad o región?

Si necesitas comprar comida, puedes ir a…

la carnicería

la lechería

la pastelería

la bodega

la frutería

la panadería

galletas?   *"packaged"*

Si necesitas reparar el carro o un aparato, puedes ir a….

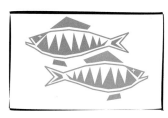
la pescadería

la heladería

el taller

la ferretería

la tienda de refacciones

office supply   *partes (car)*

21   ¿Adónde voy?

Tu compañero(a) te va a preguntar adónde debe ir para encontrar lo siguiente. Basa tus sugerencias en el **Vocabulario** y en la página amarilla abajo.

MODELO   —Necesito una torta de cumpleaños. ¿Me podrías sugerir un buen lugar para comprar una?
          —Sí, cómo no. Ve a la Panadería y Pastelería La Yaya.

1. crema para un quesillo
2. pescado
3. unas bujías *(spark plugs)*
4. bistec
5. herramientas *(tools)*
6. un buen mecánico
7. galletas
8. unas naranjas y manzanas
9. helado

También se puede decir…
En México puedes decir **nevería** en vez de **heladería**.

NOTA CULTURAL

En Venezuela, se come mucho pan de jamón en fiestas en los lugares de trabajo. También se comen los famosos churros españoles, tubos de masa fritos y salpicados de azúcar. Igualmente populares son los dulces, por ejemplo, el bienmesabe o el dulce de lechoza (papaya). En época de Navidad, la comida preferida son las hallacas—pequeños paquetes de masa de maíz rellenos con carne, aceitunas, tomates y una gran variedad de especies y verduras, todo envuelto en hojas de plátano. ¿Tiene tu familia un plato tradicional que se come en una fiesta?

Bodega La Milagrosa	
Calle 162 con Avenida 39	51.2420
Carnicería Valles	
Avenida Socorro, Edificio Elisa	33.1370
Charcutería Rosaura	
Avenida Universidad, Edificio Brisas	83.3915
Ferretería El Martillo de Oro	
Calle 158 con Avenida 38	55.9328
Frutería Romualda	
Avenida Nueva Granada a Anauco	96.3664
Heladería La Glacial	
Curamiche a Viento	44.3165
Lechería El Polo Norte	
Centro Comercial Este, Avenida Aldo	24.1905
Panadería y Pastelería La Yaya	
Avenida Bosque, Esquina Av. Nieves	59.6327
Pescadería Monte Bello	
Calle 161 con Avenida 39	51.3738
Refacciones Chatarra	
Carretera Norte 17000	59.1725
Taller Auto-Médico	
Avenida Industrial con Carretera 15	59.8460

*G*ramática   Double object pronouns

1. When using a direct and an indirect object pronoun together, the indirect always comes before the direct object.

   Quiero la ensalada. ¿**Me la** trae ahora, por favor?

2. The verb and the two pronouns form an unbreakable unit. Negative words and adverbs must come before or after this unit.

   ¿La ensalada? La mesera **no** me la trajo **nunca**.

3. **Se** replaces **le** and **les** before the direct object pronouns **lo, la, los,** and **las.**

   Es que **se la** trajo a ella.

22 ¿Qué recomiendas?

Escucha las preguntas y decide cuál de las recomendaciones es correcta.

1. **a.** Cómpramelo en la Panadería Adriana.
   b. Cómpraselo en la Panadería Adriana.
2. **a.** No, no me la traigas.
   b. No, no me los traigas.
3. **a.** Voy a comprártela en la Pescadería Neptuno.
   b. Voy a comprártelos en la Pescadería Neptuno.
4. **a.** Cómo no, te la traigo en seguida.
   b. Cómo no, te las traigo en seguida.

¿Te acuerdas?

Remember that pronouns are attached to affirmative commands.

   Présta**melo**, por favor.

However, they precede negative commands.

   ¡Hombre, no **se lo** prestes!

¿Se te ha olvidado?
commands
Ver la página 349

23 ¡Cómpratelo!

Imagina que tienes un programa de radio que se llama "Buenos consejos". Tu compañero(a) hace el papel de varias personas que te llaman con sus problemas. Dale consejos. Después, cambia de papel *(role)* con tu compañero(a).

MODELO   —¿Les compramos un perro a mis hijos?
             —Sí, cómprenselo.
             —No, no se lo compren.

1. ¿Le presto dinero a mi mejor amigo(a)?
2. ¿Le devuelvo *(return)* el anillo a mi ex-novio(a)?
3. ¿Les doy comida a los pobres?
4. ¿Le traigo un pastel de manzana a mi maestra?
5. ¿Les hago la tarea a unos compañeros?

24 En mi cuaderno

Imagina que trabajas para una agencia de publicidad. Escribe un anuncio de un producto nuevo o una tienda nueva. Basa tu trabajo en este anuncio o en uno de los anuncios en la página 90 y ¡usa tu imaginación!

La Costeña
Jugos sabrosos... ¡naturalmente!

Los jugos de **La Costeña** te refrescan. Sin azúcar. Con un sabor 100% natural.
¡Refréscate!

¿Cuál es tu plato favorito?

¿Tienes un plato favorito? Escucha mientras tres jóvenes hablan de sus platos favoritos.

Claudia

Caracas, Venezuela

"Este, arroz con pollo, guisado con papas... pescado, este... arepas. Arepas es... una comida de aquí que se hace con masa, ¿no? y son redonditas... y son muy sabrosas... Es como un pan y Ud. lo rellena con lo que quiera, con queso, con carne, con cazón, que es un pescado.

Raquel

Miami, Florida

"Los nacatamales... Tiene[n] masa, tiene[n] arroz y son como los tamales cubanos, no sé si Uds. los habrán probado los tamales cubanos y tiene chancho *(pork)* adentro. Nacatamal es un plato muy típico de Nicaragua".

Paulina

Quito, Ecuador

"Las frutas me gustan mucho, ensalada de frutas. Me gustan... sándwiches, me gustan mucho, hamburguesas. Como muchas frutas y verduras, sopas y carbohidratos, nada más. No como muchas golosinas, no me gustan mucho".

Para pensar y hablar...

A. ¿Quién menciona platos extranjeros en su entrevista? ¿En qué países se originaron los platos mencionados? ¿A qué comida mexicana se parece la arepa venezolana? De todas las comidas mencionadas, ¿cuántas has probado tú? Nómbralas.

B. What is your favorite dish? Did it originate in the United States, or is it a blend of the native and the exotic? Does the United States have a "national dish?" Explain.

Cocina y cultura

$\mathcal{E}$s difícil imaginar un mundo sin papas. Las papas eran totalmente desconocidas en Europa antes de 1492. Este artículo es sobre la importancia de la papa en la cultura e historia de las Américas.

Estrategia

Sometimes an author talks about past, present, and future within the same article. If the information is not arranged chronologically, how can you identify the time of each event? One way is to look for clues like **en 1954, hoy día,** or **el próximo año.** Another way is to pay attention to verb endings.

¡A comenzar!

A. Indica si los siguientes verbos están en el presente, el pretérito, el imperfecto o el futuro. Si no te acuerdas de las formas, consulta la sección que comienza en la página 336.

1. adoran
2. descubrieron
3. comenzó
4. serán
5. constituía
6. disputaban
7. constituyen
8. destruyeron

¿Te acuerdas?

Skim to get the gist. Look at titles, pictures, and—if you have time—the first sentence of each paragraph.

B. Lee el texto brevemente para averiguar de qué trata el artículo.

Una Causa Picante

Papas, tomates, maíz y maníes eran los alimentos cultivados originalmente, hace muchos siglos, por talentosos agricultores indígenas en las terrazas andinas y que aún constituyen el núcleo de la dieta peruana.

El desarrollo de estos cuatro rubros, solamente, bien puede considerarse una de la contribuciones más significativas a la despensa mundial. Pero los agricultores incas también pueden reivindicar por lo menos parte del crédito por el desenvolvimiento de variedades de maíz, pimientos, calabazas, mandioca, batatas y paltas. El resultado es que desde los días en que constituía el corazón del imperio incaico, el Perú posee las claves de una cocina refinada que se considera, a menudo, la mejor del continente.

La nación quechua, conocida universalmente por el nombre de su jefe supremo, el Inca, elaboró una refinada ciencia agrícola en las laderas y terrazas de los Andes. Un complejo sistema de riego, acaso más pulido que el de origen romano, irrigaba mesetas y terrazas. Los agricultores cultivaban una infinita variedad de verduras, concentrándose principalmente en el maíz, las papas y los pimientos. Hoy día, inclusive, el país se ufana de poseer por lo menos treinta variedades de papas: amarillas, azules y púrpuras; pequeñas como guijarros o grandes como cocos; suaves y algodonosas, o densas y crujientes.

Los quechuas también descubrieron métodos únicos para conservar las papas. Para elaborar el chuño las esparcían sobre esteros para secarlas al sol y las retiraban al llegar la noche. El proceso consistía en extraer la humedad, de manera muy similar a la utilizada para secar las vainas de vainilla y madurar su sabor. A veces, para exprimir la humedad de los tubérculos, las mujeres danzaban sobre ellos después de cosecharlos, a la manera tradicional italiana de pisar la uva para hacer vino. Luego de secar las papas hasta dejarlas negras y duras como rocas, las restauraban para hacerlas comestibles, empapándolas y tostándolas. Las papas secas se preparaban de la misma forma, pero se las cocinaba antes del proceso de secado.

La "causa" puede ser tan complicada como lo disponga la imaginación del cocinero o tan simple como el sobrante de un plato de carne y verduras al horno o "casserole". Esta es una receta básica, lista para cualquier combinación con carne, pescado y verduras, fritas o guisadas.

CAUSA

Seis porciones

8 papas medianas
1/2 taza de cebolla picada
1/2 cucharadita de pimiento rojo seco
6 cucharadas de jugo de limón
5 cucharadas de aceite de oliva
2 ajíes picantes frescos, sin semillas y cortados delgados
3/4 libras de queso fresco, Feta o Muenster, cortado en tajadas
Sal y pimienta
Hojas de lechuga
Aceitunas negras

Combine a su gusto las cebollas, el limón, los ajíes, la sal y la pimienta y déjelos aparte. Hierva las papas en agua salada, séquelas, pélelas y haga un puré, combinándolas luego con la mezcla inicial. Agregue el aceite y continúe mezclando. Añada los ajíes frescos y colóquela en un tazón para moldear el puré, viértalo en un plato de servir y rodee el puré con hojas de lechuga, aceitunas negras y tajadas de queso.

En el antiguo Perú el maíz y las papas se disputaban la supremacía y hoy día continúan predominando en los menús y las chacras del país. El maíz que hoy se cultiva en el Perú es el más singular del mundo. Semillas rojas, anaranjadas, blancas, púrpuras y negras se presentan juntas o separadas en un arco iris de espigas multicolores. Tan variadas como los colores son las formas de los granos, que pueden llegar a ser

1. A primera vista, ¿hay más verbos en el tiempo pasado, presente o futuro? ¿Qué te dice esto sobre la lectura?
2. ¿Cuál de las siguientes frases mejor resume el artículo?
   a) cómo preparar un plato que se llama **causa**
   b) la historia de la nación quechua: su política, arte, geografía y comida
   c) usos modernos e históricos de comidas en Perú

¿Te acuerdas?

When you encounter an unknown word, it's often best to keep reading rather than stop to look it up. The context allows you to guess the meaning.

C. Usando solamente el contexto, ¿puedes encontrar un lugar en el primer párrafo para sustituir cada una de estas palabras?

cocina desarrollo
reclamar partes esenciales
con frecuencia categoría

Al grano

D. Ahora miremos algunos detalles de cada párrafo, menos la receta.

1. Según los párrafos 1 y 2, ¿qué importancia culinaria tenía el Perú?
2. ¿Por qué están en el imperfecto los verbos **cultivaban** e **irrigaba** en el párrafo 3?
3. Mira la primera frase del párrafo 4. ¿Cómo se expresa la misma frase en inglés?
4. En el párrafo 4, ¿qué hacían las mujeres para extraer el agua de las papas?
5. Según el párrafo 5, ¿qué ventajas *(advantages)* tiene esta receta para la **causa**?

6. ¿Cuáles son las culturas que han contribuido a la cocina peruana moderna?

7. ¿Qué determina el sabor de los ajíes, según el párrafo 7?

8. En el párrafo 8, ¿qué comentarios indican que los quechuas no dominan los Andes ahora?

E. Ahora lee la receta y corrige las siguientes instrucciones para la **causa**.

1. Mezcla las cebollas, el limón, el queso y la pimienta, y déjalos aparte.

2. Hierve y seca las papas, y déjalas aparte.

3. Agrega cebolla y lechuga y continúa mezclando.

4. Añade los ajíes frescos y ponlos en un vaso para moldear el puré.

5. Viértelo en un plato de servir y rodea los ajíes y las papas de queso, aceite y aceitunas negras.

F. Trabaja con un(a) compañero(a). Resuman en dos o tres frases lo que dice el autor sobre cada uno de estos temas. Escriban las frases claves que comunican las ideas principales.

1. los cultivos más importantes de los quechuas

2. las distintas formas de preparar las papas en Perú

3. el maíz en relación con las papas

4. el uso del picante en América del Sur

5. la dieta peruana típica

G. What are the staples of the typical person's diet in the United States? What are the origins of these staples?

tan grandes como uvas o fresas, duros y crocantes o suaves y brillantes.

El maíz y las papas serán productos del Perú, pero la gloria de la región la constituye el arco iris de ajíes que aquí se elaboró y se cultiva, siendo sus colores, tamaño y calidad de picante determinados por el clima y la altitud. Genéricamente se les conoce como ajíes, pero cuando los peruanos dicen ají se refieren al poderoso mirasol. En muchos platos los ajíes más picantes constituyen la base del sabor porque la comida peruana puede ser la más condimentada de América del Sur, aunque sin llegar a la fiereza de los platos más picantes de México o el Caribe.

Aunque los quechuas dominaron los Andes con su sistema de caminos y viaductos y organizaron las aldeas remotas en un imperio disgregado, pocas son las constancias existentes que sirvan para enfrentar al esplendor culinario de los aztecas. A su llegada, Pizarro y sus hombres efectivamente destruyeron la antigua civilización, pero los quechuas que no fueron asesinados o diezmados por las enfermedades, siguieron cultivando la tierra. No trabajarían para los españoles y en algún momento comenzó la esclavización e importación de africanos para reemplazar a los reacios esclavos indígenas. La mezcla resultante de culturas indígena, española y africana creó la cocina peruana moderna.

Do you sometimes feel intimidated by the blank page, even after investigating your topic and deciding how to organize the information? Writing can still be a complex task, especially in a foreign language. In this activity, you will learn another way to make the writing task more manageable.

Tu receta favorita

Imagina que tu profesor(a) va a hacer una colección de las recetas favoritas de la clase de español. Escribe una receta sencilla para esta colección. Acuérdate que no sólo las comidas requieren recetas. Si prefieres, puedes escribir una receta para preparar el cemento, diferentes colores de pintura, el papel maché o un pegamento casero *(homemade glue)*.

A. Preparación

1. Decide qué receta quieres escribir. La receta debe ser interesante pero no muy complicada.
2. Considera bien la receta y prepara listas del vocabulario que vas a necesitar para los ingredientes y las instrucciones.
3. Puedes usar mandatos informales, infinitivos o construcciones con **se** para explicar cómo se hace la comida. ¿Conoces bien las formas? Repasa la información sobre los mandatos en esta lección antes de escribir o consulta la sección que comienza en la página 336. ¿Hay otras estructuras que vas a necesitar?

BUENOS CONSEJOS

Making a writing plan
Before writing, take a good look at your topic. Do you know all the vocabulary you'll need? If not, use a good bilingual dictionary or ask your teacher for assistance. Will your topic require you to use certain tenses frequently? If you're not sure you can use them correctly, consult your textbook or ask your teacher or other students for help.

B. Redacción

1. Escribe la receta, poniendo todos los pasos del proceso en orden.
2. Si quieres, haz la comida en casa y saca una foto de cada paso para incluir con la receta.
3. Si usas palabras que otros(as) estudiantes no van a comprender, defínelas.

C. Evaluación

1. Dales la receta a tres o cuatro compañeros(as) de clase para leer. ¿La entienden? Si no, pregúntales por qué y haz los cambios necesarios.
2. ¿Escribiste bien las palabras y estructuras que usaste? Si no, busca las formas correctas.
3. ¿Se puede leer fácilmente tu receta? Si no, tal vez debes copiar la receta otra vez o escribirla a máquina.

1 Escucha cada anuncio e indica cuál o cuáles de ellos corresponde(n) al dibujo. Si el anuncio no corresponde, explica por qué.

2 Con un(a) compañero(a), dramatiza estas situaciones. Tu compañero(a) te preguntará si hiciste el deber. Tú explicarás por qué no lo pudiste hacer y le pedirás ayuda. Después cambien de papel.

MODELO —¿Ya compraste la torta para esta noche?
—¡Ay, se me olvidó! ¿Puedes llevarme a la pastelería?
—Bueno, sí, pero vamos pronto.

1. preparar la comida
2. comprar las refacciones para el carro
3. hacer el proyecto para la clase de…

4. arreglar tu cuarto
5. reparar la motocicleta
6. preparar un jugo

3 Trabajen en grupos. Uno de Uds. está enfermo(a) y no puede salir de casa. La persona enferma les pide ayuda a los compañeros, y éstos le explican si pueden ayudar o no. Continúen hasta determinar quién va a hacer cada uno de los deberes.

MODELO —¿Me podrías hacer un favor?
—Sí, claro, ¿qué necesitas?
—Mañana es miércoles y yo debería preparar la cena. ¿Sabes cocinar?
—Bueno, este…

ayudar a una amiga con el álgebra

recoger al hermanito del centro infantil

entregar la tarea

llevar el carro al taller

preparar la cena el miércoles

hacer las compras

4 Revisa las secciones culturales del capítulo y contesta estas preguntas.

1. Nombra tres dulces que se comen en Venezuela y descríbelos.
2. En caso de comer con una familia venezolana, ¿qué crees que te servirían para Navidad?
3. Imagina que eres un(a) venezolano(a) que visita los Estados Unidos. ¿Cómo comparas la comida que encuentras aquí con las comidas típicas de tu país?
4. Nombra por lo menos dos comidas norteamericanas que tú crees que les parecerían exóticas a los venezolanos.

5 Con un(a) compañero(a), imagina que están en una cafetería. Tu amigo(a) come cosas no muy saludables. Le aconsejas comer otras cosas, pero tu amigo(a) trata de convencerte de que no hay problema.

MODELO —No comas ese postre. Tiene como mil calorías.
—¡Qué va! Me encantan los postres. Además voy a correr esta tarde.

6 Con un(a) compañero(a), imagina que son reseñistas *(reviewers)* de restaurantes. Visitan el restaurante El Increíble y comen un poco de todos los platos mencionados en el menú. Imaginen que algunos de los platos fueron pésimos *(terrible)*, y que el servicio fue horrible. Escriban sus comentarios sobre cada plato y el servicio. Usen palabras de **Así se dice** (eventos no intencionales) para describir los problemas que encontraron.

Restaurante eL InCrEíBlE

Bolitas de carne	100 Bs.
Sopa de pollo	100 Bs.
Ensalada de limones fritos con bróculi	150 Bs.
Cucarachas fritas con queso	300 Bs.
Empanadas con pétalos de rosa	325 Bs.
Pabellón criollo	500 Bs.
Torta de plátanos	150 Bs.
Quesillo	200 Bs.
Café, leche, té	50 Bs.

7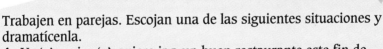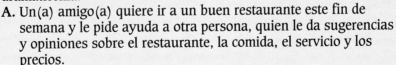

S I T U A C I Ó N

Trabajen en parejas. Escojan una de las siguientes situaciones y dramatícenla.

A. Un(a) amigo(a) quiere ir a un buen restaurante este fin de semana y le pide ayuda a otra persona, quien le da sugerencias y opiniones sobre el restaurante, la comida, el servicio y los precios.

B. Tú debías llevar a varios compañeros de clase al torneo regional de baloncesto, pero han pasado varias cosas inesperadas— problemas con el carro, visitas inesperadas, tarea y quehaceres. Explícale a tu compañero(a) lo que te ha pasado y pídele ayuda.

C. Eres el anfitrión/la anfitriona de un programa de cocina del Canal 5. Tu compañero(a) es tu invitado(a) del día. Presenten una breve escena en la que preparan una especialidad de Venezuela y comentan los resultados en distintas etapas *(phases)* de la preparación.

Can you talk about how food tastes?
p. 89

1 Estás comiendo en el restaurante La Caraqueña en Caracas. Da tu opinión de cada cosa en la siguiente lista.

1. empanadas
2. sopa de tortuga *(sea turtle)*
3. pollo al limón
4. sardinas en ensalada
5. arepas
6. café con leche

Can you talk about unintentional events?
p. 91

2 Por cada situación ilustrada, explica lo que pasó o no pasó, o lo que cada persona puede hacer y no hacer. También explica por qué. ¿Cómo explicaría cada persona la situación en sus propias palabras?

1. 2. 3.

4. 5. 6.

Can you ask for help and request favors?
p. 96

3 Eres el chef de un restaurante y necesitas la ayuda de otros(as) cocineros(as) *(cooks)*. Expresa estos pedidos *(requests)* de una manera más cortés.

1. Ayúdeme.
2. Deme el pan.
3. Tráigame la mantequilla.
4. Páseme la sal y la pimienta.
5. Meta el pastel en el horno.
6. Cocine la carne en la salsa.

la bolsa = purse

PRIMER PASO
Talking about how food tastes

Está echado a perder.   *It's spoiled (ruined).*
Está en su punto.   *It's just right.*
¡Guácala! ¡Qué asco!   *Yuk! How disgusting!*
Le falta sal.   *It lacks salt.*   *les falta*
   ...sabor.   *. . . flavor.*
   ...no sé qué.
      . . . something (I don't know what).
Lleva mucho ajo.   *It has too much garlic.*
Me cae gordo.   *It disagrees with me.*
¡Qué bueno/sabroso!   *How good/tasty!*
Sabe riquísimo.   *It tastes delicious.*
Tiene sabor a grasa.   *It tastes greasy.*

Food

las almejas   *clams*
asado(a)   *roasted*
el bacalao   *cod*
el bistec a la parrilla   *grilled steak*
las caraotas   *beans (Venezuela)*
el chorizo   *sausage*
las chuletas de cerdo   *pork chops*
el cochino   *pork*
la ensalada mixta   *tossed salad*
   ...de aguacate   *avocado salad*

P. 90 (x2)
P. 91 box

la grasa   *grease; fat*
los mariscos   *shellfish*
el melocotón   *peach*
las ostras   *oysters*
el pargo   *red snapper*
la patilla   *watermelon (Venezuela)*
la piña   *pineapple*
el pollo frito   *fried chicken*
el quesillo   *custard (Venezuela)*
la sal   *salt*   *flan*
la sandía   *watermelon*
la ternera   *veal*
la torta   *cake*
la trucha   *trout*

Talking about unintentional events

Se le rompió...   *(He) broke . . .*
Se les quedó...   *(They) forgot . . .*
Se me acabó/acabaron...   *I ran out of . . .*
Se me perdió/perdieron...   *I lost . . .*
Se nos cayó/cayeron...   *We dropped . . .*
Se nos descompuso/descompusieron...
   . . . broke down on us.
¿Se te olvidó/olvidaron...?
   Did you forget . . .?

las llaves = keys

SEGUNDO PASO
Asking for help and requesting favors

Hágame/Hazme el favor de....
   Do me the favor of . . .
¿Me podrías ayudar a...?
   Could you please help me (to) . . .?
¿Podrías...?   *Could you . . .?*
Por favor, ayúdame con...
   Please help me with . . .
¿Sería(s) tan amable de...?
   Would you be so kind as to . . .?

Shops

la bodega   *grocery store*
la carnicería   *butcher shop*
la ferretería   *hardware store*
la frutería   *fruit shop*
la heladería   *ice cream store*
la lechería   *dairy store*
la panadería   *bakery*
la pastelería   *pastry shop*
la pescadería   *fish market*
el taller   *shop; workshop*
la tienda de refacciones   *parts store*

por / para

¡Ven conmigo a Guadalajara!

La catedral de Guadalajara, con su nave del siglo XVI y sus torres del siglo XIX, es única en México.

Jalisco

ESTADOS UNIDOS

Sierra Madre Occidental

Sierra Madre Oriental

Río Bravo del Norte

MÉXICO

Golfo de México

• Monterrey

Océano Pacífico

• Guadalajara

Ciudad de México ☆

• Puebla

Cuernavaca

N

0 250 500 Kilómetros
0 250 500 Millas

CENTROAMÉRICA

Población: 5.302.689
Área: 80.836 km² (31.211 mi²)

Capital: Guadalajara (con aproximadamente 3.000.000 de habitantes)

Otras ciudades: Zapopan, Ciudad Guzmán, Ocotlán, Puerto Vallarta, Lagos de Moreno, Tepatitlán

Clima: Temperatura mínima promedio 10°C (50°F); temperatura máxima promedio 25°C (78°F)

Economía: turismo, granos (maíz, frijol y trigo), pesca, textiles, industrias minera, editorial, de computación y de bioquímica, productos alimenticios, artesanías

Personajes famosos: José Clemente Orozco (1883–1949), muralista; Juan Rulfo (1918–1986), escritor; María Izquierdo (1902–1955), pintora; Luis Barragán (1902–1988), arquitecto

Platos típicos: pozole, birria, chicharrones, carnitas

GUADALAJARA

Después de México y Nuevo León, Jalisco es el tercer estado de México en importancia económica, con una base tanto industrial como agrícola. Su geografía es ideal porque tiene mar, parte de la Sierra Madre Occidental, lagos y bosques. De Jalisco provienen la charrería y la música de los mariachis, dos elementos folclóricos que forman uno de los símbolos que identifican a México como nación. Guadalajara es la capital del estado y la tercera ciudad más grande del país. Sus habitantes son conocidos como 'tapatíos'.

② Este edificio fue construido por el famoso arquitecto tapatío, Luis Barragán. Los arquitectos de Jalisco son famosos internacionalmente.

① Esta es la Plaza Tapatía, donde se baila el típico 'jarabe tapatío' y cantan los mariachis, quienes han exportado la música mexicana a todo el mundo.

③ José Clemente Orozco pintó en 1939 los murales del Hospicio Cabañas, anteriormente un orfanato. Orozco fue uno de los más importantes representantes de la escuela muralista de México.

La gente de Guadalajara tiene un gran orgullo regional. Por eso son conocidos como **tapatíos,** una palabra indígena que quiere decir que valen tres veces más. En los capítulos 5 y 6, vas a conocer las leyendas, la música y el arte de esta región. ¡Sabrás por qué están tan orgullosos los tapatíos!

④ El Lago de Chapala, al sureste de Guadalajara, es el más grande de México. La variedad de peces blancos que habitan el lago sólo se encuentra ahí o en el Lago de Pátzcuaro, en Michoacán.

⑤ En todo el país la música de rock ha aumentado en popularidad. Este grupo Maná, de Guadalajara, ha alcanzado fama mundial. Los mexicanos le llaman "guacarock" al rock cantado en español por mexicanos ("guaca" de guacamole).

⑥ Entre las artesanías de la región se destaca el vidrio soplado, artesanía que todavía se practica en el pequeño pueblo de Tlaquepaque, ahora suburbio de la capital.

MANA

1 Guadalajara es a todo dar. ¡Espero que lo pases bien!

Las leyendas, los mitos y los proverbios son algunos de los aspectos del folklore. Las leyendas explican a veces el origen de algo, como cuando las enormes huellas de Paul Bunyan crearon los Great Lakes. Las leyendas pueden ofrecer moralejas también. ¿Qué leyendas conoces tú? ¿Qué te dicen estas leyendas sobre tu cultura?

In this chapter you will learn

- to express qualified agreement and disagreement; to report what others say and think
- to talk about hopes and wishes

And you will

- listen to a phone message telling what the caller hopes will be done
- read several Latin American legends
- write a myth explaining a natural phenomenon
- find out about the Aztec civilization

(3) ¡Qué va! Maná es el mejor grupo del 'guacarock'.

(2) Dicen que este club tiene buenos actores, y hasta cierto punto estoy de acuerdo.

DE ANTEMANO

El virrey y el azteca

Los mitos y leyendas muchas veces simplifican o idealizan a los personajes y las situaciones. La siguiente leyenda interpreta las relaciones entre los españoles y los indios durante la época colonial. En ella, hay dos imágenes contrarias del español, un señor rico y malvado *(villain-ous)*, y el virrey *(viceroy)* sabio y generoso. Del indio hay una sola imagen; es pobre, humilde y honrado. ¿Puedes expresar la moraleja *(moral)* de la leyenda?

La gente dice que una vez un señor azteca andaba por un camino cuando encontró un bolso lleno de oro. Como el señor era muy pobre, nunca había visto tanto oro...

¡En mi vida he visto tanto oro!

¡Las cosas que podré comprar con este oro! ¡Qué alegría! Pero...

No, no puedo hacerlo. No es justo. Estas monedas son de otra persona. Debo devolverle este dinero al dueño.

¿Se le perdió a Ud. algo de valor, señor?

Sí. He perdido un bolso.

¡Vaya ladrón malvado! ¡Me has robado dos monedas de oro!

Aquí lo tiene, señor. Lo encontré en el camino.

¡En absoluto, señor!

¡Llamaré a los guardias y te llevarán a la cárcel!

¡Eso no es justo, señor! No robé nada del bolso. Se lo di igual como lo encontré.

El pobre señor azteca estaba preocupado. Se dio cuenta que los guardias lo buscaban y no encontraba qué hacer. En aquel momento pensó en el Virrey. Hasta cierto punto tenía miedo de este gran señor, pero se decía que el Virrey era un hombre justo que ayudaba tanto a los pobres como a los ricos. Así que el señor azteca fue al palacio a verlo.

Señor, perdone Ud., dicen que robé unas monedas de oro, pero no es así. Oí que Ud. es un hombre honrado y he venido en busca de justicia.

Durante un momento no se oyó nada en la gran sala del palacio. Luego el Virrey le susurró algo al oído de su capitán. El capitán se fue y dentro de poco, volvió con el señor español.

¡Ese malvado me robó dos monedas de oro! Sólo había 26 en vez de 28 en el bolso cuando me lo devolvió.

El señor le ha dado el bolso. Por eso se ve claramente que es un hombre honrado. Entonces, claro está que éste no es el bolso que Ud. perdió. Su bolso tenía 28 monedas y éste sólo tiene 26. Como no podemos encontrar al dueño de este bolso, voy a darle el bolso al señor que lo encontró.

Digo que es suyo.

Gracias, señor.

1 ¿Qué pasó primero?

Pon las siguientes oraciones en el orden correcto.

4 **a.** El señor azteca fue a ver al Virrey.
2 **b.** El señor español acusó al azteca de ser ladrón.
6 **c.** El Virrey le dio el bolso al azteca.
1 **d.** El azteca encontró el bolso.
3 **e.** El azteca tenía miedo de ir a la cárcel.
5 **f.** El español apareció ante el Virrey.

2 ¿Entendiste?

1. ¿Cómo se llamaba al representante del rey de España en las colonias americanas?
2. ¿Por qué merecía mucho respeto el Virrey?
3. ¿Qué encontró el azteca?
4. ¿Por qué decidió el azteca devolver el bolso al español?
5. Por fin, ¿qué hizo el Virrey con el dinero?
6. ¿Por qué tomó esa decisión el Virrey? ¿Crees que fue justa la decisión?

3 Expresiones útiles

En el cuento, hay cuatro expresiones que se usan para referirse a lo que dicen o lo que piensan otras personas. Búscalas y escríbelas en una lista. Hay también varias expresiones que se usan para expresar desacuerdo o para negar lo que dice otra persona. Encuéntralas y apúntalas también.

4 ¿Imagen falsa o verdadera?

Trabaja con un(a) compañero(a). Usen *El virrey y el azteca* para formular por lo menos dos imágenes de los españoles y la gente indígena. Luego debatan si estas imágenes son justas o injustas.

5 Ahora te toca a ti

Con un(a) compañero(a), escojan una escena de la leyenda y creen una conversación entre los personajes. Pueden cambiar la interpretación de los personajes o pueden inventar nuevos elementos. Practiquen el diálogo con la idea de presentarlo a la clase.

crítica

NOTA CULTURAL

Bartolomé de las Casas, un fraile dominicano que vino a las Américas en 1502, escribió una crítica de los conquistadores españoles en la que condena la explotación de los indígenas. Esto dio lugar a la "Leyenda negra", una representación a veces justa y a veces exagerada de la brutalidad y la avaricia de la conquista. La historia de los Estados Unidos también contiene temas muy controvertidos. Un ejemplo es el tratamiento de las comunidades indígenas. ¿Sabes de otros ejemplos?

Expressing qualified agreement and disagreement; reporting what others say and think

ASÍ SE DICE Expressing qualified agreement and disagreement

Ya conoces algunas expresiones para expresar acuerdo:

Estoy de acuerdo.   **Así es.**
¡Claro que sí!   **¡Cómo no!**
Por supuesto.   **Desde luego.**
Eso es.

Si crees que otra persona no tiene toda la razón, puedes decir:

Hasta cierto punto, sí, pero...   **¿Tú crees? No sé...**
Up to a point, yes, but . . .   **Es muy difícil de creer, pero es**
Pero hay que tener en cuenta que...   **posible.**
But you have to take into account that . . . **Bueno, puede ser, pero...**
Depende de tu punto de vista.   **En efecto, parece ser así.**

Si no estás de acuerdo para nada, puedes decir:

Al contrario.   **¡Claro que no!**
¡Nada de eso! *Of course not!* **¡Qué va!**
¡Qué tontería!   **¡Eso es muy difícil!** *That's very unlikely!*

6 ¿De veras?

Unos amigos están expresando sus opiniones sobre varias cosas. Escucha cada conversación e indica si no están de acuerdo **para nada** o si están de acuerdo **totalmente** o **más o menos.**

7 ¡Qué va!

Las generalizaciones pueden ser peligrosas, aunque a veces dicen verdades. Responde a cada oración con una expresión de acuerdo total, acuerdo parcial o desacuerdo total.

1. Las leyendas no tienen nada que ver con la realidad.
2. La leyenda del Virrey y el azteca representa un retrato realista de la sociedad colonial.
3. Cuando se enfrentan dos sociedades, una siempre domina a la otra.
4. Los diferentes grupos étnicos de hoy en día pueden aprender a vivir en paz y concordia.
5. La literatura puede enseñarnos algunas lecciones importantes sobre la vida.
6. En nuestros días, hay mucho menos discriminación racial y económica.
7. Las leyendas son para los niños.
8. En nuestra época, la ciencia tiene las mismas funciones que tenían los mitos en las sociedades antiguas.

A LO NUESTRO

Some of the most emphatically negative expressions in Spanish don't use negative words at all! The negative meaning is understood. For example:

en absoluto *absolutely not*
en mi vida *never in my life*

8 Personalmente...

A veces es difícil llegar a un acuerdo sobre los problemas de la vida. Con un(a) compañero(a), formen generalizaciones con las siguientes frases o con ideas suyas. Tu compañero(a) dirá si está de acuerdo y hasta qué punto. ¿Tienen Uds. opiniones similares o diferentes?

> las leyendas
> los carros de gasolina
> los jóvenes
> los cursos de...
> los hombres
> las mujeres

(no) debe(n)

> manejar antes de cumplir los 18 años
> hacer más de los quehaceres domésticos
> ser obligatorios para graduarse
> tomarse demasiado en serio
> prohibirse por completo
> quedarse en casa cuando los niños son chicos

9 ¿Son compatibles?

Marta y Rosalía piensan ser compañeras de cuarto en la residencia *(dormitory)* de una universidad. Tomaron la siguiente prueba para determinar si son compatibles. Imagina que tú y dos compañeros(as) son consejeros(as). Lean las respuestas de las chicas y luego preparen un informe para explicar a la clase si ellas son o no son compatibles y por qué.

¿Son compatibles Uds. como compañeros(as) de cuarto? ¡Tomen esta prueba para saberlo! Indiquen si están de acuerdo.

1. Es importante ser ordenado(a). Mi cuarto tiene que estar limpio y organizado.

   ¡Qué va! Confieso que soy un desastre.

2. Necesito silencio para concentrarme más en los estudios.

   No estoy de acuerdo para nada. Necesito el ruido para estudiar.

3. Es bueno tener amigos(as) de visita y ¡mejor si se quedan hasta muy tarde!

   Por supuesto. Pero siempre hay que tener en cuenta que tal vez otra gente quiera estudiar.

4. Necesito hablar mucho por teléfono.

   De acuerdo. En mi familia somos ocho y hablamos a menudo.

5. Prefiero acostarme y levantarme tarde.

   ¡Desde luego! Me encanta levantarme tarde.

6. Para mí, las fiestas son más importantes que los estudios.

   ¡Nada de eso! Me gustan las fiestas pero quiero sacar buenas notas.

¿Son compatibles Uds. como compañeros(as) de cuarto? ¡Tomen esta prueba para saberlo! Indiquen si están de acuerdo.

1. Es importante ser ordenado(a). Mi cuarto tiene que estar limpio y organizado.

   Hasta cierto punto sí. No tolero la desorganización pero hay que ser flexible también.

2. Necesito silencio para concentrarme más en los estudios.

   ¡Desde luego! Me gusta el silencio.

3. Es bueno tener amigos(as) de visita y ¡mejor si se quedan hasta muy tarde!

   Claro que no. Me gusta la privacidad.

4. Necesito hablar mucho por teléfono.

   ¡Cómo no! Necesito llamar a mi familia mucho.

5. Prefiero acostarme y levantarme tarde.

   ¡Al contrario! Para mí, acostarme a las nueve es tarde.

6. Para mí, las fiestas son más importantes que los estudios.

   No es así. Yo estoy aquí para estudiar medicina, no para pasarlo bien.

ASÍ SE DICE   Reporting what others say and think

Estas expresiones se usan cuando no se sabe quién dijo algo o cuando "todo el mundo" lo dice:

Alguien me dijo que cancelaron el concierto.

Cuentan que una mujer lloró hasta que se transformó en un río.

Dicen que la gobernadora es un personaje muy popular.

Se dice que el pájaro chogüí es la voz *(voice)* de un niño perdido.

Se cree que los aztecas vinieron de Aztlán.

Oí que descubrieron un libro antiguo de fábulas.

Según los chismes, Adán y Laura ya no salen juntos.

Supuestamente el calendario azteca era más preciso que el calendario moderno.

10   ¿Quién lo dice?

Escucha estos comentarios y decide si lo dice **una persona específica** o **la gente**.

11   ¿Cómo se usa?

El pronombre **se** tiene muchos usos diferentes. Lee el siguiente artículo sobre las "figuras de Nazca" y encuentra los dos casos en que el **se** se usa para expresar un sujeto impersonal, y trata de expresar estas frases en otros términos sin el pronombre **se**.

Nota Gramatical

The impersonal construction **se** + verb often corresponds to sentences in English that use *people, they, you, we,* or *one . . .* It's usually used with the third person singular.

¿Cómo **se** llega al castillo?
How do you get to the castle?

¿Y cómo **se** sabe eso?
And how does one know that?

Las Figuras de Nazca

¿Qué te parece esta figura? Hay muchas figuras como ésta en el desierto de Nazca en el Perú. Algunas personas creen que estas figuras, que sólo se pueden ver desde un avión, parecen dibujos elaborados por seres del espacio. Se ha sugerido también que parecen pistas construidas en la antigüedad para el aterrizaje de vehículos del espacio. Otros piensan que fueron parte de un calendario que ayudaba a los indios a entender el movimiento de los cuerpos celestiales. ¿Qué crees tú?

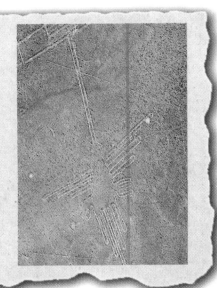

12 Dichos

Una parte importante del folklore son los dichos y refranes *(proverbs)*. Con un(a) compañero(a), encuentren los equivalentes de estos dichos en inglés. ¿Cuándo se usa cada dicho? Compartan sus ideas con la clase.

MODELO   Dicen que "se pescan más moscas con miel". Quiere decir que es mejor ser amable con la gente.

Al decir las verdades se pierden las amistades.

Poco a poco se anda lejos.

El árbol se conoce por su fruta.

Lo que se pierde en la uva, se gana en la pasa.

Con paciencia se gana lo imposible.

13 He oído que...

En grupos, escriban un diálogo sobre un incidente legendario, por ejemplo, un robo que pasó hace muchos años en su región o localidad. Imagínense que un(a) reportero(a) trata de averiguar cuál de muchas versiones representa la verdad.

MODELO   —Se dice que el ladrón pudo entrar al banco al pasar por la pared.
—Eso es muy difícil de creer. Yo oí que fue el mismo director del banco...

Un poco más...

la cárcel   *jail*
el (la) guardia   *guard*
honrado(a)   *honorable*
la justicia   *justice*
el ladrón, la ladrona   *thief*
el (la) malvado(a)   *villain*
robar   *to steal*
sufrir   *to suffer*
la víctima   *victim*

14 Se dice que...

Cuándo eras niño(a), ¿usaban fábulas o leyendas tus papás para explicarte las cosas? Por ejemplo, en algunos países hispanohablantes se dice que cuando hay truenos *(thunder)* es que Dios está moviendo los muebles *(furniture)*. En grupos, hablen de los siguientes temas y otros. Usen expresiones de **Así se dice.**

1. Papá Noel
2. El Conejo de Pascua
3. el viernes trece
4. pisar *(step on)* una grieta *(crack)*
5. romper un espejo *(mirror)*
6. abrir un paraguas en la casa

NOTA CULTURAL

Los aztecas usaban una escritura pictográfica. Es decir, usaban dibujos para simbolizar ideas. Por ejemplo, la palabra Coatepec (nombre de un pueblo azteca) se escribía con el dibujo de una culebra y una loma *(hill).* Las palabras para culebra y loma en náhuatl eran *coatl* y *tepetl.* Juntos, sonaban como Coatepec.

¡Cuéntanos una leyenda!

Las siguientes personas nos contaron dos leyendas: "La carreta sin bueyes", de Costa Rica, y "la Llorona", de Venezuela.

● Rafael Ángel

Alajuela, Costa Rica

"Una carreta típica que tiene un sonido estrepitoso en las ruedas porque son de madera con un aro de metal. En este entonces, en la Calle Ancha, que rodea a la ciudad, había un dicho... para [que] los niños... los ancianos y la gente... no trasnocharan. Le decían: 'Vaya, acuéstese y no pase por la Calle Ancha porque ahí sale la carreta sin bueyes'... Se oía el ruido y se veía una carreta que no llevaba bueyes, el timón iba en el aire, y un boyero que iba con el chuzo y arreando la carreta pero sin cabeza. Entonces era una manera de asustar a la gente para que... se fuera a acostar temprano..."

aro *hoop* **trasnochar** *to stay up late* **timón** *steering rod* **boyero** *ox driver* **chuzo** *whip*

● Libia

Caracas, Venezuela

"Había una mujer en los llanos criollos, la cual tenía muchos hijos y un día, en una de las guerras de independencia, a su esposo lo querían... reclutar para que fuera a la guerra... La mujer y sus hijos huyeron hacia los montes y su esposo se quedó recogiendo el ganado... Llegaron los llaneros... y... arremetieron contra su familia y contra todas sus personas, muriendo todos. La mujer quedó viva pero se trastornó de la cabeza, o sea se volvió loca. Esta mujer, cuenta la leyenda... vagaba de pueblo en pueblo gritando por sus hijos y su esposo que habían muerto".

arremetieron contra *attacked*

Para pensar y hablar...

A. Haz una lista de elementos que caracterizan las leyendas—por ejemplo, eventos fantásticos o ambiente misterioso... ¿Cuáles aparecen en estas dos leyendas? ¿Hay leyendas en inglés que tienen los mismos elementos?

B. What purpose do you think legends serve? Is there a sense in which they tell the truth even if they are fantastic or unrealistic?

¡ADELANTE!

Los novios

Hay tradiciones que explican por qué hay primavera, o por qué el coyote tiene negra la punta de su cola (dicen que robó el fuego para el ser humano y se quemó). La siguiente leyenda explica la formación de dos volcanes cerca de la capital de México.

uentan que hace muchos siglos en el Valle de Anáhuac habitaban los aztecas, conquistadores y guerreros famosos. Su emperador tenía una hija Ixtaccíhuatl cuya belleza era legendaria. Cuando la princesa llegó a edad para casarse, su padre le dijo:

—Espero que te cases con un príncipe azteca, hija mía.

La princesa trató de complacer a su padre y por largo tiempo buscó algún príncipe entre las familias nobles aztecas. Pero ninguno le llamó la atención.

Un día un príncipe chichimeca, Popocatépetl, llegó de visita a Tenochtitlán.

La princesa había salido en su litera y por casualidad se encontró con el príncipe en una calle estrecha. Cuando se vieron uno al otro ambos se enamoraron perdidamente.

Cuando llegó a su casa, Popocatépetl escribió una carta al emperador con una súplica franca y sencilla: —Quiero casarme con su hija.

Desafortunadamente, el emperador se puso furioso e intentó que Ixtaccíhuatl se olvidara de su pretendiente.

15 Ponlo en orden cronológico

a. Ixtaccíhuatl muere de una enfermedad misteriosa.
b. Popocatépetl pide permiso para casarse con Ixtaccíhuatl.
c. Popocatépetl lleva a Ixtaccíhuatl a la cumbre de una montaña.
d. Los aztecas abandonan a los guerreros chichimecas.
e. La princesa busca un esposo entre los nobles aztecas.
f. El emperador anuncia que la princesa ha muerto.

16 ¿Cómo se expresan?

Encuentra ejemplos de lo siguiente en *Los novios*. Indica las expresiones que se usan.

1. Alguien reporta lo que dice la gente o un personaje en particular.
2. Alguien expresa un deseo o una esperanza.
3. Alguien llega a un acuerdo.

Pero no tuvo éxito. Ixtaccíhuatl insistía en casarse con Popocatépetl. Vencido por fin, el emperador le escribió al príncipe diciéndole que estaba de acuerdo con el casamiento—pero sólo con una condición. El príncipe y su tribu tenían que apoyar al emperador en la guerra contra sus enemigos. En realidad el emperador quería que el príncipe muriera en la batalla. En el momento más feroz de la batalla, los aztecas abandonaron al príncipe y sus guerreros. Pero éstos lucharon con muchísimo valor y vencieron al enemigo. Mientras tanto, en Tenochtitlán, el emperador le dijo a la princesa que Popocatépetl estaba muerto. Luego mandó decir a Popocatépetl que la princesa había muerto de tristeza.

Popocatépetl no aceptó la mala noticia. Secretamente volvió a Tenochtitlán, donde entró en el palacio y se reunió con Ixtaccíhuatl. Los dos se escaparon pero desde ese día el emperador se negó a verlos. Para él la princesa estaba muerta.

Los dos amantes huyeron a un lugar no muy lejos de la capital azteca y construyeron una casa humilde. Pasaron varios años y la princesa se enfermó. A pesar de los esfuerzos inagotables de Popocatépetl, ella se murió. En el momento de su muerte ocurrió un temblor, y en medio del cataclismo surgieron dos volcanes al otro lado del valle. Obedeciendo una voz que le llegaba de los cielos, Popocatépetl llevó a su amada a la cumbre de uno de los volcanes y la colocó en un lecho de flores que estaba preparado para ella. Y allí se quedó para vigilarla por siglos enteros.

Desde entonces los dos volcanes vigilan sobre el Valle de Anáhuac, donde está la Ciudad de México. La blanca nieve de Ixtaccíhuatl explica su nombre, que significa *blanca estrella*. Y la fumarola que sale de vez en cuando del cráter del Popo explica el nombre suyo, que significa *montaña humeante*.

17 ¿A quién se refiere?

¿A quién o a quiénes se refieren las siguientes descripciones?

1. Tienen que luchar con los aztecas en la guerra contra sus enemigos.
2. Tiene conflicto con un miembro de su familia.
3. Es declarado muerto falsamente.
4. Abandonan a sus aliados en medio de una lucha.
5. Simboliza la autoridad y la tradición.
6. Según la leyenda, se convirtieron en volcanes.

18 Ahora te toca a ti

Con un(a) compañero(a), preparen un diálogo con base en una de las escenas de *Los novios*. Presenten su diálogo en voz alta para ver si es lógico y natural.

Talking about hopes and wishes

VOCABULARIO

declarar la guerra, los soldados valientes

quedar muerto, vencer al ejército enemigo

regocijarse, lamentar

celebrar la boda, llorar

la derrota	*defeat*	la diosa	*goddess*	luchar	*to struggle; to fight*
la victoria	*victory*	el héroe	*hero*	acordar la paz	*to make peace*
el guerrero	*warrior*	la heroína	*heroine*	traicionar	*to betray*
el dios	*god*	el (la) malvado(a)	*villain*		

19 La historia que nunca termina

El **Vocabulario** representa un cuento de niños de tipo clásico. Mira los dibujos al escuchar el cuento. Después, completa las siguientes oraciones.

1. El malvado en este cuento es el...
2. Antes de vencer al enemigo, los soldados valientes tuvieron que...
3. El héroe ... cuando descubrió que su amigo lo traicionó.
4. Después de terminar la guerra, los victoriosos se ... y los derrotados ... su mala fortuna.
5. La heroína y el héroe se casaron en una ... muy suntuosa.
6. Según los cuentos antiguos, el destino de los seres humanos estaba en manos de...

20 ¿Qué pasó?

Trabajen en grupos de tres o cuatro personas. Usen las expresiones que han aprendido para narrar un cuento. Pueden basar su cuento en los dibujos del **Vocabulario** en la página 124, o pueden crear una situación original. Después, si hay tiempo, pueden dramatizar el cuento para la clase.

21 En mi cuaderno

Ahora escribe un breve cuento sobre un momento emocionante que viviste tú o que vivió uno de tus amigos. Puede ser un cuento real o imaginario. Trata de seguir un esquema como el siguiente.

Introducción: Dicen que la vida ordinaria no es muy interesante. ¡Qué tontería! Voy a contarles algo que demuestra que...

Antecedentes *(Background):* Hace cinco años mi familia vivía en... Yo tenía ... años y...

Narración: Cuando el presidente declaró la guerra, mi hermana estaba en...

Conclusión: Ahora sé lo que significa ser valiente... ¡Y nunca me voy a olvidar del susto que todos sufrimos!

ASÍ SE DICE   Talking about hopes and wishes

Si quieres hablar de tus deseos y esperanzas, puedes decir:

Esperamos comprender la religión maya algún día.

Espero que la guerra **termine** pronto.

Ojalá que la lucha no **sea** muy larga.

El sueño de mi vida era conocer el valle del otro lado de la montaña.

Era una de mis grandes ambiciones.

Tenía muchas esperanzas de volver a la ciudad tapatía.

22 Cambio de planes

Gregorio le llama a Patricia por teléfono para decirle que tendrán que cambiar de planes. La primera vez que los escuchas, apunta cuántas veces cada uno de ellos expresa una esperanza. La segunda vez, apunta las expresiones de esperanza que usan.

*G*ramática The subjunctive mood to express hopes and wishes

1. Verbs have *tense* (present, past, or future) and *mood* (the speaker's attitude toward the action). The **indicative mood** is used to report facts and things that the speaker considers certain.

2. In this chapter, you'll learn to use the subjunctive mood to express hopes and wishes with expressions like **Espero que...**, **Ojalá que...**, and **Quiero que...**

3. When a sentence starts with these phrases and the subject of the sentence changes after **que,** the verb that goes with the new subject is in the subjunctive.

   Esperamos que ellos **vengan** pronto.   *We hope they arrive soon.*

   Quiero que Juan me ayude.   *I want Juan to help me.*

4. To conjugate a regular verb in the subjunctive, start with the **yo** form of the verb in the present tense, take off the -**o,** and add the following endings:

hablar	beber	vivir	decir
hable	beba	viva	diga
hables	bebas	vivas	digas
hable	beba	viva	diga
hablemos	bebamos	vivamos	digamos
habléis	bebáis	viváis	digáis
hablen	beban	vivan	digan

23 Ojalá que...

Nuria y sus amigos están planeando un día en la playa. Usa los elementos indicados al expresar sus deseos y esperanzas para la excursión.

1. Ojalá/Carlos/traer crema bronceadora
2. Yolanda/esperar/Tomás/no olvidar su cámara
3. Ella/querer/tomar muchas fotos
4. Ojalá/nosotros/poder/pasear en velero
5. Yo/esperar/Queta e Ignacio/ preparar barbacoa

¿Se te ha olvidado?
verbs + infinitive
Ver páginas 336–356

NOTA CULTURAL

Una figura importante en la antigua religión mexicana era Quetzalcóatl, el dios de la civilización y del aprender. Se dice que Quetzalcóatl (su nombre quiere decir "serpiente con plumas") inventó el calendario y el libro. Según una leyenda, Quetzalcóatl partió un día hacia el este en una balsa de serpientes e iba a regresar algún día desde el este. Cuando llegó Hernán Cortés en 1519, se creía que él era Quetzalcóatl. ¿Cómo crees que esta creencia afectó la conquista?

24 Para un mundo mejor

Entrevista a un(a) compañero(a). Pregúntale qué desea para un mundo mejor y qué esperanzas tienen sus amigos y familiares.

MODELO —¿Qué es lo que más quieres para tu futuro?
—Quiero que todos tengan la oportunidad de ser felices.

25 El viaje del fin de año

Imagina que los estudiantes de tu grado están planeando un viaje de fin de año. Escribe diez oraciones para explicar adónde tú y tus compañeros(as) esperan ir y qué esperan o quieren que pase.

MODELO   Ojalá que vayamos al lago este año.

26 Los quehaceres

Escucha el mensaje que dejó la mamá de Diego y Ofelia en el contestador. La primera vez que escuchas el mensaje, haz una lista de las siete cosas que ella quiere que hagan. Luego escucha otra vez y mira los dibujos para ver si hicieron lo que ella les pidió.

MODELO   sacar la basura

27 El hada madrina

En muchas leyendas existe el hada madrina. Imagina que tu hada madrina puede hacerte diez favores. Escríbele una carta para decirle lo que quieres para ti mismo(a), para tu familia y tus amigos, para tu ciudad y para el mundo. Luego cambia tu carta por la de un(a) compañero(a) y corrige su trabajo.

MODELO   Quiero que mis amigos me inviten a cenar para mi cumpleaños.

Nota *G*ramatical

Ser and **dar** are irregular in the subjunctive.

SER		DAR	
sea	seamos	dé	demos
seas	seáis	des	deis
sea	sean	dé	den

Un mito de Guatemala

*V*as a leer una leyenda de los quiché, una tribu de Guatemala. Antes de leerla, piensa en otras leyendas americanas como la de Paul Bunyan.

Estrategia

Before you read something, think about what its *genre* is. The genre tells what kind of text it is: a novel, a poem, a short story, or an essay. Then you will be able to predict and anticipate certain features of the text. For example, if you know you're reading a poem, you will remember that some words are figurative (not literal) and that some words may be out of their normal order so that they can rhyme.

¡A comenzar!

¿Te acuerdas?

Use your background knowledge. Think about what you already know about a topic before you read in depth.

A. Júntate con dos o tres compañeros(as) y contesta estas preguntas sobre la leyenda de Paul Bunyan.

1. ¿Qué recuerdas sobre Paul Bunyan?
2. ¿Cuenta la historia Paul Bunyan mismo u otra persona?
3. ¿Aceptas la leyenda como verídica *(true)*? Explica.
4. ¿Crees que esta leyenda ayuda a explicar algunos aspectos de la cultura de los Estados Unidos? ¿Cuáles?

Quetzal no muere nunca

Quetzal era un valiente muchacho, hijo del poderoso cacique de una tribu quiché. Era admirado y querido por todos. Esperaban de él grandes hazañas, pues, desde su nacimiento habían notado muchas señales de predestinación.

Cuando el joven llegó a la mayoría de edad, se reunió la tribu en un gran claro del bosque para celebrar la ocasión. Primero, los músicos tocaron los tambores, después las flautas y más tarde la marimba. Entonces llegó el momento tan esperado cuando se daría a conocer el destino de Quetzal.

En medio de un silencio expectante, el adivino más anciano se levantó de su asiento bajo el árbol de color coral. Lentamente y con dignidad, arrojó a

su alrededor los granos de coral. Los estudió por unos momentos, algo perplejo y lleno de admiración. Al fin anunció claro y firme:

—No has de morir nunca, Quetzal. Vivirás eternamente a través de generaciones de quichés.

Todas las personas reunidas se quedaron asombradas ante aquella profecía, y su entusiasmo por Quetzal aumentó.

Pero no toda la tribu lo amaba. A Chiruma, hermano del cacique, le molestaban los éxitos de Quetzal. Chiruma era casi tan joven como Quetzal y siempre había soñado con ser cacique. Pero ahora, ¿cómo podría él realizar su ambición? Era indudable que Quetzal, admirado por todos y considerado casi un dios, sería el jefe de la tribu al morir su padre.

Poco después de la ceremonia en honor de Quetzal, él y los otros jóvenes de su edad participaron en una lucha contra un enemigo del sur. Chiruma aprovechó esta ocasión para mirar bien a Quetzal. Estaba perplejo al notar que las flechas que rodeaban al joven nunca lo herían. ¿Sería cierta la profecía? Pero no, ¡aquello era imposible! ¿Cómo iba a vivir Quetzal a través de generaciones?

De pronto, Chiruma tuvo una idea.

—Ya sé por qué la muerte respeta a Quetzal— pensó. Tiene algún amuleto poderoso que lo protege y yo voy a robárselo cuando esté durmiendo.

Esa misma noche, cuando Quetzal dormía profundamente sobre su estera, Chiruma se acercó a él con paso silencioso. Miró sobre su pecho. El amuleto no estaba allí. Iba ya a irse cuando vio a la cabeza de la estera una pluma de colibrí. Chiruma no dudó ni por un momento que aquello era lo que buscaba. Con todo cuidado sacó la brillante pluma mientras sonreía de felicidad.

Entonces recordó lo que había dicho el adivino cuando nació Quetzal: que el colibrí era el símbolo de la buena suerte del niño.

Pasó algún tiempo y murió el cacique. Inmediatamente los ancianos eligieron a Quetzal para ser el nuevo jefe. Chiruma, por supuesto, no dio ninguna seña de su enojo. Estaba seguro de que muy pronto el nuevo cacique, sin su amuleto poderoso, podría ser vencido.

Cierta tarde, Quetzal, el nuevo cacique, paseaba por el bosque, solitario, armado de su arco y sus flechas. De súbito un colibrí hermoso descendió de un árbol y sin miedo se posó sobre su hombro.

Al grano

B. Lee sólo el título y completa las siguientes oraciones.

1. El personaje principal del cuento es ＿＿＿.
2. El personaje principal tiene una relación especial con un ＿＿＿ de Guatemala.
3. Alguien en este cuento (va a morir/no va a morir). Explica.

C. Ahora lee rápidamente el primer párrafo y los primeros renglones *(lines)* de los demás párrafos. Considera también los subtítulos, dibujos y otros elementos visuales. Luego haz una lista de palabras descriptivas que se pueden aplicar al mito. Escoge de estos conceptos o usa tus propias ideas. Finalmente, compara tu lista con la de un(a) compañero(a). Al terminar el cuento, pueden volver a comparar sus ideas.

histórico	español
cómico	misterioso
dramático	moralista
trágico	de aventuras
indígena	realista

¿Te acuerdas?

Scan to find specific information. Locate characters, events, and facts by searching for key words.

D. Estudia las siguientes preguntas. Luego lee la leyenda otra vez y pon atención en estos detalles. Ahora contesta las preguntas.

1. ¿Qué pensaba de Quetzal la gente de la tribu? ¿Cómo lo sabes o cómo lo demostraban?
2. ¿Por qué hubo una celebración en el claro del bosque?
3. ¿Quién era Chiruma?
4. ¿Qué dijo el adivino sobre el destino de Quetzal? ¿Cómo sabía Chiruma que la profecía era cierta?

5. ¿Qué le robó Chiruma a Quetzal? ¿Por qué?
6. ¿Qué le dijo el pájaro a Quetzal?
7. ¿Qué cosas llevan el nombre de **quetzal?**

Estrategia

When the theme of a reading is complex or abstract, one reading may not be enough to fully understand the concepts or the characters' motivations. Try closing the book and just thinking about what you've read. It can also be a good idea to read all or part of the story again, this time with a different point of view. You can ask yourself, why has the author told the story in just this way, and not another?

E. Ahora júntate con dos o tres compañeros(as) de clase. Cuenten la leyenda de Quetzal en sus propias palabras desde el punto de vista del adivino, de Quetzal o de Chiruma. Lean o cuenten su versión a otro grupo para ver si la pueden entender.

F. Many legends explain the origins of a place or of a natural phenomenon or creature. Read the last three paragraphs again and answer these questions.

1. What is the purpose of the legend? What does it explain?
2. How does the legend use personification, or treating abstract things as living characters, to achieve its purpose?
3. What aspects of Guatemala's indigenous culture are represented by the main characters? You might mention such traits as honesty, cleverness . . .

—Escúchame, Quetzal. Soy tu protector y vengo a prevenirte de que la muerte te persigue. Guárdate de cierto hombre.

—¿De qué hombre he de guardarme, hermoso colibrí? —preguntó el joven.

Pero el pájaro no pronunció ni una palabra más.

Después de mirar unos instantes a Quetzal, emprendió el vuelo y desapareció.

El joven, con una seña de incomprensión, continuó su camino. De pronto un agudo silbido llegó hasta él y una flecha quedó clavada en su pecho. Cayó sobre la hierba verde y cerró los ojos dispuesto a morir.

Pero los dioses habían predicho su inmortalidad y Quetzal quedó convertido en un hermoso pájaro. Su cuerpo tomó el color verde de la hierba sobre la que había caído y su pecho conservó el color de la sangre. El sol dorado de la tarde puso en su larga cola una gran variedad de colores.

Por muchos siglos se ha considerado al quetzal como pájaro sagrado que hasta hoy día no se permite cazar. Guatemala ha honrado a este bello pájaro colocando su imagen en el escudo nacional de armas. También la moneda de este país se llama el quetzal.

Así como lo predijo el adivino, y como lo quisieron los dioses, el joven y valiente cacique vive y vivirá para siempre en el país de los maya-quichés.

Legends and myths are used by cultures to explain mysterious events or to pass along colorful customs and moral stories. For example, the legend of Quetzal explains the origin of a beautiful native bird of Guatemala, and the story of George Washington and the cherry tree shows the importance of being honest. In this activity you will plan and write your own myth.

Tu mito

Escribe un mito para explicar algo misterioso. Piensa en varias posibilidades... ¿Conoces algún lago, montaña, cueva *(cave)*, o valle misterioso? Puedes dar su origen en un mito. ¿Por qué llueve y nieva? Estas cosas pueden explicarse en un mito también.

A. Preparación

1. Escribe una lista de temas posibles para tu mito y escoge uno.
2. Decide quiénes van a ser los personajes *(characters)*, y haz una lista de sus cualidades.
3. Prepara una lista de los eventos que van a ocurrir. ¿Cuáles son los conflictos dramáticos más importantes? Señálalos en tu lista de eventos con asteriscos.

ALGUNOS CONSEJOS
Using dialogue is a good way to make your writing more lively and vivid. When writing dialogue, consider who your characters are. What style would they use to express themselves? Are they old? young? sophisticated? shy? Would their tone be emotional or intellectual? Would they use bold action words? Match your characters' forms of expression to their personalities and backgrounds.

B. Redacción

1. Escribe el primer párrafo. Este párrafo prepara a tu lector(a) para el resto de la acción. Comienza con detalles o con acciones que van a llamarle la atención.
2. Escribe otros párrafos para elaborar tu mito y describir los conflictos dramáticos. Usa palabras muy descriptivas para hablar de los personajes y sus acciones. Usa un poco de diálogo para dar vida a tu leyenda.
3. Escribe una conclusión. Esta conclusión debe presentar el resultado *(result)* del conflicto dramático. Debe estar claro que los resultados del conflicto son importantes hoy.
4. ¿Cómo se van a resolver los conflictos? Es decir, ¿cómo va a terminar tu mito?

C. Evaluación

1. Lee cada párrafo de tu mito. Omite detalles no relacionados con la idea principal de cada párrafo.
2. ¿Son vívidos los personajes y los conflictos dramáticos? Quita palabras innecesarias y agrega otras más interesantes.
3. ¿Está clara la importancia de tu mito? Si es necesario, agrega unas frases que vinculan *(link)* tu mito con el mundo de tu lector(a).
4. Lee el diálogo que escribiste y asegúrate que las identidades de los personajes son claras para el lector.

1 Escucha las siguientes conversaciones entre Marcela y Antonio e indica a qué foto corresponde cada conversación. Luego escucha otra vez e indica qué espera Marcela o Antonio. Hay una conversación que no corresponde a ninguna foto.

a.

b.

c.

d.

2 Mira los siguientes dibujos. Con un(a) compañero(a), expresa las esperanzas y deseos que tienen las personas en cada dibujo.

3 Imagina que tienes un palacio y un mayordomo *(butler)*. Vas a ir de vacaciones y quieres que él haga algunas cosas para ti. Escríbele una nota con diez instrucciones sobre lo que quieres y esperas que haga o que no haga.

4 ¿Qué dice la gente que hay que hacer para tener éxito *(success)* en los siguientes asuntos? Escribe lo que hay que hacer. Compara tu lista con la de un(a) compañero(a).

1. ser buen(a) amigo(a)
2. gozar de buena salud
3. conseguir *(get)* un buen trabajo
4. ser feliz en la vida

5 Habla de los siguientes temas con un grupo de dos o tres compañeros(as). Usen expresiones de acuerdo total, acuerdo parcial o desacuerdo total.

1. Tendremos astronautas en el planeta Marte para el año 2005.
2. Las mujeres son mejores en las artes que los hombres.
3. Una mujer será presidenta de los Estados Unidos dentro de 20 años.
4. Todos(as) deben estudiar por lo menos dos lenguas extranjeras en el colegio.
5. Todos(as) deben aprender a jugar un deporte en el colegio.

6 Basando tus respuestas en el artículo "Cada pueblo un desarrollo", nombra...

1. algo que no tenían los incas pero los aztecas sí.
2. tres cosas que tenían en común los mayas, incas y aztecas.
3. una cosa que no inventó ninguna de las tres civilizaciones.
4. un concepto matemático clave que usaban los mayas.
5. un metal desconocido por las tres civilizaciones.

CADA PUEBLO UN DESARROLLO

A la llegada de los españoles, los pueblos americanos estaban en muy diferentes períodos de desarrollo. Algunos estaban prácticamente en la Edad de Piedra. Otros, como los mayas, incas y aztecas, habían alcanzado un alto grado de civilización. Sin embargo, su desarrollo era curiosamente irregular. Los mayas, que inventaron el más avanzado sistema de escritura de América, mejoraron el calendario y hasta calculaban con el cero, nunca pudieron constituir un estado. Los incas, que eran magníficos artesanos y tenían una compleja organización estatal, no inventaron ningún sistema de escritura. Los aztecas, que tenían escritura y grandes conocimientos astronómicos, eran inexpertos como navegantes. A pesar de ser excelentes constructores de caminos, ninguno de los tres pueblos inventó la rueda. Es más, estos expertos trabajadores del oro, la plata y el cobre desconocían el hierro.

7 Indica si las siguientes oraciones son **ciertas** o **falsas.** Si son falsas, corrígelas.

1. La "Leyenda Negra" habla de la crueldad de los indios hacia los españoles.
2. "La carreta sin bueyes" cuenta la historia de una mujer que perdió a sus hijos.
3. Cuando llegó Cristóbal Colón, los indios creyeron que era el dios Quetzalcóatl.
4. Los aztecas escribían con dibujos que expresaban sus ideas simbólicamente.
5. Según la leyenda, Quetzalcóatl inventó la rueda y el calendario.

8

S I T U A C I Ó N

Por casualidad, tú y un(a) amigo(a) van a tener que mudarse, y los dos van al mismo colegio nuevo. Uds. hablan de lo que dice la gente sobre el nuevo colegio y sobre sus maestros y estudiantes. Tu amigo(a) es algo pesimista sobre las posibilidades pero tú tratas de hacerle ver otro punto de vista. Expresa tus esperanzas positivas.

Can you express qualified agreement and disagreement? p. 117

1 Júntate con dos compañeros(as) para hablar de los siguientes temas. Usen expresiones de acuerdo o desacuerdo, y expliquen sus opiniones.

1. Es buena idea eliminar el sistema de evaluación por notas.
2. Debe ser posible repetir un examen si uno no lo pasa la primera vez.
3. Sería *(it would be)* bueno tener clases doce meses al año.
4. Debe ser legal votar a la edad de 15 años.
5. Para el año 2010, todos usaremos carros solares.

Can you report what others say and think? p. 119

2 ¿Que dice la gente sobre los siguientes asuntos *(issues)*?

los trabajos los jóvenes

la falta de vivienda

la situación económica

las familias

la música la contaminación del aire

Can you talk about hopes and wishes? p. 125

3 Escribe oraciones sobre lo que quieren o esperan estas personas.

el jugador

la niña

la chica

la niñera *(babysitter)*

4 Es el Año Nuevo y José tiene muchas esperanzas y deseos. Escribe lo que desea y quiere José.

MODELO   mi novia/venir conmigo a la fiesta.
Espero que mi novia venga conmigo a la fiesta.

1. yo/ganar suficiente dinero para comprar una bicicleta
2. mis amigos y yo/divertirnos un horror en los partidos de fútbol
3. mi familia/poder ir a las montañas a esquiar
4. mis hermanos/ser más simpático
5. mis padres/darme un carro para mi cumpleaños

PRIMER PASO
Expressing agreement

Así es. *That's right.*
¡Claro que sí! *Of course!*
¡Cómo no! *Of course!*
Desde luego. *Of course.*
Eso es. *That's right.*
Estoy de acuerdo. *I agree.*
Por supuesto. *Of course.*

Expressing qualified agreement

Bueno, puede ser, pero...
  Well, that may be, but . . .
Depende de tu punto de vista.
  It depends on your point of view.
En efecto, parece ser así.
  Actually, it seems to be that way.
Es muy difícil de creer, pero es posible.
  That's very hard to believe, but it's possible.
Hasta cierto punto, sí, pero...
  Up to a point, yes, but . . .
Pero hay que tener en cuenta que...
  But you have to take into account that . . .
¿Tú crees? No sé.
  Do you think so? I don't know.

Expressing disagreement

Al contrario. *On the contrary.*
¡Claro que no! *Of course not!*
¡Eso es muy difícil! *That's very unlikely!*
¡Nada de eso! *Of course not!*
¡Qué tontería! *How silly!*
¡Qué va! *No way!*

Reporting what others say and think

Alguien me dijo que... *Somebody told me that . . .*
Cuentan que... *They say that . . .*
Dicen que... *They say that . . .*
Oí que... *I heard that ...*
Se cree que... *It's believed that ...*
Se dice que... *They say that . . .*
según *according to*
supuestamente *supposedly*

SEGUNDO PASO
Telling a legend

acordar la paz *to make peace*
la boda *wedding*
celebrar *to celebrate*
declarar *to declare*
la derrota *defeat*
el dios *god* dioses
la diosa *goddess*
el ejército *army*
enemigo(a) *enemy*
la guerra *war*
el guerrero *warrior*
el héroe *hero*
la heroína *heroine*
lamentar *to lament* to regret
llorar *to cry*
luchar *to struggle, to fight*
el (la) malvado(a) *villain*
muerto(a) *dead*

la paz *peace*
quedar muerto(a) *to die* to end up dead
regocijarse *to rejoice*
el soldado *soldier*
traicionar *to betray*
valiente *brave*
vencer *to conquer*
la victoria *victory*

Talking about hopes and wishes

la ambición *ambition*
Era una de mis grandes ambiciones.
  It was one of my great ambitions.
esperar + *infinitive* *to hope to . . .*
esperar que + *subjunctive* *to hope (that) . . .*
ojalá que + subjunctive *hopefully . . .*
el sueño de mi vida *my lifelong dream*
Tenía muchas esperanzas de...
  I had high hopes of . . .

6

El arte y la música

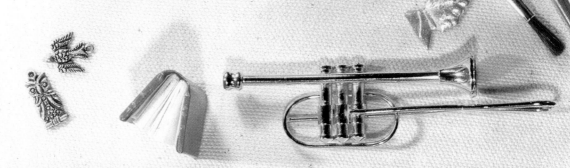

① **A propósito, ¿has leído algo del muralismo mexicano?**

El mundo de las artes es muy diverso. Las artes nos dan la oportunidad de expresar no sólo nuestra individualidad sino también lo que tenemos en común. Las artes tienen mucho que ver también con las tradiciones culturales de cada país. Pintura, escultura, danza, música, fotografía—¡hay algo para todos en las artes!

In this chapter you will learn

- to introduce and change a topic of conversation; to express what needs to be done; to express an opinion
- to make suggestions and recommendations; to turn down an invitation

And you will

- listen to people talk about several artists from the Spanish-speaking world
- read about Frida Kahlo, a well-known Mexican artist
- write an article about an experience that changed your life
- find out about musical instruments in Latin America

② **Es importante que patrocinemos las artes.**

③ **Admiro mucho la música de mariachi. ¡Es genial!**

DE ANTEMANO

Los murales de Orozco

Lázaro, un muchacho cubano-americano que vive ahora en México, tiene mucho interés en el arte. Sus dos compañeros de clase, Teresa y Luis, lo llevaron al Instituto Cultural Cabañas en Guadalajara. Las paredes de este gran edificio fueron pintadas por el famoso muralista mexicano José Clemente Orozco. ¿Qué opinas de su arte?

LÁZARO ¡Qué sitio tan bonito! ¿Qué artista pintó estos murales?

TERESA José Clemente Orozco, en 1939. ¿Has oído de él?

LÁZARO No. Bueno, sólo el nombre.

TERESA Pues él, Diego Rivera y David Alfaro Siqueiros son los tres muralistas más conocidos de México. Orozco nació aquí, en Guadalajara. Me encantan sus murales.

LÁZARO ¡Son espectaculares!

LUIS A mí, la verdad, me dejan frío. No me gustan los colores oscuros y las imágenes me parecen muy serias.

LÁZARO   Pero, Luis, eso hace que la pintura sea más dramática.

TERESA   Para apreciar su arte hace falta entender el mensaje. Orozco pintó escenas de la historia de México, y algunas fueron duras, llenas de violencia.

LUIS   Eso es lo que no me gusta, pero es importante reconocer su valor histórico.

LÁZARO   Sí, tal vez. En todo caso, me gusta Orozco. Espero estudiar más sobre el muralismo en la universidad.

TERESA   A propósito de universidades, Orozco pintó murales en varias de ellas en los Estados Unidos.

LÁZARO   ¿De veras?

TERESA   Sí, hay uno muy interesante en Dartmouth College en New Hampshire, y otros en California y en Nueva York.

LUIS   Oigan, cambiando de tema, ¿qué les parece si vamos a un concierto de música clásica esta noche?

LÁZARO   Sí, ¡buena idea!

1 ¿Cierto o falso?

Indica si cada frase que sigue es **cierta** o **falsa,** o si **no se sabe.** Si es falsa, corrígela.

1. Los tres grandes muralistas mexicanos son Orozco, Rivera y Kahlo.
2. Orozco era del estado de Jalisco.
3. Orozco vivió mucho tiempo en los Estados Unidos.
4. El Instituto Cultural Cabañas se encuentra en la ciudad de México.
5. La vida de Orozco fue muy difícil.
6. Orozco usaba colores vivos como el amarillo y el verde.
7. Hay murales de Orozco en varias ciudades estadounidenses.

2 ¿Comprendiste?

1. ¿Quién es José Clemente Orozco?
2. ¿De qué temas tratan sus murales?
3. ¿Qué le parece el arte de Orozco a Teresa?
4. ¿Qué palabras usa Lázaro para describir el mural?
5. ¿A Luis le gusta Orozco? Explica tu respuesta.

3 Busca las expresiones

Busca las expresiones en **De antemano** que se usan para...

1. expresar la necesidad o la obligación de hacer algo.
2. sugerir un tema de conversación.
3. cambiar el tema de conversación.
4. expresar opiniones positivas.
5. expresar opiniones negativas.

4 Diversas opiniones

¿Qué opinas del arte de Orozco? Reúnete con un(a) compañero(a) y expresa tu opinión. Explica por qué te gusta o no te gusta su pintura.

5 Ahora te toca a ti

Orozco representa la conquista y otros eventos históricos de México en sus murales. Imagina que vas a pintar un mural. ¿Qué evento histórico quieres representar? ¿Por qué? ¿Qué imágenes y colores vas a usar? ¿Cuál será tu mensaje? Escribe un párrafo corto con las respuestas a estas preguntas.

 NOTA CULTURAL

El muralismo mexicano de los 1920 y 1930 se dedicó a representar la historia del país y a rescatar el pasado indígena de la nación. El Secretario de Educación José Vasconcelos fue el primero en considerar que la pintura mural es un medio perfecto para enseñar al pueblo mexicano su historia nacional. Por eso encargó a varios pintores representar pasajes de la historia en edificios públicos y escuelas. El muralismo también fue parte del movimiento nacionalista de las artes del país, que incluyó la música, la literatura, el teatro y el cine.

¿Te consideras una persona artística?

Las artes son una manera de expresar nuestra individualidad. Estas personas son unos artistas muy activos. ¿Cómo usan ellos el arte para expresarse?

● Alfredo
Caracas, Venezuela

"Bueno, me considero artista... porque desempeño lo que es la música... Mi instrumento es... trompeta... A mí me gusta la salsa... porque eso viene de herencia y de la familia... toda mi familia es salsera... me gusta mucho la música *latin jazz* y la salsa..."

● David
Ciudad de México, México

"Bueno, no soy artístico, pero me gusta, me gusta crear. O sea, no que me considere muy artístico pero sí toco el piano, me gusta ser culto. Mi músico favorito... pues yo creo que uno de los pianistas, Beethoven, Bach, pero música, pues el rock, cosas así".

● Christian
San Antonio, Texas

"Sí, me considero artístico por muchas razones. Me gusta escribir mucho, me gustan las artes dramáticas, leo muchas obras... Me gustan mucho, mucho Shakespeare, Edgar Allan Poe, me gustan los escritores americanos, Ambrose Bierce. Y también me encanta el bailar, tengo cuatro años de bailar ballet... Soy muy activo en el teatro".

Para pensar y hablar...

A. ¿Cuál es el arte que más practican estos jóvenes? ¿Cuáles son las artes que a ti te gustan? ¿Cuántas artes practica Christian?

B. Why are the arts important? How do the arts help people express themselves? What is the role of the arts in developing a person's cultural awareness? What qualities do you think great artists share?

Introducing and changing a topic of conversation; expressing what needs to be done; expressing an opinion

ASÍ SE DICE Introducing and changing a topic of conversation

Si quieres sugerir o cambiar de tema en una conversación, puedes decir:

¿Has leído algo de Pablo Picasso?

Eso me recuerda el concierto de anoche.
That reminds me of . . .

Eso me hace pensar en una pintura de Frida Kahlo.
That brings to mind . . .

Cambiando de tema, ¿qué me dices de la danza folklórica?
Changing subjects, what can you tell me about . . .?

Hablando del arte, **¿qué me cuentas de** los museos en Guadalajara?
Speaking of . . . what can you tell me about . . .

A propósito, ¿qué has oído de la nueva novela de Isabel Allende?
By the way . . .

6 De todo un poco

Pilar y Jorge están hablando de los artistas Joan Miró, Salvador Dalí y Remedios Varo. Escucha la conversación e indica cuántas veces cambian de tema.

También se puede decir...
Otra forma de decir **A propósito** es **Por cierto.**

7 En el periódico

Carolina y Alberto están conversando sobre unas noticias que se publicaron esta mañana en el periódico. Completa su conversación con palabras apropiadas de **Así se dice.**

CAROLINA	Es increíble lo que sucedió en Suecia el jueves pasado. Unos ladrones robaron unas pinturas del Museo Nacional.
ALBERTO	Sí. Eso me ___1___ un robo que ocurrió en Madrid hace pocos años.
CAROLINA	Me acuerdo de ese robo. Por suerte pudieron recuperar casi todas las pinturas. Oye, ___2___ de tema, ¿has leído algo acerca de la contaminación?
ALBERTO	Sí, han dicho que el nivel de contaminación está bien alto hoy. ___3___ de la contaminación, el periódico dice que en 50 años habrá mucho menos contaminación porque los carros no usarán gasolina.
CAROLINA	A ___4___, ¿qué me ___5___ de los carros último modelo?
ALBERTO	Son bien padres. Y yo aquí con mi bicicleta...

la escultura

la cantante

el escultor

el músico

la bailarina

el bailarín

la artista

antiguo(a)	*old; ancient*	**la estatua**	*statue*
aprender a + inf.	*to learn (to do something)*	**la exhibición**	*exhibition*
contemporáneo(a)	*contemporary*	**intentar**	*to try*
la danza	*dance* (as an art form)	**la orquesta**	*orchestra*
el dibujo	*drawing*	**patrocinar**	*to sponsor*
diseñar	*to design*	**la pintura**	*painting*

Nota Gramatical

Some words that end in **-a** can refer to both males and females: **el artista/la artista**. Some words ending in **-o** may refer to a female: **una modelo**. Nouns ending in a consonant may be masculine or feminine: **la sociedad, el césped, la perdiz, el tapiz**.

9 Cambios de tema

En parejas, empiecen una conversación de acuerdo al modelo. Traten de cambiar de tema cuántas veces posible pero con dos condiciones: mantengan un tono natural y hablen sobre las artes en una forma u otra.

MODELO —¡Qué padre el concierto anoche!
—Sí. Oye, hablando de música,...

8 Bellas artes

Escucha varias conversaciones breves e indica si las personas están hablando de **música, danza, literatura, escultura** o **pintura**.

Un poco más...

la acuarela	*watercolor*
las artes gráficas	*graphic arts*
la cerámica	*pottery*
la cinematografía	*art of filmmaking*
el diseño por computadora	*computer-assisted design*
el grabado	*engraving*
el rodaje	*shooting (of films)*
la serigrafía	*silkscreening*
el tallado en madera	*woodworking*
el tejido	*weaving*

ASÍ SE DICE   Expressing what needs to be done

Si es importante que otra persona haga cierta cosa, puedes decir:

Hace falta que pintemos un nuevo mural.
Es necesario que busquemos nuevos artistas.
Para ser artista **es importante que reconozcas** tu talento.

10   Así lo veo yo

Ana está hablando con su amiga Tere. Indica si Ana habla de lo que **ella misma** debe hacer o lo que es necesario que haga **Tere**.

¿Te acuerdas?

If the subject of both clauses is the same, use the infinitive:

Es necesario apoyar a los artistas locales.
Hace falta patrocinar una exposición.

Nota Gramatical

Verbs that end in **-car**, **-gar**, and **-zar** have spelling changes in the subjunctive. The **c** changes to **qu**, the **g** changes to **gu**, and the **z** changes to **c**.

SACAR	LLEGAR	EMPEZAR
saque	llegue	empiece
saques	llegues	empieces
saque	llegue	empiece
saquemos	lleguemos	empecemos
saquéis	lleguéis	empecéis
saquen	lleguen	empiecen

11   ¡El concierto es mañana!

El concierto de Lucerito es mañana, pero ¡el teatro no está listo! Con dos compañeros(as), explica qué es necesario hacer, usando las expresiones de **Así se dice** y verbos como **pintar, reparar, limpiar** y **arreglar**.

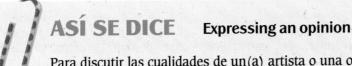

ASÍ SE DICE   Expressing an opinion

Para discutir las cualidades de un(a) artista o una obra de arte, puedes decir:

¿Qué opinas de Diego Rivera?　　**Lo encuentro** impresionante.
　　　　　　　　　　　　　　　　Admiro mucho su arte.

¿Qué te parece el cuadro?　　　**Para ser sincero, me parece que** le falta
　　　　　　　　　　　　　　　　　imaginación.
　　　　　　　　　　　　　　　　Me deja frío(a).   *It doesn't do anything for me.*

¿Qué piensas de la cantante?　　**Para decir la verdad, me cae gordo.**
　　　　　　　　　　　　　　　　No la soporto.   *I can't stand her.*

12 Comentarios positivos y negativos

Vas a escuchar unos comentarios. Indica si cada comentario expresa una opinión **positiva,** **negativa** o de **indiferencia.**

VOCABULARIO

creativo(a)   *creative*
entretenido(a)   *entertaining*
formidable   *tremendous*
genial   *great*
hermoso(a)   *beautiful*
imaginativo(a)   *imaginative*
magnífico(a)   *magnificent*
maravilloso(a)   *marvelous*
una obra maestra   *masterpiece*
original   *original*
realista   *realistic*
convencional   *conventional*
de muy mal gusto   *in very bad taste*
incomprensible   *incomprehensible*
insignificante   *trivial*
insoportable   *unbearable, intolerable*
superficial   *superficial*
pésimo(a)   *awful*

A LO NUESTRO

Para describir algo que no provoca sentimientos ni positivos ni negativos, los hispanohablantes a veces dicen **No es ni fu ni fa.** Para expresar indiferencia a algo, puedes decir **Me es indiferente.**

También se puede decir...
　También se puede decir **tremendo(a)** en vez de **magnífico: Rufino Tamayo me parece un artista tremendo.** Pero ¡hay que tener cuidado! **Un niño tremendo** es un niño muy mal educado (*ill-mannered*).

13 La Feria de la Cultura

Imagina que has decidido organizar una Feria de la Cultura en tu colegio. Con un(a) compañero(a), inventa una conversación con las siguientes instrucciones.

Estudiante 1
1. Saluda a tu compañero(a) y pregúntale si sabe algo sobre el concierto de música.
2. Expresa tu opinión sobre las exhibiciones de arte.

3. Responde que no y pregunta por qué.

Estudiante 2
1. Di que no sabes quién va a tocar. Cambia el tema a la exhibición de arte.
2. Responde a la opinión. Pregunta si ha oído algo sobre la invitada de honor, una artista famosa.
3. Responde que la invitada está enferma y dile lo que es necesario hacer.

14 Mis cosas favoritas

Cada persona tiene sus preferencias. Haz una lista de tus cosas favoritas, usando la lista siguiente, y explica por qué te gustan. Comparte tus opiniones con un(a) compañero(a).

MODELO —Mi clase favorita es la de arte. La encuentro muy entretenida porque...
—Pues francamente, la clase de arte me parece horrible. Prefiero la clase de inglés porque...

1. mi artista favorito(a)
2. mi músico(a) favorito(a)
3. mi programa de televisión favorito
4. mi película favorita
5. mi canción favorita
6. mi libro favorito

¿Se te ha olvidado?
comparisons
Ver la página 340

15 Arte latinoamericano

¿Qué opinas de las siguientes obras de arte? Usa las expresiones de **Así se dice** para indicar tus opiniones. Después, pídele a unos(as) compañeros(as) sus opiniones. ¿Están de acuerdo?

Uno,
Xul Solar

National Holiday,
Fernando Botero

La Huida,
Remedios Varo

16 ¿Qué hace falta?

Tu comunidad ha recibido $50.000 para mejorar sus programas de arte y de música. En parejas, preparen una lista de cinco o seis ideas sobre qué hacer con el dinero. Después, escriban una carta al director o a la directora del periódico, explicándole qué hay que hacer.

MODELO Estimados señores,
Nos parece crítica la situación de las artes.
Hay que hacer algo positivo inmediatamente para...

Los instrumentos musicales

En todo el continente americano existe una gran variedad de instrumentos y tipos de música que cambian según la región o el país. Mira las siguientes fotos y adivina qué instrumentos no son de origen europeo.

la quena

el charango

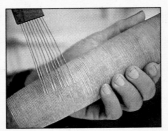

el güiro *Squash gord*

5 strings

el banjo

Para discutir

A. ¿De qué partes del mundo son estos instrumentos musicales? ¿De qué materiales están hechos? ¿Cómo se toca cada uno?

B. ¿Qué instrumentos son típicos de los Estados Unidos? ¿Son originarios de aquí? ¿Cómo reflejan la cultura local? (Puedes mencionar material, emociones que evocan, ritmos, tecnología...)

Vamos a comprenderlo

La quena, el charango y el güiro son tres instrumentos muy conocidos e importantes en las culturas de Latinoamérica. La **quena,** una flauta dulce de sonido melancólico que se sopla por arriba, es muy popular en la región andina. El **charango,** de origen andino, es un instrumento pequeño de cinco cuerdas que se toca como una guitarra. Su cuerpo está hecho a veces de la concha de un armadillo e incluye hasta las orejas. El **güiro,** hecho de calabaza hueca, es un instrumento percusivo del Caribe que se raspa con un palito de madera. Los antiguos instrumentos indígenas, la flauta y el tambor, se han combinado con una gran variedad de instrumentos europeos para crear el sonido de la música americana de nuestros días.

¡ADELANTE!

Una entrevista con Luis Miguel

¿Qué opinas de la música rock? ¿La escuchas mucho? Vas a leer una entrevista con Luis Miguel, un famoso cantante de rock mexicano. ¿Tienes algo en común con él? Imagina que alguien te invita a un concierto de Luis Miguel. ¿Te gustaría ir?

1

Siempre has dicho que eres afortunado por estar haciendo lo que más te gusta. ¿Cantar sigue siendo tu razón para vivir?

Sí, y todavía más porque mi compromiso es mayor, conmigo mismo y con mi gente, y cantar es uno de los placeres más grandes de mi vida, lo disfruto mucho, mucho.

2

¿Hay algún sueño que todavía no hayas realizado?

Los sueños que tuve de niño, la verdad, la gran mayoría ya los he cumplido, y sigo soñando y espero seguir cumpliéndolos y seguir teniéndolos. Generalmente son sueños profesionales, como de lograr cosas que todavía no he hecho, y los personales son: gozar de mucha salud el resto de mi vida.

Luis Miguel
1 al 11
Premier, Mexico, D.F.
18 al 22
Caesar's Palace, Las Vegas

3

¿Tienes alguna manía?

Híjole, yo creo que no tengo, excepto la del pelo, creo que no tengo otra. No sé si sea manía, pero me gusta dormir como vampiro, el cuarto muy, muy frío, helado y sin nada de luz, oscuro completamente.

17 ¿Comprendes?

1. ¿Qué piensa Luis Miguel de la música?
2. ¿Qué sueños profesionales tiene? ¿Cuáles son sus sueños personales?
3. ¿Qué manías tiene Luis Miguel?
4. ¿Cómo describe él un día normal? ¿un día perfecto?
5. ¿Qué tipo de deportes le gusta a él?

18 Se parecen

Vuelve a revisar los hábitos y las opiniones de Luis Miguel. Luego escucha dos entrevistas más e indica cuál de los entrevistados se parece más a Luis Miguel—**Carlo Antonio** o **Claudia**.

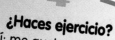

¿Haces ejercicio?

Si puedo, sí; me gusta mucho lo que hicimos hoy, por ejemplo, ir a la laguna, me gustan mucho los deportes acuáticos; cuando tengo oportunidad me voy a dar una vuelta, hacer ski, todo. Generalmente, así es mi vida normal.

¿Qué tal si vamos a un concierto de Luis Miguel este fin de semana? Sería buena idea ir al concierto del sábado porque todos nuestros amigos van a ir. Recomiendo que compremos las entradas hoy. Es mejor que tomemos un taxi al concierto también. Va a haber mucho tránsito.

Silvia

Gracias por invitarme pero el sábado no puedo. Tengo muchas cosas que hacer. Mejor vamos el domingo, ¿no?

Jorge

¿Cómo describirías un día perfecto para ti?

Es un día en que duermo 8 horas o más de 8 horas, pero mejor 8 horas exactas, en donde hay un sol maravilloso afuera y que estoy en un lugar tan bello como Acapulco o tan bello como México, el cual amo y adoro con toda mi alma, porque me ha dado todo.

Ahora, ¿cómo es un día normal en tu vida?

Pues un día normal en mi vida sería no dormir 8 horas... ¡no, no es cierto, no!... Sería ir al avión, volar a una ciudad distinta o un país distinto, y trabajar y desarrollar mi trabajo, y cantar y estar con la gente de esa ciudad, y cada día aprender algo más. Eso sería un día normal, porque todos los días aprendo algo.

19   Encuentra las expresiones

¿Qué dice...?

1. Silvia para recomendar qué día ir al concierto
2. Silvia para recomendar el mejor día para comprar los boletos
3. Silvia para sugerir un tipo de transporte
4. Jorge cuando dice que el sábado no es buen día para él
5. Jorge para sugerir otro día mejor para ir al concierto

20   Ahora te toca a ti

Revisa las preguntas que le hicieron a Luis Miguel. ¿Crees que eres parecido(a) a él? ¿En qué te pareces a él? ¿Cómo eres diferente?

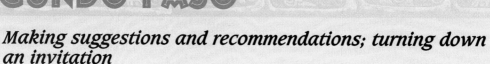

Making suggestions and recommendations; turning down an invitation

ASÍ SE DICE   Making suggestions and recommendations

Para hacer sugerencias y recomendaciones puedes usar las siguientes expresiones:

Te aconsejo que llegues temprano.
Sugiero que compres las entradas temprano.
  I suggest that . . .
Es mejor que tomes un taxi.
No te conviene estacionarte cerca del estadio.
  It's not advisable that you . . .
No te olvides de conseguir un autógrafo.
¿Has pensado en comprar las entradas?
Sería buena/mala idea sacar fotografías.
Te recomiendo que vayas también a ver el Ballet Folklórico de Jalisco.

21 Planes para un viaje

Escucha mientras Anya y Lenora hacen planes para un viaje a Guadalajara. Luego escoge la recomendación o sugerencia que mejor corresponda a cada situación que ellas presentan.

a. Sería buena idea reservar las entradas por teléfono antes de salir.
b. Les aconsejo que dejen las compras hasta la próxima semana.
c. No les conviene llevar tantas cosas.
d. Sugerimos que se reúnan en la Plaza de Armas.
e. No se les olviden los papeles.

¿Te acuerdas?

These verbs are irregular in the subjunctive.

SER	IR	DAR
sea	vaya	dé
seas	vayas	des
sea	vaya	dé
seamos	vayamos	demos
seáis	vayáis	deis
sean	vayan	den

22 Un concierto internacional

Este año tu comunidad quiere dar un concierto dedicado a la música internacional. ¿Qué sugerencias y recomendaciones tienen estas personas para el programa?

MODELO   Alicia, te recomiendo que cantes unas canciones chilenas.

yo	(no) sugerir que	tú	dar el concierto a las...
Alicia	recomendar que	ellos	cantar después de...
tú	(no) olvidar que	Paco y Elsa	ser la solista
nosotros	aconsejar que	Alicia	invitar a...
las autoridades	(no) convenir que	nosotros	ir al final

23 ¿Qué le recomiendan?

En parejas, imaginen que escriben una columna de consejos en un periódico. Primero lean la carta que Pablo Chi les envió por correo electrónico. Luego discutan los consejos que le quieren dar, y finalmente contesten su carta por escrito.

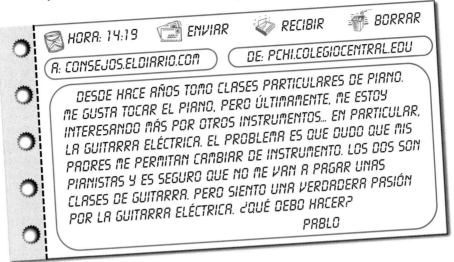

HORA: 14:19   ENVIAR   RECIBIR   BORRAR

A: CONSEJOS.ELDIARIO.COM   DE: PCHI.COLEGIOCENTRAL.EDU

DESDE HACE AÑOS TOMO CLASES PARTICULARES DE PIANO. ME GUSTA TOCAR EL PIANO, PERO ÚLTIMAMENTE, ME ESTOY INTERESANDO MÁS POR OTROS INSTRUMENTOS... EN PARTICULAR, LA GUITARRA ELÉCTRICA. EL PROBLEMA ES QUE DUDO QUE MIS PADRES ME PERMITAN CAMBIAR DE INSTRUMENTO. LOS DOS SON PIANISTAS Y ES SEGURO QUE NO ME VAN A PAGAR UNAS CLASES DE GUITARRA. PERO SIENTO UNA VERDADERA PASIÓN POR LA GUITARRA ELÉCTRICA. ¿QUÉ DEBO HACER?

PABLO

24 De paso por Guadalajara

Trabaja con dos compañeros(as) de clase. Imaginen que dos de Uds. trabajan en la oficina de turismo en el centro de Guadalajara. La tercera persona está de paso por Guadalajara. Quiere ver la ciudad pero sólo puede quedarse unas horas. Den consejos a la tercera persona sobre qué debe visitar. Usen la información del folleto *(brochure)*.

MODELO   —Me interesa mucho la historia de la ciudad.
—Pues, recomiendo que visites el Instituto Cultural Cabañas. También conviene que...

Bienvenido a ¡Guadalajara!

Palacio del gobierno
El Palacio, que data del siglo 18, tiene murales del muralista moderno **José Clemente Orozco.**

Teatro Degollado
El teatro es un magnífico ejemplo de la arquitectura neoclásica. Su fachada presenta esculturas, también.

Palacio Municipal
Tiene un maravilloso fresco pintado por **Gabriel Flores** de la fundación de Guadalajara en 1542.

Catedral metropolitana
Construida en el siglo 16, sus torres son ahora un símbolo de la ciudad.

ASÍ SE DICE Turning down an invitation

Si no quieres aceptar una invitación, puedes explicarte o excusarte así:

Gracias por invitarme, pero no puedo.
Lo siento, pero ya tengo otros planes.
Tengo muchas cosas que hacer. La próxima vez iré.
Hagámoslo mañana. Estoy tan cansado(a).
Hoy no. **¿Por qué no lo dejamos para** la próxima semana?
No tengo ganas de ir al ensayo. Mejor veamos una película.

25 Invitaciones y excusas

Escucha las conversaciones entre Humberto y sus amigos e indica si los siguientes amigos aceptan sus invitaciones o no. Si no aceptan, indica qué van a hacer.

1. Sara 2. Miguel 3. Laura 4. Ricardo

*G*ramática Nosotros commands

1. To say "Let's . . . " in Spanish, use either the **nosotros** form of the present subjunctive or **vamos a** + infinitive.

   Veamos una película esta noche.   **Vamos a ver** esa exhibición.
   Comamos después en un restaurante.

2. Use the **nosotros** forms of the present subjunctive to say "Let's not . . ."

   No compremos esas entradas.   **No visitemos** el museo.

3. **Vamos** can mean either "We're going" or "Let's go." The context clarifies the meaning. The equivalent of "Let's not go" is **No vayamos.**

   Vamos al Museo de Arte Moderno.   **No vayamos** al Museo de Historia.

26 Otras sugerencias

No quieres hacer lo que tu amigo(a) te sugiere. Contesta sus preguntas en el negativo y con la información entre paréntesis.

MODELO —¿Vamos de compras? (visitar la nueva galería)
—No, no vayamos de compras. Visitemos la nueva galería.

Nota *G*ramatical

The formation of **nosotros** commands is easy. Simply add **-mos** to the Ud. command form: **mire → miremos; ponga → pongamos.** See irregular forms on pages 353–355.

1. ¿Escuchamos este disco compacto? (ver una película)
2. ¿Acompañamos a Isabel y Tony al concierto? (ir solos)
3. ¿Tomamos una clase de escultura? (tomar una de dibujo)
4. ¿Ensayamos nuestro dueto? (ver la nueva obra de Leñero)

5. ¿Compramos dos entradas? (comprar cuatro)
6. ¿Vemos el estreno de Almodóvar? (alquilar un video)
7. ¿Vamos a la función de la tarde? (ir a la de la noche)
8. ¿Hacemos la tarea para la clase de arte? (estudiar para el examen de música)

27 Por el amor a la cultura

Lee la siguiente cartelera que indica algunas actividades culturales de la ciudad de Guadalajara. Después, invita a un(a) compañero(a) a cuatro actividades. Tu compañero(a) debe dar una excusa y hacer otra sugerencia, según el modelo.

MODELO —Veamos la obra *Bodas de sangre*, ¿quieres?
—Gracias por invitarme, pero no puedo. Tengo muchas cosas que hacer. Vamos otro día.

Un poco más...

acompañar	to accompany; to go with
ensayar	to rehearse
el ensayo	rehearsal
la entrada	ticket
el estreno	opening (of a movie or play)
la función	showing, performance
la obra de teatro	play (theater)

Cartelera

exposiciones

Nuevas visiones del arte.
Exposición colectiva y concierto de rock.
Sábado 4 de junio a las 17:00 horas
Facultad de Arquitectura de la U. de G.

Gabriela de Castro y Virginia Rivas
Exposición de pintura.

Galería Valentín Gómez Farías.
Edificio Administrativo de la U. de G.

teatro

Lo que vio el mayordomo
De Joe Orton. Director: Enrique Martínez.
Viernes y sábados a las 20:30 horas.
Domingos a las 18:00 horas.
Casa de la Cultura de Zapopan.
Vicente Guerrero 233.

danza

Ballet Folclórico de México Amalia Hernández
Sábado 4 a las 20:30 horas y domingo 5 de junio a las 18:00 horas.
Teatro Degollado. Teléfono 614-47-73.

música

Los Garigoles
Sábado 4 de junio a las 21:00 horas.
Centro Cultural Roxy.
Mezquitán 80.

Concierto Coro Quintano
Director invitado Harlam Snow.
Sábado 4 de junio a las 20:00 horas.
Cine Foro de la U. de G.
Vallarta y Enrique Díaz de León.

28 ¿Qué les pareció?

Con dos compañeros(as), presenten un diálogo basado en lo siguiente. Imaginen que fueron a unos de los eventos anunciados en la cartelera de la Actividad 27. O si prefieren, pueden pensar en eventos a los que realmente asistieron. Hablen de sus opiniones de los artistas y las funciones. Cambien de tema varias veces y lleguen a conclusiones sobre lo que deben hacer los artistas para hacer más atractivas o populares sus funciones.

29 En mi cuaderno

Imagina que estudias música en el Instituto Cultural Cabañas en Guadalajara. Tienes un(a) amigo(a) en Ciudad Juárez que está interesado(a) en seguir una carrera en música. Escríbele una carta. Primero, expresa tu opinión sobre tu música favorita; puede ser música clásica, rock o música tradicional. Después, dile lo que es necesario hacer para tener éxito como músico(a). Haz tres recomendaciones y sugerencias. Por último, explica que no puedes aceptar su invitación para ir a Juárez en las próximas vacaciones.

Vida, pasión y muerte de Frida Kahlo

Vida, pasión y arte

*L*a pintora mexicana Frida Kahlo es famosa por sus autorretratos, en los que transforma su sufrimiento personal en obras de arte. Esta selección es parte de una biografía de Kahlo escrita por Martha Zamora.

¡A comenzar!

Estrategia

As you know, it's a good idea to skim before reading in detail, in order to get a general idea of what each section or paragraph is about. This information allows you to guess the meaning of unfamiliar words more easily. You can get even more out of your skimming by jotting down your ideas. Then, after you've read more closely, check your notes to see how well you predicted the content of the selection.

A. Primero, toma dos o tres minutos dándole una ojeada al texto entero. Luego escribe todas las ideas que recuerdes. Guarda tus notas, porque las vas a usar después.

¿Te acuerdas?

Remember that in some situations, stopping to look up new words can actually get in the way of understanding the reading. Use intelligent guesswork whenever you can.

B. Compara lo que tienes escrito con uno(a) o dos compañeros(as) de clase. Hagan notas breves sobre las diferencias entre sus ideas y las semejanzas.

Frida Kahlo nació el 6 de julio de 1907 en Coyoacán, México. La tercera hija de cuatro, fue desde siempre la más intensa, la más inteligente y conflictiva. Un exótico ejemplar que no podría adaptarse nunca a un ambiente plano.

Llegó a la escuela preparatoria en 1922. Un poco antes había regresado a México el pintor Diego Rivera. Ya un artista consagrado en Europa, principia aquí su labor como muralista que llegaría a transformarse en una gloria nacional, precisamente pintando el mural denominado *La creación* dentro de la escuela preparatoria a la que Frida acudía. Ella presencia el desarrollo del trabajo, coquetea y hace al maestro objeto de sus más peligrosas bromas, todo con tal de llamar su atención.

Sus estudios se interrumpen cuando, en 1925, un tranvía urbano comprime hasta hacerlo explotar al camión en que viajaba. Así, al iniciarse su vida, todos los planes se derrumbaron y da comienzo la larga historia clínica de la pintora.

Durante su recuperación, imposibilitada para moverse, su madre idea poner un dosel a su cama recubierto por un espejo en su parte inferior para que pudiera usar su propia imagen como modelo. Con pinceles de su padre, acuarelista aficionado, principia por hacer retratos de sus amigos y sus hermanas.

Casi tres años después reencuentra a Diego Rivera y acude a él para obtener una opinión sobre su calidad artística. La relación progresa y se casan el 21 de agosto de 1929, él de 43 años y ella de 22, marcando así el inicio de una convivencia amorosa llena de profunda dependencia de ambos, hasta la muerte de ella en 1954.

La pintura de Frida Kahlo nos va llevando de la mano, simbólicamente, a lo largo de las experiencias más importantes en su vida. Sus obsesiones, la muerte de su madre, así como sus problemas físicos, el deseo de regresar a su país, a su barrio, cuando viaja con Diego Rivera durante cuatro años de estancia en San Francisco, Detroit y Nueva York.

Hasta entonces era sólo su acompañante, su sombra y su camarada de protestas y simpatías políticas, pero, en 1938, realiza su primera exposición individual en la galería artística de Julien Levy en Nueva York. La seguridad que adquiere con su éxito se derrumba al regreso cuando se ve obligada a enfrentar un doloroso divorcio impuesto por Diego.

De ésta, como de sus otras experiencias traumáticas, llena su arte y plasma su pena por la separación en la que quizá sea su pintura más conocida, *Las dos Fridas*, autorretrato doble en que presenta, según ella, "a la Frida que Diego amó y a la que ya no quiere".

Al grano

C. Ahora estás listo(a) para leer con más cuidado. En cada párrafo, sigue estos dos pasos:

1. Lee el párrafo y trata de comprender la idea principal y los detalles.
2. Apunta tus ideas e impresiones en una lista por aparte.

Después de terminar el texto entero, compara tus nuevas ideas con las de tu compañero(a) de la Actividad B.

¿Te acuerdas?

Use context to figure out meaning. Rely on the words and sentences around the unknown word. Remember that only a few logical guesses will make sense in context.

D. Ya que entiendes las ideas principales de cada párrafo, trata de adivinar los significados de algunas palabras nuevas. Usa el contexto para adivinar las siguientes palabras.

1. consagrado (párrafo 2, frase 3)
2. se derrumbaron (párrafo 3, frase 2)
3. acude (párrafo 5, frase 1)
4. estancia (párrafo 6, frase 2)
5. compendia (párrafo 10, frase 1)
6. quebranto (párrafo 12, frase 3)
7. vagar (párrafo 14, frase 1)

E. Trabaja con tu compañero(a) de la Actividad B. Comparen sus notas de la Actividad C con las notas que tomaron en la Actividad A. Comparen sus ideas bien informadas con sus primeras impresiones del texto. Si resulta que no entendieron ciertas partes, analicen por qué y formulen una estrategia para comprender mejor la próxima vez.

F. En grupos, discutan las siguientes preguntas y preparen una breve reseña *(review)* de la lectura.

   1. ¿Por qué creen que la autora escogió la vida y arte de Frida Kahlo como tema?

   2. ¿Qué actitud muestra la autora hacia Kahlo? ¿Cómo influye esto en su biografía de la artista?

   3. ¿Qué creen que la autora quería lograr *(accomplish)* con su biografía de Kahlo?

   4. ¿Qué técnicas o métodos emplea la autora para lograr sus metas o propósitos?

G. Imagina que eres autor(a) de biografías. Escribe la biografía de algún (alguna) compañero(a). Sigue estos pasos:

   1. Prepara aproximadamente diez preguntas para entrevistar a tu compañero(a).

   2. Haz la entrevista y toma apuntes sobre las respuestas. Si necesitas más información, haz más preguntas.

   3. Escribe una biografía de dos o tres párrafos sobre tu compañero(a).

H. Many an artist has drawn upon suffering in his or her life to produce art. Would you consider Frida a good example of a person who has succeeded despite personal hardships? Explain your opinion. Do you know of any other artists who have overcome difficult challenges?

Emplea el mecanismo de defensa que Sigmund Freud llamó capacidad de sublimación y transforma en arte su angustia, su dolor. Lo deja ahí para exorcizarlo, sacarlo de su vida y es por eso quizá que quienes la conocieron tienen como recuerdo una mujer siempre alegre, malhablada, impecablemente decorada, alhajada como una princesa llena de incisivo buen humor.

Durante el año que dura el divorcio escribe Frida en su diario un mensaje a Diego que compendia su amor: "Jamás olvidaré tu presencia en mi vida. Tú me acogiste destrozada y me devolviste entera".

La simbiosis que formaban les era indispensable así, un año después vuelven a casarse en San Francisco, California, para no separarse ya.

Un año antes de morir se organiza una exposición retroactiva de su pintura, la única individual que tuvo en vida en su país. Ella acude a la inauguración en ambulancia, postrada; en su camilla la llevan hasta su cama convertida en centro de la exhibición. Es notorio su quebranto físico, pero su espíritu aún conserva su vigor al declarar a un periodista: "No estoy enferma, estoy rota".

Entonces Frida, la indomable fuerza vital, se deja ir. Abandona la lucha y, días antes del veinticincoavo aniversario de bodas con Diego Rivera, muere en su casa de Coyoacán el 13 de julio durante la noche, a los 47 años de edad.

Cuatro años después, su casa es abierta al público como museo, para permitirnos vagar en sus jardines, visitar su recámara, su estudio y empaparnos del universo que ella creó para sí, del reflejo de esta mujer que parecía hecha de un concentrado de arco iris.

A traumatic accident in 1925 left its mark on Frida Kahlo. She refused to be overcome by her physical challenges and expressed her frustrations in her art. An especially positive experience can also change someone's life, for example, meeting a person who becomes a mentor or a close friend. Can you think of an experience that has shaped your life and helped make you who you are? How would you write about that experience so that others could understand it and benefit from it? In this activity, you'll write about an important episode from your life, and you'll learn several ways to organize your story.

Un episodio importante

Describe un episodio importante de tu vida en unas 15 o 20 frases. ¿Por qué lo consideras importante? ¿Cómo cambió tu vida? ¿Cuál es su importancia para otras personas?

A. Preparación

1. Examina tus recuerdos *(memories)*. ¿Qué episodios han afectado tu vida? ¿Cuándo y dónde ocurrieron? ¿Quiénes estaban allí? ¿Qué tiempo hacía? Si quieres, mira fotos de tu niñez y habla de tus recuerdos con amigos y familiares.
2. Haz una lista de esos eventos y escoge uno que quieras compartir.
3. Organiza la información en orden cronológico.

> **ALGUNOS CONSEJOS**
> **Chronological ordering**
> Putting events in chronological order means listing them in the order they occurred. This usually means starting with the first event and continuing to the last. You can also use reverse chronological order if it's more appropriate for the story you're telling.

B. Redacción

1. Escribe tu historia en el orden más apropiado. Si es necesario, usa palabras como **antes de, después de, luego**...
2. Usa palabras relacionadas con los sentidos *(senses)*. Habla de lo que viste, escuchaste, sentiste y oíste.
3. Incluye un poco de diálogo para hacer más interesante la historia.

C. Evaluación

1. ¿Dejaste fuera *(Did you leave out)* información importante? Si es necesario, agrega detalles. ¿Incluiste cosas no relacionadas con tu tema? Quita los detalles innecesarios.
2. ¿Es lógica la historia? Ponla en otro orden si no está clara.
3. ¿Es obvio por qué este evento es importante para ti y para otras personas? Tal vez sea necesario incluir más información o usar palabras más expresivas.
4. Muestra lo que escribiste a un(a) compañero(a) y toma en cuenta sus opiniones sobre los detalles que usaste y la lógica de lo que escribiste.

1 Escucha dos versiones de una tarde en la vida de Ricardo. Indica cuál de las versiones corresponde a la tarde representada por los dibujos.

2 Con un(a) compañero(a), habla de los temas indicados. Usa una expresión apropiada para sugerir cada tema. Tu compañero(a) responde con una opinión del tema y luego él o ella cambia el tema cortésmente.

Estudiante 1	Estudiante 2
un actor o una actriz famosa	la última película que viste
un concierto al que te encantaría asistir	un chisme de un(a) cantante
un(a) artista famoso(a)	tu programa favorito de televisión

3 Este fin de semana tienes muchos planes. Invita a un(a) compañero(a) a cuatro actividades. Tu compañero(a) debe responder con una excusa o con una opinión positiva de la actividad que mencionaste. Sigue el modelo.

MODELO   —Vamos a esa nueva discoteca el viernes, ¿qué te parece?
—Gracias por invitarme pero no puedo. Tengo muchas cosas que hacer…

4 Este año, el club de español tiene la oportunidad de pintar un mural en el pasillo del colegio. Con dos compañeros(as), habla de tus ideas para un mural. Usen las siguientes expresiones. Deben expresar por lo menos una opinión y hacer dos sugerencias sobre qué necesitan hacer.

Es importante que…

Es necesario que…

Recomiendo que…

Conviene + inf.

Sería buena/mala idea + inf.

Hace falta que…

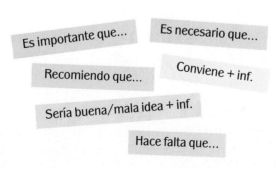

5 Lee el artículo sobre el éxito *(success)* reciente del grupo Maná. Luego escribe una conversación entre un miembro del grupo y un(a) reportero(a) de una revista de música. El (la) reportero(a) le pregunta sobre las actividades del grupo, sus nuevas canciones y los lugares que ha visitado este año. El cantante le da la información y sus opiniones sobre cada cosa.

Después de años y años en que los solistas dominaron por completo el mercado, este año los grupos se convirtieron en una fuerte amenaza para su supremacía, y de entre todos ellos, sin duda fue Maná el grupo que más éxitos tuvo durante el año. "Cómo te deseo", "Vivir sin aire" y "Oye mi amor" se escucharon fuertemente en la radio y provocaron que cualquier lugar donde se presentara el grupo, estuviera a reventar. En una época dominada por las multitudinarias presentaciones de artistas internacionales, Maná tuvo el orgullo de llenar durante dos noches el Palacio de los Deportes. Fueron muchos años de lucha los de estos jóvenes tapatíos. Por eso su éxito es sólo una justa recompensa.

6 Contesta cada pregunta con información cultural de este capítulo.

1. ¿Qué es el Instituto Cultural Cabañas?
2. ¿Quién fue el muralista más famoso de Jalisco?
3. ¿Qué pintaba Frida Kahlo?
4. ¿Para qué sirven los murales?
5. ¿Cuál es un instrumento popular en la región andina?
6. ¿Qué instrumento está hecho a veces de la concha de un armadillo?

7

S I T U A C I Ó N

A. Para tu cumpleaños, tu abuela te mandó 30 dólares... ¡pero ahora hay un problema! Tus padres te dicen que acompañes a tu abuelita a un concierto de violín, pero prefieres usar el dinero para ir a un concierto de rock. Con dos compañeros(as), haz los papeles de padre, madre e hijo(a). Deben expresar sus opiniones de las dos actividades mencionadas. También deben explicar qué hace falta hacer para resolver el conflicto.

B. Estás hablando con un miembro de un grupo de danza y teatro sobre la posibilidad de implementar un programa de artes en tu comunidad. Durante la conversación, ustedes cambian de tema varias veces y discuten sus opiniones de diferentes artes y artistas. Tu amigo(a) te invita a ver la próxima función de su grupo en México pero tú explicas por qué no puedes ir.

Can you introduce and change a topic of conversation?
p. 142

1 Escribe un minidiálogo en que una persona sugiere un tema de conversación y la otra persona cambia el tema.

MODELO —¿Sabes algo de la música de Emanuel?
—Sí, es genial. A propósito, ¿vas al concierto mañana?

1. el arte de Frida Kahlo; los murales de Orozco
2. el Ballet Folklórico; el baile de la escuela
3. la música clásica; las sinfonías de Silvestre Revueltas
4. el examen de la clase de arte; el proyecto final

Can you express what needs to be done?
p. 144

2 Usa varias expresiones para indicar que es necesario hacer las siguientes cosas para sacar notas excelentes en la clase de arte moderno.

1. los estudiantes / asistir a clase todos los días
2. tú / tomar buenos apuntes *(notes)*
3. nosotros / leer el libro de texto y otros libros de arte
4. Uds. / ver programas sobre el arte en la televisión
5. Mari / visitar muchos museos

Can you express an opinion? p. 145

3 Escribe minidiálogos en que una persona pide una opinión sobre las siguientes cosas y la otra persona responde.

MODELO —¿Qué te parece el arte moderno?
—Para decir la verdad, lo detesto.

1. la arquitectura mexicana
2. las pinturas de Frida Kahlo
3. la Mona Lisa
4. los instrumentos musicales de Latinoamérica
5. los murales de Diego Rivera

Can you make suggestions and recommendations? p. 150

4 La administración de tu escuela ha pedido que el Consejo Estudiantil haga sugerencias para embellecer *(beautify)* el campus. ¿Qué recomiendan Uds.?

1. hacer una limpieza general
2. poner basureros en...
3. colgar obras de los estudiantes en...
4. pintar un mural en las paredes de...
5. ¿?

Can you turn down an invitation? p. 152

5 Responde a cada invitación con una excusa.

1. Voy a una exhibición de pinturas de Xul Solar. ¿Me acompañas?
2. El concierto de Luis Miguel es este fin de semana. ¿Quieres ir?
3. Hay un programa sobre Frida Kahlo esta noche. ¿Te gustaría verlo?
4. El Ballet Folklórico de México viene la semana próxima. ¿Qué te parece si vamos juntos(as)?

VOCABULARIO

PRIMER PASO

Introducing and changing a topic of conversation

A propósito... *By the way . . .*
Cambiando de tema, ¿qué me dices de...?
Changing subjects, what can you tell me about . . .?
Eso me hace pensar en... *That brings to mind . . .*
Eso me recuerda... *That reminds me of . . .*
Hablando de... *Speaking of . . .*
¿Has leído algo de...? *Have you read anything about . . .?*
¿Qué has oído de...? *What have you heard about . . .?*
¿Qué me cuentas de...? *What can you tell me about . . .?*

The arts

antiguo(a) *old; ancient*
el (la) artista *artist*
el bailarín/la bailarina *dancer*
el (la) cantante *singer*
contemporáneo(a) *contemporary*
la danza *dance* (as an art form)
el dibujo *drawing*
diseñar *to design*
el (la) escultor(a) *sculptor*
la escultura *sculpture*
la estatua *statue*
la exhibición *exhibition*
intentar *to try* (make an effort)
el (la) músico(a) *musician*
la orquesta *orchestra*
patrocinar *to sponsor*
la pintura *painting*

Expressing what needs to be done

Es importante que + subj. *It's important that . . .*
Es necesario que + subj. *It's necessary for . . . to . . .*
Hace falta que + subj. *. . . need(s) to . . .*

Expressing an opinion

Admiro mucho... *I admire very much . . .*
Lo (La) encuentro... *I find it . . .*
Me cae gordo. *I hate it.* Les caen gordos.
Me deja frío(a). *It doesn't do anything for me.*
Me parece que... *It seems to me that . . .*
No lo(la) soporto. *I can't stand it (him/her).*
Para decir la verdad... *To tell the truth . . .*
Para ser sincero(a)... *To be honest . . .*

Describing

convencional *conventional* classic
creativo(a) *creative*
de muy mal gusto *in very bad taste*
entretenido(a) *entertaining*
formidable *tremendous*
genial *great*
hermoso(a) *beautiful*
imaginativo(a) *imaginative*
incomprensible *incomprehensible*
insignificante *trivial*
insoportable *unbearable; intolerable*
una obra maestra *masterpiece*
pésimo(a) *awful*
realista *realistic*

SEGUNDO PASO

Making suggestions and recommendations

No les conviene

Es mejor que... *It's better for . . . to . . .* sub
¿Has pensado en...? *Have you thought of . . .?* inf
No te conviene... *It's not advisable that you . . .* sub
No te olvides de... *Don't forget to . . .* inf
Sería buena/mala idea... *It would be a good/bad idea to . . .* inf
Sugiero que... *I suggest that . . .* sub
Te aconsejo que... *I advise you to . . .* sub
Te recomiendo que... *I recommend that you . . .* sub

Turning down an invitation

Gracias por invitarme, pero no puedo. *Thanks for inviting me, but I can't.*
Hagámoslo mañana. *Let's do it tomorrow.*
Lo siento, pero ya tengo otros planes. *I'm sorry, but I already have other plans.*
No tengo ganas de + inf. *I don't feel like . . .*
¿Por qué no lo dejamos para... *Why don't we leave it for (another time)?*
Tengo mucho que hacer. La próxima vez iré. *I have a lot to do. Next time I'll go.*

¡Ven conmigo a Buenos Aires!

Ésta es la Avenida 9 de Julio en Buenos Aires, una de las calles más anchas del mundo.

Argentina

Población: 33.083.000. Buenos Aires: 2.908.001 (zona metropolitana: 9.927.404)

Área: 2.780.092 km², cuatro veces más grande que Texas

Ciudades principales: Buenos Aires, Córdoba, Rosario, La Plata, Mar del Plata

Productos agrícolas: maíz, algodón, uvas, leche, sorgo, trigo, soja, carne de res

Industrias: productos químicos, vehículos, textiles, petróleo, pesca

Personajes famosos: Gabriela Sabatini (1970–), tenista; Jorge Luis Borges (1899–1986), escritor; Alberto Ginastera (1916–1983), compositor; José de San Martín (1778–1850), militar y político

Platos típicos: asado, empanadas con chimichurri, carbonada criolla, parrillada, alfajores, pucheros, mate (una bebida)

BOLIVIA
PARAGUAY
CHILE
BRASIL
Tucumán
Córdoba
Rosario
URUGUAY
Mendoza
Buenos Aires
La Plata
Bahía Blanca
Océano Atlántico
ARGENTINA
Océano Pacífico

N

0   300   600 Kilómetros
0   300   600 Millas

ARGENTINA

El segundo país de Latinoamérica en tamaño, la Argentina es una tierra de gran diversidad geográfica, con montañas nevadas, bosques espesos, llanos inmensos y hermosas playas blancas. Su población es única en la América Latina por la proporción de inmigrantes de origen italiano, alemán y de otras culturas no hispanohablantes. El centro cultural del país es Buenos Aires, la capital. Es una ciudad cosmopolita que se considera el París de las Américas.

① Los residentes de Buenos Aires, los porteños, gozan de muchas actividades de recreo, como el pato (arriba) y el polo. Los jugadores de polo tienen ligas bien establecidas y los jugadores llegan a ser famosos.

② No importa cuál sea la época del año ni cómo esté el tiempo, los porteños (los habitantes de Buenos Aires) siempre están en las calles, que están llenas de cafés y muchos otros comercios.

③ Los parques de Buenos Aires, llenos de estatuas y monumentos históricos, son una de sus atracciones más bellas. Ésta es una estatua de José de San Martín, quien liberó Argentina, Chile y Perú del dominio español.

164 *ciento sesenta y cuatro*

Vas a aprender un poco sobre la Argentina en los capítulos siete y ocho. Aunque la Argentina es todavía la tierra del gaucho tradicional que trabaja en las pampas, es también un país modernísimo con rascacielos y tecnología avanzada. Vas a conocer la vida de la capital y paisajes que incluyen selvas tropicales y las zonas frígidas de la Tierra del Fuego.

④ De la Argentina se ha exportado a todo el mundo el tango. Este baile fue en un tiempo censurado y ahora es el símbolo argentino por excelencia.

⑤ Uno de los pintores porteños más famosos es Xul Solar. Muchas de sus obras están en el museo de arte que lleva su nombre.

⑥ En este edificio de arquitectura muy europea se reúne el Congreso argentino.

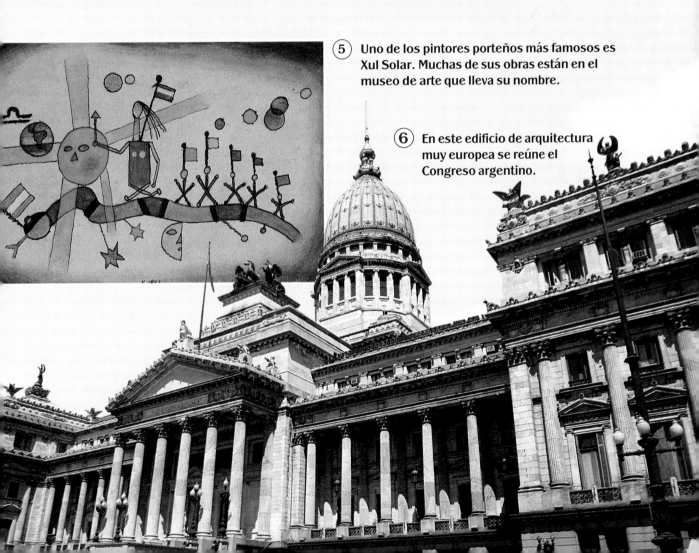

7

Dime con quién andas

① ¡Estamos encantados que puedas visitarnos!

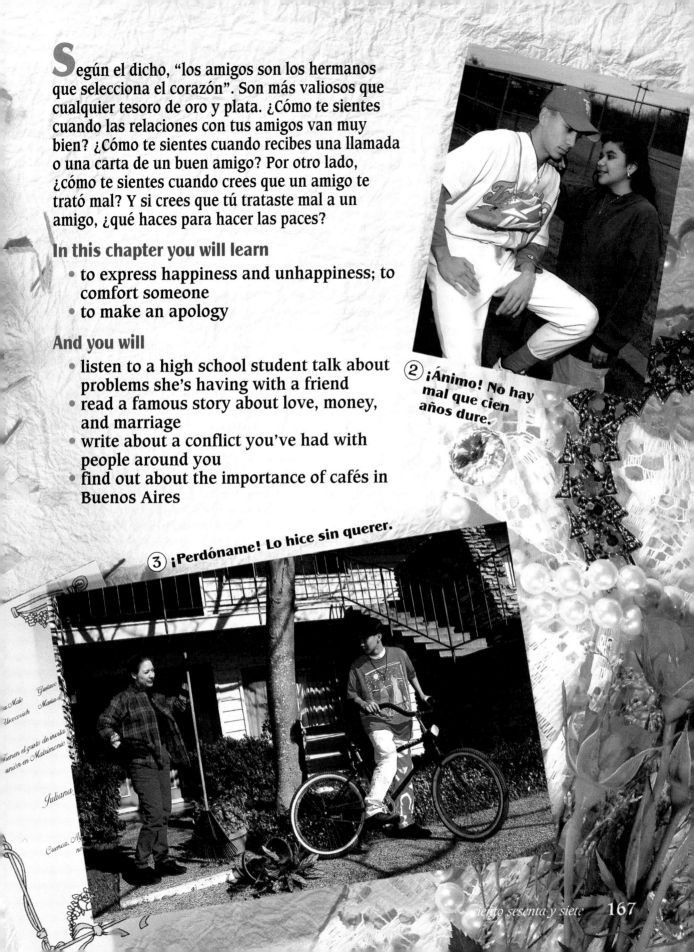

Según el dicho, "los amigos son los hermanos que selecciona el corazón". Son más valiosos que cualquier tesoro de oro y plata. ¿Cómo te sientes cuando las relaciones con tus amigos van muy bien? ¿Cómo te sientes cuando recibes una llamada o una carta de un buen amigo? Por otro lado, ¿cómo te sientes cuando crees que un amigo te trató mal? Y si crees que tú trataste mal a un amigo, ¿qué haces para hacer las paces?

In this chapter you will learn

- to express happiness and unhappiness; to comfort someone
- to make an apology

And you will

- listen to a high school student talk about problems she's having with a friend
- read a famous story about love, money, and marriage
- write about a conflict you've had with people around you
- find out about the importance of cafés in Buenos Aires

② ¡Ánimo! No hay mal que cien años dure.

③ ¡Perdóname! Lo hice sin querer.

ciento sesenta y siete **167**

DE ANTEMANO

Las amistades

El escritor escocés Robert Louis Stevenson dijo que "un amigo es el mejor regalo que nos hacemos a nosotros mismos". Un(a) amigo(a) puede traernos mucha felicidad y puede enseñarnos mucho. Para conservar una buena amistad, hay varias cosas que debes tener en cuenta:

Aprovecha los medios de comunicación. Deja mensajes amables y graciosos en las contestadoras de tus amigos y amigas. También el sistema de FAX te permite decir a los amigos y amigas que no ves con frecuencia que estás pensando en ellos.

Date tiempo para ofrecer tu tiempo. Señala ciertos momentos en tu agenda para tus amigos y amigas. Pueden ser quince para una llamada telefónica, media tarde para tomar un refresco, o una mañana en un club o gimnasio para hacer ejercicio juntos.

Mantente objetivo(a). Tendemos a pensar primero en cómo las decisiones de nuestros amigos y amigas afectarán nuestra propia vida. Pero éstos son momentos en que nuestros amigos y amigas necesitan apoyo, no juicios críticos. A veces ésa es la mejor ayuda que puedes ofrecerles.

Almuerzo con María

OCTUBRE 17

Chely, habla Miguel. Estoy tan contento, no te lo vas a creer. ¡El profe me puso 10 en el examen de biología! ¡Estoy en la gloria! ¡Llámame!

Conmemora días especiales. Ten una agenda con los cumpleaños y fechas importantes de tus mejores amigos y amigas. Hazles saber que los recuerdas con una llamada telefónica, un arreglo de flores, una tarjeta postal, un telegrama o un pequeño regalo gracioso.

"Tu amistad es para mí un tesoro."

Escribe a tus amigos y amigas siempre que puedas. No necesitan ser largas cartas. Pero si no puedes ver a tus amigos y amigas con la frecuencia que quisieras, mantén viva la relación enviándoles de vez en cuando notitas, tarjetas o simples pensamientos que se te ocurran.

REMY—
ME SIENTO FRUSTRADO CON CARLOTA. PENSABA QUE ERA BUENA AMIGA... PERO TUVO UNA FIESTA Y NO ME INVITÓ. ESTOY DOLIDO Y NO QUIERO HABLAR CON ELLA.

TOÑO

Está presente cuando tu amigo(a) te necesita. Cuando un(a) amigo(a) esté en crisis, de cualquier tipo, está dispuesto(a) a ayudar. Escucha con paciencia, ante todo. Ofrécele tu consejo... si te lo pide. Ofrécele tu ayuda... si la necesita. Pero bríndale siempre tu presencia y tu tiempo.

MARZO

19

Cumpleaños-
Elena

20

Aniversario-
abuelos

Recibe nuestro más profundo pésame...

Pablo—
Me dijeron que tu tío ha muerto. Lo siento. Comparto tu pena. ¿Qué puedo hacer por ti? Susana

1 ¿Cierto o falso?

Indica si cada frase es **cierta** o **falsa**. Si es falsa, corrígela.

1. Miguel está feliz porque Chely sacó una nota muy buena.
2. La nota "10" es muy mala en la Argentina.
3. Remy está triste porque Toño no le escribe.
4. Toño le escribe a Remy porque está triste.
5. Susana le manda una tarjeta a Pablo para su cumpleaños.

2 ¿Qué palabras se usan?

¿Qué expresiones usa...?

1. Miguel para decir que está feliz
2. Toño para decir que está decepcionado
3. Susana para consolar a su amigo

3 Consejos para amigos

¿Qué consejos les das a las siguientes personas?

1. Jaime no tiene mucho tiempo para hablar con sus amigos.
2. Rosa está triste porque su mejor amiga quiere estudiar en el extranjero.
3. Natalia siempre se olvida de los cumpleaños de sus amigos.
4. Los papás de un amigo de Hernán se divorciaron hace poco y su amigo está decepcionado *(disappointed)*.

4 Diálogos

 Con un(a) compañero(a), prepara un diálogo en el que Remy le dice a Carlota que Toño está triste y por qué. Luego Remy le da unos consejos a Carlota sobre cómo ser una mejor amiga.

5 Ahora te toca a ti

 Escribe un párrafo sobre lo que consideras importante en tus amistades y algunas cosas que haces para mantenerlas. Usa frases como **Es necesario que mis amigos(as)...** y **Quiero que mis compañeros(as)...**

 NOTA CULTURAL

Los argentinos usan **vos** en lugar de **tú**. Las formas del verbo que se usan con **vos** son diferentes también. Por ejemplo, "¿Vos hablás español?" significa "¿Hablas tú español?" y "Decime la verdad" significa "Dime la verdad". ¿Qué significan las frases siguientes? "Vos bebés mate, ¿no?" "¿Vos escribís muchas cartas?" "Sentate aquí, por favor."

*Expressing happiness and unhappiness;
comforting someone*

ASÍ SE DICE — Expressing happiness and unhappiness

Cuando estás feliz, puedes decir:

Estoy contento(a).

Estoy de buen humor.
I'm in a good mood.

Estoy encantado(a) que
puedas venir.
I'm delighted that . . .

¡Estoy en la gloria!
I'm in heaven!

Estoy orgulloso(a) de mi hija.

Me alegro que tu tío esté mejor.

Me encanta que venga mi prima.
I'm delighted that . . .

Cuando las cosas van mal, puedes decir:

Estoy decepcionado(a).
I'm disappointed.

Estoy desilusionado(a).
I'm disappointed.

Estoy dolido(a).
I'm hurt.

Me dan ganas de llorar.
It makes me feel like crying.

Me duele mucho que Emilia no me
hable.
It really hurts me that . . .

Me frustra que mis amigos no me
llamen.

Me siento frustrado(a).

6 ¡Qué alegría!

Escucha los siguientes diálogos e indica qué foto corresponde a cada diálogo. Hay un diálogo que no corresponde a ninguna foto.

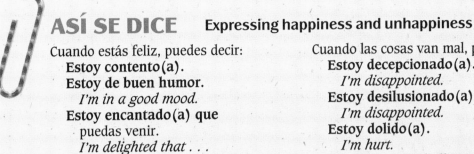

a. (4)   b. (1)   c. (5)   d. (2)

7 ¿Estás contento(a)?

¿Cómo te sientes si...?

1. un(a) amigo(a) no te saluda en el corredor
2. un(a) buen(a) amigo(a) de otra ciudad viene a visitarte hoy
3. tu novio(a) te invita a cenar pero te deja plantado(a) *(stands you up)*
4. te reconcilias con *(you make up with)* alguien después de un conflicto
5. el (la) director(a) anuncia que eres el (la) mejor estudiante del año en tu colegio

(handwritten in left margin, vertical) do not use with porque or cuando

_G_ramática The subjunctive with expressions of feelings

1. Spanish speakers use the subjunctive after verbs and expressions that convey feelings, such as **alegrarse que, sentir que, temer que, ojalá que,** and **es triste que.**

> **Me alegro que** mis amigos **puedan** estar unos días aquí.
> **Tememos que** María **se enferme.**
> **¡Ojalá que** Ricardo no **llegue** tarde!

2. A change of subject after a verb that conveys feelings is shown by **que.** If there isn't a change of subject, the infinitive is normally used.

> Siento **que tengas** que trabajar hoy.
> Me alegro de **pasar** unos días aquí.
> Es triste **estar** solo en días especiales.

8 ¿Es lógica?

Escoge la respuesta más lógica para cada situación.

Se te ha olvidado?
irregular subjunctive
Ver páginas 350–355

1. Mi primo dice que quiere venir a tu fiesta esta noche.
   a. ¡Ojalá que no venga! Es un buen tipo.
   b. Espero que venga. Dile que traiga unos refrescos.
2. ¿Te gusta vivir en la costa?
   a. Sí, porque temo que vengan muchos amigos a visitarme.
   b. Sí, porque me encanta nadar y caminar en la playa con mis amigos.
3. ¿Sigue en el hospital tu hermana?
   a. Ya no. Me alegro que esté mejor. Se sintió muy frustrada en el hospital.
   b. Sí. Siento tener que decírtelo—está en casa desde ayer.
4. ¿Por qué no quieres que vaya a Europa tu hermanita?
   a. Porque temo que pierda algo. Es muy joven para viajar sola.
   b. Porque temo perder mis documentos. Son difíciles de reemplazar _(replace)._
5. Olga ya no le habla a Max. ¿Se pelearon? _(Did they have a fight?)_
   a. Sí. Le duele a él que Olga no le hable cuando lo ve.
   b. No, no me peleé con Olga. Me encanta hablar con ella cuando la veo.
6. El gato de Renato está enfermo.
   a. Ojalá que esté mejor pronto.
   b. Es triste que estés enfermo.

9 En tu vida

Con un(a) amigo(a), indica cómo te sientes en cada situación.

MODELO   Tienes cuatro clases con tu mejor amigo(a).
—Me alegro tener cuatro clases con él (ella).

1. Tu perrito está enfermo.
2. Tu mejor amigo(a) se muda _(is moving)_ a otra ciudad.
3. Hay un rumor que tu chico(a) favorito(a) quiere invitarte al cine.
4. Tus amigos(as) tienen fiestas pero no te invitan.
5. Hay una fiesta mañana pero no puedes ir porque trabajas.
6. Hay un examen muy difícil mañana y no has estudiado.

¿Te acuerdas?
If there is no change of subject after a verb conveying feelings, the infinitive is used, as in **Me encanta patinar en línea** and **¿Te duele no poder hablar con ella?**

10 Una mamá preocupada

Lee la carta de Blanca. Luego lee las frases e indica si son **ciertas** o **falsas**. Si son falsas, corrígelas.

1. A Blanca le encanta que Nilda vaya a muchas fiestas.
2. Está contenta porque sus hijos tienen buenos amigos.
3. Le preocupa a Blanca que Beto maneje tan rápido.
4. Se alegra que sus hijos no cuenten con *(depend on)* ella para todo.
5. Le frustra tener hijos como Beto y Caty.

Vivi,

Siento molestarte pero sé que te puedo hablar de esto porque eres mi hermana. Tú sabes que tengo mucha suerte en tener buenos hijos. Pero andan con unos amigos... Nilda, una amiga de mi hija Caty—es muy alegre, pero no sé... parece que toda su vida es una fiesta. Y Marcos, el amigo de mi hijo Beto, siempre maneja rápido y además saca malas notas. Me gusta que mis hijos sean independientes pero temo que tengan problemas. ¿Debo decirles a mis hijos que no me gustan sus amigos? ¿Qué crees tú? Contéstame pronto. Un abrazo,

Blanca

VOCABULARIO

la amistad	*friendship*
apoyar	*to support*
chismear	*to gossip*
confiar en	*to trust*
contar con	*to count or depend on*
dejar de hablarse	*to stop speaking to each other*
dejar plantado(a) a alguien	*to stand someone up*
pelearse	*to have a fight*
reconciliarse	*to make up, reconcile*
resolver un problema	*to solve a problem*
el rumor	*rumor*
tener un malentendido	*to have a misunderstanding*

¡Qué carro más bonito!

hacerle un cumplido a alguien
to compliment someone

---

11 Escucha bien

Escucha las frases e indica si cada frase que oyes es lógica o ilógica.

Nota *G*ramatical

In Spanish, reflexive verbs can be used to describe actions that are reciprocal. English usually expresses this idea with the words **each other.**

María y yo siempre **nos apoyamos.** *María and I always support each other.*

NOTA CULTURAL

Los cafés, que se llaman **confiterías**, tienen mucha importancia en la vida de los residentes de Buenos Aires. Muchas veces la gente se reúne en una confitería para hablar o para tomar té o café antes de ir al cine o a la ópera. Otras personas van para pensar o estar solas. Algunas confiterías son centros de actividad intelectual, con discusiones diarias sobre la política y la literatura. ¿Son tan importantes los cafés en los Estados Unidos?

---

12 ¿Cómo te sientes cuando...?

Con unos(as) compañeros(as), indica como te sientes cuando...

1. un(a) amigo(a) chismea e inicia un rumor sobre ti
2. comienzas una nueva amistad
3. un(a) amigo(a) te hace un cumplido
4. descubres que no puedes confiar en un(a) amigo(a)
5. dos de tus mejores amigos(as) dejan de hablarse
6. descubres que no puedes contar con un(a) amigo(a)
7. te reconcilias con un(a) amigo(a)

Gramática   The present perfect subjunctive

1. The present perfect subjunctive is formed with the subjunctive of **haber** and a past participle.

haya comprado	hayamos comprado
hayas comprado	hayáis comprado
haya comprado	hayan comprado

2. The present perfect subjunctive is used like the present perfect indicative but is used only after verbs and expressions that require the subjunctive. Notice the differences in the following examples.

Juan **ha recibido** mi carta.   *Juan has gotten my letter.*
Me alegro que Juan **haya recibido** mi carta.
   I'm glad Juan has gotten my letter.
No **han comido** todavía.   *They haven't eaten yet.*
Espero que no **hayan comido** todavía.   *I hope they haven't eaten yet.*

---

13 Ignacio y Katrin

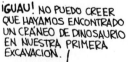

Escucha lo que dice Katrin y luego completa las frases.

1. A Katrin le frustra que...
2. Su amiga Rebeca le...
3. Katrin admite que...
4. Duda que Ignacio...
5. Por eso Katrin...

¿Se te ha olvidado?
past participles
Ver páginas 344–345

14 Me alegro que...

Con un(a) compañero(a), habla sobre seis cosas buenas que han ocurrido en los últimos tres meses. Deben comenzar cada frase con expresiones como **me alegro que** y **me encanta que.**

MODELO   Me encanta que mis primos hayan venido a visitarme.

ASÍ SE DICE   Comforting someone

Si alguien necesita consuelo *(comfort)*, puedes usar estas expresiones:

¡Ánimo!   *Cheer up!*
Comparto tu pena.   *I share your grief.*
Esto pasará pronto.   *This will soon pass.*
Lo siento mucho.
Mi más sentido pésame.   *My most heartfelt condolences.*
No hay mal que cien años dure.   *It won't last forever.*
No hay mal que por bien no venga.   *Every cloud has a silver lining.*
No te preocupes.
¿Qué puedo hacer por ti?   *What can I do for you?*
Tranquilo(a).   *Calm down.*

---

15 ¿Respuestas lógicas?

Lee los diálogos e indica si las respuestas son lógicas o ilógicas. Si son ilógicas, sugiere una respuesta más apropiada.

1. BECKY: El horario de mi trabajo me trae loca. ¿Trabajar los fines de semana? ¡No lo aguanto más!
   ELENA: Me alegro que tengas ese horario.

2. ARTURO: No me lo puedo creer. Anoche me dijo mi novia que quiere romper conmigo.
   IRMA: No te preocupes. No hay mal que por bien no venga.

3. KAREEM: ¡Qué locura! Tengo que cuidar a mi hermana menor.
   BERNARDO: Me gusta que tengas tanta responsabilidad.

4. LUCITA: Nadie me ha invitado al baile y soy muy tímida.
   EDSON: ¡Ánimo! Voy con Rafael y Susana. Ven con nosotros.

A LO NUESTRO

Sometimes proverbs like **no hay mal que cien años dure** can provoke an interesting response. A person might respond, **¡Ni persona que lo aguante!**, meaning *It may not last forever, but neither will I!*

16 Los altibajos de la vida

Con unos(as) compañeros(as), escribe una lista de cinco o seis acontecimientos *(events)* del año pasado. Tres de los acontecimientos deben ser positivos y tres negativos. Luego den su lista a otro grupo. Ese grupo responderá apropiadamente a cada acontecimiento.

17 No pude hacer la tarea porque...

Escribe un diálogo entre un(a) profesor(a) y varios estudiantes que vienen a explicarle que no pudieron hacer la tarea a causa de *(because of)* las cosas malas que les han ocurrido. El (la) profesor(a) responde a todos con expresiones apropiadas de consuelo (¡aunque de todas maneras tienen que hacer la tarea!).

¡ADELANTE!

Los conflictos personales

No hay nada que sea más frustrante que un conflicto entre amigo(s) o novio(s). ¿Cómo puedes hacer las paces con *(make up with)* alguien después?

1. No dejes que pasen muchos días porque se irán acentuando los rencores. Alguien tiene siempre que dar el primer paso.

2. Cuando le pides hablar, no dramatices ni exageres. Asegúrate de estar muy calmado(a). Si te enojas podrías empeorar la situación.

> Ana,
> Te dije que te iba a llamar anoche pero se me olvidó por completo. Lo hice sin querer, te lo juro. Estaba estudiando para mi clase de álgebra. Rafael estaba conmigo, pregúntale a él. Perdóname, Ana— no lo haré más.
> Víctor

3. No te hagas el (la) ofendido(a) o víctima. Escucha lo que la otra persona tenga que decir al respecto.

18 Lo que debes hacer es...

Marta le da consejos a su amigo Rafael, que tiene un conflicto personal con otro amigo. Escucha cada consejo e indica si es bueno o no según la información de ¡Adelante!

lo. mal, 2. buen, 3. buen, 4. malo, 5. malo

19 ¿Cómo se expresa?

Indica qué expresiones usa Víctor para disculparse *(apologize)*.

1. Lo siento muchísimo.
2. Lo hice sin querer.
3. No lo haré más.
4. Perdóname.
5. Discúlpame.
6. No lo volveré a hacer.

20 Un conflicto entre amigos(as)

Contesta las preguntas con un(a) compañero(a).

1. ¿Qué puede pasar si cometes un error y no lo admites a tu amigo(a)?
2. ¿Por qué no debes esperar mucho tiempo para discutir un problema?
3. ¿Por qué debes estar calmado(a) cuando hablas sobre un problema?
4. ¿Qué debes hacer si tu amigo(a) viene a disculparse?

4.

Sostener y no reconocer la falta puede ser fatal. Si tuviste la culpa acéptala y discúlpate.

Víctor,

La verdad es que sí estaba enojada, pero muchísimas gracias por tu cartita. No sabes cuánto te lo agradezco. No necesito hablar con Rafael, confío en ti completamente. Sé que puedo contar contigo para decirme la verdad.

Ana.

5.

Si la otra persona da el primer paso, no cometas la imperdonable falta de ser imposible. Facilítale las cosas y agradécele su generosidad.

6.

¿Qué significa una gotita de enojo al lado de una inmensa amistad o un gran amor? Vamos, no seas terco(a), da un paso al frente y ¡saca tu bandera blanca!

21 En orden de importancia

Escribe estas sugerencias en orden de importancia. Luego, con un(a) compañero(a), explica por qué las pusiste en ese orden. Si quieren, pueden discutir sus ideas con la clase.

1. No esperes mucho tiempo antes de discutir un conflicto.
2. No te enojes cuando discutes un conflicto.
3. Escucha lo que la otra persona tiene que decir.
4. Si cometes un error, admítelo.
5. Recuerda que la amistad es más importante que un poco de enojo.

22 Ahora te toca a ti

Habla con un(a) compañero(a) sobre un conflicto que tuviste con un(a) amigo(a). Luego, escriban un párrafo sobre lo que hicieron para resolver el conflicto. ¿Qué va a hacer cada uno(a) de Uds. la próxima vez que tenga un problema con un(a) amigo(a) o novio(a)?

La Organización de Estados Americanos

La Organización de Estados Americanos (OEA) es una asociación de 35 países de las Américas, incluyendo los Estados Unidos y Canadá. El centro de operaciones está en Washington, D.C. El movimiento panamericano entre los países latinoamericanos comenzó al principio del siglo XIX. En 1826, el general venezolano Simón Bolívar realizó *(fulfilled)* su sueño de unir las nuevas repúblicas de Latinoamérica cuando convocó la primera conferencia panamericana.

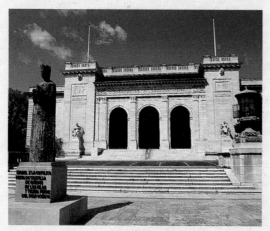

Centro de operaciones en Washington, D.C.

Simón Bolívar

Para discutir

¿Para qué crees que existe La Organización de Estados Americanos? ¿Qué puede hacer una organización como ésta? ¿Hay otras organizaciones parecidas a la OEA en el mundo, en los Estados Unidos o en tu comunidad?

Vamos a comprenderlo

La Organización de Estados Americanos sirve para fomentar *(encourage)* la cooperación económica y la justicia social, y para resolver los problemas políticos de una forma pacífica. Las organizaciones de este tipo pueden prevenir las guerras y los conflictos internacionales antes de que comiencen. Otras organizaciones parecidas son las Naciones Unidas, la Corte Mundial y las legislaturas de cada país y de cada estado.

Making an apology

ASÍ SE DICE Making an apology

Si necesitas pedir perdón a un(a) amigo(a),
puedes decir:

Discúlpame.   *Forgive me.*
Lo hice sin querer.
   I didn't mean to do it.
Lo siento mucho, es que no sabía.
   I'm sorry, I didn't know.
No lo haré más.
   I won't do it anymore.
No lo volveré a hacer.
   I won't do it again.
Perdóname.   *Forgive me.*

23 ¿Cómo contestas?

Escucha cada diálogo e indica si oyes una disculpa o una expresión de consuelo.

VOCABULARIO

Problemas y soluciones

admitir tu error   *to admit your mistake*
comprarle un regalo   *to buy someone a gift*
darle un abrazo
   to give someone a hug
darse tiempo para pensar
   to give oneself time to think
discutir el problema
   to discuss the problem
insultar   *to insult*
mentir   *to lie*
no guardar los secretos
   not to keep secrets
respetar sus sentimientos
   to respect someone's feelings
romper con   *to break off with someone*
ser desleal   *to be disloyal*
ser infiel   *to be unfaithful*
tener celos de   *to be jealous of*

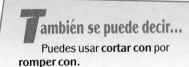

También se puede decir...
Puedes usar **cortar con** por **romper con.**

echarle la culpa a otro(a)
to blame someone else

24 Problemas y soluciones

Completa las frases con las palabras más apropiadas.

1. Si un amigo necesita tiempo para pensar a solas *(alone)*, debes (admitir tu error, respetar sus sentimientos).
2. Si ya tienes novio(a) y sales con otra persona, (tienes celos, eres infiel).
3. Sabes que cometiste un error. Debes (echarle la culpa a otro, admitir tu error).
4. Tienes una amiga que nunca guarda tus secretos. Han discutido el problema pero no cambia nada. Tal vez debes (darle un abrazo, romper con esa persona).
5. Has insultado a tu hermanito. Debes disculparte y (darle un abrazo, mentir).

25 Problemas sentimentales

Lee el artículo. Luego contesta las preguntas con el vocabulario de este capítulo.

1. ¿Cómo se sentía la novia cuando Roberto coqueteaba *(flirted)* con otras chicas?
2. A veces Roberto desaparecía. Cuando su novia le preguntaba por qué, ¿le decía la verdad?
3. ¿Era Roberto un novio fiel? ¿Cómo lo descubrió su novia?
4. ¿Qué hizo la novia cuando vio a Roberto en casa con otra?

Un novio infiel

"**C**uando conocí a Roberto me enamoré de él como una loca. El era encantador. Es más, era **demasiado** encantador. Me volvía loca verlo coquetear con otras chicas, pero juraba que sólo tenía ojos para mí. Varios fines de semana se me desaparecía y no había forma humana de localizarlo. Cuando le reclamaba, casi siempre me salía con que había estado ayudando a algún amigo a arreglar el auto, a mudarse, a resolver no sé qué problemas, etc. Una tarde pensé sorprender a mi novio del alma en su casa... y la sorprendida fui yo. Allí estaba en la sala, estudiando con otra muchacha. Así que corté con él ahí mismo."

¿Se te ha olvidado?
pres. perfect subjunctive
Ver la página 174

26 La telenovela de la vida

Con un(a) compañero(a), prepara un minidrama en el que una persona comete una falta y tiene que pedir perdón a otra persona. Luego presenten el minidrama a la clase.

NOTA CULTURAL

El cine es tan popular como la televisión entre la gente de la capital. Buenos Aires tiene alrededor de 80 cines que muestran *(show)* películas de la Argentina, los Estados Unidos y Europa. Es interesante ver una película en el Instituto de Realización Cinematográfica Argentina. Allí casi todos se sientan en el piso para ver la película y después hay discusiones sobre su contenido social y político. Algunas películas argentinas son famosas en los Estados Unidos. Una de ellas, *La historia oficial*, ganó un Academy Award en 1986. ¿Son populares los cines en tu ciudad?

*G*ramática de repaso   Affirmative and negative words

1. Here are the main affirmative and negative words:

algo	*something*	**nada**	*nothing*
alguien	*someone*	**nadie**	*nobody*
algún, alguno(a)	*some*	**ningún, ninguno(a)**	*none, no one*
siempre	*always*	**nunca**	*never*

2. More than one negative word can be used in a sentence.

> No salgo **nunca** con mis amigos.   No habla **nunca** con **nadie.**

3. Alguno and **ninguno** drop the **-o** before a masculine, singular noun.

> No tengo **ningún** amigo que sepa esquiar.
> **Algunos** de mis amigos viven en Córdoba.

27 El baile

Completa esta conversación con las palabras afirmativas y negativas más apropiadas.

MANA Oye, James, ¿puedo preguntarte ═══════?

JAMES Sí, claro. Pero, ¿por qué estás tan triste?

MANA Porque he invitado a tres amigos al baile, y ═══════ puede ir.

JAMES ¿No encontraste a ═══════ amigo que pueda ir? Pues yo no tengo ═══════ que hacer el viernes...

MANA Pues, ¿quieres ir?

JAMES Sí, cómo no. Llevo todo el día pensando que me gustaría ir al baile con ═══════...

MANA Bueno, paso por ti a las ocho el viernes.

*G*ramática   The subjunctive with the unknown or nonexistent

1. When describing a person or thing that is unknown or indefinite, use the subjunctive.

> Busco un novio que **sea** simpático.
> Necesito un secretario que **hable** alemán.

2. When using negative words like **nada, nadie,** or **ninguno(a)** with a **que** clause, use the subjunctive.

> No hay nada que **podamos**[1] hacer.   No conozco a nadie que **viva** allí.

[1] See pages 350–351 for information about stem-changing verbs in the subjunctive.

28 Busco...

Escucha lo que dice cada persona. Si habla de alguien que existe con certeza *(certainty)*, escribe **sí**. Escribe **no** si habla de alguien que no existe o si no se sabe si existe o no.

¿Se te ha olvidado?
subjunctive forms
Ver la página 348

29 ¡Al contrario!

Imagina que tú y un(a) compañero(a) se sienten muy pesimistas sobre su ciudad y sus vidas. Contradigan *(Contradict)* las siguientes frases para expresar lo que piensan.

MODELO   Hay buenos cafés donde podemos conversar.
     Al contrario, no hay buenos restaurantes donde podamos conversar.

1. Tenemos amigos que nos respetan.
2. Hay restaurantes que sirven buena comida.
3. Hay emisoras de radio *(radio stations)* que tocan buena música.
4. Tenemos conocidos(as) *(acquaintances)* que nos llaman.
5. Hay un cine que muestra buenas películas.

30 Sueños y ambiciones

Mira los dibujos e indica qué buscan, necesitan o quieren estas personas.

Leticia

Mario

31 Mi amigo(a) ideal

Con unos(as) compañeros(as), hablen de qué tipo de amigos(as) buscan (¡y que no buscan!). Hagan una lista de las cualidades que buscan.

32 En mi cuaderno

Escribe un pequeño drama en tres actos en que una persona deja plantada a otra. La persona ofendida llama a la otra persona para expresar su desilusión. Luego la otra persona le pide perdón. La persona ofendida acepta la disculpa. Usen expresiones de **Así se dice.**

NOTA CULTURAL

Los argentinos, como los estadounidenses, son muy aficionados a los deportes. El fútbol es el deporte más popular. Hay mucha competencia entre los equipos de los barrios de las ciudades grandes. El tenis es muy popular en parte debido a jugadores como Guillermo Vilas y Gabriela Sabatini. Hay mucho interés en los deportes ecuestres también. ¿Participan tú y tus amigo(as) en equipos o ligas locales?

¿Has tenido algún conflicto con un(a) amigo(a)?

Una amistad es difícil de romper. ¿Son parecidos a los tuyos los conflictos que describen estas jóvenes?

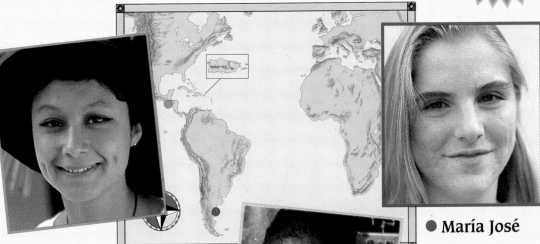

● Vanesa

Coronado, Costa Rica

"Sí, tuve uno y fue con mi mejor amiga... Yo estaba enamorada de un muchacho y ella lo sabía, éramos muy amigas, y ella se fue con el muchacho, sabiéndolo. Pero luego hablamos y la verdad [es que] muchas veces supo ser una amiga... preferí la amistad de ella. Un error lo comete cualquiera".

● Angeline

Ponce, Puerto Rico

"Me gustaba este muchacho y... [a] mi supuestamente amiga... le gustaba a ella también y yo le dije a ella que nuestra amistad valía mucho para un muchacho que no valía la pena y nosotros lo dejamos ir así".

● María José

Buenos Aires, Argentina

"Sí, tuve una amiga hace..., hasta marzo era mi mejor amiga, y nos separamos porque ella se puso de novia y se separó de mí. Y estoy intentando resolverlo todavía porque... no me quiere escuchar".

Para pensar y hablar...

A. Dos de las entrevistadas tuvieron problemas similares. ¿Quiénes son? ¿Has tenido conflictos parecidos a los de las entrevistadas? ¿Cómo lo solucionaste?

B. How do you define friendship? What sorts of qualities do you look for in friends? Why is friendship important? How do you resolve conflicts with your friends?

Un conflicto entre familias

*E*ste cuento, escrito por el peruano Ricardo Palma, se llama una *tradición*. Las tradiciones son cuentos satíricos de la época colonial de América Latina.

Estrategia

Every time you read, you draw conclusions by "reading between the lines." This is called making inferences. If you read "The boy cried and said he was going to run away," you probably infer that he's sad and having some family problems. Making inferences is a valuable tool you can use when reading.

¡A comenzar!

A. Lee el título, los dos primeros párrafos y el último párrafo del texto. ¿Cuál es el propósito del cuento? ¿Explica el origen de algo? ¿Contiene una moraleja? ¿Qué opinas? ¿Es "La camisa de Margarita" un cuento de verdad o de ficción?

Al grano

¿Te acuerdas?

Think about how an article or story is organized before you read. Making a chart or outline can help you see the organization.

La Camisa de Margarita

Es posible que algunos de mis lectores les hayan oído decir a las viejas de Lima, cuando quieren ponderar un precio alto:

—Que si esto es más caro que la camisa de Margarita Pareja.

Margarita Pareja era (por los años de 1765) la hija más mimada de don Raimundo Pareja, caballero de Santiago, y colector general de Callao. La muchacha era tan bella que cautivaba al mismo diablo. Tenía ojos negros como dos torpedos cargados con dinamita que hacían explosión en el alma de los galanes limeños.

Llegó por entonces de España un arrogante mancebo, don Luis Alcázar. Tenía en Lima un rico tío solterón que era más orgulloso que los hijos de un rey. Por supuesto que, mientras llegaba la ocasión de heredar al tío, vivía don Luis muy pobre.

En la procesión de Santa Rosa conoció Alcázar a la linda Margarita. La muchacha le llenó el ojo y le flechó el corazón. Le echó flores, y aunque ella no le contestó ni sí ni no, dio a entender con sonrisitas que el galán era muy de su gusto. La verdad es que se enamoraron hasta la raíz del pelo.

Como los amantes olvidan que existe la aritmética, creyó don Luis que su presente pobreza no sería obstáculo, y fue al padre de Margarita y le

pidió la mano de su hija.

A don Raimundo no le cayó bien la petición, y cortésmente despidió al postulante, diciéndole que Margarita era muy niña para casarse. Pero ésta no era la verdadera razón. Era que don Raimundo no quería ser suegro de un pobretón; y así se lo dijo a sus amigos. Cuando llegó el chisme a don Honorato, el tío de don Luis, se puso rabioso y dijo:

—¿Cómo? Muchos harían cualquier cosa para emparentar con el muchacho. ¡Qué insolencia!

Margarita, pues, era muy nerviosa, lloró, se arrancó el pelo, y tuvo convulsiones. —O de Luis o de Dios— gritaba cuando los nervios se le sublevaban.

Don Raimundo, alarmado, llamó a médicos y curanderos y todos declararon que la cosa era muy seria. O casarla con el hombre de su gusto, o encerrarla en el cajón de palma y corona. Tal fue el "ultimátum" médico.

Don Raimundo (¡al fin padre!), se encaminó como loco a casa de don Honorato, y le dijo:

—Vengo a que consienta usted en que mañana mismo se case su sobrino con Margarita, porque si no, la muchacha se nos va a morir. —No puede ser— contestó sin interés el tío. Mi sobrino es un pobretón y lo que usted debe buscar para su hija es un hombre que sea rico.

El diálogo fue violento. Mientras más rogaba don Raimundo, más se enojaba don Honorato. Iba a retirarse don Raimundo cuando apareció

B. Una lectura siempre tiene algún tipo de organización. Este cuento tiene una organización cronológica. Puedes dividirlo en más o menos nueve partes cronológicas. Con un(a) compañero(a), lee el texto y pon las nueve secciones en orden del uno al nueve.

____ **a.** Margarita y Luis se conocen y se enamoran.

____ **b.** Petición por la mano de Margarita y la reacción de su padre.

____ **c.** Descripción general de Margarita.

____ **d.** La reacción furiosa de don Honorato.

____ **e.** La promesa de don Raimundo.

____ **f.** La enfermedad de Margarita.

____ **g.** La discusión entre don Raimundo y don Honorato.

____ **h.** La descripción de la camisa de Margarita.

____ **i.** Descripción general de Luis.

C. Ahora sabes mucho del cuento de Margarita. Algunas de las cosas que sabes están en el texto, y otras son inferencias que hiciste. Lee todas las frases abajo e indica **a, b** o **c** para cada una.

  a. claramente expresado en el texto
  b. inferido del texto
  c. ni expresado ni inferido

____ **1.** Luis no era de Lima originalmente.

____ **2.** Luis le preguntó al padre de Margarita si podía casarse con ella.

____ **3.** Un amigo de don Raimundo no podía guardar un secreto.

____ **4.** La madre de Margarita estaba enferma también.

____ **5.** Don Raimundo no quería que su hija se muriera.

___ 6. Don Raimundo y don Honorato se pelearon.

___ 7. Don Raimundo dijo que renunciaría a la dote.

___ 8. Había un nuevo sacerdote en la misa.

___ 9. Después de la camisa, don Raimundo no le dio nada más a Margarita.

D. En español, escribe dos frases que describen a cada persona del cuento. ¡No menciones el nombre de la persona! Luego lee tus descripciones a un(a) compañero(a). Tu compañero(a) va a adivinar quiénes son.

E. Con un(a) compañero(a), prepara un minidrama con base en una de las siguientes ideas.

1. Margarita le cuenta a un(a) amigo(a) de su amor por don Luis y su frustración con su papá.

2. Luis habla con un(a) amigo(a) sobre su amor por Margarita y sobre su plan de casarse.

3. El padre de Margarita habla con un(a) costurero(a) *(tailor, seamstress)* para darle instrucciones para la camisa.

F. Do you think people under the age of 21 need their parents' permission to marry? What can happen if a family doesn't approve of the marriage? What do you think of the custom of the dowry?

don Luis y dijo:

—Pero, tío, no es de cristianos que matemos a quien no tiene la culpa.

—¿Tú estás satisfecho?

—De todo corazón, tío y señor.

—Pues bien, muchacho, pero con una condición, y es ésta: don Raimundo me tiene que jurar que no regalará un centavo a su hija ni le dejará nada de herencia.

Aquí empezó de nuevo el argumento.

—Pero, hombre —arguyó don Raimundo—, mi hija tiene veinte mil duros de dote.

—Renunciamos a la dote. La niña vendrá a casa de su marido nada más con la ropa que lleva puesta.

—Permítame usted entonces darle los muebles y el ajuar de novia.

—Ni un alfiler. Si no está de acuerdo, que se muera la chica.

—Sea usted razonable, don Honorato. Mi hija necesita llevar por lo menos una camisa para reemplazar la puesta.

—Bien. Consiento en que le regale la camisa de novia, y nada más.

Al día siguiente don Raimundo y don Honorato se dirigieron muy temprano a la iglesia de San Francisco para oír misa, y, según lo pactado, dijo el padre de Margarita:

—Juro no dar a mi hija más que la camisa de novia.

Y don Raimundo Pareja cumplió al pie de la letra su juramento, porque ni en la vida ni en la muerte dio después a su hija cosa que valiera un centavo.

Los encajes de Flandes que adornaban la camisa de la novia costaron dos mil setecientos duros. El cordoncillo que ajustaba el cuello era una cadenita de brillantes, valorizada en treinta mil monedas de plata.

Los recién casados hicieron creer al tío que la camisa valía muy poco porque don Honorato era tan obstinado que, al saber la verdad, habría forzado al sobrino a divorciarse.

Por esto fue muy merecida la fama de la camisa nupcial de Margarita Pareja.

What conflicts have you had with people around you? How were the conflicts resolved? Which of those experiences would make a good story? In this activity you will write about one of those conflicts, and you'll learn ways to capture your reader's interest right from the start.

¡Qué lío!

Escribe un ensayo de tres o cuatro párrafos sobre un conflicto interesante que has tenido con otra(s) persona(s) y cómo lo resolvieron.

A. Preparación

1. Haz una lista de conflictos que has tenido. Luego escoge el conflicto que te parezca más importante, interesante o cómico. Considera estas posibilidades:

el teléfono   conciertos   fiestas   rumores   novios(as)   mentiras   clases

2. Haz otra lista de las cosas esenciales que ocurrieron en el conflicto.
3. Habla con otras personas que estaban allí para recordar detalles interesantes. Luego ponlos en tu lista.

> ### ALGUNOS CONSEJOS
> **Snappy introductions**
> An interesting introduction will get your reader involved in your story immediately. One good way to begin is to ask a question to pique his or her curiosity. Another way to hook your reader is to start with an interesting or funny fact or incident related to your story.

B. Redacción

1. Escribe una buena introducción usando **Algunos consejos.**
2. Consulta tu lista de cosas que ocurrieron y escribe en párrafos lo que pasó. Incluye detalles visuales y auditivos vívidos. Usa palabras como **primero, luego, antes (de)** y **después (de).**
3. Escribe una conclusión en que explicas por qué este incidente fue tan importante, qué aprendiste, o por qué no lo olvidarás nunca.

C. Evaluación

1. Pídeles a unos(as) amigos(as) que lean tu introducción. Si dicen que no les llama la atención, cámbiala usando una pregunta más interesante o detalles más vívidos.
2. Lee los párrafos con cuidado. ¿Tiene sentido cada párrafo? Si no, agrega u omite unos detalles.
3. ¿Está organizada lógicamente la historia? Si no, cambia el orden de la historia para que sea más lógico.

1 Escucha lo que dice cada persona y responde con una expresión apropiada de felicidad, desilusión, consuelo o disculpa.

2 Completa las frases con información cultural de este capítulo.

1. Gabriela Sabatini es famosa porque…
2. A los porteños les gusta ir a una confitería para…
3. En lugar de **tú**, los argentinos usan la forma…
4. La Organización de Estados Americanos sirve para…
5. Es interesante ver una película en el Instituto de Realización Cinematográfica Argentina porque…

3 Imagina que tú y un(a) compañero(a) van a escoger quién va a ser el director o la directora de su escuela el año que viene. Discutan el tipo de director(a) que buscan. Usen frases como "Buscamos un(a) director(a) que…" y "Necesitamos un(a) director(a) que…"

4 Con tres o cuatro compañeros(as), diseña unas cuatro tarjetas para…

1. expresar felicidad,
2. dar consuelo y
3. pedir perdón.

Luego compartan sus tarjetas con la clase.

Eres mi amiga ahora y para siempre…
Gracias por todo. Nunca lo olvidaré. Alonso

No te preocupes… esto pasará pronto.

5 Imagina que un(a) amigo(a) rico(a) te dio 10.000 dólares para tu cumpleaños. Escríbele una carta para expresar tu felicidad.

6 Usa las expresiones de **Así de dice** y otras expresiones de emoción para indicar cómo te sientes en cada situación.

MODELO Un(a) amigo(a) te dice que su perro ha muerto.
—Siento que haya muerto. Sé que lo querías mucho.

1. Un(a) amigo(a) te dice que el equipo de tu escuela ha perdido el campeonato de baloncesto.
2. Un(a) amigo(a) te dice que el equipo de tu escuela ha ganado el campeonato de debate.
3. Un(a) amigo(a) te dice que te ha comprado entradas para el concierto de tu grupo favorito.
4. Una amiga te dice que su novio ha roto con ella.
5. Tu hermano mayor te dice que ha recibido una beca de $5.000,00.

7 Con un(a) compañero(a), lee la carta que escribió Héctor Antonio a una revista. Luego prepara una conversación en la que Héctor Antonio habla con su amigo para expresar su desilusión. Su amigo pide perdón y los dos amigos resuelven el problema.

"Queridos amigos y amigas: Tengo problemas con un amigo mío. Lo consideraba un buen amigo mío pero ahora no sé. Anda ahora con unas personas que no me gustan mucho. Ya no me llama tanto como antes y casi nunca hablamos. Antes íbamos a bailar con otros amigos y amigas del colegio e íbamos también al cine, pero ahora casi nunca nos vemos. ¿Qué me aconsejan Uds.?"

~ Héctor Antonio Varela

8 S I T U A C I Ó N

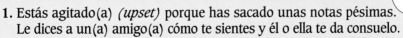

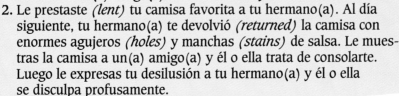

1. Estás agitado(a) *(upset)* porque has sacado unas notas pésimas. Le dices a un(a) amigo(a) cómo te sientes y él o ella te da consuelo.
2. Le prestaste *(lent)* tu camisa favorita a tu hermano(a). Al día siguiente, tu hermano(a) te devolvió *(returned)* la camisa con enormes agujeros *(holes)* y manchas *(stains)* de salsa. Le muestras la camisa a un(a) amigo(a) y él o ella trata de consolarte. Luego le expresas tu desilusión a tu hermano(a) y él o ella se disculpa profusamente.

Can you express happiness and unhappiness? p. 171

1 ¿Cómo te sientes si...?

1. tu profesor(a) dice que está orgulloso(a) de ti
2. tus padres te dicen que van a darte un televisor
3. alguien te dice que tú eres su amigo(a) favorito(a)
4. recibes una carta de un(a) amigo(a) muy especial que lleva dos años sin escribirte
5. un(a) amigo(a) gana entradas para el cine y quiere compartirlas contigo
6. tus abuelos te regalan un viaje a Europa

Can you comfort someone? p. 175

2 Responde a lo que dicen las siguientes personas. ¿Qué les dices para darles consuelo?

1. Tu mejor amigo(a): Mi mamá me dijo que no puedo mirar la tele por un mes.
2. Una niña de cinco años: ¡Se me perdió mi muñeca!
3. Tu hermano(a): Mi vida es un aburrimiento. Nadie quiere salir conmigo.
4. Un amigo(a): ¡Mira el carro! Mi padre no me dio permiso para usarlo, pero lo hice, ¡y tuve un accidente! ¡Me va a matar!
5. Otro(a) estudiante: No me gusta la clase de historia... ¡me pongo tan nervioso(a) que no puedo contestar cuando el profesor me hace una pregunta!
6. Una compañera de clase: Estoy muy triste. Mi mejor amiga va a mudarse *(move)* a otra ciudad.

Can you make an apology? p. 179

3 Hay una persona en cada dibujo que necesita disculparse. Escribe una disculpa apropiada para cada persona.

VOCABULARIO

PRIMER PASO

Expressing happiness

Estoy contento(a).   *I'm happy.*
Estoy de buen humor.   *I'm in a good mood.*
Estoy encantado(a) que...
    I'm delighted that . . .
¡Estoy en la gloria!   *I'm in heaven!*
Estoy orgulloso(a) de...   *I'm proud of . . .*
Me alegro que...   *I'm glad that . . .*
Me encanta que...   *I'm delighted that . . .*

Expressing unhappiness

Estoy decepcionado(a).   *I'm disappointed.*
Estoy desilusionado(a).   *I'm disappointed.*
Estoy dolido(a).   *I'm hurt.*
Me dan ganas de llorar.   *It makes me feel
    like crying.*
Me duele mucho que...   *It really hurts me that . . .*
Me frustra que...   *It frustrates me that . . .*
Me siento frustrado(a).   *I'm frustrated.*

Comforting someone

¡Ánimo!   *Cheer up!*
Comparto tu pena.   *I share your grief.*
Esto pasará pronto.   *This will soon pass.*
Mi más sentido pésame.
    My most heartfelt condolences.

No hay mal que cien años dure.
    It won't last forever.
No hay mal que por bien no venga.
    Every cloud has a silver lining.
No te preocupes.   *Don't worry.*
¿Qué puedo hacer por ti?   *What can I do for you?*
Tranquilo(a).   *Calm down.*

Friendship

la amistad   *friendship*
apoyar   *to support*
chismear   *to gossip*
confiar en   *to trust*
contar con   *to count or depend on*
dejar de hablarse   *to stop speaking to each other*
dejar plantado(a) a alguien   *to stand someone up*
hacerle un cumplido a alguien   *to pay
    someone a compliment*
pelearse   *to have a fight*
reconciliarse   *to make up, reconcile*
resolver un problema   *to solve a problem*
el rumor   *rumor*
tener un malentendido
    to have a misunderstanding

SEGUNDO PASO

Making an apology

Discúlpame.   *Forgive me.*
Lo hice sin querer.   *I didn't mean to do it.*
Lo siento mucho, es que no sabía.
    I'm very sorry, I didn't know.
No lo haré más.   *I won't do it anymore.*
No lo volveré a hacer.   *I won't do it again.*
Perdóname.   *Forgive me.*

Problems and solutions

admitir tu error   *to admit your mistake*
comprarle un regalo   *to buy someone a gift*
darle un abrazo   *to give someone a hug*
darse tiempo para pensar
    to give oneself time to think
discutir el problema   *to discuss the problem*
echarle la culpa a otro(a)   *to blame someone else*

insultar   *to insult*
mentir   *to lie*
no guardar los secretos   *not to keep secrets*
respetar sus sentimientos
    to respect someone's feelings
romper con   *to break up with someone*
ser desleal   *to be unloyal*
ser infiel   *to be unfaithful*
tener celos de   *to be jealous of*

CAPÍTULO

8

Los medios de comunicación

E
M
A
I
L
F
A
X

① **Dudo que la inflación sea peor el año que viene. ¿Qué piensa Ud.?**

BUSINESS
Peso fall likely to cause

La televisión, la radio, los periódicos y las revistas son fuentes excelentes de información y de muchas horas de placer también. Los medios de comunicación afectan la vida de casi todos. ¿Qué impacto tienen en tu vida los medios de comunicación?

In this chapter you will learn

- to express doubt and disbelief; to express certainty
- to express possibility and impossibility; to express surprise

And you will

- listen to part of a call-in radio show
- read a humorous story about the need to express yourself clearly
- write a report about a concert for a teen music magazine
- find out about newspaper stands in Argentina

② Estoy seguro de que hay un documental en la tele esta noche.

③ No me lo puedo creer. Es imposible que mi equipo haya perdido otro partido de fútbol.

ciento noventa y tres 193

DE ANTEMANO

La radio y la televisión

La televisión afecta la vida de muchas personas. Y mucha gente pasa horas escuchando la radio. Otras personas tienen empleos relacionados con estos medios de comunicación. Lee lo que dicen estos estudiantes. ¿Qué tienes en común con ellos? ¿De qué maneras son diferentes?

¡ENCUENTRA TU TESORO!

Alejandro

P: ¿Te gusta ver la televisión?

R: Televisión prácticamente no veo porque no tengo tiempo para dedicarle a la televisión, pero de vez en cuando me gusta sentarme un rato a mirar televisión.

P: Y cuando sí miras, ¿qué tipo de programa te gusta ver?

R: Generalmente películas ... series.

P: ¿Qué tipo de programa no te gusta?

R: ¿Qué tipo de programa? Los concursos, eh, ... todo ese tipo de programas de concursos o programas que duran a lo mejor muchísimas horas y que tienen demasiados temas o cosas, programas musicales, eso no.

Juan

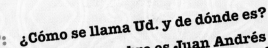

P: ¿Cómo se llama Ud. y de dónde es?

R: Bueno, mi nombre es Juan Andrés Hernández García, nacionalidad venezolana y mi profesión en la actualidad, bueno, tengo dos: acá en el Hotel Continental la funciono como mesero, y aparte soy locutor también y desempeño las funciones en un programa especial en Radio Bonita, emisora 1520 A.M. . . . . Allí yo tengo un programa dominical, el cual lo realizo con una proyección de enfoque mundial, sobre costumbres, tradiciones, culturas de varios países, y el cual llevo a cabo en Radio Bonita, una emisora de Guatire.

BANCO DEL COMERCIO

CANAL 3

DELGADO: ¿Podría decirme qué pasó aquí?

POLICÍA: Este... a las ocho de la mañana entraron un hombre y una mujer en el banco. Sacaron pistolas y amenazaron a los empleados del banco con la muerte si no les entregaban 100.000 dólares en seguida.

DELGADO: ¿Podrá reconocerlos alguno de los empleados?

POLICÍA: No creo que los reconozca nadie pues llevaban máscaras.

DELGADO: ¿Ha encontrado la policía a los ladrones?

POLICÍA: Dudamos que estén todavía en la ciudad. Estamos seguros de que había cómplices que los esperaban en un carro para escaparse. No sabemos dónde están pero se han ido de la ciudad sin duda alguna.

DELGADO: Parece mentira que hayan podido robar el banco tan fácilmente.

POLICÍA: Y es increíble que se hayan escapado tan rápidamente, pero los vamos a encontrar y meter a la cárcel. No cabe la menor duda.

JUEVES

Radio **1000 AM**

12:00

OIGA DOCTOR
Consulte sin previa cita a médicos de gran prestigio
CONDUCE: **MARÍA DE LA LUZ TORRESCANO NEWTON**

13:00

LA CIUDAD
2ª emisión
CONDUCE: **MAYTÉ NORIEGA**
Noticias nacionales e internacionales

14:00

LA MISCELÁNEA DEL ÁNGEL
Genio y figura...
CONDUCE: **GERMÁN DEHESA**

15:00

DEL TINGO AL TANGO
Comentarios y chismes del mundo del espectáculo
CONDUCEN: **RONNA FLETCHER Y AGUSTÍN ROMO ORTEGA**

P: ¿Le gusta ver televisión?

R: Sí, me gusta ver televisión.

P: ¿Qué programas ve?

R: Veo novelas.

P: ¿Algo más?

R: Informativo y algún programa de entretenimiento.

P: ¿Qué tipo de programa no le gusta?

R: De política.

P: ¿Por qué?

R: Porque a mí no me gusta la política.

P: ¿A Ud. le influencian mucho los anuncios publicitarios?

R: No, no, no le presto atención. Me es indiferente.

Mariel

1 ¿Tú crees que sea verdad?

Indica si cada frase es **cierta** o **falsa** o si **no se sabe**. Si es falsa, corrígela.

1. A Alejandro no le gustan los programas de deportes.
2. Juan tiene un programa especial en la emisora Radio Bonita sobre la música rock.
3. La señorita Delgado está investigando el robo para el Departamento de Policía.
4. La agente de policía está segura que van a encontrar a los ladrones.
5. Radio 1000 AM presenta información sobre el país y el mundo.
6. A Mariel le encantan los programas políticos.

2 Busca las expresiones

¿Qué expresiones se usan para expresar duda? ¿Cuáles se usan para expresar certeza *(certainty)?* Haz una lista de estas expresiones.

3 ¿Comprendiste?

Contesta las preguntas en español con un(a) compañero(a).

1. ¿Qué tipo de programas ve Alejandro? ¿Te gusta ver programas del mismo tipo?
2. ¿Qué tipo de programas no le gusta a Alejandro? ¿Por qué no le gusta?
3. ¿Cuál es el enfoque del programa de Juan? ¿Escuchas programas de este tipo?
4. ¿Por qué no podrán reconocer a los ladrones los empleados del banco? ¿Cómo se escaparon del banco tan fácilmente?
5. ¿A quiénes puedes consultar si llamas a Radio 1000 AM a las 12? ¿Llamas tú a programas de este tipo?
6. ¿Qué opina Mariel de los anuncios publicitarios?

4 Preferencias tuyas

Usa estas preguntas para entrevistar a un(a) compañero(a).

1. ¿Te gustan los programas de deportes? Explica tu respuesta.
2. ¿Qué programas de diversión *(entertainment)* ves, y por qué?
3. ¿Tienes una emisora favorita? ¿Por qué escuchas esa emisora?
4. ¿Tienes unas series favoritas en la tele? ¿Cuáles son, y por qué te gustan?
5. ¿Te gusta ver las noticias en la tele? ¿Tienes un(a) locutor(a) *(anchorperson)* favorito(a)?

5 Ahora te toca a ti

Imagina que tú y dos o tres compañeros(as) son miembros de un comité que está planeando la programación para los viernes. Sugieran programas para las noches entre las ocho y las once y expliquen por qué cada programa es el más apropiado para cada hora.

NOTA CULTURAL

Es probable que la gente de América Latina dependa más de la radio que los estadounidenses. Hay más radios que televisores en América Latina, y muchas personas cuentan con la radio para escuchar las noticias, música, programas deportivos y novelas. ¿Es muy importante en tu vida la radio? ¿Qué tipo de programas prefieres escuchar?

¡TELEVIVA!

Canal 4

¡Tu emisora favorita!

Viernes	
8 PM	Novela: "Esperanza sueña"
9 PM	Documental: "Los volcanes"
10 PM	Noticias locales e internacionales
11 PM	Película: "Mi perro Frufrú"

Expressing doubt and disbelief; expressing certainty

ASÍ SE DICE   Expressing doubt and disbelief

Si quieres indicar que no crees algo, puedes decir:

Dudo que comience el noticiero antes de las once.

Parece mentira que haya[1] corresponsales allí durante la guerra.

No estoy seguro(a) que el comentarista tenga razón.

No creo que tengan buenos programas en ese canal.

No puedo creer que los anuncios sean tan largos.

Es increíble que ese banco no use una alarma antirrobo.

[1] **Haya** is the subjunctive of **hay**.

Nota *G*ramatical

Spanish uses the subjunctive after expressions of doubt and disbelief. For example:

Dudo que tengamos tiempo para ver la tele.

No creo que nuestro periódico **sea** muy bueno.

6 ¿Juana o Clarice?

Juana piensa que hay demasiada violencia en la televisión. Clarice cree que el problema de la violencia es exagerado. Escucha cada frase e indica si la dijo Juana o Clarice.

1) Juana 3) Clarice 5) Clarice
2) Juana 4) Juana

7 Lo dudo mucho

Gregorio está leyendo un periódico que dedica mucho espacio a noticias sensacionales. Completa los pensamientos de Gregorio con la forma correcta de uno de los verbos indicados.

querer   gastar   decir   ser   tener   hacer

1. Dudo que la Senadora Fulana *sea* billonaria.
2. No puedo creer que ella *tenga* veinticinco carros.
3. Es increíble que la senadora *gane* un millón de dólares cada día.
4. Parece mentira que la senadora y sus amigos ===== un viaje a Europa cada mes.
5. No estoy seguro que este periódico *diga* la verdad en sus artículos.
6. No creo que yo *quiera* comprar este periódico. ¡Es malísimo!

8 No creemos que...

Con un(a) compañero(a), combina elementos de las dos columnas para expresar por lo menos cinco opiniones sobre el efecto de la violencia en la tele sobre los niños. Luego indica si estás de acuerdo con estas opiniones y por qué.

A
No creo que
Dudo que
Parece mentira que
Es increíble que
No puedo creer que
No estoy seguro(a) que

B
haber tantos programas violentos
los padres no ver los programas con sus hijos
nosotros tener suficientes programas para los niños
los padres no quejarse más de la violencia
los niños poder ver tanta violencia sin efectos malos
el Congreso permitir tanta violencia en la tele

La televisión de mañana

El futuro de la televisión traerá la verdadera interactividad. Es decir, Ud. podrá influir directamente en sus programas favoritos. Podrás cambiar, por ejemplo, la acción en los programas dramáticos. Imagina que estás mirando un partido de fútbol u otro deporte y no te gusta la perspectiva desde la cual estás viendo la acción. ¡Podrás cambiarla! Y las imágenes en la tele serán de unas 1.250 líneas horizontales—dos veces más que ahora. Esto significa que la televisión del futuro no sólo será interactiva, sino que tendrá imágenes más vívidas también.

9 ¿Lo crees?

Lee el artículo. Si, según la información del artículo, no crees las siguientes frases, responde con expresiones de **Así se dice** para indicar duda. Si las crees, responde con **Es cierto.**

1. En este momento, es posible intervenir *(intervene)* directamente en los programas.
2. Actualmente *(At the present time)* puedes escoger el ángulo desde el que prefieres ver un partido de tenis.
3. La televisión de hoy en día es interactiva.
4. Una imagen en la televisión de hoy consiste en 1.250 líneas horizontales en la pantalla *(screen)*.
5. Hoy día puedes cambiar el argumento *(plot)* de un programa que estás viendo.

10 No puedo creer que...

Con dos o tres compañeros(as), escribe una lista de cinco frases absurdas o difíciles de creer. Luego den sus frases a otro grupo. Ese grupo debe expresar dudas sobre lo que Uds. han escrito.

MODELO —¡Vamos a estar en la televisión hoy!
—No podemos creer que Uds. estén en la tele hoy.

anunciar *to announce*
el anuncio *commercial*
la cadena *network*
el canal *channel*
el (la) comentarista *commentator*
el documental *documentary*

la emisora *radio station*
el (la) locutor(a) *announcer, anchorperson*
el noticiero *news program*
la prensa *press*
el programa *program*
el reportaje *report*
el (la) reportero(a) *reporter*

11 En la tele

Vas a escuchar cinco oraciones. Indica qué palabra del **Vocabulario** va mejor con cada frase que escuchas.

1) commentarista 3) reportero 5) documental
2) noticiero 4) locutor

12 Un debate

Imagina que dos políticos están debatiendo las ventajas y los peligros de la televisión. Cuando una persona da su opinión, la otra persona indica que no la cree y da su propia opinión. Escribe por lo menos 10 frases.

MODELO SENADORA GARCÍA:
Creo que la televisión es una buena influencia en nuestra sociedad.

SENADOR FREIRE:
Dudo que la televisión tenga una buena influencia.

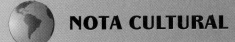

NOTA CULTURAL

Los lazos *(ties)* culturales entre Europa y Argentina son todavía muy fuertes, en comparación con otros países de América Latina. Los medios de comunicación argentinos se parecen mucho a los sistemas europeos. Los programas de la cadena inglesa BBC, por ejemplo, son bien recibidos y tienen gran audiencia en la Argentina. ¿Vemos o escuchamos muchos programas de Europa aquí en los Estados Unidos? ¿Qué tipos de programas ves tú en la televisión?

13 ¿Qué piensan Uds.?

Imagina que tú y dos compañeros(as) están invitados(as) a un programa de televisión para discutir los problemas de la televisión. El anfitrión *(host)* o la anfitriona *(hostess)* hace preguntas un poco ridículas. El grupo debe responder con expresiones de **Así se dice.**

MODELO —Hay demasiados programas para personas de su edad, ¿no les parece?
—No creemos que haya demasiados programas para personas como nosotros(as).

ASÍ SE DICE   Expressing certainty

Si quieres expresar certeza *(certainty)*, puedes decir:

Es cierto que hubo un accidente. *It's true that . . .*
Estoy seguro(a) que el programa empieza a las siete.
Estoy convencido(a) que mi periódico no llegó. *I'm convinced that . . .*
Sin duda alguna. *Without a doubt.*
No cabe la menor duda. *There is absolutely no doubt.*
Claro que escribimos un artículo sobre eso. *Of course . . .*
Todo el mundo sabe que la presidenta está en la capital.
  Everyone knows that . . .
Es evidente que el robo ocurrió esta mañana.
Es obvio que el accidente fue grave.
  It's obvious that . . .
Por cierto. *Certainly.*
Por supuesto. *Of course.*

Nota Gramatical

The preposition **por** is used in many fixed expressions, like **por cierto** and **por supuesto.** For an explanation of the uses of **por** and **para,** see page 342.

14 ¿Quién lo piensa?

Usa expresiones de **Así se dice** para afirmar que las siguientes frases son ciertas. Si no estás de acuerdo, cambia la frase para poder usar una expresión de duda.

1. Tenemos programas que estimulan a los jóvenes intelectualmente.
2. La televisión es útil en la educación.
3. Los jóvenes pasan suficiente tiempo con los estudios.
4. Los jóvenes pasan demasiado tiempo viendo la tele y escuchando la radio.

15 ¡Entrevista exclusiva!

Imagina que eres reportero(a) para un noticiero sobre estrellas *(stars)* del cine y de la televisión. Estás entrevistando al agente de una estrella de televisión. Escribe un diálogo de unas doce frases en que el agente responde a tus preguntas sobre la estrella con expresiones de certeza o de duda.

> MODELO —La señorita Rulfo va a hacer una película este año, ¿no?
> —Sí, es cierto que va a hacer una película en dos meses.

16 ¿Es cierto?

Imagina que eres un(a) reportero(a) que viene a investigar tu colegio. Usa estas preguntas para entrevistar a tu compañero(a). Él o ella debe responder con una expresión de certeza o de duda.

1. ¿Tienen demasiada tarea los estudiantes?
2. Algunos estudiantes pasan todo su tiempo en casa estudiando, ¿no?
3. Todos los estudiantes aquí ven demasiada televisión, ¿no?
4. ¿Tiene este edificio buenos sistemas de calefacción *(heating)* y de aire acondicionado?
5. ¿Es verdad que los estudiantes tienen siete horas de clase cada día?

VOCABULARIO

¡Ya lo sé! *I know!*
estar al tanto de *to be up to date on*
estar bien informado(a) sobre *to be well informed about*
Que yo sepa... *As far as I know . . .*
no saber ni jota de *to know absolutely nothing about*
no tener la menor idea *not to have the slightest idea*
Me suena a chino. *It's Greek to me.*
¿Qué sé yo? *How should I know?*

A LO NUESTRO

Different cultures have different ways of saying that something is hard for them to understand. English uses the expression "It's Greek to me." Spanish uses **Me suena a chino** (It sounds like Chinese to me), while German speakers say **Das kommt mir spanisch vor** (That's Spanish to me).

17 Un programa de concurso *(game show)*

Imagina que un(a) compañero(a) quiere participar en el programa **¡Encuentra tu fortuna!** Tú eres la persona que entrevista a cada participante antes del programa para preguntarle qué sabe de los temas del programa. Pregúntale a tu compañero(a) qué sabe sobre estos temas, y él o ella responderá con vocabulario de este **Paso**.

1. las comidas de los Estados Unidos
2. las lenguas que se hablan en los Estados Unidos
3. los automóviles
4. los programas en la tele el viernes
5. las clases que dan en las escuelas secundarias

¿Se te ha olvidado?
uses of se
Ver páginas 337

18 ¿Quién sabe?

Con dos o tres compañeros(as), escribe cinco preguntas. Luego, otro grupo de compañeros(as) tiene que contestarlas, usando las expresiones de este **Paso** cuando sea posible.

> MODELO —¿Hay vida en el planeta Marte?
> —¿Quién sabe? Que nosotros sepamos, no hay vida allí. Dudamos que haya suficiente agua para plantas y animales.

¿Cómo te afectan los anuncios comerciales?

Muchas empresas gastan millones de dólares al año en campañas publicitarias para promover sus productos. Escucha las respuestas de estas personas hispanohablantes acerca de la influencia de los anuncios comerciales.

Alejandro

Buenos Aires, Argentina

"No,... pueda influir o me pueda llegar un mensaje pero [para que] me hagan tomar distintas decisiones... creo que ya esa parte de la elección es mía y no depende de la televisión o de un anuncio".

Ricardo

Ciudad de México, México

"No, no me influencian mucho los anuncios publicitarios... Los anuncios que están muy bien hechos, me interesan por cómo están hechos, pero la información en general no me influencia".

Vivian

Miami, Florida

"Sí, me influyen mucho. Bueno, me informan, me hacen pensar en una manera, me dicen qué está pasando e influyen en mis pensamientos sobre ese tópico".

Para pensar y hablar...

A. Dos entrevistados coinciden en que los anuncios comerciales no afectan sus decisiones. Sólo uno de ellos dice que le dan otros puntos de vista y otro que le atrae el modo en que los comerciales están hechos. ¿Quiénes son?

B. What is the purpose of commercials? Are commercials to promote sales of a product any different from political commercials, or from commercials that promote a social cause? In what ways are they different? Do commercials target both genders and all ages equally? Give details to support your answers.

201

¡ADELANTE!

Los medios de comunicación

Los periódicos y las revistas son importantes medios de comunicación. ¿Lees el periódico o una revista con frecuencia?

P: ¿Lees el periódico todos los días y qué partes te gustan más?

R: Este... partes políticas, informativa, informe general y deportes.

P: ¿Lees todos los días?

R: Todos los días, trato aunque sea.

P: ¿Lees también revistas?

R: Eh... sí, no muchas pero leo bastante.

P: ¿Cuáles?

R: Este, *Caras*, *Gente*, eh... *Gráfico*, este... y no, ninguna más.

Jorge

Los chicos periodistas

Son inquietos y recuriosos. No se cansan de preguntar y a la hora de mirar no se les escapa nada. Estos chicos se preparan y hacen temblar a los más experimentados profesionales.

Trabajan muy fuerte durante todo el año en los talleres de Periodismo y Medios de Comunicación que tiene cada escuela de la Municipalidad de Buenos Aires. Analizan la información de los medios y editan sus propias revistas. Y después se juntan para "comunicarse". Así es, más de 400 chicos, de tercero a séptimo grado, una vez por año se reúnen para intercambiar experiencias.

Asisten "todos juntos" a talleres en los que elaboran una encuesta, llenando formularios y preguntando—grabador en mano—sobre distintos temas; aprendiendo a armar la primera plana de un diario o a hacer su propio periódico con nombre y todo; otros se dedican a producir un programa de radio con efectos especiales o a grabar en video a los compañeros que trabajan; y nunca faltan los que le ponen el toque gracioso al encuentro, fabricando las páginas de humor. Y todas estas actividades son dirigidas por profesionales de verdad que confían a los chicos todos los secretos de la comunicación.

19 ¿Comprendiste?

1. ¿Cuándo lee Jorge el periódico?
2. ¿Qué secciones del periódico prefiere Jorge?
3. ¿Qué sección del periódico lee Ramiro para saber el resultado de un partido?
4. ¿En qué grados están los niños que están estudiando periodismo en Buenos Aires?
5. ¿Quiénes enseñan las clases de periodismo?
6. Según el artículo en la página 203, ¿cómo ayudará a los estudiantes tener más horas de clase?

20 Busca las expresiones

¿Qué palabras o frases se usan para...?

1. expresar posibilidad; imposibilidad
2. hablar de las partes del periódico

Comentario:
Se necesitan más horas de clase

Creemos que los estudiantes de nuestro país necesitan más horas de clase para competir con estudiantes de otros países. Si nuestros estudiantes no aprenden lo suficiente, es posible que tengan graves desventajas en el mundo comercial. Es imposible que nuestros estudiantes obtengan buenos empleos si continuamos con el programa de hoy. Puede ser que las horas adicionales de clase constituyan un problema para algunos estudiantes que trabajan, pero es probable que a la larga las horas adicionales ayuden a los estudiantes a encontrar buenos trabajos más tarde. Tal vez sea mejor introducir este plan experimentalmente en algunas ciudades. Esperamos que se pongan en contacto con sus representantes lo más pronto posible para discutir este problema.

P: ¿Lees el periódico todos los días?
R: Sí, leo el periódico todos los días.
P: ¿Qué partes te gustan más?
R: No, lo leo todo, todo.
P: ¿No tienes una sección preferida?
R: No, a veces depende si quiero saber el resultado de unos partidos, miro la parte de deportes, pero normalmente leo todo.
P: ¿Lees revistas también?
R: A veces también leo revistas.

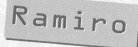
Ramiro

21 Para discutir

Con un(a) compañero(a), responde a las siguientes preguntas. ¿Están Uds. de acuerdo? ¿Cómo son similares sus opiniones y cómo son diferentes?

1. ¿Lees el periódico todos los días? ¿Por qué lees el periódico?
2. ¿Qué parte del periódico lees primero? ¿La primera plana *(front page)*? ¿Los editoriales? ¿La sección de deportes? ¿La sección de noticias locales o internacionales? ¿Por qué?
3. ¿Lees muchas revistas? ¿Qué revistas lees? ¿Por qué?
4. ¿Cuáles son las ventajas de tener clases de periodismo para los jóvenes? ¿Hay clases similares en tu colegio o ciudad?
5. ¿Es buena idea tener más horas de clase cada día? ¿Por qué o por qué no?

22 Ahora te toca a ti

Imagina que eres reportero(a) para el periódico de tu ciudad. La ciudad ha decidido que los estudiantes deben tener más horas de clase. Escribe un artículo de tres párrafos sobre este tema. Puede ser un editorial para expresar tus opiniones o un reportaje de los hechos *(facts)* para la sección de noticias.

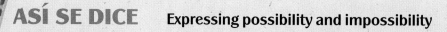

SEGUNDO PASO

Expressing possibility and impossibility; expressing surprise

ASÍ SE DICE   Expressing possibility and impossibility

Si quieres indicar que algo es posible o imposible, puedes decir:

Es posible que la cadena cancele mi programa favorito.
Posiblemente podamos grabar el documental en videocasete.
Puede ser que comience tarde el noticiero.
Quizás / Tal vez / A lo mejor haya información sobre eso en el periódico.
Es fácil que el artículo de Juan salga en el próximo número de la revista.
  It's likely that . . .
Es difícil que las computadoras eliminen completamente las revistas.
  It's unlikely that . . .
Es probable que mi hermano lea sólo la sección deportiva.
Es imposible que Andrés estudie cuando su hermana escucha la radio.

subjunctive

Gramática   The subjunctive after impersonal expressions

1. An impersonal expression consists of a form of the verb **ser** plus an adjective; for example, **es importante que, es necesario que,** and **es dudoso que.** Spanish uses the subjunctive after all impersonal **ser** expressions except those that express truth, such as **es cierto que, es verdad que, es evidente que,** and **es obvio que.**

   Es dudoso que la carta **llegue** pronto. *(subjunctive)*
   Es cierto que tenemos un buen periódico. *(indicative)*

2. When expressions like **es dudoso que** are made negative, the indicative is used because they no longer indicate doubt.

   No es dudoso que mucha gente **lee** sólo las tiras cómicas.

3. When expressions like **es cierto que** are made negative, the subjunctive is used because they then imply doubt.

   No es cierto que Alberto **sea** periodista para esa revista.

23 Una revista internacional

Indica qué frase expresa lo contrario de cada frase que escuchas.

1. Es probable que haya artículos en otras lenguas.
2. Puede ser que usemos fotografías a colores.
3. Es difícil que vendamos muchos periódicos este año.
4. Es dudoso que tengamos corresponsales *(correspondents)* en otros países.

24 En las escuelas del futuro

Lee el artículo e indica si cada frase es **cierta** o **falsa**. Si es falsa, usa expresiones de **Así se dice** para corregirla.

1. Es probable que el Comité Estados Unidos Siglo XXI sea un grupo interesado en la historia del país.
2. Es difícil que todas las escuelas tengan el sistema de telecomunicaciones en este momento.
3. Es posible que los estudiantes compitan en el mundo del siglo XXI sin estos sistemas.
4. Es imposible que los estudiantes se comuniquen con estudiantes por todo el mundo con estos sistemas.

Telecomunicaciones en las escuelas

•**WASHINGTON (EU)** El Comité Estados Unidos Siglo XXI anunció hoy un programa que pondrá un sistema sofisticado de telecomunicaciones en todas las escuelas para el año 2015. Dice el presidente del Comité: "Con este nuevo sistema, los estudiantes en todas partes del país tendrán la oportunidad de comunicarse con otros estudiantes y profesores por todo el mundo. Si no instalamos estos sistemas, nuestros estudiantes no van a saber lo que deben saber para competir en el mundo del siglo XXI".

VOCABULARIO

la sección deportiva
la sección de cocina
la sección de ocio
la sección de sociedad
las tiras cómicas
la sección de moda
Director

los anuncios clasificados *classified ads*
el artículo *article*
los editoriales *editorials*
los obituarios *obituaries*

el (la) periodista *journalist*
la primera plana *front page*
la sección financiera *financial section*
los titulares *headlines*

25 Los titulares

¿En qué sección del periódico puedes leer algo sobre las siguientes cosas?

1. la inflación
2. la ropa en París
3. las películas
4. la comida
5. el fútbol
6. fiestas de gente famosa
7. opiniones de los periodistas
8. Calvin y Hobbes®
9. las noticias más importantes

26 Fama y fortuna

Escucha las siguientes noticias de una emisora argentina e indica a qué personaje famoso se refiere cada noticia.

Gabriela Sabatini

Celia Cruz

el rey Juan Carlos

Daisy Fuentes

27 El periódico escolar

Imagina que trabajas para el periódico de tu colegio. En grupos de cuatro, decidan cuáles van a ser los temas de esta semana. Cada persona debe escoger dos secciones del periódico y mencionar varias ideas para los artículos.

MODELO   Sección deportiva
—Es fácil que el equipo de tenis participe en los finales.

ASÍ SE DICE   Expressing surprise

Si quieres expresar sorpresa, puedes decir:
¡No puede ser!
¡No me digas!
¡Qué sorpresa!
No me lo puedo creer.
No me lo esperaba.   *It caught me by surprise.*
¡No es posible!

---

28 ¡No me digas!

Lee los siguientes titulares de la primera plana de un periódico que compraste en el supermercado. Luego expresa sorpresa de una manera diferente para cada titular.

¡Presidente de Estados Unidos es del planeta Júpiter!

¡Niño de 7 años levanta coche para salvar a padre!

¡¡Serpiente gigante come ciudad entera!!

¡Estados Unidos vende Texas a la Argentina!

29 Historia completa

Escoge dos de los titulares en la Actividad 28 y escribe un artículo corto para cada uno. Usa algunas de las siguientes expresiones.

es difícil que

no lo esperaba

quizás

es fácil que

no puede ser

es imposible que

no puedo creer que

NOTA CULTURAL

En los Estados Unidos se encuentran revistas y periódicos en muchas tiendas. Pero en la Argentina y otros países latinoamericanos, se venden periódicos y revistas en pequeños puestos que se llaman kioscos. En Buenos Aires los kioscos son más que pequeños puestos: son verdaderas tiendas en miniatura, muy bien arregladas y con anuncios luminosos. En los kioscos, los porteños pueden comprar de todo, desde dulces hasta champú. Por lo general, un buen kiosco está abierto 24 horas al día. ¿Hay algo similar en tu ciudad?

30 Eso no lo puedo creer

Con un(a) compañero(a), lee los artículos que Uds. escribieron en la Actividad 29. Después de leer los artículos, cada estudiante debe responder con las expresiones de **Así se dice** de este **Paso**.

31 Editoriales

En grupos de tres, hablen de los siguientes temas. Cada miembro del grupo debe escoger uno de los temas y preparar un comentario que exprese sus opiniones personales. Lean sus editoriales a la clase e inicien un debate para discutir las ideas presentadas.

Es posible que sea necesario pero para mí, nos dan demasiada tarea en el colegio. La tarea no debe ser obligatoria.

Nosotros ganamos dinero para el colegio. Creo que las escuelas deben pagarles a los atletas.

No entiendo por qué no puedo estudiar sólo ciencias. Sé que quiero ser químico. Tal vez podamos aprender mejor con un currículum más especializado.

32 En mi cuaderno

¿Cuáles son las últimas noticias de tu colegio? Imagina que te toca a ti escribir el artículo de la primera plana para el periódico escolar. Escoge un tema de interés para tu colegio y escribe el artículo. Incluye expresiones de certeza y otras de posibilidad e imposibilidad.

Signos de puntuación

 as a leer un fragmento de una obra de teatro escrita por M. Toledo y Benito. Un hombre, el señor Álvarez, se ha muerto y en esta obra se lee su testamento. Como verás, los diferentes personajes tienen muy diferentes interpretaciones del testamento.

Estrategia

Summarizing ideas is an easy way to help you concentrate on what you are reading. Simply stop and write down a short summary after each important idea you read. If you have any questions about what you are reading, jot them down also. As you continue reading, the answers will probably become clear.

¡A comenzar!

A. Con unos(as) compañeros(as), lee la obra entera en voz alta y con buena pronunciación. Si encuentran una palabra que no conocen, búsquenla en un diccionario o hablen con su profesor(a). Luego, decidan por qué lleva esta obra el título **Signos de puntuación**.

B. De memoria, indica quiénes son los personajes de la obra y qué relación guardan con el señor Álvarez. Verifica *(Verify)* tus respuestas con tu profesor(a).

Al grano

C. El testamento se repite seis veces. Después de leer cada versión del testamento, resume su contenido en una frase.

D. ¿Entendiste todos los detalles?

Signos de puntuación

I.

Personajes

El juez	El mendigo
El maestro	El hermano
El sastre	El sobrino

Escena (Una sala. Los personajes están sentados delante de una mesa. Habrá una pizarra colocada frente al público.)

* * * * * * * * * *

El juez: Y ya, señores, para que todos aprecien las diversas interpretaciones del testamento que dejó nuestro buen amigo el señor Álvarez, vamos a copiar en esa pizarra la forma en que lo dejó. (*al maestro*) Hágame el favor de copiarlo usted, señor maestro, que sabe usar la tiza con más soltura que cualquiera de nosotros...

El maestro: Permítame el original, señor juez.

El juez: (*dándoselo*) Sírvase.

El hermano: (*mientras el maestro copia en la pizarra el testamento que dice:* "Dejo mis bienes a mi sobrino no a mi hermano tampoco jamás se pagará la cuenta del sastre nunca de ningún modo para los mendigos todo lo dicho es mi deseo yo Federico Álvarez".) Señor juez, como hermano, quisiera hacer la primera interpretación.

El juez: Puede hacerla, señor.

El hermano: (*Puntúa el testamento y lo lee en la siguiente forma:*) "¿Dejo mis bienes a mi sobrino? No: a mi hermano. Tampoco jamás se pagará la cuenta del sastre. Nunca, de ningún modo para los mendigos. Todo lo dicho es mi deseo. Yo, Federico Álvarez".

El sobrino: Está equivocado, completamente equivocado, señor juez. La verdadera intención de mi tío fue otra, como les puedo demostrar. (*Puntúa el testamento y lee.*) "Dejo mis bienes a mi sobrino, no a mi hermano. Tampoco jamás se pagará la cuenta del sastre. Nunca de ningún modo para los mendigos. Todo lo dicho es mi deseo. Yo, Federico Álvarez".

II.

El sastre: Y ahora, señor juez, me toca a mí demostrar la intención del señor Álvarez. (*Puntúa el testamento y lo*

¿Te acuerdas?

If you know specific details you want to find, you can scan the text quickly, looking only for those details.

Trata de contestar todas estas preguntas sin mirar el texto. Si no sabes una respuesta, búscala en la lectura.

1. ¿Quién escribe el testamento durante el drama?
2. ¿Dónde lo escribe?
3. ¿Por qué quiere dinero el sastre?
4. ¿Quién toma la decisión final sobre el testamento?
5. ¿Quién pone los signos de puntuación en la versión del testamento que el juez acepta?
6. Al final, ¿quién va a heredar los bienes *(possessions)* y el dinero del señor Álvarez?

E. Con unos(as) compañeros(as), copia la primera versión del testamento (la ambigua) en una hoja de papel. Escojan uno de los posibles herederos (el sobrino, el hermano, el sastre, los mendigos o el Estado) y escriban los signos de puntuación apropiados sin consultar el libro de texto. Luego, den el testamento a otro grupo. El otro grupo tiene que adivinar quién recibirá los bienes del señor Álvarez.

F. En tu opinión, ¿cuál fue la meta del autor al escribir esta historia? ¿Qué defectos humanos está tratando de señalar *(point out)*? ¿Tiene la historia algún mensaje moral? ¿Cuál es?

VAMOS A LEER

G. Con un(a) compañero(a), escribe otro final para la obra en el cual el juez escoge a la persona que debe recibir los bienes del señor Álvarez y explica por qué.

H. Imagina que un milagro *(miracle)* ha ocurrido—el señor Álvarez no ha muerto en realidad y entra en la corte. Cuando descubre lo que dijeron los herederos, se pone furioso. Inventa una conversación en que el señor Álvarez habla con cada uno de los herederos.

I. Reúnete con unos(as) compañeros(as). Cada persona en su grupo toma el punto de vista de uno de los personajes de la historia y explica por qué él debe heredar los bienes del señor Álvarez. Las otras personas explican por qué no debe ser así.

J. Discuss these questions with two or three of your classmates and compare your opinions with those of the rest of your class.

1. Do you agree with the judge's decision? Why or why not?
2. Do you believe a similar situation could occur in real life? Explain your opinions.
3. Is it important to leave a will? Why or why not?
4. What are some ways to make sure that a will is clearly understood and carried out?
5. What form do you think wills will take in the future? In 50 years, will there still be documents written on paper? If a will were left on audiotape or videotape, could the message be as confusing as it is in this play? Explain your answers.

lee.) "¿Dejo mis bienes a mi sobrino? No. ¿A mi hermano? Tampoco, jamás. Se pagará la cuenta del sastre. Nunca de ningún modo para los mendigos. Todo lo dicho es mi deseo. Yo, Federico Álvarez".

El mendigo: Permítame, señor juez, puntuar el testamento como lo habría querido el señor Álvarez. (*Puntúa el testamento y lo lee.*) "¿Dejo mis bienes a mi sobrino? No. ¿A mi hermano? Tampoco jamás. ¿Se pagará la cuenta del sastre? Nunca, de ningún modo. Para los mendigos todo. Lo dicho es mi deseo. Yo, Federico Álvarez". Esto y nada más es lo que quiso mandar el señor Álvarez, téngalo por seguro.

El maestro: Yo no lo creo. El señor Álvarez habría querido que yo puntuara el testamento para él. (*Lo hace y lee este testamento en esta forma.*) "¿Dejo mis bienes a mi sobrino? No. ¿A mi hermano? Tampoco. Jamás se pagará la cuenta del sastre. Nunca, de ningún modo para los mendigos. Todo lo dicho es mi deseo. Yo, Federico Álvarez".

El sastre: En esa forma el señor Álvarez no habría dejado herederos.

El juez: Así es, en efecto, y, visto y considerando que esta última interpretación es correcta, declaro terminado el juicio, incautándome de esta herencia en nombre del Estado.

*T*he play **Signos de puntuación** shows the importance of using punctuation to organize your ideas clearly and logically. In this activity, you will write a report about a concert for a music magazine, and you will learn another way to make your writing flow in an organized and logical way.

El concierto

Imagina que trabajas para la revista **Megamúsica 17.** Escribe un reportaje de cuatro o cinco párrafos sobre un gran concierto en tu ciudad patrocinado *(sponsored)* por la organización **Juventud Contra la Droga.** Describe todas las cosas importantes que viste y oíste en el concierto.

A. Preparación

1. Imagina que llegas antes del comienzo del concierto. ¿Dónde es el concierto? ¿Quiénes están allí? ¿Qué ves y oyes? Haz una lista de todas tus impresiones. Si quieres, puedes hacer diagramas para vincular *(connect)* ideas relacionadas.

2. El concierto comienza. ¿Qué hora es? ¿Qué ves y qué oyes ahora? ¿Quiénes son los músicos? ¿Cómo son? ¿Qué tipo de canciones tocan? ¿Qué piensa la gente del concierto? ¿Hay refrescos y comida? Añade estas impresiones a tu lista.

3. El concierto termina. ¿Oyes muchos aplausos? ¿Qué otras cosas ves y oyes? ¿Cómo se siente la gente al salir del concierto? ¿Cuál fue tu impresión del concierto? Añade todo esto a tu lista.

ALGUNOS CONSEJOS
Connecting words
Have you ever read a paragraph or composition that seemed more like a collection of unrelated sentences than a unified whole? Connecting words help solve that problem by joining thoughts together in a logical, unified way. For example, the words **primero, luego, antes (de), después (de),** and **por fin** help you describe a chain of events in a way that your reader can easily understand.

B. Redacción

1. Escribe una introducción en que mencionas qué grupo tocó en el concierto y dónde.

2. Escribe dos o tres párrafos para dar detalles sobre lo que pasó en el concierto. Menciona las cosas más importantes de la lista que preparaste, y usa palabras apropiadas para vincular tus ideas.

3. Escribe una buena conclusión. Incluye lo que pensaba la gente del concierto y tus opiniones globales. ¿Fue bueno el concierto? ¿Habrá otros conciertos del mismo grupo?

C. Evaluación

1. Lee tus párrafos. ¿Están bien organizados? Si no, cambia el orden de los elementos. ¿Usaste palabras apropiadas para vincular tus ideas?

2. Pídeles a dos o tres compañeros(as) que lean tu reportaje. ¿Les parece verosímil *(realistic)*? Agrega otros detalles e impresiones si son necesarios.

3. ¿Escribiste bien todas las palabras? Consulta un diccionario bilingüe, o a tus compañeros(as) o a tu profesor(a). ¿Usaste correctamente las formas verbales? Consulta tu libro de texto y habla con tu profesor(a) si necesitas ayuda.

1 Lee la tira cómica de Calvin y Hobbes® y responde a las siguientes frases con las expresiones de certeza, duda y sorpresa que aprendiste en este capítulo.

VAMOS A VER QUÉ SUCEDE SI COCINAMOS PALOMITAS SIN LA TAPA.

POW

KAPWING POW BANG ZANG BOING

ESTO ES MÁS DIVERTIDO QUE HACER EXPLOTAR UNA PAPA EN EL HORNO DE MICROONDAS.

VAMOS A COCINAR OTRAS.

MODELO   Calvin quiere cocinar las palomitas *(popcorn)* sin la tapa *(lid)*.
—No puedo creer que quiera cocinarlas sin la tapa.

1. Es buena idea cocinar las palomitas sin la tapa.
2. Hay muchas palomitas en el piso.
3. A los padres de Calvin les encanta encontrar palomitas en el piso.
4. Van a cocinar más palomitas de maíz.
5. Según Calvin, es mejor cocinar palomitas de maíz sin la tapa que hacer explotar *(to explode)* una papa en el horno de microondas.

2 Imagina que tu escuela acaba de instalar un nuevo sistema de computadoras que te permite comunicarte electrónicamente con otros estudiantes de tu colegio. Escribe un mensaje para enviar a un(a) amigo(a) en el que expresas tus opiniones del sistema. Usa todas las expresiones de **Así se dice** que puedas.

E MAIL

A: PEREA@COLEGIO. EDU
DE: JOHNSON@COLEGIO. EDU
FECHA: 18 ABRIL

NO PUEDO CREER QUE TENGAMOS ESTE SISTEMA. ES OBVIO QUE TENDRÉ QUE USARLO MUCHO PARA COMPRENDERLO. ¿LO HAS USADO? ¿QUÉ TE PARECE A TI?

3 Imagina que tú y un(a) compañero(a) están en la televisión reseñando *(reviewing)* una película que los (las) dos han visto. Usa expresiones de **Así se dice** para responder a lo que dice tu compañero(a) sobre los actores, el argumento, los personajes y las situaciones.

MODELO   —Creo que la actriz principal va a ganar muchos premios de la Academia de Cinematografía.
—No es probable que gane ella un premio. Pero es fácil que el actor principal gane algo.

4 Escucha el siguiente pronóstico meteorológico *(weather forecast)* y luego escribe seis frases sobre el pronóstico.

MODELO —Es posible que nieve esta tarde en las montañas.
—Dudo que este pronóstico sea para el verano.
—Es probable que sea para el invierno.

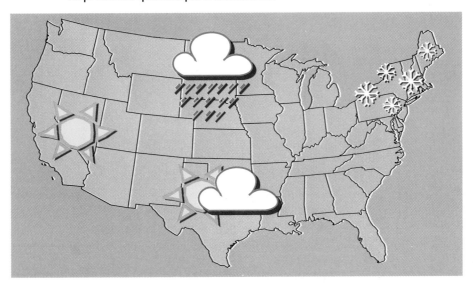

5 Menciona por lo menos cinco noticias sobre tu ciudad a un(a) compañero(a). Tu compañero(a) debe responder a cada noticia con expresiones de **Así se dice.**

MODELO No van a abrir la piscina municipal este verano.
—¡No me digas! No puedo creer que no abran la piscina.

6 Con dos o tres compañeros(as), contesta las preguntas con información cultural de este capítulo.

1. Los estadounidenses cuentan mucho con la televisión para informarse. ¿Con qué cuentan muchos latinoamericanos?
2. ¿Por qué se parecen mucho a los sistemas europeos los medios de comunicación en la Argentina?
3. ¿Dónde se pueden comprar revistas y periódicos en Latinoamérica?
4. Generalmente, ¿qué horario tienen los kioscos?
5. ¿Qué se puede comprar en un kiosco, además de periódicos y revistas? ¿Hay algo parecido a los kioskos en los Estados Unidos? Expliquen sus respuestas.

7

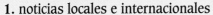
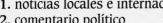

S I T U A C I Ó N

Con unos(as) compañeros(as), diseña parte de un noticiero de televisión o de radio. Cada grupo en tu clase tendrá que hacer una presentación de cinco minutos sobre uno de los siguientes temas. Usen cuando sea posible las expresiones de **Así se dice** de este capítulo.

1. noticias locales e internacionales
2. comentario político
3. el clima / el tiempo
4. los deportes
5. las artes / las diversiones
6. reportajes de interés general

Can you express doubt and disbelief? p. 197

1 Mira los dibujos y contesta las preguntas con expresiones de duda o de certeza.

Sr. Gonsalves

Valerie

Kwang

1. ¿Quiere comprar algo el señor Gonsalves?
2. ¿Tiene suficiente dinero el señor Gonsalves para comprar un periódico?
3. ¿Lee una revista Valerie?
4. ¿Está sufriendo de mucho estrés Valerie?
5. ¿Ha perdido Kwang el campeonato de tenis?
6. ¿Está en la gloria Kwang?

Can you express certainty? p. 199

2 Responde a cada frase con una expresión de certeza.

1. Hay muchas emisoras en los Estados Unidos.
2. Leemos los periódicos para saber qué pasa en el mundo.
3. Escuchamos a los comentaristas para saber qué piensan.
4. Se pueden comprar periódicos y revistas en un kiosco.
5. Los periodistas expresan sus opiniones en los comentarios.

Can you express possibility and impossibility? p. 204

3 ¿Qué tiempo va a hacer mañana? Contesta las preguntas con expresiones de posibilidad o imposibilidad.

1. ¿Va a llover mañana?
2. ¿Va a hacer buen tiempo?
3. ¿Habrá mucha niebla *(fog)*?
4. ¿Querrás ir a la playa mañana?

Can you express surprise? p. 206

4 Estás conduciendo tu carro y escuchando la radio. Responde a lo que dice el locutor con una expresión de sorpresa.

1. Una bomba atómica ha explotado accidentalmente en un laboratorio.
2. El presidente va a hacer un viaje a la luna el mes que viene.
3. Godzila está atacando la ciudad de Tokio.
4. El Departamento de Educación ha anunciado que el año escolar *(school year)* va a durar *(last)* 12 meses el año que viene.
5. El Departamento de Transporte no quiere dejarte conducir un carro si tienes menos de 24 años de edad.

PRIMER PASO

Expressing doubt and disbelief

- **Dudo que...** *I doubt that . . .*
- **Es increíble que...** *It's unbelievable that . . .*
- **No creo que...** *I don't believe that . . .* subj
- **No estoy seguro(a) que...** *I'm not sure that . . .*
- **No puedo creer que...** *I can't believe that . . .*
- **Parece mentira que...** *It's hard to believe that . . .*

¿Tú crees que sea verdad?

Expressing certainty

- **Claro que...** *Of course . . .*
- **Es cierto que...** *It's true that . . .*
- **Es evidente que...** *It's evident that . . .*
- **Es obvio que...** *It's obvious that . . .*
- **Estoy convencido(a) que...** *I'm convinced that . . .*

indicative

Do you thinks it's true?

- **Estoy seguro(a) que...** *I'm certain that . . .*
- **No cabe la menor duda.** *There is absolutely no doubt.*
- **Por cierto.** *Certainly.*
- **Por supuesto.** *Of course.*
- **Sin duda alguna.** *Without a doubt.*
- **Todo el mundo sabe que...** *Everyone knows that . . .*

Radio and television

- **anunciar** *to announce*
- **el anuncio** *commercial*
- **la cadena** *network*
- **el canal** *channel*
- **el (la) comentarista** *commentator*
- **el documental** *documentary*
- **la emisora** *station*
- **el(la) locutor(a)** *announcer, anchorperson*
- **el noticiero** *news program*
- **la prensa** *press*

- ma is masculine
dad feminine

- **el programa** *program*
- **el reportaje** *report*
- **el(la) reportero(a)** *reporter*

Talking about what you know

- **estar al tanto de...** *to be up to date on . . .*
- **estar bien informado(a) sobre** *to be well informed about . . .*
- **Me suena a chino.** *It's Greek to me.*
- **no saber ni jota de** *to know absolutely nothing about . . .*
- **no tener la menor idea** *not to have the slightest idea*
- **¿Qué sé yo?** *How should I know?*
- **Que yo sepa...** + indicitive *As far as I know . . .*
- **¡Ya lo sé!** *I know!*

SEGUNDO PASO

Expressing possibility and impossibility

- **A lo mejor...** *Perhaps . . .*
- **Es difícil que...** *It's unlikely that . . .* all subj
- **Es fácil que...** *It's likely that . . .*
- **Es imposible que...** *It's impossible that . . .*
- **Es posible que...** *It's possible that . . .*
- **Es probable que...** *It's probable that . . .*
- **Posiblemente...** *Possibly . . .*
- **Puede ser que...** *It's possible that . . .*
- **Quizás...** *Maybe . . .*
- **Tal vez...** *Maybe . . .*

Expressing surprise

- **No es posible.** *It's not possible.*
- **¡No me digas!** *You don't say!*
- **No me lo esperaba.** *It caught me by surprise.*
- **No me lo puedo creer.** *I can't believe it.*
- **¡No puede ser!** *It can't be!*
- **¡Qué sorpresa!** *What a surprise!*

Newspaper

- **los anuncios clasificados** *classified ads*
- **el artículo** *article*
- **los editoriales** *editorials*
- **los obituarios** *obituaries*

- **el (la) periodista** *journalist*
- **la primera plana** *front page*
- **la sección deportiva** *sports section*
- **la sección financiera** *financial section*
- **la sección de cocina** *food/cooking section*
- **la sección de moda** *fashion section*
- **la sección de ocio** *entertainment section*
- **la sección de sociedad** *society section*
- **las tiras cómicas** *comics*
- **los titulares** *headlines*

ocio = entertainment section

¡Ven conmigo a Nueva York!

La silueta de Nueva York, con sus rascacielos grandes, es impresionante.

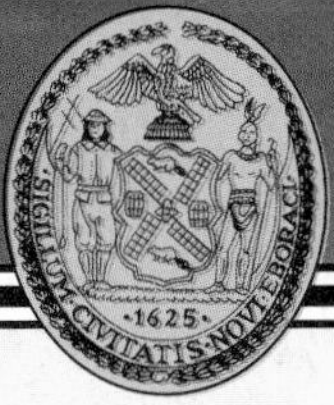

SIGILLUM CIVITATIS NOVI EBORACI
1625

Nueva York

EL CANADÁ
VERMONT
N.H.
Lago Ontario
Rochester
Syracuse
Albany
MASSACHUSETTS
NUEVA YORK
Buffalo
Erie
CONNECTICUT
Río Hudson
N
PENNSYLVANIA
Ciudad de Nueva York
NUEVA JERSEY
Océano Atlántico
0 50 100 Kilómetros
0 100 Millas

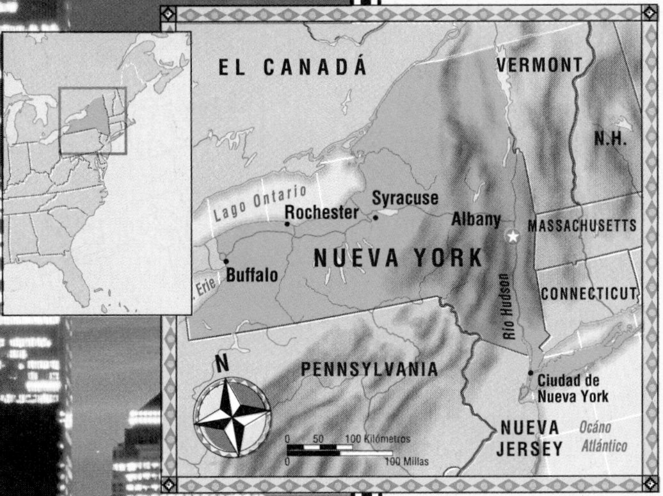

Población: 7.322.564, en cinco distritos: Manhattan, el Bronx, Queens, Brooklyn y Staten Island

Población de habla hispana: 1.783.511

Área: 779.590 km²

Economía: servicios financieros, servicios publicitarios, cultura y arte, turismo, moda, medios de comunicación

Comunicaciones: 13 emisoras de televisión, 117 emisoras de radio, muchas editoriales de revistas y libros, 3 periódicos, centro de las cuatro cadenas principales de EE.UU.

Hispanos famosos: Tito Puente (1923–), músico y compositor; Martina Arroyo (1937–), cantante de ópera; Jimmy Smits (1955–), actor; Irene Cara (1959–), cantante y actriz; Bobby Bonilla (1963–), jugador de béisbol

Platos hispanos típicos: arroz con plátanos fritos; lechón asado; ropa vieja; arroz con habichuelas

NUEVA YORK

Nueva York es una ciudad enorme, una de las más grandes de Estados Unidos, y la sexta más grande del mundo. Es un gran centro financiero, cultural y de negocios. Los hispanos, sobre todo los puertorriqueños, cubanos y dominicanos, forman aproximadamente la quinta parte de la población. El español es el segundo idioma más hablado aquí. Nueva York atrae a gente creativa del mundo entero. Por ejemplo, el escritor español Frederico García Lorca y el poeta cubano José Martí vivieron aquí; también el compositor mexicano Carlos Chávez y el músico panameño Rubén Blades. Más que ninguna otra ciudad estadounidense, Nueva York pertenece al mundo.

① Para muchos inmigrantes, la primera vista que tuvieron de los Estados Unidos fue de la Estatua de la Libertad. Aunque muchos llegan ahora al aeropuerto, la estatua todavía domina la vista al puerto y simboliza la puerta a una vida nueva.

② Nueva York es una ciudad de inmigrantes. Además de hispanos, hay mucha gente de China, Italia, Irlanda, Rusia y otros países. Los barrios italianos y chinos son famosos por sus restaurantes, sus festivales y por sus tiendas y mercados.

③ No muy lejos del Parque Central está el Museo del Barrio, que comenzó como una sala de clase. Hoy día este museo en Harlem se dedica a la cultura hispana, sobre todo a la puertorriqueña.

④ Como muchas ciudades grandes, Nueva York también tiene un zoológico. El del Bronx es el más grande del país, con especies de todos los continentes.

En los Capítulos 9 y 10 conocerás a Nueva York, el hogar de casi dos millones de hispanos. Conocerás también a varios neoyorquinos, y es posible que descubras que son semejantes a ti. Verás algunas de las muchas atracciones de esta variada metrópolis, que es una capital del mundo.

⑤ El Parque Central es una isla verde de lagos y plantas en medio de Manhattan. Ocupa 843 acres a lo largo de 50 cuadras. Cada año, más de 14 millones de personas visitan el parque, que cuenta con canchas de tenis, lugares para montar a caballo, jardines y un zoológico.

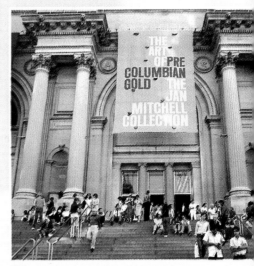

⑥ La construcción del edificio de Las Naciones Unidas se terminó en 1963. Esta organización de 166 países existe para fomentar la paz y el bienestar en el mundo. Javier Pérez de Cuéllar, del Perú, fue Secretario-General durante diez años, de 1982 a 1992.

⑦ El Museo Metropolitano de Arte es uno de los más famosos del mundo. Uno puede pasar muchas horas, hasta varios días, recorriendo todas sus salas.

CAPÍTULO 9

Las apariencias engañan

1. Me río mucho cuando estoy con Juan. ¡Es muy travieso!

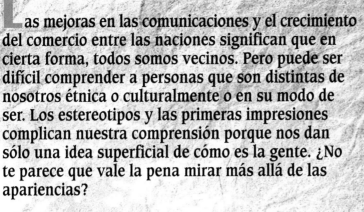

Las mejoras en las comunicaciones y el crecimiento del comercio entre las naciones significan que en cierta forma, todos somos vecinos. Pero puede ser difícil comprender a personas que son distintas de nosotros étnica o culturalmente o en su modo de ser. Los estereotipos y las primeras impresiones complican nuestra comprensión porque nos dan sólo una idea superficial de cómo es la gente. ¿No te parece que vale la pena mirar más allá de las apariencias?

In this chapter you will learn

- to talk about emotional reactions; to express disagreement
- to express an assumption; to make hypothetical statements

And you will

- listen to teenagers talk about stereotypes
- read about the myths and realities of the Hispanic world
- write an editorial about cultural stereotyping
- find out how Spanish-speaking teenagers view people in the U.S.

② Tengo entendido que la música dominicana es buenísima para bailar.

③ Si pudieras viajar a cualquier país del mundo, ¿adónde irías?

DE ANTEMANO

A veces las apariencias engañan

Todos formamos parte de un grupo pero al mismo tiempo somos todos únicos y originales. A veces, por falta de información, una persona juzga mal *(misjudges)* a otra y ve sólo un estereotipo y no una persona. Vas a leer sobre las experiencias personales de seis estudiantes de la Sra. Nancy Stevens, profesora de español de Milford High School en Cincinnati, Ohio. ¿Te identificas con uno(a) de ellos?

Una impresión errónea

Brian Reynolds

Me gustaría creer que tengo una mente abierta. Por eso, cuando estoy equivocado, me gusta reconocerlo.

El año pasado, en una clase de inglés, yo estaba sentado cerca de un estudiante con una reputación de "malo". Era bastante descortés, hablaba en clase todo el tiempo y su actitud era como su reputación: mala. No hacía nada de tarea y les contaba muchos chistes horribles a los otros estudiantes. Pensaba que iba a pasar un año malo a causa de ese chico.

Un día, tuve que trabajar con él en un proyecto. Empezamos a hablar y nos caímos muy bien. Aprendí que a él le gusta escribir cuentos y poemas, que puede cantar muy bien y que tenemos mucho en común. Tenía una impresión equivocada de él; en realidad es muy inteligente y creativo. Hoy, es mi mejor amigo.

Las asiáticas

Soy coreana. Muchas personas piensan que las mujeres asiáticas somos tímidas. Me frustro cuando la gente me coloca en esta categoría porque no soy así. Soy mi propia persona y tomo mis propias decisiones. También tengo sentimientos y una personalidad con muchas facetas diferentes. Mis características son tan variadas que no se pueden colocar debajo de ningún rótulo. Tampoco es verdad que seamos calladas. Conozco a muchas chicas asiáticas que se animan y hablan en voz alta cuando tienen emociones fuertes.

Otra cosa que no es verdad es la idea de que todos los asiáticos sean expertos en ciencias y matemáticas. No me gustan estas materias y me siento presionada cuando algunos profesores de ciencias o matemáticas esperan demasiado de mí.

Así, los estereotipos raciales sólo resultan en malas interpretaciones.

Karen Kim

La gente callada

Tracy Shanks

Me enfado cuando la gente observa a una persona tímida y ve un esnob. Sólo porque una persona sea callada y no se comunica con palabras, otros creen que él o ella es egoísta. El aura del callado parece como un aire de presumido al resto del mundo. Sin embargo, las personas calladas son muy amigables y no hablan simplemente porque no quieren expresarse o porque no desean oír las opiniones que llegan a sus oídos.

Este estereotipo tiene mucha significación para mí. A veces soy tímida y no hablo. Pero cuando no me comunico con palabras, no pienso en mí misma sino en las noticias y en los problemas del mundo. ¡Creo que se debe respetar la timidez del otro!

Miembro de la banda

Me llamo Emily Seitz y soy miembro de la banda de mi colegio. Me enojo cuando la gente se refiere a mí como una *nerd* de banda. Los del equipo de fútbol americano dicen que los miembros de la banda somos inútiles. ¡Al contrario! Trabajamos tanto como ellos. Cada año pasamos más de cien horas en el campamento de la banda. Como los jugadores de fútbol, practicamos cinco días a la semana. Y nunca estamos en casa los sábados porque tenemos competencias que duran todo el día.

Pasamos muchos años aprendiendo a tocar un instrumento musical. Es muy difícil tocar perfectamente el instrumento y marchar al mismo tiempo. Nos divertimos mucho y estamos muy orgullosos de lo que hacemos. Sólo queremos una cosa: que los otros equipos de la escuela nos respeten.

Emily Seitz

El jugador de fútbol americano

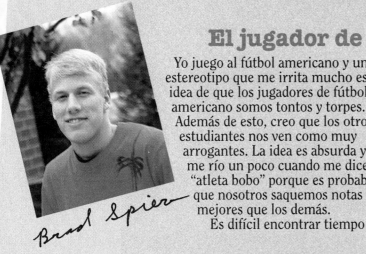

Brad Spier

Yo juego al fútbol americano y un estereotipo que me irrita mucho es la idea de que los jugadores de fútbol americano somos tontos y torpes. Además de esto, creo que los otros estudiantes nos ven como muy arrogantes. La idea es absurda y me río un poco cuando me dicen "atleta bobo" porque es probable que nosotros saquemos notas mejores que los demás.

Es difícil encontrar tiempo para todas las actividades y responsabilidades cuando uno entrena para un deporte, y los que no juegan no entienden la presión que existe sobre los atletas. ¡Nosotros trabajamos mucho! Sin embargo, los viernes por la noche, durante los partidos, los estudiantes nos animan porque representamos a la escuela. Ellos no recuerdan sus comentarios pero nosotros sí.

Los italiano-americanos

En el mundo de hoy hay estereotipos en todas partes. ¿Por qué tienen que existir? Por lo general, es simplemente porque el grupo, la religión o la cultura es diferente del suyo.

En mi vida, no he sido víctima de los prejuicios. Pero mi familia, especialmente mis abuelos, ha sido prejuzgada por otros. Mi familia es italiana, de Sicilia. Cuando mi abuelo trató de obtener un trabajo hace muchos años, fue muy difícil porque había muchos prejuicios contra los italianos. Nuestro apellido fue cambiado a causa de esta discriminación.

Cada grupo étnico tiene su propio estereotipo. Soy italiana pero tengo los ojos azules, la piel blanca y el pelo rubio. Nadie pensaría que soy italiana, pero sí soy italiana y tengo orgullo de mi familia, nuestras tradiciones y nuestra cultura.

Espero que la gente haga un esfuerzo por aprender de las culturas diferentes en vez de prejuzgarlas. Este mundo tiene culturas con tesoros para compartir con otros. El mundo sería un lugar aburrido si cada persona fuera igual a todas las demás.

Jill Cardinal

1 ¿Los reconoces?

¿A quién se refiere cada una de las siguientes descripciones?

1. A pesar de que la gente piense que esta persona no es muy lista, saca buenas notas.
2. Quiere que todos sepan que es una persona independiente y que tiene sus propias ideas.
3. Dice que la gente introvertida no es necesariamente arrogante.
4. Le caía muy mal un compañero de clase hasta que un día realmente lo conoció.
5. Desea que todo el mundo conozca a personas de otras culturas para eliminar prejuicios.
6. Esta persona se siente muy orgullosa del trabajo y del esfuerzo de sus compañeros.

2 ¿Cierto o falso?

Indica si cada frase es **cierta, falsa** o si **no se sabe.** Si es falsa, corrígela.

1. Emily dedica muchas horas para practicar en la banda.
2. Según Tracy, las personas tímidas sólo piensan en sí mismas.
3. Brian se dio cuenta de que el otro estudiante no tenía ningún pasatiempo.
4. Jill dice que no ha sido víctima de prejuicios.
5. Karen piensa estudiar química en la universidad.
6. Brad tiene un promedio *(average)* de 4.0.
7. Según Brian, la primera impresión que tuvo del otro estudiante fue bastante negativa.

3 Descripciones

Indica qué adjetivo es el más apropiado para describir las cosas o personas en las oraciones.

presumido   descortés   inútil

amigable   obediente   creativo

egoísta   callado

1. Mi carro nunca funciona.
2. Ahora que Arturo es estrella de cine se cree superior a todo el mundo.
3. El perro de Carlos siempre hace lo que Carlos quiere.
4. ¡Esa Victoria! No dijo ni gracias cuando sus amigos le dieron el regalo de cumpleaños.
5. A nosotros nos gusta escribir canciones para las comedias musicales del colegio.
6. Héctor piensa sólo en sí mismo.
7. Hernán no habla mucho pero cuando habla siempre tiene algo interesante que decir.
8. A Francisco le es fácil conocer a gente y hacer amigos.

4 Busca las expresiones

1. ¿Qué expresiones usan estas personas para decir cómo se sienten en las siguientes situaciones?
   a. Emily, cuando los estudiantes la llaman una *nerd*
   b. Karen, cuando la gente la coloca en cierta categoría; cuando sus profesores esperan mucho de ella
   c. Brad, cuando la gente lo llama "atleta bobo"
   d. Tracy, cuando la gente piensa que los callados son presumidos
2. ¿Qué expresiones usan estas personas para negar *(deny)* lo que dice o piensa la gente?
   a. Emily, cuando algunos dicen que los miembros de la banda son inútiles
   b. Karen, cuando piensan que las asiáticas son calladas; cuando dicen que los asiáticos son expertos en las ciencias y matemáticas

5 Ahora te toca a ti

¿Te identificas con alguno de los estudiantes en **De antemano**? ¿Cuál? ¿Por qué? ¿Conoces a gente parecida a los estudiantes de **De antemano**? Escribe tus respuestas.

Talking about emotional reactions; expressing disagreement

ASÍ SE DICE — Talking about emotional reactions

Si quieres hablar de cómo te hace sentir algo puedes decir:

Me alegro cuando la gente hace un esfuerzo por aprender algo de las diferentes culturas.

Me enojo cuando hay discriminación contra una persona.

Me frustro cuando alguien quiere colocarme en una categoría.

Me río cuando la gente me llama "atleta bobo", porque saco muy buenas notas.

Me siento presionado cuando mis amigos esperan que sea perfecto.

6 Completa las frases

Escoge la frase que mejor completa la oración.

VOCABULARIO

alegrarse	*to be happy*	**ponerse rojo(a)**	*to blush*
burlarse de	*to make fun of*	**quejarse de**	*to complain about*
enfadarse	*to get angry*	**reírse**	*to laugh*
enojarse	*to get angry*	**sentirse**	*to feel*

1. ——— cuando alguien no quiere reconocer que está equivocado.
   a. Me enojo   **b.** Me burlo   **c.** Me alegro

2. Debemos ——— menos de la discriminación y tratar de educar más a la gente.
   a. reírnos   **b.** alegrarnos   **c.** quejarnos

3. Sarita ——— porque tiene dos exámenes mañana y tiene que ir al trabajo esta noche.
   a. se siente presionada   **b.** se ríe   **c.** se alegra

4. ¿——— de alguien simplemente porque es diferente?
   a. Te alegras   **b.** Te burlas   **c.** Te sientes presionado(a)

5. Carlos es un joven muy alegre; sabe muchos chistes y ——— fácilmente.
   a. se queja   **b.** se enfada   **c.** se ríe

6. Vicente ——— cuando se le cayó la comida en la cafetería.
   a. se alegró   **b.** se puso rojo   **c.** se sintió presionado

7 ¿Cómo se sienten?

¿Cómo se sienten estas personas? Con un(a) compañero(a), describe lo que está pasando en los siguientes dibujos. Usen por lo menos dos verbos del **Vocabulario** por dibujo.

8 Los estereotipos

Completa las siguientes oraciones para indicar cómo te sientes cuando te enfrentas con *(you confront)* los estereotipos y prejuicios. Luego reúnete con unos(as) compañeros(as) para comparar sus respuestas.

1. Me enojo cuando...
2. Me río cuando...
3. Me siento presionado(a) cuando...

4. Me quejo cuando...
5. Me río cuando...
6. Me alegro cuando...

---

*G*ramática The subjunctive after certain conjunctions

1. The subjunctive is used after certain conjunctions when they refer to a future action that may or may not take place.

   Cuando vayas a Madrid, tienes que visitar los museos.   *When you go . . .*
   En cuanto llegues a casa, llámame.   *As soon as you get home . . .*

2. Here are some conjunctions that sometimes take the subjunctive:

   The ed **cuando** *when*　　　　　　　**hasta que** *until*
   después de que *after*　　**tan pronto como** *as soon as*
   en cuanto *as soon as*

3. These conjunctions always take the subjunctive:

   ASPACE
   a menos (de) que *unless*　　**en caso de que** *in case*
   antes de que *before*　　　**para que** *so, in order that*
   con tal (de) que *provided*   sin que = unless/without
   Quiero ir de compras **antes de que** cierren las tiendas.

4. Use the indicative when the action happens regularly or has already happened.

   Cuando vamos a Chicago siempre visitamos los museos.
   En cuanto salimos, empezó a llover.

---

9 En cuanto puedas...

Vas a escuchar ocho oraciones. Para cada oración, indica si la acción o evento **ya ocurrió** o si **va a ocurrir**.

10 El programa de intercambio

Completa la siguiente carta del coordinador de un programa de intercambio *(exchange)* en Venezuela a los estudiantes del programa.

Programa de Intercambio Joven

Les doy unos consejos para que __1__ **(tener)** una experiencia positiva. Cuando __2__ **(ir)** Uds. a otro país, tienen que respetar las tradiciones de ese país. Antes de que __3__ **(viajar)** sería una buena idea estudiar un poco de esa cultura porque hasta que nosotros __4__ **(conocer)** más del otro país vamos a tener impresiones equivocadas. Como Uds. van a los Estados Unidos y quieren perfeccionar su inglés, les sugiero que hablen sólo inglés con su familia americana tan pronto como __5__ **(llegar)**. Con tal de que __6__ **(practicar)** mucho, pronto mejorarán su inglés. Al principio es difícil estar separado de su familia pero después de que __7__ **(hacer)** amigos, van a sentirse más contentos. ¡Suerte!

11 Las opiniones

Completa las siguientes frases con tus ideas y opiniones. Luego júntate con un(a) compañero(a) para comparar sus oraciones. Explícale por qué te sientes así.

1. Yo respeto a los demás *(others)* con tal de que...
2. Hay que tener una mente abierta para que...
3. Si tienes un conflicto con alguien es buena idea comunicarte con él o ella antes de que...
4. Me enfado con... cuando...
5. Me río de los chistes a menos de que...

ASÍ SE DICE   Expressing disagreement

Si quieres negar *(deny)* lo que dice o piensa la gente puedes decir:

Niego que los callados piensen sólo en sí mismos.
No es cierto que los miembros de la banda no trabajen. ¡Al contrario!
No es verdad que los atletas estudien menos.
No estoy de acuerdo en que la gente italiana sea siempre baja con pelo negro.

12 Entrevista con Estelina

La actriz Estelina Estrella habla por la radio en una entrevista. Escucha la conversación y luego indica si las siguientes oraciones son **ciertas** o **falsas**. Si son falsas, corrígelas.

1. Su nueva película se estrena el viernes.
2. Las películas románticas no son populares.
3. Canta en su próxima película.
4. Está enamorada de Enrique Rico.
5. Gana millones de dólares.
6. Tiene tres carros.

*G*ramática   The subjunctive with disagreement and denial

1. Expressions of disagreement and denial take the subjunctive.

   No es verdad que los hombres **manejen** mejor que las mujeres.
   Niego que los jóvenes **sean** más idealistas que los adultos.

2. However, **es verdad que, es cierto que,** and **no niego que** take the indicative since they don't deny the truth of something but rather affirm it.

   Es cierto que **cantan** bien.   No niego que **tienen** talento.

13 Todo era mejor antes

Ignacio piensa que la vida es mejor hoy en día; su abuelo piensa que era mejor hace 50 años. Con un(a) compañero(a), toma el papel *(role)* de Ignacio o del abuelo. ¿Cuál sería *(would be)* su opinión de las siguientes oraciones? Usa expresiones de **Así se dice.**

MODELO   La música es menos bonita.
        Ignacio: No estoy de acuerdo en que la música de hoy sea menos bonita.
      El abuelo: Es cierto que la música es menos bonita.

1. los actores son peores
2. los estudiantes estudian menos
3. la gente tiene buenos modales *(manners)*
4. los carros no funcionan bien
5. la gente se viste con ropa elegante
6. los políticos dicen la verdad
7. los niños no respetan a los mayores
8. los jóvenes gastan menos dinero

amigable	*friendly*	melancólico(a)	*moody*
arrogante	*arrogant*	perezoso(a)	*lazy*
bobo(a)	*silly, dumb*	presumido(a)	*conceited*
callado(a)	*quiet*	seco(a)	*cold, curt*
chismoso(a)	*gossipy*	tímido(a)	*shy*
descortés	*rude*	torpe	*slow, dull, clumsy*
egoísta	*selfish*	travieso(a)	*mischievous*

> **También se puede decir...**
> También se dice **creído(a)** por **presumido(a)**. Se dice **cohibido(a)** por **tímido(a)**.

14 Las personalidades

¿Cómo son las personas en los dibujos? ¿Cómo te sientes cuando la gente se porta *(behave)* así? ¿Por qué? Júntate con un(a) compañero(a) para comparar sus opiniones.

15 Sólo es un estereotipo

En grupos de tres o cuatro, indiquen si están de acuerdo con los siguientes estereotipos. Usen expresiones como **(no) es cierto que** y **(no) es verdad que**. Expliquen sus respuestas.

1. Los niños son más amigables que los mayores.
2. Los gatos son más bobos que los perros.
3. Las personas de las ciudades grandes son descorteses.
4. Las mujeres son más chismosas que los hombres.
5. La gente rica es presumida.
6. Los actores son arrogantes.
7. Los artistas son melancólicos.
8. Los profesores son secos.

16 En mi cuaderno

¿Alguna vez tuviste una impresión equivocada de alguien? ¿Cómo supiste que no tenías una impresión correcta de esa persona? ¿Alguna vez tuvo otra persona una impresión errónea de ti? ¿Cómo te sentiste? Escribe por lo menos tres párrafos con tus respuestas.

A LO NUESTRO

Una forma cómica de decir que alguien es presumido es **Se cree la mamá de Tarzán** o **Se cree el rey de Roma**.

NOTA CULTURAL

Los hispanos forman uno de los grupos minoritarios más grandes de la ciudad de Nueva York, con aproximadamente dos millones de personas de ascendencia hispana. Vienen de varios lugares del mundo hispano, sobre todo de Puerto Rico, la República Dominicana, el Perú, Colombia y el Ecuador. Con la excepción de Puerto Rico, hay más puertorriqueños en Nueva York que en cualquier otra parte del mundo. ¿Hay una comunidad hispana donde vives tú?

PANORAMA CULTURAL

¿Qué piensas de la gente de los Estados Unidos?

En muchos casos, las únicas impresiones que tenemos de la gente de otros países, regiones o culturas dependen de lo que oímos o de las imágenes que nos presentan los medios de comunicación. Escucha las opiniones que tienen estos jóvenes hispanohablantes acerca de la gente de los Estados Unidos.

Jenny

Los Teques, Venezuela

"Me los imagino... no muy parecidos a los venezolanos... tal vez viven en mejores condiciones que nosotros. Estudian y a la vez trabajan, tengo entendido... No sé, unos jóvenes muy activos".

Juan René

Quito, Ecuador

"Me las imagino personas muy amigables y gente fácil de tratar".

Nayeli

San Diego, California

"[Me los imaginaba] mejor vestidos... que vivían mejor, o sea que había menos pobreza que en México. Sí la hay pero no hay mucha diferencia".

Para pensar y hablar...

A. ¿Qué respuesta crees que es la más cercana a la realidad? ¿Por qué? ¿Crees que algunas de las respuestas estereotipan a los estadounidenses? ¿Cuál o cuáles? Explica tus respuestas.

B. How do you define the word "stereotype"? In your opinion, why do stereotypes exist? How do you think they can be corrected or avoided?

¡ADELANTE!

Me gustaría viajar a...

Todos estereotipamos a veces, incluso los hispanohablantes. Tienen sus impresiones de los Estados Unidos y de otros hispanohablantes. Algunas son positivas, otras son negativas. Además, tienen sus ideas de adónde les gustaría viajar y por qué. Ahora vas a leer las opiniones de tres jóvenes del mundo hispano. ¿Crees que tienen razón?

TAÍS

SEVILLA

P: ¿Adónde te gustaría viajar a ti?

R: A Estados Unidos.

P: ¿Por qué? Explícame.

R: No sé, porque se ve divertido, y quiero ir para conocer gente.

CRISTINA

BILBAO

P: ¿Cómo te imaginas a los jóvenes de Estados Unidos?

R: Me imagino a los jóvenes de Estados Unidos como a los jóvenes de España.

P: Y las ciudades ¿cómo te las imaginas?

R: Eh... grandes y nuevas.

P: ¿De dónde has sacado tus ideas de los Estados Unidos?

R: He conocido gente de los Estados Unidos que me ha hablado acerca de sus diferentes países y principalmente a través de la televisión.

P: ¿Qué estereotipos tiene la gente de otros países sobre la gente de España?

R: Yo creo que principalmente creen que somos perezosos.

P: ¿Y es verdad?

R: No.

P: ¿Cuáles estereotipos te parecen más dañosos?

R: Eh... que seamos perezosos, o que nos cueste trabajar o...

P: ¿Alguna vez alguien te ha tratado según cierto estereotipo?

R: Sí, por... precisamente por ser de Bilbao, um... hubo un tiempo en que la gente, eh... tenía miedo y nos llamaba terroristas. Lo que pasa es que eso también es falta de información.

P: ¿Les dijiste algo sobre eso?

R: Por supuesto.

P: ¿Qué dijiste?

R: Que era más la información que les daban a través de la televisión que la realidad.

P: ¿Cómo se pueden combatir las actitudes difundidas por los estereotipos?

R: Principalmente yendo a los lugares, conociendo a la gente, y conociendo la forma de vida de la gente del lugar.

LIDIA

SAN JOSÉ

P: Si pudiera vivir en cualquier país del mundo por un año, ¿adónde iría?

R: Um...a los Estados Unidos.

P: ¿Por qué?

R: Porque me gusta.

P: ¿Qué es lo que te gusta de Estados Unidos?

R: Pues... que hay muchas razas, o sea, muchas clases de idiomas, así, se juntan muchas culturas.

17 ¿Quiénes son?

¿Quién es la persona indicada por la descripción?

1. Dice que le gustaría viajar a los Estados Unidos porque ahí se mezclan varias culturas.
2. Esta persona quiere conocer a gente estadounidense.
3. Piensa que la televisión influye en las actitudes.
4. Cree que los estereotipos se combaten viajando a los lugares y conociendo a la gente.

18 ¿Se sabe?

Indica si cada frase es **cierta, falsa** o si **no se sabe**. Si es falsa, corrígela.

1. Cristina es de Madrid pero ha vivido en Bilbao.
2. Según Taís, los Estados Unidos es divertido.
3. Lidia dice que no hay muchas razas en los Estados Unidos.
4. Cristina cree que hay más información sobre terrorismo en la televisión del que realmente ocurre.
5. Según Lidia, en los Estados Unidos se hablan muchos idiomas.
6. Cristina cree que las ciudades estadounidenses son viejas.

19 El adjetivo adecuado

Indica qué palabra de la lista describe mejor a las siguientes personas. Se puede usar algunos adjetivos más de una vez.

prejuicioso

chismoso   egoísta

divertido   amigable

seco

perezoso   melancólico

activo

1. A Olga le encanta bailar y contar chistes.
2. Luisa siempre quiere hablar acerca de sí misma cuando está con sus amigas.
3. Mi hermano no recoge nada en su cuarto ni ayuda con los quehaceres de la casa.
4. Roberto casi nunca conversa con sus compañeros de clase.
5. María tiene dos trabajos, canta en el coro de la iglesia, tiene novio, ayuda con los quehaceres de la casa y juega al voleibol en un equipo los fines de semana.
6. A Juan y a Guadalupe les encanta salir con amigos y pasarlo bien.
7. Yolanda cree que no vale la pena hablar con los extranjeros.

20 Completa las oraciones

Completa las siguientes oraciones con las expresiones correctas de ¡Adelante!

te gustaría

pudieras

me imagino

irías

1. ═══ a los jóvenes de los Estados Unidos como a los jóvenes de España.
2. ¿Adónde ═══ viajar?
3. Si ═══ vivir en cualquier país del mundo por un año, ¿adónde ═══?

21 Ahora te toca a ti

¿Te identificas con alguno de los estudiantes de ¡**Adelante**!? ¿Con cuál? ¿Por qué? ¿En qué país te gustaría vivir durante un año? ¿Por qué? ¿Te han afectado alguna vez los estereotipos? ¿Qué pasó? ¿Cómo te sentiste?

SEGUNDO PASO

Expressing an assumption; making hypothetical statements

ASÍ SE DICE   Expressing an assumption

Si no sabes algo pero quieres decir lo que supones *(suppose)*, puedes decir:

Me imagino que los jóvenes estadounidenses son como los jóvenes españoles.
Supongo que la gente saca sus ideas de otras culturas a través de la tele.
Tengo entendido que hay muchas culturas distintas en los Estados Unidos.
Tengo la impresión de que la gente es muy abierta en Puerto Rico.

22 Impresiones de Nueva York

Un reportero está entrevistando a una pareja de la República Dominicana en el aeropuerto antes de que salgan para Nueva York. Escucha la entrevista y luego, para cada oración que sigue, indica si lo **saben** o si lo **suponen**.

1. Los estadounidenses son simpáticos.
2. Nueva York es una ciudad muy grande.
3. La vida en Nueva York es agitada.
4. Todo es más caro en Nueva York.
5. Los museos son buenísimos.
6. El Parque Central es grande.
7. El Parque Central es un buen lugar para niños.

23 Tengo entendido que...

¿Qué impresiones tienes de las siguientes cosas? Con un(a) compañero(a), habla de lo que supones sobre cada tema. Usa expresiones de **Así se dice**.

1. la comida española
2. el clima en Buenos Aires en enero
3. los murales mexicanos
4. la música del Caribe
5. el parapente
6. los kioscos en Argentina

NOTA CULTURAL

Nueva York es un centro importante de los medios de comunicación en español. Aquí el hispanohablante puede encontrar varios periódicos, revistas y emisoras de televisión y radio en su idioma. Los periódicos de mayor distribución en español son **El Diario** y **Noticias del Mundo**. Aquí también hay estudios de grabación para la música latina. ¿Hay medios de comunicación en español en tu comunidad?

ASÍ SE DICE   Making hypothetical statements

Si quieres hablar de algo que no es pero que podría ser, puedes preguntar:

Si pudieras vivir en cualquier país del mundo por un año, **¿adónde irías?**
   If you could . . . where would you go?

Si tuvieras cien dólares, **¿qué harías?**
   If you had . . . what would you do?

Se puede contestar:

Si pudiera, viviría en el Caribe.
   If I could, I would live...

Si tuviera cien dólares,
compraría muchos regalos.
   If I had . . . , I would buy . . .

24 ¿Te conoces de verdad?

Si tuvieras más tiempo o dinero, ¿qué harías? Toma esta prueba y luego compara tus resultados con los de dos compañeros(as).

1. Si tuviera mil dólares, yo...
- a. compraría un televisor.
- b. daría el dinero a un hospital de niños.
- c. abriría una cuenta (*account*) en el banco.

2. Si pudiera conocer a alguien famoso, yo...
- a. conocería a Yuri, mi cantante favorita.
- b. conocería a la Madre Teresa.
- c. conocería a Lee Iacocca.

3. Si pudiera viajar a cualquier lugar del mundo, yo...
- a. iría a Acapulco porque me gusta la playa.
- b. iría a un lugar pobre para construir casas.
- c. iría a Nueva York para visitar Wall Street.

4. Si tuviera tres horas extras al día, yo...
- a. dormiría más.
- b. ayudaría a mi hermanito con su tarea.
- c. conseguiría un trabajo de medio tiempo (*part time*).

RESULTADOS

Todas a: Te gusta pasarlo bien. Si pudieras, ¡siempre estarías de vacaciones!
Todas b: No eres nada egoísta. Al contrario, eres muy generoso(a) y bondadoso(a).
Todas c: ¡Qué práctico(a) eres! A lo mejor te enfadas con la gente traviesa, ¿no?

*G*ramática   The conditional

1. The conditional is used to express what *would* happen if . . . as opposed to what usually does happen.

Yo **iría** a la fiesta.	*I would go to the party.*
¿Qué **harías** entonces?	*What would you do then?*

2. Like the future, the regular conditional consists of the entire infinitive plus one set of endings for all verbs.

AYUDAR	LEER	PREFERIR
ayudaría	leería	preferiría
ayudarías	leerías	preferirías
ayudaría	leería	preferiría
ayudaríamos	leeríamos	preferiríamos
ayudaríais	leeríais	preferiríais
ayudarían	leerían	preferirían

3. The conditional is also used to soften a request.
   ¿Podrías hacerme un favor?
   Could you do me a favor?

¿Te acuerdas?

The same verbs that have irregular stems in the future have irregular stems in the conditional.

decir: **dir-**	salir: **saldr-**
hacer: **har-**	poner: **pondr-**
haber: **habr-**	venir: **vendr-**
querer: **querr-**	tener: **tendr-**
saber: **sabr-**	valer: **valdr-**
poder: **podr-**	

25 Los planes para la fiesta

Vas a escuchar a Adela y Reynaldo hablar de una fiesta.
Para cada verbo que sigue, indica si alguien ya **lo hizo** o si **lo haría**.

1. limpiar la casa
2. preparar comida
3. comprar un regalo
4. traer la música
5. bailar
6. comprar los refrescos
7. ir al supermercado
8. llegar a las ocho
9. jugar al tenis

26 El Club Internacional

Hui Chun, el presidente del Club Internacional de su colegio, está haciendo planes para una fiesta internacional. Completa las oraciones con el condicional del verbo indicado.

> Si yo tuviera la oportunidad, yo ═ (organizar) una fiesta internacional para todo el colegio. Tranh ═ (preparar) comida vietnamita que prepara su mamá. Soledad y Mateo ═ (tocar) la guitarra y ═ (cantar) música típica de Colombia. Kumiko ═ (traer) instrumentos típicos de Japón. Misha y Dimitri ═ (bailar) bailes folklóricos de Rusia. Nabil y Amira ═ (llevar) ropa tradicional de Marruecos. Nosotros ═ (enseñarles) a los otros estudiantes un poco de la cultura de nuestros países.

27 Los sueños de cada uno

Escribe oraciones que describen lo que harían las siguientes personas en sus vacaciones ideales. Usa por lo menos dos verbos en el condicional.

28 Un viaje a Nueva York

Imagina que vas a viajar a Nueva York con tres compañeros(as). Sólo tienen dos días para conocer la ciudad. Hagan un itinerario del viaje. Pueden incluir los siguientes lugares y verbos como **comprar, comer, cruzar, ver, visitar, subir, escuchar** y **patinar.**

1. el Parque Central
2. la calle Broadway
3. el edificio Empire State
4. el almacén Macy's
5. el Centro Rockefeller
6. el Museo de Historia Natural
7. el barrio italiano
8. el puente Brooklyn
9. la Estatua de la Libertad
10. el Teatro Metropolitano de la Ópera
11. Greenwich Village
12. Harlem

VOCABULARIO

la actitud *attitude*	**el estereotipo** *stereotype*	**el prejuicio** *prejudice*
apreciar *to appreciate*	**estereotipar** *to stereotype*	**respetar** *to respect*
combatir *to combat*	**la falta (de)** *lack (of)*	**el respeto** *respect*
contra *against*	**la ignorancia** *ignorance*	**tratar** *to treat*
darse cuenta de *to realize*	**juzgar** *to judge*	
la discriminación *discrimination*	**la minoría** *minority*	

29 En mi opinión

Completa las siguientes oraciones con el **Vocabulario** de la página 234.

1. Para mí es importante apreciar...
2. Me enojo cuando hay discriminación contra...
3. Creo que debemos combatir...
4. Quiero que la gente me trate...
5. Antes pensaba que... pero un día me di cuenta de que...
6. En este mundo hay una falta de...

30 ¿Qué harías tú?

Imagina que tienes una sección en el periódico que se llama **¿Qué harías tú?** Otros estudiantes te escriben para pedir consejos. Escribe un párrafo corto para cada carta, diciéndoles qué harías tú en su lugar *(in their place)*.

> Acabo de llegar del Ecuador y estoy asistiendo a un colegio en que soy el único hispano. ¡Me siento como una minoría de uno! Me enojo cuando oigo las ideas absurdas que tienen algunos estudiantes de mi país. Me preguntan si en el Ecuador tenemos teléfonos, si hay casas o si es jungla. Los estudiantes no son malos, me tratan muy bien; simplemente es una falta de información. Quiero que aprecien mi cultura. ¿Cómo combatirías la ignorancia?
>
> *Un ecuatoriano mal entendido*

> Soy buena estudiante. El problema es que mis compañeros de clase se burlan de mí porque piensan que me la paso estudiando y que soy aburrida. ¡No es cierto que sea aburrida! Al contrario, tengo muchos pasatiempos. Me encanta la fotografía y tengo una colección de fotos de gente famosa que he conocido. Nadie la ha visto. También me gusta la música y me gusta conversar, aunque soy un poco callada en clase. ¿Qué harías tú?
>
> *Callada pero interesante*

31 La varita mágica

Lee la tira cómica sobre Susi, la amiga de Calvin. ¿Qué te gustaría tener a ti? Si tuvieras una varita mágica *(magic wand)*, ¿qué harías? ¿Qué cosas en el mundo cambiarías? ¿Qué combatirías? Júntate con dos compañeros(as) y habla de cinco cosas en el mundo que cambiarías y por qué. Explica cómo lo harías.

Generalizaciones

Estrategia

Determine a text's outline. There are three main benefits of outlining. First, it can help you understand and interpret a difficult text. Second, it will help you remember important information. Finally, outlining can allow you to find a certain part of the text quickly.

¡A comenzar!

A. Este texto es sobre el significado de la palabra *hispano.* En dos minutos, debes poder ver el esquema básico del texto.

1. Mira el texto por dos minutos y escribe un esquema breve.
2. Compara tu esquema con el de un(a) compañero(a) de clase o confírmalo con tu profesor(a).
3. Contesta las seis preguntas al principio del texto. Discute tus respuestas con un(a) compañero(a), pero no leas el resto del texto todavía.

Al grano

B. Abajo hay ocho grupos de oraciones. En cada grupo hay dos oraciones que contienen información del texto y dos con información falsa o que no se encuentra en el texto. Indica qué oraciones contienen información del texto.

1. **a.** Las generalizaciones nos ayudan a entender el mundo.
   b. Siempre sabemos cuando estamos haciendo generalizaciones.
   c. Las generalizaciones casi nunca son injustas.
   d. Es común poner las personas y cosas en categorías.

Olmos · Estefan · Canseco

¿Españoles o hispanos?

¿Verdad o mentira?

A ver cuánto sabe Ud. del mundo hispano.

1. Un mexicano es español.
2. Todos los hispanos son morenos.
3. Se habla español en quince países.
4. Los españoles comen enchiladas y tacos.
5. Todos los países hispanos son tropicales.
6. Según las estadísticas, los hispanos van a ser el grupo minoritario más grande de los Estados Unidos.

Con frecuencia tenemos la tendencia a generalizar. Es decir, ponemos las cosas y las personas que nos rodean en categorías, según sus características. Lo hacemos todos los días sin darnos cuenta. En ciertas ocasiones las generalizaciones nos ayudan a comprender un mundo variado y complejo. Pero con demasiada frecuencia, pueden ser engañosas, injustas y dañinas.

Vamos a mirar las seis generalizaciones que ofrecimos al principio. Compare Ud. sus respuestas con las que siguen. ¿Tenía Ud. razón?

1. Un mexicano no es español.

Muchas personas tienden a llamar "español" a alguien de habla española, cuando en realidad el adjetivo "español" se refiere a una persona o una cosa de España. Por eso, el mexicano no es español pero sí, es hispano. Según el diccionario, el término "hispano" significa lo que es relativo a las gentes de origen español. Entonces un niño de Cuba es cubano e hispano; una mujer de Chile es chilena e hispana.

Es muy importante diferenciar entre las muchas gentes hispanas. El hecho de que se hable inglés en los Estados Unidos no significa que los ciudadanos sean ingleses.

2. No todos los hispanos son morenos.

Al contrario, se ve la influencia de varios grupos étnicos en diversas combinaciones por todo el mundo hispano. En España, por ejemplo, hay gente rubia con ojos azules de origen germánico y también gente morena de origen árabe o romano.

En Hispanoamérica, aunque en algunas partes la influencia europea predomina casi por completo, en la mayor parte el elemento indio se combina con el europeo.

En una gran parte de la zona caribeña esa mezcla fue enriquecida por un tercer elemento, el africano negro. Por eso, el pueblo hispano es un verdadero arco iris.

3. Se habla español en más de quince países.

Uno de los factores que une al mundo hispano es el idioma. De hecho, el español es el cuarto idioma más hablado del mundo después del mandarín, el inglés y el ruso. Hay aproximadamente 341 millones de personas que hablan español en unos veinte países.

Aunque los países comparten la lengua española, el acento y el vocabulario varían según la región.

4. Un español no suele comer ni enchiladas ni tacos.

Estos platos son típicamente mexicanos. La comida española es muy diferente. La tortilla española de patatas y huevos no tiene nada que ver con la tortilla de maíz tan común en México.

Una chica que fue a España para pasar un año como estudiante de intercambio contaba que al llegar a la casa de la familia con la cual iba a vivir, la señora le preguntó, "¿Tienes hambre?" "Sí, mucha", contestó la chica, "y tengo ganas de probar las enchiladas". La señora le trajo a la chica "ensalada", pensando que eso era lo que quería la recién llegada.

2. **a.** Se puede llamar 'español' a una persona de Cuba.
   b. La gente de México y Chile no es española.
   c. La palabra 'hispano' se refiere a personas o cosas de origen español.
   d. A veces la gente llama 'español' a los que hablan español.

3. **a.** Hay mucha diversidad en la comunidad hispana.
   b. La combinación de europeo e indio es muy común.
   c. La mayor parte de los españoles son rubios.
   d. La cultura africana negra viene del Caribe.

4. **a.** El español es el idioma más hablado de todo el mundo.
   b. Muchos hispanos también hablan el mandarín.
   c. El español une a todos los hispanos.
   d. Se habla español en unos veinte países.

5. **a.** Las enchiladas son más típicas de México.
   b. Cada año hay más y más españoles que comen tacos.
   c. La tortilla española se prepara con patatas y huevos.
   d. La comida mexicana y la comida española son muy parecidas.

6. **a.** España tiene un clima tropical.
   b. Bogotá está a una altura muy baja.
   c. Muchas regiones tropicales tienen playas muy bonitas.
   d. En algunos países hispanos hace frío y nieva.

7. **a.** El 20% de los hispanos en EE.UU. no es de México, de Puerto Rico ni de Cuba.
   b. Los hispanos son el grupo minoritario que más rápidamente está aumentando.

c. Los hispanos son ahora el grupo minoritario más grande en este país.

d. La mayoría de los hispanos en los Estados Unidos es puertorriqueña.

8. a. Es fácil describir a los hispanos porque son muy parecidos.

b. Hay muchos contrastes en el mundo hispano.

c. Todavía hay algunas regiones no desarrolladas en el mundo hispano.

d. No hay gente rica en el mundo hispano.

C. Encuentra rápidamente las respuestas a las preguntas. Usa la estrategia de recorrer *(scanning)* el texto.

¿Te acuerdas?

Scan to find specific information. Locate specific information quickly by searching for key words.

1. ¿Qué porcentaje de los hispanos en los EE.UU. es de origen mexicano?
2. ¿Cuántas personas en el mundo hablan español?
3. ¿Qué elemento étnico se nota mucho en el Caribe?
4. ¿De qué están hechas las tortillas mexicanas?
5. ¿Cómo se llama una persona de Chile?
6. ¿Qué quiere decir "español"?
7. ¿De qué origen son los españoles con ojos azules?

D. What are the most common stereotypes in the United States today? Do these stereotypes affect people negatively? How? How can they be eliminated?

5. No todos los países hispanos son tropicales.

Muchos países hispanos se encuentran dentro de los límites de la zona tropical. En esta zona hay playas hermosas y hay regiones de mucho calor donde crecen plantas y frutas exóticas como el mango y la papaya.

Mucha gente cree que España es un país soleado y caluroso. En realidad, en invierno hace frío y nieva en muchas partes. La Tierra del Fuego en la Argentina es una de las regiones más frías del mundo. También en el trópico el clima varía mucho. En Bogotá, capital de Colombia, situada a una altura de unos 8.500 pies, llueve mucho y la temperatura media es de 57° F.

6. Sí. Los hispanos van a ser el grupo minoritario más grande de los EE.UU.

La población hispana ha aumentado más de un 60 por ciento en la década de los 70, más rápidamente que cualquier otro grupo étnico. Ahora hay unos 20 millones de hispanos en los EE.UU. El 63 por ciento son de origen mexicano, el 12 por ciento son puertorriqueños (2 millones viven en el continente y 3 millones viven en la isla, que es parte de los EE.UU.), el 5 por ciento son de origen cubano y el 20 por ciento son de Centro y Sudamérica y de otras naciones.

Esta presencia hispana se siente cada vez más en todos los aspectos de nuestra sociedad. Hay diputados y senadores hispanos. Hay más de veintisiete periódicos en español, cien emisoras de televisión y doscientas emisoras de radio. Hay un gran número de deportistas y artistas hispanos conocidos nacionalmente, tales como José Canseco, Edward James Olmos, Plácido Domingo y Gloria Estefan, entre muchos otros.

Como se puede ver, no es fácil definir en pocas palabras un concepto tan amplio como "lo hispano". Quizás es porque el mundo hispano es una fuente inagotable de contrastes entre lo antiguo y lo moderno, lo rico y lo pobre, entre regiones desarrolladas y las que están en vía de desarrollo.

Cultural stereotypes color the way we perceive what we see and hear. They limit our ability to appreciate the many varieties of people and ways of life. What effects do cultural stereotypes have? In this activity, you'll write an editorial about cultural stereotyping for a newspaper, and you'll learn an easy way to choose which details to include.

¿Cuál es tu opinión?

Imagina que eres escritor(a) para el periódico de tu escuela. Escribe un ensayo de cuatro o cinco párrafos sobre los efectos de los estereotipos en tu escuela o ciudad y lo que se puede hacer para mejorar la situación.

A. Preparación

1. Haz preguntas para encontrar detalles buenos y escribe las respuestas en una lista. Puedes hacerles preguntas a tus amigos(as) también. Algunas buenas preguntas son ¿**Quiénes** sufren de los estereotipos?, ¿De **qué** estereotipos sufren?, ¿**Cómo** sufren?, y ¿**Qué** podemos hacer para mejorar la situación?
2. Mira las respuestas y escoge los mejores detalles. Si necesitas más información, haz más preguntas.
3. Organiza los detalles en un orden lógico para presentarlos en tu ensayo.

ALGUNOS CONSEJOS
Finding good details
Things you write don't make sense unless they include appropriate details. Interesting details add color and life to what you write and give it more substance. A good way to choose the right details to include is to ask these questions: Who? What? Where? Why? When? How?

B. Redacción

1. Escribe una buena introducción. Puedes hacer una pregunta para llamarle la atención a tu lector(a), o puedes mencionar algo interesante relacionado con el tema de los estereotipos.
2. Escribe tres o cuatro párrafos para hablar de los estereotipos, quiénes sufren de ellos, cómo sufren estas personas, etc. Incluye detalles relevantes e interesantes de tu lista.
3. En tu conclusión, describe cómo se puede mejorar la situación.

C. Evaluación

1. Lee bien tu ensayo. ¿Contiene toda la información necesaria? ¿Contiene detalles interesantes? Si no, añade más detalles.
2. Muestra tu ensayo a dos o tres compañeros(as) y pídeles su opinión. Considera sus opiniones y haz los cambios necesarios.
3. ¿Usaste buena puntuación? Consulta a tus compañeros(as) o a tu profesor(a) si necesitas ayuda.
4. ¿Escribiste bien todas las palabras? ¿Usaste bien todas las formas verbales? Si necesitas ayuda, consulta las páginas 344–356 o mira un diccionario bilingüe. También puedes hablar con tus compañeros(as) o con tu profesor(a).

1 Mira los dibujos. Luego escucha lo que dice cada persona e indica qué dibujo corresponde a cada persona. Hay una oración que no corresponde a ningún dibujo.

a.

b.

c.

d.

2 En una hoja de papel, escribe tres opiniones un poco polémicas (*controversial*). Dale tu hoja de papel a un(a) compañero(a), que usará las expresiones de **Así se dice** para negar lo que escribiste.

MODELO —Los hombres siempre son mejores atletas que las mujeres.
—No estoy de acuerdo en que las mujeres no puedan ser buenas atletas. Hay muchas mujeres que son excelentes atletas.

3 Indica si las siguientes frases son **ciertas** o **falsas**. Si son falsas, corrígelas.

1. Hay aproximadamente dos millones de hispanos en Nueva York.
2. Los hispanos forman un grupo minoritario bastante pequeño.
3. La mayoría de los hispanos en Nueva York viene de Centroamérica.
4. Nueva York es un núcleo importante para la prensa y televisión en español.
5. Los dos periódicos en español que se conocen mejor son **El Sol** y **El Heraldo.**
6. Hay colombianos y dominicanos en Nueva York.
7. Todavía no hay emisoras de radio en español en Nueva York.

4 Escribe un párrafo para dar las impresiones que tienes o lo que supones sobre uno de los siguientes temas.

1. las actitudes de seres *(beings)* de otros planetas hacia los seres humanos, si vinieran a visitar la Tierra
2. lo que dirían los animales, si pudieran hablar, sobre los seres humanos
3. los hombres y las mujeres en el mundo laboral *(work world)* en 50 años

5 Les preguntaron a tres jóvenes cuáles son los tres deseos que pedirían si tuvieran una lámpara maravillosa *(magic lamp)*. ¿Cómo contestarías tú esa pregunta?

Si tuvieras una lámpara maravillosa, ¿qué pedirías?

ANTHONY: Pediría más tiempo para tocar la guitarra, una buena nota en el examen de francés y un viaje por el mundo.

AKUA: Estaría feliz con buena salud, dinero y amor. ¿Qué más se puede pedir?

MEGAN: Me encantaría poder despertarme tarde todos los días, comprarme un avión y ser pilota.

6 ¿Cómo te sientes en las siguientes situaciones? Usa las expresiones de **Así se dice** para describir cómo reaccionas.

1. Oyes una conversación llena de estereotipos e impresiones falsas de alguien que conoces.
2. Crees que alguien no te comprende porque tiene sólo una impresión superficial de ti.
3. Ves a alguien que sufre por los estereotipos.
4. Alguien dice que sabe que tiene muchos prejuicios pero no quiere tratar de cambiarlos.

7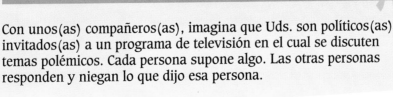

S I T U A C I Ó N

Con unos(as) compañeros(as), imagina que Uds. son políticos(as) invitados(as) a un programa de televisión en el cual se discuten temas polémicos. Cada persona supone algo. Las otras personas responden y niegan lo que dijo esa persona.

A VER SI PUEDO . . .

Can you talk about emotional reactions? p. 225

1 ¿Cómo se sienten estas personas en las siguientes situaciones? Escribe oraciones completas.

1. Martín y Laura / la gente se burla de sus amigos
2. Fernanda / sus profesores le dan mucha tarea
3. Cristóbal y yo / la gente habla muy alto en el cine
4. tú / ves tu programa favorito de cómicos
5. tus amigos / no saben la respuesta en clase
6. Gabriela / cuando recibe flores en su cumpleaños

Can you express disagreement? p. 227

2 Ana y Simón tienen opiniones muy diferentes sobre sus compañeros. Para cada descripción que sigue, indica cómo piensan Ana y Simón.

MODELO   Elisa y Paco practican el piano todos los días.
        ANA—Es verdad que practican todos los días.
        SIMÓN—No es cierto que practiquen todos los días.

1. Juan Carlos aprecia el arte y la música indígena.
2. Bárbara tiene una actitud muy positiva.
3. Gregorio nunca juzga a nadie.
4. Luis y Raquel son los únicos que nos comprenden.
5. Tatiana quiere combatir la discriminación.
6. Alejandro siempre ayuda a otros estudiantes con la tarea.

Can you express an assumption? p. 232

3 Usa expresiones de **Así se dice** para expresar tus ideas sobre los siguientes temas.

1. la vida estudiantil en el año 2050
2. las clases en las universidades
3. la discriminación racial en el año 2075
4. el clima del Polo Norte en contraste con el clima de Nueva York

Can you make hypothetical statements? p. 232

4 Crea oraciones con las siguientes frases. ¿Harías las siguientes cosas si tuvieras... o si pudieras...?

MODELO   ir de compras
      —Iría de compras si tuviera tiempo.

1. patinar en el parque
2. jugar al tenis
3. nadar en la piscina
4. montar a caballo
5. preparar una tortilla española
6. estudiar para el examen
7. pasear en velero
8. escuchar música

PRIMER PASO

Talking about emotional reactions

alegrarse *to be happy*
burlarse de *to make fun of*
enfadarse *to get angry*
enojarse *to get angry*
Me alegro cuando... *I'm happy when . . .*
Me enojo cuando... *I get angry when . . .*
Me frustro cuando... *I feel frustrated when . . .*
Me río cuando... *I laugh when . . .*
Me siento presionado(a) cuando...
I feel pressured when . . .
ponerse rojo(a) *to blush*
quejarse de *to complain about*
sentirse *to feel*

Some conjunctions of time

a menos (de) que *unless*
antes de que *before*
con tal (de) que *provided*
cuando *when*
después de que *after*
en caso de que *in case*
en cuanto *as soon as*
hasta que *until*

para que *so, in order that*
tan pronto como *as soon as*

Expressing disagreement
→ *daubt → wedic*

Niego que... *I disagree that . . .*
No es cierto que... *It's not true that . . .*
No es verdad que... *It's not true that . . .*
No estoy de acuerdo en que...
I don't agree that . . .

Adjectives that describe people

amigable *friendly* *con ser*
arrogante *arrogant*
bobo(a) *silly, dumb*
callado(a) *quiet*
chismoso(a) *gossipy*
descortés *rude*
egoísta *selfish*
melancólico(a) *moody*
perezoso(a) *lazy*
presumido(a) *conceited*
seco(a) *cold, curt/dry*
tímido(a) *shy*
torpe *slow, dull, clumsy*
travieso(a) *mischievous*

SEGUNDO PASO

Expressing an assumption
Indicitive Belief

Me imagino que... *I imagine that . . .*
Supongo que... *I suppose that . . .*
Tengo entendido que... *I understand that . . .*
Tengo la impresión de que...
I'm under the impression that . . .

Making hypothetical statements

Si pudiera... viviría...
If I could . . . I would live . . .
Si pudieras... ¿adónde irías?
If you could . . . where would you go?
Si tuviera... compraría...
If I had . . . I would buy . . .
Si tuvieras... ¿qué harías?
If you had . . . what would you do?

Talking about stereotypes

la actitud *attitude*
apreciar *to appreciate* — *Jemotian (wedic)*
combatir *to combat*
contra *against*
la discriminación *discrimination*
el estereotipo *stereotype*
estereotipar *to stereotype*
la falta (de) *lack (of)*
la ignorancia *ignorance*
juzgar *to judge*
la minoría *minority*
el prejuicio *prejudice*
respetar *to respect*
el respeto *respect*
tratar *to treat*

Trato a persona.

• personal "a"
• use article in front of nouns

10

La riqueza cultural

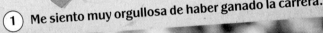

1 Me siento muy orgullosa de haber ganado la carrera.

Algunas personas hacen una aportación en sus profesiones; otras, en sus familias y en su vida diaria. ¿Cuáles son las áreas en las que te gustaría aportar algo? ¿Quieres que la gente te recuerde por alguna aportación en especial?

In this chapter you will learn

- to talk about accomplishments; to talk about future plans
- to express cause and effect; to express intention and purpose

And you will

- listen to two teenagers give advice to parents and young people
- read Hispanic American poetry
- write about cultural diversity in your community or area
- find out about the Hispanic community in New York City

(2) Cuando sea mayor, me gustaría ser músico.

(3) Tenemos parientes en otros países; por lo tanto, hemos decidido aprender más sobre sus culturas.

DE ANTEMANO

¿Qué significa ser hispano?

La palabra *hispano* en los Estados Unidos se refiere a gente de muchos países y diversos grupos étnicos... pero también significa mucho más. Antes de comenzar, piensa en lo que has aprendido de los hispanohablantes en tus estudios del español. Luego lee cómo explicaron la palabra *hispano* varios estudiantes de la Sra. Dora Villani del colegio John F. Kennedy en Nueva York.

Todos somos diferentes y tenemos diferentes opiniones sobre lo que significa ser hispano. Queremos saber lo que tú piensas y qué planes tienes para el futuro.

1. ¿Qué significa ser hispano para ti? **2.** En tu opinión, ¿cómo te ve la gente de origen no hispano? **3.** Si acabas de venir a los Estados Unidos, ¿has tenido que adaptarte o asimilarte a la cultura norteamericana? ¿Cómo? **4.** ¿Has compartido tu cultura con la gente no hispana? **5.** ¿De qué estás orgulloso(a)? **6.** ¿Qué quieres lograr antes de graduarte de la escuela secundaria? **7.** ¿Qué quieres hacer cuando seas mayor? ¿Por qué?

"Los hispanos tenemos una gran cultura.

Teany Hidalgo

Me llamo Teany Hidalgo. Tengo dieciséis años y soy de la República Dominicana. Yo estoy muy orgullosa de ser hispana porque los hispanos tenemos una gran cultura. Somos un grupo étnico que tiene costumbres muy variadas y gentes de diferentes países. Quienes vivimos en los Estados Unidos hemos aprendido a superarnos y a tener buenas profesiones. Mi objetivo es llegar a ser ingeniera de computación, y con la ayuda de mi familia sé que lo voy a alcanzar. Mi intención es cambiar todos los estereotipos que la gente tiene de los hispanos para que todos podamos tener un futuro feliz.

Mi nombre es Jessica Jiménez y nací en el Bronx. Estoy en el equipo de esgrima. Gané un trofeo en la temporada de 1993. Yo he vivido en Puerto Rico y es muy distinto a vivir aquí en los Estados Unidos. Aquí hay algunas personas que discriminan a otras por el hecho de tener

Me siento orgullosa de ser hispana."

Jessica Jiménez

padres hispanos. Yo me siento orgullosa de ser hispana porque, además del inglés, sé hablar muy bien el español. Cuando sea mayor, quiero ser médica para ayudar a otras personas, especialmente a los hispanos que no saben expresarse en inglés.

Me llamo Paul Bravo. Soy colombiano y vivo en el Bronx, Nueva York. Me interesa mucho el arte. Quiero llegar a ser arquitecto cuando sea mayor. Me siento parte de una colectividad que, sin perder su modo de ser,

> **Ser hispano aquí es para mí un desafío a ser mejor.**
> **Paul Bravo**

> **Este país me ha abierto las puertas para seguir adelante.**
> **Ruth Cruz**

trata de asimilar la cultura estadounidense. Ser hispano aquí es para mí un desafío a ser mejor, porque tengo que asimilar dos culturas. También es un compromiso porque tengo que llegar a ser igual o mejor que otros hispanos que han triunfado en todos los ámbitos de esta sociedad. Me siento muy orgulloso de ser hispano.

Me llamo Mayra Rivera y soy puertorriqueña. Tengo catorce años. Para mí, ser hispana en los Estados Unidos es un orgullo y a la vez un reto. Es un orgullo porque puedo expresarme en dos idiomas y compartir mis costumbres y tradiciones con mis amigos no hispanos. Es un reto porque es una nueva sociedad, con diferentes costumbres a las cuales debemos adaptarnos, y un nuevo idioma que tenemos que aprender. Si no dominamos el idioma, las oportunidades de triunfar en este país son pocas. Cuando uno no sabe el idioma la discriminación es mayor. Yo he

> **Ser hispana en los Estados Unidos es un orgullo.**
> **Mayra Rivera**

puesto todo mi esfuerzo en aprender inglés y adaptarme. Pienso que todos los hispanos debemos sentirnos orgullosos de nuestra historia y no olvidar nunca nuestras raíces y costumbres.

Mi nombre es Ruth Cruz y soy nicaragüense. Ahora vivo en la ciudad de Nueva York. Tengo dieciséis años. Para mí, ser hispana es un orgullo. Este país me ha abierto las puertas para seguir adelante. Desde

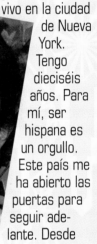

que vine a este país he estudiado mucho para así un día poder realizar mis metas. Aquí he podido conocer las diferentes culturas que existen y al mismo tiempo compartir la mía. Es muy importante tratar de superarnos en este país para que todos puedan tener en alto el nombre de los hispanos. Todos debemos hacer un esfuerzo, especialmente la juventud. Nosotros tenemos la mayor oportunidad ya que estamos estudiando. Lo tenemos que lograr para nuestro futuro. Estoy segura que poco a poco lo lograremos.

1 ¿A quién se refiere?

Indica a quién se refiere cada frase.

1. Quiere ser médica porque quiere ayudar a los hispanos que no saben hablar el inglés.
2. Cuando sea mayor, va a cambiar todos los estereotipos que la gente tiene de los hispanos.
3. Quieren compartir su cultura con sus amigos no hispanos.
4. Según ella, la juventud tiene la mayor oportunidad de mejorarse.
5. Le gusta mucho el arte y quiere llegar a ser arquitecto.
6. Dice que el hispano no debe olvidar nunca sus costumbres cuando llega a los Estados Unidos.
7. Piensa que tiene que ser igual o mejor que los otros hispanos.

2 ¿Quién lo diría?

Indica quién diría las siguientes oraciones.

| Mayra | Paul | Teany | Jessica | Ruth |

1. Este país me ha dado muchas oportunidades para triunfar.
2. La cultura hispana es muy rica y tiene mucha diversidad.
3. Ser hispano me inspira a ser mejor.
4. Es una ventaja ser bilingüe; sé hablar muy bien el inglés y el español.
5. Para mí, los estudios y el trabajo son importantísimos para seguir adelante.
6. Me gusta compartir mis costumbres con gente no hispana.
7. Los hispanos asimilan la cultura de los Estados Unidos pero sin perder su identidad.
8. No quiero que la gente estereotipe a los hispanos y espero cambiar esas actitudes.
9. Es importante adaptarse a la cultura.
10. Quiero ayudar a los hispanos que no son bilingües.

3 ¿Entendiste?

Contesta las preguntas según la información en las entrevistas.

1. Para estos jóvenes, ¿qué es lo más importante en sus vidas? ¿Por qué?
2. ¿Qué opinan ellos del hecho de ser hispanos?
3. ¿Quieren conservar sus tradiciones estos jóvenes? ¿Por qué?
4. ¿Qué opinan ellos sobre el inglés? ¿Qué opinan sobre ser bilingües?

4 ¿Cómo lo dicen?

Busca las expresiones que usan estos jóvenes hispanohablantes para expresar su orgullo *(pride)*, sus opiniones, sus valores y sus esperanzas para el futuro.

5 Ahora te toca a ti

Prepara una lista de las cosas que te hacen sentirte orgulloso(a) de tu propio grupo étnico, cultural o lingüístico. ¿Cómo comparas tus propios sentimientos por tu herencia *(heritage)* y tus tradiciones con lo que sienten los jóvenes que conociste en **De antemano**?

Talking about accomplishments; talking about future plans

ASÍ SE DICE   Talking about accomplishments

Si quieres hablar de las cosas de que estás orgulloso(a), puedes decir:

Yo **puse todo mi esfuerzo en** aprender el inglés.
   . . . I put a lot of effort into . . .
Toshiro **domina el francés** porque estudió en Francia por un año.
   . . . speaks French very well . . .
Edmundo **se siente orgulloso de haber** ganado el premio.
Alicia **logró superar muchos obstáculos** en su vida.
   . . . succeeded in overcoming many obstacles . . .
Después de mucha práctica, **alcancé éxito en** mi papel de Romeo.
   . . . achieved success in . . .
Birgitte **tuvo mucho éxito** este año; ganó todas las competencias de música.
Muchos hispanos **han triunfado** en los campos de ciencia y medicina.
   . . . have succeeded . . .

6 Eso no es lógico

Escucha las siguientes conversaciones e indica si las respuestas son **lógicas** o **ilógicas**. Luego escucha otra vez y cambia las respuestas ilógicas para que sean lógicas.

7 El camino al éxito

Lee el siguiente artículo sobre Gloria Estefan, la cantante cubanoamericana. Después contesta las preguntas.

1. ¿Qué ha logrado Gloria Estefan?
2. ¿Qué obstáculos ha superado ella?
3. ¿Cómo los superó?
4. ¿Qué piensan de Gloria los hispanos?

Gloria Estefan

SUPERANDO OBSTACULOS, ALCANZANDO EXITO

Gloria Estefan ha alcanzado éxito en su profesión y ha logrado algo no muy común para los cantantes hispanos: ser artista "crossover". Es decir, tiene éxitos en el mercado anglo e hispano. Sin embargo, el camino para el éxito no ha sido fácil para esta cubanoamericana. Ha superado muchos obstáculos. Salió de Cuba con sus padres cuando era muy joven. Llegaron a Miami sin mucho dinero y sin hablar el inglés. Se murió el papá cuando ella tenía 16 años. En el año 1990 se lastimó la espalda en un terrible accidente de autobús. Los que pensaban que Gloria nunca caminaría otra vez no la conocían. Es una mujer de mucha disciplina y puso todo su esfuerzo en recuperarse del accidente. La comunidad hispana se siente orgullosa de tener a Gloria como miembro de la familia.

El éxito

alcanzar   *to achieve, to attain*
aportar   *to contribute*
la aportación   *contribution*
el esfuerzo   *effort*
estar agradecido(a) por   *to be grateful for*
el éxito   *success*

el orgullo   *source of pride, honor*
el reto   *challenge*
sentirse orgulloso(a) de   *to feel proud of*
superar   *to overcome*
superarse   *to better oneself*
tener éxito   *to succeed*

8 La aportación hispana

La aportación de los hispanos al mundo de la literatura, arte, cine y deportes es muy grande. Indica qué persona corresponde a las siguientes descripciones. ¿Sabes también de qué países son?

También se puede decir...
Se puede decir **el aporte** por la **aportación**. También se dice **triunfar** por **tener éxito** y **desafío** por **reto**.

1.   2.   3.

4.   5.   6.

a. Ha alcanzado mucho éxito en varias películas de Hollywood.
b. Ha aportado mucho al mundo de diseño y moda.
c. Se siente orgullosa de haber ganado el *U.S. Open.*
d. Superó muchos retos para llegar a ser Cirujana General de los Estados Unidos.
e. Ha puesto mucho esfuerzo en superarse en el campo de la ópera.
f. Sus pinturas son el orgullo de su país.

9 Sus éxitos

Con un(a) compañero(a), habla de las aportaciones que Uds. han hecho a sus familias, a su escuela o a su comunidad. ¿Qué obstáculos han superado para alcanzar el éxito? ¿De qué están más orgullosos(as) en sus vidas? Si quieren, pueden imaginar que su conversación tiene lugar diez años en el futuro.

Las raíces

asimilarse   *to assimilate*
el compromiso   *commitment, obligation*
la costumbre   *custom*
criarse   *to grow up; to be raised*

encajar   *to fit in*
mantener   *to preserve, keep*
el modo de ser   *nature, disposition*
las raíces   *roots*

10 ¿Qué palabra es mejor?

Indica cuál es la mejor palabra del **Vocabulario** para completar cada oración.

1. **Responsabilidad** y **obligación** son sinónimos de =======.
2. El proceso de hacerse parte de otra cultura se llama =======.
3. El carácter y las costumbres de una persona definen su =======.
4. Muchos cubanoamericanos nacieron en Cuba y ======= allí también.
5. El término "las =======" se refiere al origen de una persona y su familia.
6. ======= quiere decir una tradición o algo que se ha hecho por muchas generaciones.

11 Consejos para padres y jóvenes hispanos

Escucha los consejos que Adriana y José Luis dan a padres y jóvenes hispanos. Luego indica quién diría cada frase: **Adriana, José Luis** o **los dos.**

1. Es necesario asimilarnos sin olvidar quiénes somos.
2. Los hispanos pueden aportar mucho a este país.
3. Los padres hispanos deben hacer el esfuerzo de aprender el inglés.
4. Es importante respetar el compromiso que tienes hacia tu familia.
5. Es más fácil para los hijos encajar en la sociedad estadounidense.

12 Costumbres y raíces

Contesta las siguientes preguntas con dos compañeros(as). Comparen y expliquen sus respuestas.

1. ¿Creen Uds. que los ciudadanos nuevos en nuestro país se asimilan fácilmente?
2. ¿Creen Uds. que es posible encajar en una nueva cultura y no olvidar sus raíces al mismo tiempo? ¿Cómo demuestran su orgullo los distintos grupos étnicos aquí en los Estados Unidos?
3. ¿Están viviendo Uds. ahora en el mismo lugar en que se criaron? ¿Qué dificultades tiene alguien al mudarse *(upon moving)* a un lugar nuevo?
4. ¿Qué costumbres mantienen sus familias? ¿Cuál es el origen de esas costumbres? ¿Creen que es importante mantener las costumbres?
5. ¿Qué compromisos sientes hacia tu familia?

Hay una fuerte influencia puertorriqueña en Nueva York. Esta influencia se ve especialmente en El Barrio, una sección de East Harlem. El Barrio es famoso por sus deliciosas comidas, su música "salsa", sus cines y sus publicaciones en español. Una de las atracciones de El Barrio es El Museo del Barrio, dedicado a las culturas de Latinoamérica y de Puerto Rico. Tiene una colección fascinante de objetos precolombinos y frecuentemente hay exhibiciones sobre la pintura, escultura y video latinoamericanos. ¿Qué influencias hispanas ves en tu comunidad?

ASÍ SE DICE   Talking about future plans

Si quieres hablar de tus planes para el futuro, puedes decir:

Me gustaría ser doctora **cuando sea mayor** para ayudar a otras personas.
Cuando cumpla los 18 años, voy a registrarme para votar.
Ofelia quiere trabajar **antes de que empiecen las clases** en la universidad.
Antes de terminar el colegio quiero conseguir una beca *(scholarship)*.
Después de graduarnos vamos a tener una fiesta muy grande.

13 Tus planes y tu modo de ser

Toma esta pequeña prueba para saber qué vínculo *(link)* hay entre tus planes y tu modo de ser.

1. Cuando sea mayor yo
   a. seré un(a) guía para safaris.
   b. trabajaré en Wall Street.
   c. escribiré un libro de poesía.
2. Antes de que cumpla los 40 años me gustaría
   a. viajar al Polo Sur.
   b. formar mi propia compañía internacional de finanzas.
   c. aprender la pantomima.
3. Cuando tenga suficiente dinero pienso
   a. comprarme un barco y navegar alrededor del mundo.
   b. invertirlo *(invest)* en petróleo.
   c. construir un nuevo museo de arte.
4. Después de que me gradúe del colegio
   a. voy a ir a Egipto para escalar las pirámides.
   b. voy a tomar clases de administración de empresas *(business administration)*.
   c. voy a tomar clases de escultura.

Resultados: Tus respuestas a las preguntas en la prueba indican algo sobre tu modo de ser. Vamos a ver qué dicen sobre tu personalidad las respuestas que escogiste. Si escogiste **a** la mayoría de las veces, tu tendencia natural es de ser una persona aventurera. Si escogiste **b**, eres empresario(a) *(entrepreneur)* por instinto. Si preferiste **c**, lo normal para ti es ser creativo(a) y artístico(a).

*G*ramática de repaso — The subjunctive after certain conjunctions

1. You learned in Chapter 9 that certain conjunctions may take the subjunctive.

cuando *when*	**hasta que** *until*
después de que *after*	**tan pronto como** *as soon as*
en cuanto *as soon as*	

2. You may remember that the following conjunctions always take the subjunctive:

a menos (de) que *unless*	**en caso de que** *in case*
antes de que *before*	**para que** *so, in order that*
con tal (de) que *provided*	

Antes de que **viajes** a México, debes comprar un mapa.
Después de que **vuelvas,** visítanos y hablaremos.

14 Consejos para Leonora

Leonora va a tener una entrevista para un trabajo. Con un(a) compañero(a), dale consejos usando la siguiente información. No se olviden de cambiar los verbos entre paréntesis.

1. Cuando (tener) una entrevista,...
2. Antes de que (ir),...
3. Tan pronto como (llegar),...
4. Cuando (hablar) con la jefa,...
5. Cuando Uds. (terminar) la entrevista,....

> ponte ropa profesional
> sé cortés
> ve a la oficina de la jefa
> agradécele su tiempo
> debes seguir estos consejos

15 Cuando sea mayor...

Los siguientes jóvenes están pensando en lo que les gustaría hacer cuando sean mayores. Escribe varias frases que indican lo que quiere hacer cada persona según el dibujo. Usa las frases **Cuando sea mayor...,** **Antes de que cumpla...** y **Después de que...**

> el hombre (la mujer) de negocios
> el (la) médico(a)
> el (la) programador(a)

a.

b.

c.

d.

e.

f.

PRIMER PASO

doscientos cincuenta y tres **253**

¡ADELANTE!

La herencia cultural

Lee lo que escribió Joaquín Veracruz sobre su herencia cultural. Sus palabras reflejan el orgullo que tiene por ser quien es. ¿Cómo describirías tu herencia cultural?

Cartas
AL EDITOR

Estimado editor:

Me llamo Joaquín Veracruz y soy de Río Piedras, Puerto Rico. Desde hace cinco años vivo en Brooklyn, Nueva York. Me encanta su revista y la leo todos los meses. Quería escribirles para contarles un poco sobre mi experiencia aquí en Nueva York.

Por lo general, ha sido una experiencia muy buena y he conocido a gente maravillosa. Pero por el hecho de venir de Puerto Rico, hay algunas personas

que opinan que no soy estadounidense. Me oyen hablar español y por consiguiente deciden, sin conocer los hechos, que soy inmigrante ilegal o que no tengo derecho a vivir aquí. Sin saber nada de mí, llegan a la conclusión de que soy inferior o incapaz de contribuir a la sociedad.

En mi opinión, en la mayoría de los casos esta actitud proviene de la ignorancia, no de la maldad. Por eso, la mejor forma de cambiar la opinión de esta gente es educarla, mostrarle que nosotros los hispanos tenemos mucho que ofrecer. Soy bilingüe; por lo tanto mis oportunidades para la

comunicación se duplican. Me esfuerzo en mis estudios por salir adelante. Respeto las diferentes culturas y costumbres de este país y creo que enriquecen a todo el mundo.

Es importante sentirse orgulloso del propio origen. Quiero pedirles a mis hermanos y hermanas hispanos que sigan luchando para que todo el mundo se dé cuenta de nuestras contribuciones. Les pido paciencia y amor para los que todavía no ven la realidad. La mejor manera de cambiar a una persona es hacerse su amigo.

Atentamente,
Joaquín Veracruz

NUESTRO TIEMPO

3

16 ¿Comprendiste?

Completa las frases con información de ¡Adelante!

1. Joaquín quería escribir una carta a la revista porque...
2. Algunas personas creen que Joaquín no es estadounidense porque...
3. Hay gente que cree erróneamente que Joaquín es un inmigrante ilegal porque...
4. En el nuevo programa del presidente, algunos estudiantes tendrán oportunidades de...
5. El grupo *Juntos Avanzamos* ha publicado una lista de sus objetivos porque quiere que...

17 Encuentra las expresiones

¿Cuáles son las expresiones en ¡Adelante! que se usan para hablar de la relación entre una causa y sus efectos? ¿Cuáles se usan para indicar las intenciones de alguien o el propósito *(purpose)* de una acción?

El presidente: reunión con grupo Juntos Avanzamos

(NUEVA YORK) Hoy se reúne el presidente con el grupo Juntos Avanzamos, cuyas ambiciones incluyen leyes contra la discriminación y programas para combatir los estereotipos culturales. Este año el grupo ha publicado una lista de sus objetivos con la idea de difundirlos a nivel nacional. Se cree que el presidente viene a la reunión con la intención de anunciar su apoyo para esos objetivos y para dar a conocer un nuevo programa nacional para combatir los estereotipos. Se reporta que el programa incluye oportunidades para que jóvenes de distintos grupos étnicos y culturales de todas partes del país puedan conocerse y discutir la discriminación y los estereotipos.

18 ¿Cuál es tu opinión?

Contesta las preguntas con un(a) compañero(a). Comparen sus respuestas y expliquen las diferencias de opinión que tengan.

1. ¿Está abierto este país a personas de muchas culturas diferentes? Elabora tu opinión.
2. ¿Cuál es la mejor manera de lograr *(achieve)* mayor tolerancia hacia otras culturas?
3. ¿Cuáles son las ventajas de conocer más de una cultura?
4. ¿Es importante que los diferentes grupos étnicos y culturales mantengan su identidad cultural? ¿Por qué o por qué no?
5. ¿Te sientes seguro(a) de tu identidad cultural? ¿De dónde viene ese sentido?

19 Ahora te toca a ti

Escribe un ensayo de unas quince frases sobre la importancia de la tolerancia hacia diversas culturas. Menciona las desventajas de la intolerancia y termina tu ensayo con las cosas que son, en tu opinión, las ventajas de una sociedad en que personas de distintas culturas pueden trabajar y convivir en paz.

¿Cómo te defines?

Estos estudiantes hispanos nos dijeron cómo se definen y por qué se definen así.

● Sally

San Diego, California

"Yo me considero chicana porque soy nacida aquí y mis padres son de México y latino lo considero... son todas las personas mexicanas, de Cuba, de Argentina, de todo... En veces sí hay [discriminación]... En veces nos ponen abajo, nos dan menos oportunidades a nosotros que somos chicanos o latinos... Lo que deberían de hacer es tratarnos a todos igual, porque no somos diferentes, somos igual[es]".

● Sergio

Miami, Florida

"Hispano y latinoamericano también. Es lo mismo, son sinónimos... Les brindamos [a los Estados Unidos] nuestra ética de trabajo, nuestros valores culturales y familiares, nuestra unión familiar, nuestras creencias en Dios y en la democracia, y también tenemos...muy amplio espíritu de superación".

● Ivette

Ponce, Puerto Rico

"Soy puertorriqueña, soy latina, soy americana... Puertorriqueña, pues, el centro de mi corazón; latina, mi piel; americana, mi mente... Yo creo que pese a la opinión que tienen muchas personas, los hispanohablantes somos personas que tenemos nuestra propia mente, somos muy capaces para hacer cualquier cosa que querramos".

Para pensar y hablar...

A. ¿Cómo se siente Ivette en su corazón? Según Sally, ¿cuál es la diferencia entre chicano y latino? Según Sergio, ¿cuál es la diferencia entre hispano y latinoamericano? ¿Qué aportación han hecho los latinos a los Estados Unidos, según Sergio?

B. Why do you think it's important to these teenagers to define who they are? What three words could you use to define yourself?

Expressing cause and effect; expressing intention and purpose

ASÍ SE DICE   Expressing cause and effect

Si quieres hablar de la relación entre causa y consecuencia, puedes decir:

Mis éxitos en natación **se deben a** mis excelentes entrenadores.
    . . . are due to . . .
Soy bilingüe; **por lo tanto,** tengo muchas oportunidades en el trabajo.
    . . . therefore . . .
Por tener padres hispanos, me siento orgullosa de la cultura hispana.
    Because I have . . .
No estudié, **así que** salí con malas notas.
    . . . so . . .
Las leyes han cambiado **de tal forma que** hay menos discriminación.
Sé español y portugués; **en consecuencia,** puedo viajar fácilmente en
    América Latina.
Discutimos el problema; **por consiguiente,** hay más tolerancia.
    . . . consequently . . .
Las acciones de los líderes **resultaron**
    en leyes contra la discriminación.

Nota *G*ramatical

In Spanish, verbs are not conjugated after a preposition. Infinitives are used instead.

> Marisa consiguió varias becas **por ser** buena estudiante.

> Rubén llamó a sus padres **antes de salir.**

20 Por lo tanto...

Escucha las siguientes frases. Indica si cada frase expresa una relación entre causa y efecto o no.

21 Consecuencias

¿Cuáles son las consecuencias de estas acciones o hechos? Lee cada frase y combínala con una de estas expresiones. Luego añade una conclusión original.

MODELO   Angélica trabaja para una compañía internacional.
    —Angélica trabaja para una compañía internacional, así que necesita saber más de un idioma.

1. Tomás ha trabajado en la compañía por 35 años.
2. Alberto es un genio en matemáticas.
3. María Carlota nació en Buenos Aires.
4. Cristina ha aprendido contabilidad trabajando en la oficina de su papá.
5. A mi hermano le encanta trabajar en su carro.
6. Eva y Dalia empezaron a practicar la natación desde muy jóvenes.

por lo tanto   así que   en consecuencia

de forma que   por el hecho de

por consiguiente   resultar en

22 Causas y efectos

Mira los dibujos. Luego, con un(a) compañero(a), escribe una frase para describir la causa y el efecto que ves en cada dibujo.

VOCABULARIO

Las metas

la aspiración *aspiration, ambition*	**la meta** *goal*
aspirar a *to aspire to*	**el objetivo** *objective*
enfocarse en *to focus on*	**realizar (un sueño)** *to fulfill (a dream)*
esforzarse por *to make an effort to*	**soñar con** + inf. *to dream of (doing something)*
lograr *to achieve; to manage to*	**tomar la iniciativa** *to take the initiative*
llevar a cabo *to carry out*	

23 Las metas del grupo folklórico

El grupo Amigos de la República Dominicana está anunciando sus metas para este año. Completa cada frase con una palabra apropiada. Luego escribe cinco oraciones similares e intercámbialas con un(a) compañero(a). Traten de adivinar las palabras que se necesitan para completar las oraciones del (de la) compañero(a).

¿Te acuerdas?

The reflexive pronoun you use varies according to the subject of the sentence.

> Creo que debes enfocarte más en tus objetivos.
>
> **Nos** esforzamos por lograr nuestras metas.

1. Nuestra ▭ es fomentar *(encourage)* el aprecio del arte dominicano en Nueva York.
2. Este año vamos a ▭ el arte que mejor refleja el espíritu y el alma de los dominicanos.
3. Tendremos un programa de clases especiales para jóvenes dominicanos que ▭ aprender sobre la música tradicional de la República Dominicana.
4. Nuestro comité tiene que ▭ en esta área porque ninguna otra organización está trabajando en ella.
5. Vamos a hacer todo lo posible para ▭ nuestros planes.

24 El Comité Nacional para la Cultura

Imagina que es el año 2015 y tú y dos o tres compañeros(as) son miembros del Comité Nacional para la Cultura. ¿Qué metas realizaron el año pasado? ¿Cómo las realizaron y cuáles fueron sus consecuencias? Luego decidan cuáles van a ser las metas del comité este año y discutan cómo van a lograrlas.

25 Proponemos una solución

Con un(a) compañero(a), haz una lista de los cinco problemas más graves que afectan tu ciudad. Luego escojan uno de los problemas y escriban un ensayo de unas quince frases. Expliquen la causa del problema y las consecuencias que ha tenido. Mencionen los objetivos que tienen para resolver el problema y cómo pueden lograr sus objetivos.

ASÍ SE DICE   Expressing intention and purpose

Si quieres hablar de tus intenciones y objetivos, puedes decir:

Pienso aprender un poco sobre la música hispana.
Tengo la intención de visitar Puerto Rico.
Escribieron la carta **con la intención de** persuadirnos a visitarlos.
Fui allí **con la idea de** comprar libros sobre los hispanos famosos.
Quiero visitar España **para** conocer a su gente.
Vamos a eliminar los estereotipos **para que** haya menos discriminación.

26 ¿Quién es?

Mira los siguientes dibujos. Luego escucha cada descripción e indica a qué persona en los dibujos se refiere.

a.   b.   c.   d.

27 No pudo porque...

Usa las expresiones de **Así se dice** para explicar por qué cada persona no pudo hacer las siguientes cosas.

MODELO   Mario / visitar el Museo Guggenheim
Mario tenía la intención de visitar el Museo Guggenheim pero tuvo que trabajar.

1. Claudia / ir al Desfile del Día de la Raza
2. Ignacio / visitar la Sociedad Hispánica de América
3. Kristin / asistir a un concierto en el Radio City Music Hall
4. Chen / escuchar una ópera en Carnegie Hall
5. Alishia / ir de compras a Macy's

28 ¡Qué generosidad!

Imagina que tú y un(a) compañero(a) tienen 20.000 dólares que quieren usar para fomentar una conciencia cultural en su ciudad. Discutan para qué cosas deben gastar el dinero.

MODELO   Debemos dar 5.000 dólares a la escuela para que pueda comprar libros sobre los mayas y los aztecas.

*G*ramática de repaso The subjunctive with **para que**

The conjunction **para que** is always followed by the subjunctive in Spanish. Any verbs that go after **para,** however, are left in the infinitive.

Les escribo a mis representantes **para que sepan** mis opiniones.
Llamé a la senadora **para discutir** los programas multiculturales.

29 ¿Cuál se usa?

Completa cada frase con **para** o con **para que.**

1. Mis padres emigraron de América Latina. Estoy ahorrando dinero ===== viajar allá algún día.
2. Mis abuelos no hablan inglés. Yo les hablo en español ===== me entiendan.
3. Debemos enfocarnos en los detalles de la situación ===== la comprendamos.
4. Tendré que estudiar muchos años ===== realizar mi sueño de ser médico en programas para los pobres.
5. Una mujer anónima ha contribuido 1.000 dólares al programa ===== comprar obras de arte para la Sociedad Hispánica de América.

30 Las metas de Alejandro

Completa cada frase lógicamente con **para** o con **para que** para describir las metas de Alejandro.

MODELO Quiero aprender bien el español.
Quiero aprender bien el español para conocer mejor la cultura hispana.

1. Deseo superarme.
2. Voy a aprender los bailes de América Latina.
3. Quiero un empleo en negocios internacionales.
4. Voy a tomar una clase sobre el arte mexicano.
5. Voy a llevar a mi familia a las pirámides de Teotihuacán.
6. Cuando tenga hijos, les enseñaré las tradiciones de mi familia.

31 En mi cuaderno

Imagina que estás solicitando *(applying for)* una beca para asistir a tu universidad favorita. Escribe una carta a la universidad para decirles cuáles son tus planes para el futuro. Menciona también tus logros más notables, y explica cómo te ayudará la beca a realizar tus sueños profesionales.

SUGERENCIA

One way to make the task of writing easier is to make sure you know most of the words you will need to use. With a classmate, make a list of the words you will probably need to complete your project. Then look up the words you don't know in the dictionary. It's a good idea to verify the dictionary definition with your teacher to be sure you're using the right word.

El Ballet Hispánico de Nueva York

Fundado en 1970 por la venezolana Tina Ramírez, el Ballet Hispánico de Nueva York ofrece toda una variedad de bailes y música al público en funciones en Estados Unidos, Latinoamérica y Europa y por medio de su escuela de baile en Nueva York. ¿Qué elementos culturales ves en estas fotos? ¿Crees que estos elementos expresan algo típico o universal de la cultura hispana?

Para discutir

¿Qué se expresa en un baile? ¿Cómo se puede usar el baile para expresar los sentimientos? ¿Cómo se puede usar para expresar el orgullo nacional o étnico y los sentimientos de un pueblo? Explica tus respuestas. ¿Qué tipos de baile hay en los Estados Unidos? ¿Qué revelan esos bailes acerca de la gente de este país?

Vamos a comprenderlo

El Ballet Hispánico de Nueva York combina ritmos y música del mundo hispano con elementos de la danza moderna para explorar temas de la historia y la actualidad hispanas. Un bailarín, por ejemplo, demostró cómo un problema puede afectar todos los aspectos de la vida de una persona al bailar los pasos tradicionales del flamenco mientras balanceaba en la cabeza un cuenco *(bowl)* de agua. La escuela de baile del Ballet Hispánico tiene más de 900 estudiantes, el 70 por ciento de ellos hispanos, que aprenden el baile hispano y el ballet de instructores e instructoras profesionales. Muchos de los graduados de la escuela de baile tienen carreras en la danza, el teatro, el cine y la televisión.

Gringa/Chicana
por Maia Chávez Dean

Dos poemas

*V*as a leer dos selecciones de poesía. La primera, por Maia Chávez Dean (1964–), se llama "Gringa/Chicana"; la otra es un extracto de "Yo soy Joaquín", por Rodolfo "Corky" Gonzales (1928–). Maia Chávez Dean se crió en Nueva York, Nuevo México y Colorado e hizo sus estudios en el idioma y la cultura hispanos. Gonzales es hijo de obreros migratorios chicanos. Ahora es periodista y autor dedicado al movimiento chicano.

Estrategia

Paraphrasing is an easy way to help you understand the content of a text, especially when you encounter unfamiliar vocabulary. You paraphrase when you put a text's ideas into your own words. While summarizing involves only the main ideas, paraphrasing involves putting all or almost all of the text's ideas in your own words. You can paraphrase even if you do not understand every word of the text.

¡A comenzar!

A. Responde a las siguientes preguntas sobre "Gringa/Chicana".

1. ¿Qué quiere decir "gringa"?
2. ¿Qué quiere decir "chicana"?
3. ¿Qué implica la línea diagonal entre "Gringa" y "Chicana"?

¿Te acuerdas?

Make predictions about a text. Before you read, try to anticipate what's in the text by the way it's written and by whatever you know about the text already.

I
El sol brilla
caliente sobre el polvo negro
caliente sobre la tierra amarilla
caliente sobre las caras morenas
piel morena
calle de la ciudad
y el polvo negro en mis pies
en mis zapatos
y el calor sale del pavimento
a través del desierto
a través de las piedras
—pirámides
muy lejos
grandes templos de los dioses
subiendo
subiendo
y el cielo ancho y amarillo
color de la tierra
color de la sequía
y el polvo negro de la ciudad
en mis pies blancos—
cabello claro—
¡Güera!
sí,
aunque me dijeron allí donde nací
que era morena
niña morena
ojos latinos
chicana
bella

II
Sí pero eso fue en los Estados Unidos de América
"Home of the brave"
Los Estados Unidos
unidos
un gran magnífico "crisol"
unidos
"All for one and one for all"
herencia
raíces—

¿Pero no es esto mi herencia?
¿Aquí bajo el cielo amarillo?
cielo de sequía
tierra morena,
¿caras morenas?
y ¡Güera! ¡Güera!
piel blanca
cabello claro
¡No! —digo— ¡No!
soy una de ustedes
¡Mira!
Cómo mis pies caminan en el polvo negro.
¡Mira!
"my soul"
¡Mi alma! — grito.
Pero de pronto la lengua se me vuelve extraña
y no puedo hablar en su idioma
Lo sé
pero no puedo hablar
Lo siento
pero no puedo hablar
y todo está perdido en el gran crisol.

    III
Perdido
todo fundido
y mezclado con las lágrimas
los lamentos nostálgicos
lamentos, lágrimas
palabras habladas en voces dulces desde una tierra
    extranjera
una lengua extranjera
una canción extranjera
Lloro
Llorando
lágrimas por la tierra amarilla
por el polvo negro
por el hogar que nunca conocí
¿Qué es lo que soy?
chicana—gringa
media chicana, si tal caso.
Yo
Con mis manos contra la tierra
con las lágrimas cayendo
llenas
tan llenas de amor
¡Güera!—pero soy
¡Chicana!—pero soy
¡Gringa!—pero soy
¡Nada!—ay, no, pero ¡SOY!
Mis manos cogen la tierra morena,
y soy.

B. Toma dos o tres minutos para
hacer predicciones sobre el poema.
Usa estas preguntas como guía.

1. Dado que "Gringa/Chicana" es
un poema, ¿qué predicciones
puedes hacer sobre la forma
del texto?
2. Si la chica en el poema es chicana, ¿dónde puede vivir?
3. La chica va a hablar de características positivas de México y
los Estados Unidos. ¿Qué características buenas mencionará?

Al grano

C. Lee las tres partes del poema
rápidamente y escoge la frase
que mejor resume *(sums up)*
cada parte.

1. Parte I
   a. En los desiertos de México
   hace calor y hay mucho
   polvo debido al sol.
   b. Bajo el sol, una chica piensa
   en la cultura y naturaleza
   mexicana, y en su verdadera
   identidad.

2. Parte II
   a. La chica vive en los Estados
   Unidos y sufre mucho al pensar que está perdiendo su
   cultura e idioma mexicano.
   b. La chica reconoce lo bueno
   de la cultura norteamericana
   y no quiere ser como la
   gente de México.

3. Parte III
   a. La chica echa de menos *(mis-
   ses)* a México y nada puede
   hacerla dejar de llorar.
   b. La chica está llorando a
   causa de su confusión de
   identidad, pero al final
   decide que tiene una identidad como persona única.

Use your background knowledge. Think about what you already know about a topic before you read in depth.

D. "Yo soy Joaquín" trata de un chico que experimenta confusión entre la cultura chicana y la norteamericana. Con dos compañeros(as), habla de lo que sabes sobre el fenómeno de ser méxicoamericano. Pueden usar estas preguntas como guía.

1. ¿Qué quiere decir "méxico-americano"?
2. ¿Dónde vive la mayoría de los méxicoamericanos en Estados Unidos?
3. ¿De qué aspectos de la cultura méxicana estaría orgulloso un(a) méxicoamericano(a)?
4. ¿Cuáles son unos problemas que experimentan algunos méxicoamericanos?

E. Escribe una paráfrasis de "Yo soy Joaquín" o de "Gringa/Chicana" con un(a) compañero(a) de clase. Escríbanla en forma de un párrafo, no un poema. Recuerden que no necesitan entender cada palabra para hacer una buena paráfrasis.

F. Conversa con un(a) compañero(a), imaginando que uno(a) de Uds. es Joaquín y la otra persona es un(a) reportero(a) que escribe sobre los problemas de los inmigrantes. Hablen por lo menos cinco minutos.

G. Which of the two selections is your favorite? Why? Do you sympathize more with one character than the other?

YO SOY JOAQUÍN

por Rodolfo "Corky" Gonzales

Yo soy Joaquín,
perdido en un mundo de confusión,
enganchado en el remolino de una
      sociedad gringa,
confundido por las reglas,
despreciado por las actitudes,
sofocado por manipulaciones,
y destrozado por la sociedad moderna.
Mis padres
      perdieron la batalla económica
y conquistaron
      la lucha de supervivencia cultural.
Y ¡ahora!
      yo tengo que escojer
          en medio
      de la paradoja de
triunfo del espíritu,
a despecho de hambre física,
          o
      existir en la empuñada
de la neurosis social americana,
esterilización del alma
      y un estómago repleto.
Sí,
vine de muy lejos a ninguna parte,
desinclinadamente arrastrado por ese
      gigante, monstruoso, técnico, e
      industrial llamado
      Progreso
y éxito angloamericano...
Yo mismo me miro.
 Observo a mis hermanos.
  Lloro lágrimas de desgracia.
   Siembro semillas de odio.
Me retiro a la seguridad dentro del
círculo de vida-
      MI RAZA.

We are all part of a rich and varied cultural mosaic. Our cultural unique-ness and individuality express themselves in many ways, including traditions we maintain across generations, the way we dress, the language we speak, and the foods we eat. Can you think of other ways cultural diversity is expressed? In this activity, you will describe some of the cultural diversity you see around you, and you will learn how to improve your writing style by combining sentences.

La diversidad cultural

Escribe un ensayo de cinco o seis párrafos sobre una persona o grupo que represente un elemento de la diversidad cultural de tu comunidad o área.

A. Preparación

1. Piensa en la diversidad cultural que existe en tu comunidad o área. Haz una lista de personas o grupos interesantes y las cosas que se asocian con ellos.
2. Escoge la persona o grupo más interesante de tu lista. Haz preguntas para encontrar más detalles. Si puedes, habla con esa persona o con alguien que pertenezca *(belongs)* al grupo.
3. Busca fotos que demuestren la individualidad de la persona o grupo que describes. Si quieres, puedes sacar las fotos tú mismo(a) *(yourself)*.
4. Organiza tu información en un orden lógico.

ALGUNOS CONSEJOS
Combining sentences
Your paragraphs may lose their impact if they are made up only of short, choppy sentences. One way to improve the flow of your paragraphs is to combine sentences with **y**, **o**, or **pero**. For example, "**Mi abuelo prefiere comidas tradicionales pero lleva ropa muy moderna,**" is more interesting than "**Mi abuelo prefiere comidas tradicionales. Lleva ropa muy moderna.**" Likewise, "**Svetlana habla y escribe sólo en ruso,**" sounds better than "**Svetlana habla sólo en ruso. Svetlana escribe sólo en ruso.**"

B. Redacción

1. Escribe una buena introducción con un hecho *(fact)* interesante sobre la persona o grupo o con una pregunta.
2. Escribe dos o tres párrafos sobre los detalles interesantes que encontraste. Usa palabras y frases descriptivas y vívidas. Incluye las fotos como ejemplos.
3. En tu conclusión, da tu opinión sobre la importancia de la diversidad cultural y menciona alguna cosa especial que aprendiste mientras trabajabas en este proyecto.

C. Evaluación

1. ¿Contiene cada párrafo sólo una idea principal? Si un párrafo contiene más de una idea, sepáralas y ponlas en párrafos distintos. Si quieres, pídele ayuda a un(a) compañero(a).
2. ¿Hay muchas frases cortas y abruptas? Si las hay, busca maneras de combinarlas con **y**, **o** o **pero.** Si quieres, pídele ayuda a un(a) compañero(a).
3. ¿Está organizado lógicamente tu ensayo? Si no, pon los párrafos o los detalles en un orden más lógico.
4. Dales tu ensayo a unos(as) compañeros(as) para buscar errores. Considera sus sugerencias e incorpora las mejores.

REPASO

1 Escucha las siguientes oraciones e indica cuál corresponde a cada dibujo. Hay una oración que no corresponde a ningún dibujo.

a.

b.

c.

d.

2 Imagina que eres propietario(a) *(owner)* de una compañía internacional. Con un(a) compañero(a), escribe un reportaje de diez frases sobre los planes y metas de la compañía para el año que viene.

MODELO   Vamos a construir otro edificio para que tengamos más espacio.

3 Haz una lista de tres cosas que te han salido bien en la vida y otras tres que te hayan salido mal. Pueden ser cosas importantes o pequeñas frustraciones. Pueden estar relacionadas con el deporte o con la vida familiar o social. Escribe cuál fue la causa y su efecto en tu vida.

MODELO   He subido mucho de peso estos últimos meses; por lo tanto, tengo que hacer deporte.

4 Contesta estas preguntas con información cultural de este capítulo.

1. ¿Por qué es notable el edificio en que se encuentra la Sociedad Hispánica de América?
2. ¿En qué parte de Nueva York se siente especialmente la influencia de Puerto Rico?
3. ¿Cuáles son algunas de las atracciones de El Barrio?
4. ¿Qué tipos de exhibiciones tiene El Museo del Barrio?

5 Escribe un párrafo con los logros de que estás orgulloso(a). Usa expresiones como las siguientes.

Puse todo mi esfuerzo en…
Me siento orgulloso de…
Logré superar…

Alcancé éxito en…
He triunfado en…

6 Con un(a) compañero(a), usa expresiones de **Así se dice** para hablar de sus planes para el futuro. Consideren estas posibilidades antes de escribir:

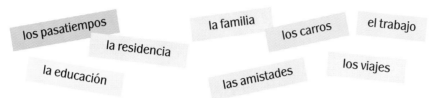

los pasatiempos

la residencia

la educación

la familia

las amistades

los carros

los viajes

el trabajo

7 Lee la carta y completa las frases con palabras o frases apropiadas.

1. Laura sabía muy bien el francés, ▬▬▬▬Constancia la invitó a acompañarla como intérprete.
2. Las dos muchachas fueron al museo Louvre ▬▬▬▬ ver la Mona Lisa y otras obras de arte.
3. No tenían suficiente dinero para cenar en el restaurante elegante; ▬▬▬▬, fueron a un lugar más barato.
4. Fueron a la Torre Eiffel y al Palacio Versalles ▬▬▬▬ sacar fotografías.
5. El año que viene, Constancia ▬▬▬▬ ir a Dinamarca.

Querida Felicia,
¡Mi viaje a Francia fue estupendo! Sabías que Laura me acompañó, ¿no? Fue mi intérprete porque yo no sé ni papa del francés. Fuimos al museo Louvre a ver la Mona Lisa y otras obras de arte. Fuimos a un restaurante elegante para cenar pero no pudimos… los precios eran muy altos. Decidimos cenar en un restaurante menos caro. Fuimos también a la Torre Eiffel y al Palacio Versalles a sacar fotos. El año que viene, quiero ir a Dinamarca. ¡Ojalá que puedas acompañarme! Un abrazo,
Constancia

8 S I T U A C I Ó N

Trabajen en parejas e imaginen que uno(a) de Uds. es un(a) nuevo(a) ciudadano(a) de los Estados Unidos. Esta persona habla de las experiencias buenas y malas que le han pasado desde que vino a este país. Las otras dos personas quieren saber más sobre su vida y su herencia cultural y le hacen algunas preguntas. También le ofrecen ayuda para acostumbrarse a su nueva situación.

Can you talk about your accomplishments? p. 249

1 Escribe las siguientes oraciones usando frases que expresan logro y orgullo. Usa cada expresión de logro sólo una vez.

1. Elías trabajó mucho en su proyecto de ciencias.
2. Sabina y su hermana hablan perfectamente el griego.
3. Cecilia se siente muy bien porque sacó muy buenas notas.
4. Fue difícil al principio pero al fin Bao y Tranh pudieron asimilarse.
5. Le fue muy bien a Gerardo en su negocio.

Can you talk about future plans? p. 252

2 Usa la siguiente información para escribir oraciones completas.

1. Antes de que / (Uds.) empezar un proyecto / deber enfocarse
2. Después de que / (tú) alcanzar tus objetivos / sentirse orgulloso(a)
3. El problema resolverse / cuando / alguien tomar la iniciativa
4. Antes de que / (nosotros) poder superar los retos / deber esforzarse
5. Cuando / (yo) dominar el alemán / entender mejor la cultura alemana

Can you express cause and effect? p. 257

3 En estas frases, Roberto explica un poco sobre la historia de su ciudad. Completa cada frase con la expresión más apropiada.

1. Los nombres indígenas de las calles ═══ a la influencia de la gente indígena que habitaban esta área hace 200 años.
2. ═══ la influencia indígena, hay mucho arte indio en esta región.
3. Muchos franceses poblaron esta región en 1800; ═══, mucha gente todavía habla un tipo de francés.
4. Las horribles batallas ═══ muchas tragedias.
5. Hay mucha gente hispana aquí; ═══ hay muchos hispanohablantes.

Can you express intention and purpose? p. 259

4 ¿Cómo expresaría sus intenciones cada persona en el dibujo?

por consiguiente
del tal forma
así que
en consecuencia
por lo tanto

(handwritten: lograr = to succeed/ to manage to do something)

PRIMER PASO

Talking about accomplishments

Alcancé éxito en...   *I achieved success in . . .*
Domina el francés.
   He (she) speaks French very well.
Han triunfado... *(handwritten: tindic·)*
   (Many Hispanics) have succeeded . . .
Logró superar muchos obstáculos...
   She (he) succeeded in overcoming many obstacles . . .
Puse todo mi esfuerzo en...
   I put a lot of effort into . . .
Se siente orgulloso(a) de haber...
   He (she) feels proud of having . . .
Tuvo mucho éxito...
   He (she) was very successful . . .

Talking about future plans

Antes de que empiecen las clases...
   Before classes begin . . .
Antes de terminar...   *Before finishing . . .* *(handwritten: +future)*
Cuando cumpla los 18 años...   *When I turn 18 . . .* *(handwritten: +future)*
Cuando sea mayor...   *When I'm older . . .* *(handwritten: +future)*
Después de graduarnos...   *After we graduate . . .*

El éxito

alcanzar   *to achieve, to attain,* *(handwritten: to reach)*
aportar   *to contribute*
la aportación   *contribution*
el esfuerzo   *effort*
estar agradecido(a) por   *to be grateful for*
el éxito   *success*
el orgullo   *source of pride, honor*
el reto   *challenge*
sentirse orgulloso(a) de   *to feel proud of*
superar   *to overcome*
superarse   *to better oneself*
tener éxito   *to succeed*
(handwritten: triunfar = to succeed/triumph)

Las raíces

asimilarse   *to assimilate*
el compromiso   *commitment, obligation*
la costumbre   *custom*
criarse   *to grow up; to be raised*
encajar   *to fit in*
mantener   *to preserve, keep,* *(handwritten: maintain → mantuvieran)*
el modo de ser   *nature, disposition*
las raíces   *roots*

(handwritten: domina= to be fluent / dominar)

SEGUNDO PASO

Expressing cause and effect

Discutimos el problema; por consiguiente...
   We discussed the problem; consequently . . .
Las acciones de los líderes resultaron en...
   The actions of the leaders resulted in . . .
Las leyes han cambiado de tal forma que... *(handwritten: indic.. reporting)*
   The laws have changed in such a way that . . .
Mis éxitos se deben a...
   My successes are due to . . .
No estudié, así que...   *I didn't study, so . . .*
Por tener padres hispanos...
   Because I have Hispanic parents . . .
Sé español y portugués; en consecuencia...
   I know Spanish and Portuguese; therefore . . .
Soy bilingüe; por lo tanto...
   I'm bilingual; therefore . . .

Expressing intention and purpose

(handwritten: infinitive)
Escribieron... con la intención de...
   They wrote . . . with the intention of . . .

Fui... con la idea de...
   I went . . . in order to . . .
Pienso...   *I intend to . . .*
Quiero... para...   *I want to . . . in order to . .* *(handwritten: with 3 person)*
Tengo la intención de...   *I intend to . . .*
Vamos a... para que...   *Let's . . . so that . . .* *(handwritten: tUPACE)*

Las metas

la aspiración   *aspiration; ambition*
aspirar a   *to aspire to*
enfocarse en   *to focus on*
esforzarse por   *to make an effort to*
lograr   *to achieve; to manage to*
llevar a cabo   *to carry out*
la meta   *goal*
el objetivo   *objective*
realizar (un sueño)   *to fulfill (a dream)*
soñar con + inf.   *to dream of (doing something)*
tomar la iniciativa   *to take the initiative*

(handwritten: para tener = in order to have / por tener = because of having money)

¡Ven conmigo a Costa Rica!

Costa Rica se ha dedicado a conservar sus selvas tropicales, que tienen muchas especies de pájaros y animales.

Costa Rica

Población: 3.200.000 (San José: 294.167)

Área: 50.898 km²; un poco más pequeño que West Virginia

Clima: temperatura promedio 26°-28°C (79°-82°F) anual

Ciudades principales: San José, Alajuela, Cartago, Limón, Puntarenas

Productos agrícolas: bananos, café, azúcar, arroz, maíz, ganado

Industrias: comestibles, turismo, ropa, materiales de construcción

Personajes famosos: Oscar Arias Sánchez (1941–), presidente de Costa Rica (1986-1990) y ganador del Premio Nóbel de la Paz en 1987; Sylvia Poll (1971–), nadadora olímpica; Franklin Chang-Díaz (1950–), astronauta de la nave espacial Columbia

Platos típicos: gallo pinto, tamales, ceviche, picadillo de arracache, cajeta, gallina de palo, sopa negra

NICARAGUA

Lago de Nicaragua

COSTA RICA

Mar Caribe

Alajuela
Puntarenas
San José
Cartago
Limón

Canal de Panamá

N

PANAMÁ

Océano Pacífico

0 50 100 Kilómetros
0 50 100 Millas

COSTA RICA

En realidad, Costa Rica tiene dos costas ricas: la costa del mar Caribe y la costa del océano Pacífico. Las dos costas se separan por apenas 125 km (75 millas) en la banda más estrecha del país. Aunque es pequeño, Costa Rica es un país variado con montañas y selvas. Hay también una meseta central donde se encuentra la zona de mayor población y agricultura. Situado como un puente entre los dos continentes americanos, Costa Rica ha quedado con muchos animales y plantas que ya no existen en otros lugares, lo cual hace del país un destino preferido de los científicos y turistas al mismo tiempo.

① Entre otros atractivos naturales, Costa Rica cuenta con unos 67 volcanes, siete de los cuales son activos. Varios parques nacionales ofrecen la posibilidad de ver el interior de un volcán.

② San José, la capital de Costa Rica, goza de un clima primaveral durante todo el año. Alrededor del 30 por ciento de la población del país vive en esta ciudad, que ofrece museos, parques y muchos eventos culturales.

③ Costa Rica tiene una abundancia de especies de plantas. Una de las plantas más famosas del país es la orquídea, la flor nacional, que crece principalmente en las selvas tropicales.

④ Muchas especies de mariposas viven en Costa Rica. Los meses de junio y julio son los mejores para verlas.

En los Capítulos 11 y 12 vas a conocer Costa Rica. Conocerás a algunos costarricenses y verás un poco del magnífico paisaje por el cual este país es conocido por todo el mundo. Aprenderás un poco sobre la historia de Costa Rica y el carácter de la nación, y verás por qué Costa Rica se considera una joya cuyo valor natural y cultural es inestimable.

⑤ Los costarricenses, o "ticos", representan una gran mezcla de culturas y costumbres. Muchos de los habitantes de la costa del Atlántico son de ascendencia africana y hablan inglés además del español. Hay también muchos costarricenses de ascendencia alemana y china.

⑦ Uno de los reptiles más famosos del país es la iguana. Algunos costarricenses usan la iguana como comida en un plato que se llama "gallina de palo".

⑥ Alrededor de 1910, según dice una leyenda, se le ocurrió a un campesino pintar su carreta. Las carretas, que se usaban para transportar café y otros productos agrícolas, todavía se usan en los pueblos pequeños .

El mundo en que vivimos

1 Si no hacemos nada por las selvas tropicales temo que desaparezcan.

Uno de los mayores retos de la vida es identificar los problemas que enfrentamos y encontrar maneras de resolverlos. En tu opinión, ¿cuáles son los problemas principales que afectan el mundo de hoy? Si tuvieras la oportunidad de resolverlos, ¿qué harías?

In this chapter you will learn

- to point out problems and their consequences; to talk about how you would solve a problem
- to talk about hypothetical situations

And you will

- listen to radio news stories
- read a fable about the abuse of technology
- write about issues affecting your community
- find out about Costa Rica

② Propongo una campaña de cartas al Presidente.

③ Qué bueno sería si todos los países cuidaran sus playas como Costa Rica.

DE ANTEMANO

El proyecto de Néstor

Néstor tiene que hacer un proyecto para su clase de ciencias sociales. La primera parte de su proyecto trata de los problemas de la sociedad moderna. Néstor ha buscado material para su proyecto en varios periódicos y revistas. Lee los artículos, las cartas al editor y los titulares *(headlines)* que ha escogido. Si tú fueras Néstor, ¿escogerías materiales similares o diferentes? ¿Por qué?

Néstor

Carreteras hechas un desastre

Estoy harta de la basura que se ve a los lados de los caminos de nuestro hermoso país. Viajo mucho por las carreteras y me pongo triste al ver botellas plásticas y de vidrio y papeles desechados por todas partes. Si yo fuera policía, yo aplicaría una multa de dos mil colones. Prestaría más atención a este delito.

Es mejor prevenir este problema y educar a la gente a usar basureros e implementar programas de limpieza de las carreteras. ¡Sembremos flores, no basura!

Catalina Márquez de los Ríos

Gran desafío para próximo gobierno
• Delincuencia y criminalidad aumentan 8 por ciento cada año

La policía:
en guerra contra la droga

"Si no realizamos programas contra la droga, lo lamentaremos después", dijo ayer el jefe de policía de esta ciudad. Indicó que el desempleo y la falta de apoyo social hacen difíciles las campañas preventivas contra las drogas. Dijo también: "Los programas que se han implementado en otras partes han tenido mucho éxito. Si fuera posible, haría obligatoria la asistencia a por lo menos un programa contra las drogas cada año."

¿Se frenará la inflación?

El Gobierno confesó que por el momento no tiene plan para luchar contra la inflación, que durante varios años no ha bajado del 15 por ciento. Dijo ayer la Secretaria de Comercio: "Si no hacemos nada para combatir la inflación, hará gran daño a la economía. Si pudiera imponer controles de precio, lo haría en seguida".

SE NECESITAN TUTORES

Para enseñar a niños en primaria cuatro horas los fines de semana. Todas las materias. Estudiantes de escuela secundaria que quieren enseñar, llamar al Instituto Gabriela Mistral. Tel. 31-49..

Asociación Contra la Violencia

La Asociación Contra la Violencia suplica a todos los ciudadanos costarricenses que se den cuenta del gran peligro a que se enfrenta la juventud de hoy. Nos referimos a los programas de televisión, las películas y videocintas que presentan imágenes y temas cargados de violencia.

Nos preocupa muchísimo el efecto que esta violencia tiene sobre nuestros hijos. Tarde o temprano se va a manifestar en sus personalidades y modos de ser. No decimos que todos se vayan a convertir en ladrones o asesinos; el efecto es mucho más sutil. Poco a poco van a perder la sensibilidad y no les será motivo de alarma el oír de un asesinato en su barrio, pues ya habrán visto miles de asesinatos en la tele.

Queremos elevar nuestra voz e invitar a todos los costarricenses a luchar contra este mal. Queremos películas, videos y programas de televisión que promuevan el amor al vecino, la cooperación y una actitud positiva frente al mundo de hoy.

1 ¿Comprendiste?

Responde en español a las siguientes preguntas.

1. ¿Qué problema señala *(points out)* Catalina Márquez de los Ríos?
2. ¿Para qué se necesitan tutores en el Instituto Gabriela Mistral?
3. Según la Asociación Contra la Violencia, ¿qué representa una gran amenaza *(threat)* para los niños?
4. ¿Qué piensa hacer el gobierno para combatir la inflación?
5. ¿Qué dificultades han tenido las campañas preventivas contra las drogas?

2 Estoy de acuerdo

Escucha los siguientes seis comentarios e indica qué persona u organización estaría de acuerdo con cada comentario.

a. la Asociación Contra la Violencia
b. Catalina Márquez de los Ríos
c. la Secretaria del Comercio
d. el Instituto Gabriela Mistral
e. el jefe de policía

3 ¿Qué dicen?

1. ¿Qué dice Catalina Márquez de los Ríos para indicar que hay un problema con la contaminación?
2. ¿Qué dice ella para sugerir una solución legal al problema de la contaminación?
3. ¿Cómo indica el jefe de policía que es importante enfrentarse con *(face)* el problema de la droga?
4. ¿Qué dice el jefe de policía para sugerir una solución?
5. ¿Cómo indica la Secretaria de Comercio que la inflación es un problema grave?
6. ¿Qué dice la Secretaria para indicar su solución preferida?

4 Problemas de aquí y allí

Con un(a) compañero(a), lee otra vez todos los materiales que Néstor ha acumulado. Discutan qué problemas son similares a los problemas de tu comunidad y cuáles les parecen diferentes. ¿Cómo se pueden resolver los problemas?

5 Ahora te toca a ti

En tu opinión, ¿cuál de los problemas mencionados en **De antemano** es el más grave? ¿Por qué? ¿Cómo se puede resolver? Escribe dos párrafos para describir el problema y plantear *(propose)* varias soluciones.

NOTA CULTURAL

Costa Rica es famosa por su larga tradición de democracia, paz y progresismo. Celebró en 1989 el centenario del establecimiento de la democracia. Abolió su ejército en 1948 y una pequeña Guardia Nacional tomó su lugar. Desde 1948, la violencia política es casi desconocida. La asistencia a la escuela es obligatoria y casi el 93 por ciento de los costarricenses sabe leer y escribir. ¿Crees que son similares Costa Rica y los Estados Unidos en estos aspectos?

Pointing out problems and their consequences; talking about how you would solve a problem

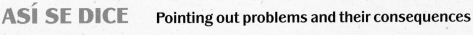

ASÍ SE DICE Pointing out problems and their consequences

Para señalar *(point out)* un problema o hablar de sus consecuencias, puedes decir:

Me he fijado en la contaminación del río. *I've noticed . . .*

Se dice que el hambre afecta a miles de personas cada día.

Según el gobierno, el crimen está aumentando.

Si no actuamos ahora la situación **va a empeorarse.** *If we don't act now . . .*

Si no hacemos nada por el medio ambiente, temo que **el deterioro continúe.**
. . . *the deterioration will continue.*

Si no realizamos campañas preventivas contra las drogas, **lo lamentaremos** en el futuro. *If we don't carry out . . . we'll regret it . . .*

6 Buenas noticias

Escucha el siguiente noticiero de radio. Si oyes una buena noticia, escribe **buena.** Si no, escribe **mala.**

VOCABULARIO

aumentar	*to increase*	**la enfermedad**	*disease*
bajar	*to decrease*	**el hambre** (f)	*hunger*
cometer	*to commit*	**el homicidio**	*homicide*
el crimen	*major crime*	**implementar**	*to implement*
la criminalidad	*crime rate*	**el ladrón**	*thief*
la delincuencia	*crime*	**la ladrona**	*thief*
el delito	*minor crime*	**promover**	*to promote*
el desempleo	*unemployment*	**el robo**	*robbery*
la drogadicción	*drug addiction*	**la sensibilidad**	*sensitivity*

¿Te acuerdas?

The Spanish construction **se** + verb corresponds to impersonal subjects in English, such as *people, they, you, we, one.*

> **Se dice que la inflación está peor.**
> *People say inflation is worse.*

This construction also can be translated using the English passive voice.

> **Se rompieron muchas ventanas durante el terremoto.**
> *Many windows were broken during the earthquake.*

También se puede decir...

Se puede decir **asesinato** por **homicidio.** En España se dice **paro** por **desempleo.**

7 ¿Qué palabra es mejor?

Completa cada frase con la palabra más apropiada del **Vocabulario** de la página 279. Después, escribe dos frases similares y pídele a un(a) compañero(a) que las complete.

1. La gente que depende de las drogas sufre de ═══.
2. Cuando no hay suficiente trabajo para todos, se dice que la tasa *(rate)* de ═══ es muy alta.
3. El acto de matar *(killing)* a alguien se llama ═══.
4. Se dice que el problema de las drogas en las escuelas ═══ la criminalidad.
5. El homicidio es un ═══.

8 Me he fijado en...

Con un(a) compañero(a), usa expresiones de **Así se dice** para expresar las siguientes ideas en otras palabras.

MODELO   Veo mucha drogadicción en esta ciudad.
      —Me he fijado en el problema de la drogadicción en esta ciudad.

1. Hay que llevar a cabo el programa ahora o nos vamos a arrepentir *(regret)*.
2. El gobierno dice que hay mucha gente sin trabajo.
3. La gente dice que el número de crímenes ha aumentado.
4. He notado la delincuencia en el colegio este año.
5. Parece que mucha gente no tiene suficiente comida.

9 ¿Cuáles son los problemas?

Con un(a) compañero(a), mira el siguiente dibujo. Indiquen los problemas en el dibujo y las consecuencias de cada problema.

10 Hablando de nuestra generación

Con dos o tres compañeros(as), escribe una lista de los ocho problemas más graves que afectan a los jóvenes de su edad. Escriban la lista en orden de importancia y discutan por qué es importante cada cosa en su lista.

> **Un poco más...**
>
> **la corrupción**   *corruption*
> **la falta de oportunidades**   *lack of opportunities*
> **la guerra**   *war*
> **la violencia**   *violence*

CAPÍTULO 11   El mundo en que vivimos

ASÍ SE DICE   Talking about how you would solve a problem

Si quieres hablar de lo que harías para mejorar el mundo, puedes decir:

Me dedicaría a construir hospitales para los pobres.
Propongo mejores sistemas de transporte público.   *I propose . . .*
Habrá que crear más trabajos.   *It will be necessary to . . .*
Intentaría iniciar un programa de limpieza de las calles.   *I would try to . . .*
Yo empezaría por mejorar el sistema de salud pública.
La solución que planteo es reducir los impuestos *(taxes).*

11   Soluciones

Escucha las soluciones que propone un candidato para los problemas de su estado.
Empareja *(match)* cada solución con el problema más apropiado de la lista.

   a. el desempleo
   b. la corrupción en el gobierno
   c. la criminalidad
   d. los problemas de los colegios
   e. la falta de turismo
   f. el costo del tratamiento médico

¿Se te ha olvidado?
the conditional
Ver la página 233

12   ¡Qué desorden!

¿Qué problemas ves en el centro de recreo del dibujo? Con dos o tres compañeros(as),
indica qué harías para mejorar esta situación.

13 ¿Qué harías tú?

Con un(a) compañero(a), discute los siguientes problemas y las mejores maneras de resolverlos.

MODELO   La banda no tiene suficiente dinero para comprar uniformes.
      —Lo que yo propongo es vender dulces hasta que tengan suficiente dinero.
      —La solución que planteo es compartir el dinero de los programas atléticos.

1. Hay demasiados estudiantes en cada clase.
2. No hay bastantes libros en la biblioteca.
3. No hay igualdad entre los programas atléticos de las muchachas y los de los muchachos.
4. Se necesita un mayor interés en las actividades de la escuela por parte de los estudiantes y sus padres.
5. Los estudiantes quieren más variedad de comida en la cafetería.
6. El club de español quiere hacer un viaje a México.

14 La campaña

Imagina que tú y tres compañeros(as) trabajan en una campaña política. Respondan a las siguientes preguntas de un reportero sobre lo que haría su partido.

MODELO   —¿Qué harían con las fábricas que contaminan?
      —Lo que nosotros proponemos es multar *(to fine)*
       a las fábricas.

1. Todavía hay muchas enfermedades sin cura. ¿Tienen un plan para combatir eso?
2. ¿Qué harían para eliminar el desempleo en este estado?
3. ¿Qué van a hacer para ayudar a los desamparados *(homeless people)*?
4. ¿Tienen planes para traer equipos profesionales de deportes a este estado?
5. ¿Qué van a hacer para mejorar el sistema de educación?
6. ¿Qué harían para disminuir el ruido *(noise)* en las ciudades?
7. ¿Qué proponen para las personas que sufren de enfermedades incurables?

15 Una carta en el periódico

Lee la carta que el Sr. Fonseca escribió a un periódico costarricense. Luego indica si las siguientes oraciones son **ciertas** o **falsas**. Si son falsas, corrígelas.

1. Hay varios buenos caminos hacia la ciudad.
2. Casi nadie sabe que existe la ciudad.
3. Hay pocos restaurantes de buena calidad.
4. Las playas son hermosísimas y limpias.
5. Él no quiere que mucha gente visite la ciudad.

> Estimado señor:
>   Me parece que nuestra ciudad no aprovecha el turismo. Lo que es peor, nadie se da cuenta de que existe nuestra ciudad.
>   No es fácil llegar aquí porque los caminos son pequeños y en malas condiciones. Tampoco hay restaurantes buenos. Y las playas están que da pena verlas. Si no hacemos nada, tendremos pocos visitantes y no gozaremos de los beneficios económicos del turismo.
>
>   —Alberto Fonseca Vargas

16 Un plan de acción

Imagina que eres miembro del Comité Municipal para el Fomento del Turismo. Escribe un plan de dos o tres párrafos para resolver los problemas que mencionó el Sr. Fonseca.

PANORAMA CULTURAL

¿Cuál es el mayor problema ambiental de tu comunidad?

Estos jóvenes están muy conscientes de cuáles son los problemas ambientales de sus comunidades. Escucha atentamente sus respuestas. ¿Tienes ideas parecidas?

Julio

San Diego, California

"El drenaje que va a caer a las playas. Y el problema es que cuando uno quiere ir a bañar a la playa, no se puede, y cuando quiere ir a pescar no se puede o están contaminados los pescados".

Alan

San José, Costa Rica

"En mi comunidad, el mayor problema ambiental es la bota de basura, ¿no? la basura que se produce en las casas... ahora, no se está recogiendo y esto produce contaminación".

Mónica

Ciudad de México, México

"El mayor problema ambiental en el D.F. es definitivamente la contaminación. La contaminación viene de los coches o cualquier medio de transporte; bueno, a excepción del metro, claro".

Para pensar y hablar...

A. ¿Cuáles de los problemas ambientales arriba mencionados se encuentran sólo en los grandes centros urbanos y cuál de un sitio cerca del mar? ¿Cuáles de los problemas ambientales mencionados por los entrevistados existen en tu comunidad?

B. Why do you think it's important to protect the environment? What are some ways to protect it? What do you do personally to protect the environment? How can we protect the environment without harming businesses?

¡ADELANTE!

Algunas soluciones

Néstor ha trabajado mucho en su proyecto. La segunda parte trata de maneras de solucionar varios problemas de este mundo. Lee los recortes que Néstor ha preparado.

El mundo sería tan bonito si recicláramos nuestros papeles y periódicos.

¡Juntos lo lograremos!

Campaña ecológica
El Club Amigos Pro Tierra les invita a todos los interesados a participar en una campaña para limpiar las carreteras. Reunión organizadora: viernes 9 de mayo, 20:00 h., Edificio Buganvilla

17 ¿Comprendiste?

1. ¿De qué trata la segunda parte del proyecto de Néstor?
2. ¿Dónde se reunirá el Club Amigos Pro Tierra?
3. ¿Qué programas han tenido efectos beneficiosos en la lucha contra las drogas?
4. ¿Quién es Omar Ruiz Díaz?
5. ¿Cuál es el llamado *(calling)* de Omar?
6. ¿Qué quiere promover en las ciudades?

18 ¿Sí o no?

Escribe **sí** o **no** para indicar si las siguientes frases están de acuerdo o no con las ideas expresadas en **¡Adelante!** Si contestas **no**, explica por qué.

1. Es inútil tratar de solucionar los problemas del país.
2. Hay que participar en las campañas para limpiar las carreteras.
3. Los programas educativos no tienen ningún efecto en la lucha contra las drogas.
4. Es imposible hacer de la basura un recurso.
5. Si más gente montara en bicicleta en vez de viajar en automóviles, habría menos contaminación.
6. Los municipios deben crear más vías para bicicletas.

Los niños aprenden a defenderse contra las drogas

Poco a poco, la educación les está ganando a las drogas. Muchos colegios han desarrollado programas educativos y sistemas de apoyo para sus estudiantes. Todos soñamos con un mundo en que las drogas nunca tengan la oportunidad de hacer daño a los jóvenes. Según las nuevas investigaciones del gobierno, estos programas han tenido un efecto beneficioso.

El mundo sería tan bonito si no contamináramos los lagos.

¡Juntos lo lograremos!

Pedaleando por la vida

Tres bicicletas y 17.000 kilómetros a cuestas hacen de Omar Ruiz Díaz un experto de los pedales, pues ha recorrido buena parte del continente americano en su caballito de hierro.

En estos días, Omar se encuentra entre nosotros para iniciar la tercera etapa de su plan de viaje. Éste culminará en Alaska en algún momento, pero el tiempo no es lo importante.

Este singular visitante es enfáti-co al destacar que para él sí importa ayudar a que la gente tome conciencia de las virtudes de la bicicleta contra la agitada vida de la ciudad, la contaminación atmosférica y el ruido.

Como parte de su llamado por llevar una vida más sana, en los distintos lugares por donde ha pasado, Omar resalta la importancia de que las municipalidades creen vías para bicicleta a fin de promover este medio de transporte en las ciudades.

Recalcó que esta idea ha demostrado tener excelentes resultados en otras partes, como la ciudad de Curitiba, Brasil, pues reduce los congestionamientos de tránsito y agiliza el movimiento de los habitantes de manera saludable.

Andrés Formoso

19 ¿Qué expresiones se usan?

Dale una ojeada otra vez al material en ¡**Adelante!** Busca las expresiones que se usan para hablar de situaciones hipotéticas. Una pista *(clue):* busca las frases que contienen la palabra **si.**

20 Ahora te toca a ti

¿Qué opinas de las siguientes ideas? ¿Estás de acuerdo con ellas? Explica por qué.

1. En veinte años se habrá eliminado el problema de la drogadicción.
2. Muy pronto habrá más bicicletas que automóviles.
3. En un futuro cercano, el mar estará tan contaminado que nadie querrá nadar allí.
4. En diez años, habrá más tráfico pero menos contaminación, ya que los vehículos utilizarán un combustible especial.
5. Vemos tantos problemas del mundo en la televisión que ya no nos parecen importantes.

ASÍ SE DICE   Talking about hypothetical situations

Si quieres hablar de situaciones hipotéticas, puedes decir:

Qué bonito sería **si hubiera paz** en el mundo.
    . . . if there were peace . . .
¿Qué harías para proteger el medio ambiente **si tuvieras** tu propia compañía?
Sería maravilloso **si se encontrara una cura** para el cáncer.
    . . . if a cure were found . . .
Si yo fuera presidente, hablaría más con la juventud de nuestro país.
    If I were . . .
Si yo viviera en una ciudad grande, sólo usaría transporte público.
    If I lived . . .
Si tú pudieras cambiar el mundo en un instante, ¿qué cambiarías?
    If you could . . .

21 ¡Qué bonito sería!

Escucha cada conversación e indica de quién hablan las personas. Hay una conversación que no corresponde a ningún dibujo.

a.

b.

c.

22 ¿Qué pasaría si...?

Completa las oraciones en una forma lógica.

1. Qué bonito sería...
2. Si hablara con el presidente...
3. Qué difícil sería...
4. Si fuera gobernador(a) de este estado...
5. Si tuviera tiempo...
6. Sería bueno si...

a. si en todo el mundo no hubiera compasión.
b. empezaría programas de música para niños.
c. si no hubiera enfermedades.
d. ayudaría a los desamparados.
e. le diría que se preocupe más por la educación.
f. recogiéramos la basura en los caminos.

*G*ramática · The past subjunctive in contrary-to-fact **si** clauses

1. It's easy to form the past subjunctive if you remember the third person plural **(ellos/ellas)** form of the preterite. Simply remove the **-on** and add the appropriate endings, as shown below. Note that the **nosotros** form always has an accent.

TRABAJAR	HACER	SER/IR
(trabajar*on*)	(hicier*on*)	(fuer*on*)
trabajara	hiciera	fuera
trabajara**s**	hiciera**s**	fuera**s**
trabajara	hiciera	fuera
trabaj**á**ramos	hici**é**ramos	fu**é**ramos
trabajarais	hicierais	fuerais
trabajara**n**	hiciera**n**	fuera**n**

¿Se te ha olvidado?
the preterite
Ver la página 346

2. Spanish uses the past subjunctive after **si** *(if)* to express situations that are contrary to fact or unlikely to happen.

Si yo fuera tú, no haría eso.   *If I were you, I wouldn't do that.*
Si tuviéramos tiempo, iríamos.   *If we had time, we would go.*

3. However, when a situation is considered likely to happen, use the indicative instead.

Si tenemos tiempo, iremos.   *If we have the time, we'll go.*
Ven si puedes.   *Come if you can.*

23 En realidad no es así.

Completa las siguientes oraciones con la palabra correcta. Hay un verbo que no se usa.

pudieras   habláramos   fueran   hiciera   tuviera   vinieran

1. Si yo ====== dinero, lo usaría para promover las artes.
2. Si ====== conocer a cualquier persona en el mundo, ¿a quién conocerías?
3. Miguel y Sara dicen que no trabajarían si ====== ricos.
4. Si no ====== frío, podríamos ir a la piscina.
5. Viajaríamos a Bélgica si ====== mejor el francés.

24 Si fuéramos más conscientes...

Cambia cada frase para formar una oración y expresar una hipótesis.

MODELO   Si tengo dinero, voy a donarlo a la campaña contra el cáncer.
         —Si tuviera dinero, lo donaría a la campaña contra el cáncer.

1. Si hacemos de la basura un recurso, podemos eliminar mucha contaminación.
2. Si la gente utiliza menos pesticidas, el aire estará más limpio.
3. Nuestros hijos sufrirán las consecuencias si dañamos el medio ambiente.
4. Si ellos saben algo de la ecología, no contaminarán los mares, lagos y ríos.
5. Puedes hacer mucho para proteger el medio ambiente si tienes recursos.

25 Sueños

¿Qué están pensando las siguientes personas? Usa las expresiones de **Así se dice**.

a.

b.

c.

d.

26 ¿Qué cambiarías?

¿Cómo quieres cambiar el mundo? Combina las siguientes palabras e ideas para formar seis oraciones que explican lo que harías.

1. apoyar
2. iniciar
3. promover
4. reducir
5. aumentar
6. corregir
7. desarrollar
8. descubrir
9. luchar por
10. eliminar

la educación
la paz
los parques
una cura para el cáncer
la guerra
la pobreza
el hambre
la violencia

27 Una entrevista

Usa estas preguntas para entrevistar a tu compañero(a). Después cuéntale a la clase lo que haría tu compañero(a) en estas circunstancias.

1. Si pudieras ser otra persona, ¿quién te gustaría ser? ¿Por qué?
2. Si tuvieras una máquina para viajar a través del tiempo, ¿a qué época irías? ¿Por qué?
3. Si fueras a una isla desierta, ¿qué llevarías contigo? ¿Por qué?
4. Si pudieras conocer a la persona más inteligente del mundo, ¿qué le preguntarías? ¿Por qué?
5. Si pudieras viajar a cualquier parte del mundo, ¿adónde irías? ¿Por qué?
6. Si tuvieras la oportunidad de almorzar con cualquier persona en el mundo, ¿a quién escogerías? ¿Por qué?

28 ¿Qué dices tú?

Completa cada frase de una manera original para expresar tu opinión en una oración.

MODELO Si tuviera mucho dinero, regalaría una parte a mi familia.

1. Si pudiera estudiar cualquier cosa,...
2. Si tuviera talento (musical, atlético, etc.),...
3. Si fuera director(a) de mi colegio,...
4. Si pudiera mejorar la situación en mi ciudad,...
5. Si alguien me concediera mi deseo más ferviente,...
6. Si tuviera mi propio avión,...
7. Si fuera presidente(a),...
8. Si tuviera dinero...

29 ¡Qué bonito es soñar!

Se dice que "soñar es empezar a actuar". ¿Estás de acuerdo con este dicho? Con un(a) compañero(a), escriban un plan de tres o cuatro párrafos para explicar qué harían para mejorar el mundo. No se olviden de considerar lo que escribieron en la Actividad 28 antes de empezar.

It will be easier to decide what to write about if you brainstorm. Brainstorming means writing down all the ideas that come to mind without being critical of them. After you've listed all your ideas, write about the ones that appeal to you most.

30 El foro público

Trabaja con tres compañeros(as) de clase para presentar a la clase sus ideas de la Actividad 29. Escojan una o dos ideas para la presentación. Si quieren, pueden debatir las ideas con otro grupo de compañeros(as). Tomen en cuenta lo siguiente:

1. la importancia del problema
2. la lógica de la solución
3. las consecuencias de no resolver el problema
4. el beneficio del plan a la comunidad total

31 En mi cuaderno

¿Cuáles son los sueños de tu vida? Haz una lista de estos sueños. Luego escribe cuatro o cinco párrafos sobre tus sueños y cómo esperas hacerlos realidad. Menciona los problemas u obstáculos que complican la realización *(attainment)* de tus sueños. No te olvides de mencionar también las consecuencias de no superar *(overcome)* esos obstáculos. Sugiere algunas maneras de resolver estos problemas. Incluye también unas hipótesis; por ejemplo, "si yo tuviera tiempo y dinero, podría..." Considera los siguientes aspectos de tu vida antes de comenzar.

recreo
residencia
carrera
familia
educación
dinero
amigos(as)
amor
viajes

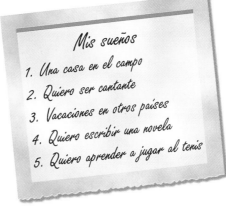

Mis sueños
1. Una casa en el campo
2. Quiero ser cantante
3. Vacaciones en otros países
4. Quiero escribir una novela
5. Quiero aprender a jugar al tenis

Una fábula de la tecnología

*V*as a leer una fábula titulada "Las abejas de bronce", por el argentino Marco Denevi. Una fábula es un cuento ficticio que trata de enseñar algo. ¿Conoces las fábulas de Esopo *(Aesop)*? ¿Conoces algunas otras fábulas? ¿Cuáles?

Estrategia

Don't forget the strategy of guessing words through context. If you understand the context, sometimes there will be only one sensible guess as to the meaning of the word. Using context also helps you guess a word's "approximate" meaning, when you just can't pin down its exact meaning.

¡A comenzar!

En las fábulas casi siempre hay animales que hablan. En "Las abejas de bronce" los personajes son:

el Petirrojo—*Robin*
las Abejas—*Bees*
las Arañas—*Spiders*
los Pájaros—*Birds*
el Oso—*Bear*
el Cuervo—*Crow*
el Zorro—*Fox*
el Ruiseñor—*Nightingale*

¿Te acuerdas?

Reread the fable in order to find specific information. You can do this by searching for key words.

A. Lee otra vez la fábula para contestar las dos preguntas sobre los animales.

Las abejas de bronce

Desde el principio del tiempo el Zorro vivió de la venta de la miel. Nadie tenía la maña del Zorro para tratar a las Abejas y hacerles rendir al máximo. Esto por un lado. Por otro lado el Zorro sabía entenderse con el Oso, gran consumidor de miel y, por lo mismo, su mejor cliente. No resultaba fácil llevarse bien con el Oso. El Oso era un sujeto un poco brutal, un poco salvaje.

El Zorro sabía manejar a las Abejas y sabía manejar al Oso. Pero, ¿a quién no sabía manejar ese zorro del Zorro?

Hasta que un día se inventaron las Abejas artificiales.

Sí. Insectos de bronce, dirigidos electrónicamente, a

control remoto, podían hacer el mismo trabajo que las Abejas vivas. Pero con enormes ventajas. No se fatigaban, no se perdían, no quedaban atrapadas en las redes de las Arañas, no eran devoradas por los Pájaros, resultaban infinitamente superiores a las Abejas vivas.

El Zorro en seguida vio el negocio y no dudó. Mató todos sus enjambres, demolió las colmenas de cera, compró mil Abejas de bronce, mandó instalar el tablero de control, y una mañana los animales presenciaron, atónitos, cómo las Abejas de bronce atravesaban por primera vez el espacio.

Los insectos de bronce volaban a velocidades nunca vistas, sorbían rápidamente el néctar, regresaban a la colmena, y a los pocos instantes destilaban la miel, una miel pura, dorada, incontaminada, aséptica; y ya estaban en condiciones de recomenzar. Y así las veinticuatro horas del día. El Zorro no cabía en sí de contento.

La primera vez que el Oso probó la nueva miel puso los

ojos en blanco, hizo <u>chasquear</u> la lengua y, no atreviéndose a opinar, le preguntó a su mujer:

"Vaya, ¿qué te parece?"

"No sé", dijo ella. "Le siento gusto a metal".

Pero sus hijos protestaron a coro:

"Papá, mamá, qué disparate. Si se ve a la legua que esta miel es muy superior. ¿Cómo pueden preferir aquella otra, elaborada por unos bichos tan sucios? En cambio ésta es más limpia, más higiénica, más moderna y, en una palabra, más miel".

Y, con todo esto, las ganancias del Zorro crecían como un incendio en el bosque. Tuvo que tomar a su servicio un ayudante y eligió al Cuervo, sobre todo porque le aseguró que <u>aborrecía</u> la miel. Las mil Abejas fueron pronto cinco mil; las cinco, diez mil. El Zorro se sonreía y <u>se frotaba</u> las manos.

Y cuando ya el Zorro paladeaba su prosperidad, comenzaron a aparecer los inconvenientes.

La serie de desastres quedó inaugurada con el episodio de las rosas artificiales. Una tarde, al vaciar una colmena, el Zorro descubrió entre la miel rubia unos goterones grises, de un color nauseabundo y sabor <u>acre</u>. Tuvo que tirar toda la miel restante, que había quedado contaminada. Pronto supo el origen de aquellos goterones repugnantes. Había sucedido que las Abejas de bronce, <u>desprovistas</u> de instintos, confundieron un ramo de rosas artificiales de propiedad de la Gansa con rosas naturales, y les sorbieron la cera pintada de que estaban hechas y las dejaron convertidas en un guiñapo. El Zorro no solamente debió de sufrir la pérdida de la miel, sino indemnizar a la Gansa por daños y perjuicios.

"Malas Abejas", vociferaba mentalmente. "Las otras jamás habrían caído en semejante error. Tenían un instinto infalible. Pero quién piensa en las otras. En fin, nada es perfecto en este mundo".

Al cabo de unos días observó que los insectos tardaban

1. ¿Cuáles son los animales más importantes de la fábula? (Son los dos que se mencionan más en el cuento.)
2. Otros dos también son bastante prominentes. ¿Cuáles son?

Al grano

B. En esta actividad vas a demostrar que entiendes el argumento básico del cuento. Primero lee las oraciones que siguen. Después comienza a leer el cuento. Luego pon las oraciones en orden cronológico. Cuando encuentres lo que pasó primero, escribe "1". Continúa con 2, 3, etc., hasta que termines el cuento y la actividad también.

   a. Los hijos del Oso insisten en que la nueva miel es mejor.
   b. Se inventan las Abejas artificiales.
   c. El Oso amenaza al Zorro.
   d. Las Abejas vuelan alrededor del mundo.
   e. El Zorro contrata al Cuervo.
   f. El Zorro cierra su negocio.
   g. El Zorro se lleva bien con las Abejas y el Oso.
   h. Las Abejas comienzan a regresar a sus colmenas muy tarde.
   i. El Zorro emprende *(begins)* el negocio de las Abejas artificiales.
   j. El color del Petirrojo se torna pálido.

C. Ahora vas a aprender más detalles y más palabras por su contexto. Adivina el significado de las palabras en la página 292, usando el contexto. Las palabras están subrayadas en el texto.

¿Te acuerdas?

Use context to figure out the meaning of a word.

1. enjambres
2. chasquear
3. aborrecía
4. se frotaba
5. acre
6. desprovistas
7. comarca
8. mueca

D. Todas las fábulas tienen una moraleja. En un grupo de tres o cuatro personas, tú y tus compañeros(as) de clase van a participar en una discusión sobre el propósito y la técnica de esta fábula. Usen las preguntas abajo como punto de partida para su discusión. Si pueden, hablen libremente en español sobre las preguntas. Si prefieren prepararse un poco, pueden escribir sus respuestas primero y luego discutirlas con su grupo.

1. Las abejas artificiales simbolizan un fenómeno de la vida moderna. ¿Cuál es?
2. ¿Cuál es la moraleja del cuento?
3. ¿Por qué usan las fábulas los animales en vez de personas?
4. El autor hubiera podido *(could have)* expresar su opinión muy claramente en un ensayo. ¿Por qué prefirió usar una fábula?
5. ¿Es válida para el mundo de hoy la preocupación del autor por el progreso?

E. Do you think that modern, new things are always better than older, tried-and-true things? Why do you feel that way? Can you think of instances where something new or some advancement was for the better? Can you think of instances in which it was for the worse?

cada vez más tiempo en regresar a las colmenas.

"¿Por qué tardan tanto?", decía el Zorro.

"Patrón", dijo el Cuervo. "Yo conozco un Pájaro que, si se le unta la mano, se ocuparía del caso".

"¿Y quién es ese Pájaro?"

"Un servidor".

El Zorro optó por aceptar. Pues cualquier recurso era preferible a quedarse con los brazos cruzados, contemplando la progresiva e implacable disminución de las ganancias.

El Cuervo regresó muy tarde, jadeando como si hubiera vuelto volando desde la China. —Patrón—dijo—, no sé cómo decírselo. Pero las Abejas tardan, y tardarán cada vez más, porque no hay flores en la comarca y deben ir al extranjero.

"¿Cómo que no hay flores en la <u>comarca</u>? ¿Qué tontería es ésa?"

"Lo que oye, Patrón. Parece ser que las flores, después que las Abejas les han sorbido el néctar, se debilitan y se mueren".

"¡Se mueren! ¿Y por qué se mueren?"

"No resisten la trompa de metal de las abejas. Y no termina ahí la cosa. La planta, después que las Abejas le mataron sus flores, se niega a florecer nuevamente. Consecuencia: en toda la comarca no hay más flores".

Se dice que ese día ocurrieron extraños acontecimientos. El Ruiseñor quedó afónico y los colores del Petirrojo palidecieron. Se dice que los ríos dejaron de correr, y las fuentes de cantar.

El Zorro se desesperó. Sus negocios se desmoronaron. Debió despedir al Cuervo, cerrar la tienda, perder la clientela.

El único que no se resignaba era el Oso.

"Zorro", vociferaba, "o me consigues miel o te levanto la tapa de los sesos".

Finalmente, una noche el Zorro desconectó los cables, destruyó el tablero de control, enterró en un pozo las Abejas de bronce, y huyó con rumbo desconocido.

Cuando iba a cruzar la frontera escuchó a sus espaldas unas risitas y unas vocecitas de vieja que lo llamaban.

¡Zorro! ¡Zorro!

Eran las Arañas, que a la luz de la luna tejían sus telas prehistóricas. El Zorro les hizo una <u>mueca</u> obscena y se alejó a grandes pasos. Desde entonces nadie volvió a verlo jamás.

What is it like to live in your community? What is the quality of the environment in your area? Is there clean air and water? Are the streets safe? Are there activities for people your age to do? What do you think could be done to make your community better? In this activity, you will write a fax to a public official about one or all of these problems, and you'll learn a way to keep track of and organize the details you accumulate about your subject.

Un fax

Escríbele un fax de cinco o seis párrafos a un funcionario público. Puede ser el (la) Presidente(a), el (la) Gobernador(a), un(a) Senador(a) o Representante. Descríbele las condiciones de tu comunidad. Menciona los problemas especiales y sus causas, y recomienda soluciones de estos problemas.

A. Preparación

1. Discute las condiciones de tu comunidad con tus amigos(as) y con tu familia. ¿Hay problemas especiales? ¿Cuáles son? ¿Qué causa estos problemas? ¿Qué se puede hacer para resolverlos? Anota esta información en fichas *(note cards)* y apunta qué dijo cada persona.
2. Busca más información en periódicos y revistas. Si es posible, visita los lugares que tienen problemas. Anota en fichas los detalles que descubres. Puede ser una calle con mucha basura o un parque sin flores y árboles, etc.
3. Pon las fichas en un orden lógico y sigue este orden para escribir tu fax.

ALGUNOS CONSEJOS

Using note cards. Keeping track of details written on lists can sometimes be a challenge. Note cards are a way to solve this problem. On each 4" x 6" card or piece of paper, write in your own words the information you found and where. You can store the cards in a filing box until you begin writing. At that point, take them out and rearrange them until they present the information in the most logical order, then use that order as the structure for your writing.

B. Redacción

1. Comienza tu fax con **Estimado(a) Sr(a). Presidente(a)** u otro título apropiado.
2. Escribe un párrafo breve que explica por qué le estás escribiendo este fax.
3. Escribe dos o tres párrafos sobre los problemas de tu comunidad. Sigue el orden de tus fichas. Si descubres que el orden no es lógico, cámbialo.
4. Escribe una conclusión con tus impresiones generales de los problemas y con tus sugerencias para resolverlos.
5. Termina el fax con **Cordialmente** y tu firma *(signature)*.

C. Evaluación

1. Pídeles a varios(as) compañeros(as) que lean tu fax para buscar áreas que necesitan más detalles. Busca la información que necesitas e incorpórala.
2. ¿Omitiste algún detalle o idea que querías mencionar? Inclúyelo en un lugar lógico.
3. ¿Está bien organizado tu fax? Si no, cambia el orden de las ideas que presentas.

1 Escucha el siguiente debate entre dos candidatos, Juan Luis Benavides y Cecilia Reyes. Luego lee las siguientes frases y escribe **B** si representan opiniones de Benavides, **R** si representan opiniones de Reyes o **D** si son opiniones de los dos.

1. El problema de la criminalidad en nuestro país es de muchísima importancia.
2. Yo voy a enfocarme más en crear leyes más fuertes contra el crimen.
3. Yo propongo que gastemos más dinero en programas para informar a los jóvenes sobre las drogas.
4. La sensibilidad hacia los criminales es un desperdicio *(waste)* de dinero y de tiempo.
5. El crimen en nuestro país es el resultado de una falta de programas que ofrecen alternativas a la delincuencia.

2 Con un(a) compañero(a), indica una alternativa para cada una de las siguientes ideas malas.

MODELO   Tiremos los periódicos a la calle.
—Sería mejor si los tiráramos en el basurero.
—Si pudiéramos reciclarlos, eliminaríamos mucha contaminación.

1. Compremos carros grandes.
2. Todos debemos ir al trabajo todos los días en nuestros propios carros.
3. No pongamos atención al problema de la drogadicción.
4. Cortemos todos los árboles.
5. No combatamos la delincuencia.
6. Usemos muchos productos que no se pueden reciclar.

3 Con unos(as) compañeros(as), considera los siguientes problemas. Escojan tres de los problemas, indiquen sus consecuencias y hablen de cómo los resolverían.

1. la extinción de plantas y animales raros
2. el aislamiento *(isolation)* de los ancianos *(elderly)*
3. los jóvenes que no terminan la secundaria
4. los desamparados
5. la destrucción de edificios y barrios históricos
6. el analfabetismo *(illiteracy)*

4 Contesta estas preguntas con la información cultural de las secciones culturales de este capítulo.

1. ¿Cuándo adoptó Costa Rica un sistema democrático de gobierno?
2. ¿Cuál es la tasa *(rate)* de analfabetismo *(illiteracy)* en Costa Rica?
3. ¿Con qué reemplazó *(replaced)* Costa Rica su ejército?
4. ¿Qué porcentaje del territorio nacional de Costa Rica está dedicado a parques nacionales?
5. ¿Por qué vienen muchas organizaciones ecológicas a Costa Rica para hacer sus investigaciones?

5 Lee el siguiente artículo sobre las selvas tropicales *(tropical forests)*. Luego identifica los problemas, beneficios y soluciones que menciona el artículo.

¿Podremos salvar las selvas tropicales?

Hoy en día se destruyen grandes secciones de las selvas tropicales. Parte del problema es que en muchas regiones, grandes empresas entran a cortar los árboles por la madera. También existe el petróleo y otros recursos naturales. Al extraer estos recursos, se destruye la selva. De las selvas recibimos gran parte del oxígeno del mundo. Y cada año descubrimos plantas medicinales en la selva. Otro beneficio de la selva tropical es que produce gran cantidad de agua. Además de agua, la selva tropical produce otros elementos que afectan el clima de otras partes del mundo. Si destruyéramos estos elementos, cambiaríamos la atmósfera. Debemos dejar de comprar productos y animales que vienen de la selva. Tenemos que convencer a los gobiernos que tienen que restringir la destrucción de las selvas. También sería una buena idea iniciar una campaña de publicidad para crear conciencia de los beneficios medicinales y ambientales de la selva.

6 Escribe una carta al director o a la directora de tu escuela para convencerlo(la) de iniciar un programa de reciclaje. Menciona los problemas que el reciclaje podría aliviar, las consecuencias de no actuar ahora y los beneficios de un programa de reciclaje.

7 Imagina que tú y un(a) compañero(a) son miembros del club "Protejamos Nuestros Parques". Hablen sobre los problemas de los parques en este país y sobre lo que se puede hacer para protegerlos. Mencionen también las consecuencias de no resolver los problemas.

8

S I T U A C I Ó N

Imagina que tú y unos(as) compañeros(as) son miembros del Comité Nacional Contra la Drogadicción. Discutan el problema del abuso de las drogas. Mencionen los problemas que ven, las soluciones que proponen *(propose)* y qué harían para resolver el problema si tuvieran fondos y recursos suficientes.

Can you point out problems and their consequences? p. 279

1 Mira los siguientes dibujos y usa expresiones de **Así se dice** para señalar problemas y consecuencias.

Si los turistas botan basura...

Si los jóvenes no cuidan sus uniformes...

Can you talk about how you would solve a problem? p. 281

2 Indica cómo resolverías los siguientes problemas.

1. La cafetería de tu escuela sirve la misma comida todas las semanas.
2. Quieres hacer más ejercicio pero no puedes porque tienes que trabajar.
3. Tu clase de español desea viajar a España pero no tiene los fondos *(funds)* necesarios.
4. Alguien en tu ciudad quiere destrozar una hermosa casa histórica para construir un estacionamiento *(parking lot)*. Tú crees que la casa debe ser conservada.

Can you talk about hypothetical situations? p. 286

3 Usa esta información para escribir frases sobre situaciones hipotéticas.

Situación hipotética	Consecuencia
carros no contaminar aire	aire estar limpio
haber leyes más fuertes	haber menos violencia
yo ganar un millón de dólares	ayudar a los desamparados
gente ver menos violencia en la tele	cometer menos crímenes

PRIMER PASO

Pointing out problems and their consequences

La situación va a empeorarse.
The situation will get worse.
Lo lamentaremos en el futuro.
We'll regret it in the future.
Me he fijado en... *I've noticed . . .*
Se dice que... *They say that . . .*
Según el gobierno,...
According to the government, . . .
Si no actuamos ahora... *If we don't act now . . .*
Si no hacemos nada por...
If we don't do anything about . . .
Si no realizamos... *If we don't carry out . . .*
Temo que el deterioro continúe.
I'm afraid the deterioration will continue.

Talking about how you would solve a problem

Habrá que... *It will be necessary to . . .*
Intentaría... *I would try to . . .*
La solución que planteo es...
The solution I propose is . . .

Me dedicaría a... *I would devote myself to . . .*
Propongo... *I propose . . .*
Yo empezaría por... *I would start by . . .*

Problemas sociales

aumentar *to grow*
bajar *to decrease*
cometer *to commit*
el crimen *major crime*
la criminalidad *crime rate*
la delincuencia *crime*
el delito *minor crime*
el desempleo *unemployment*
la drogadicción *drug addiction*
la enfermedad *disease*
el hambre(f) *hunger*
el homicidio *homicide*
implementar *to implement*
el ladrón, la ladrona *thief*
promover *to promote*
el robo *robbery*
la sensibilidad *sensitivity*

SEGUNDO PASO

Talking about hypothetical situations

all used with the conditional

Si hubiera paz... *If there were peace . . .*
Si se encontrara una cura...
If a cure were found . . .
Si tuvieras tu propia compañía...
If you had your own company . . .

Si tú pudieras... *If you could . . .*
Si yo fuera presidente... *If I were president . . .*
Si yo viviera... *If I lived . . .*

12
Mis planes para el futuro

1 Para llegar a ser ingeniero, ¡hay que estudiar mucho!

Cuando te gradúes del colegio, ¿qué piensas hacer? ¿Quieres asistir a una universidad? Hacer planes para el futuro, solicitar un empleo y asistir a la universidad son actividades comunes en muchas culturas. En este capítulo, hablarás sobre tus planes para el futuro y aprenderás algunas maneras de tener éxito en tus entrevistas de empleo.

In this chapter you will

- talk about former jobs and goals; talk about future career plans
- give advice about job interviews

And you will

- listen to Hispanic teenagers talk about their plans for the future
- read a story about reality and fantasy
- write about your ideas about the future
- discuss your career plans with your classmates
- learn about proper body language for formal situations

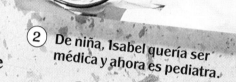

② De niña, Isabel quería ser médica y ahora es pediatra.

③ Cuando era joven, mi padre trabajaba de profesor.

DE ANTEMANO

¿Cuáles son tus planes?

¿Qué planes tienes para tu vida después de graduarte del colegio? ¿Sabes qué carrera te interesa? ¿Son similares tus planes a los de Jennifer y Eliéser?

Jennifer

R: Bueno, yo me llamo Jennifer Gould, tengo quince años y vivo en Heredia.

P: ¿Qué planes tiene Ud. para su futuro?

R: Bueno, me gustaría llegar a ser sicóloga, me gustaría llegar a ser una muy buena modelo y terminar mis estudios.

P: ¿Qué trabajo le gustaría tener?

R: Me gustaría ser sicóloga.

P: ¿Qué le importa más, ganar mucho dinero o tener un trabajo que le guste?

R: Tener un trabajo que me guste porque me divertiría en mi trabajo.

P: ¿Cómo se imagina su vida en diez años? ¿Qué hará?

R: ¡Ay! Me gustaría cumplir todo lo que deseo, casarme con mi novio y ser muy feliz.

P: ¿Y sus padres tienen planes distintos para Ud.?

R: No, yo creo que ellos me apoyan en lo que yo deseo.

Hace dos años tomé un curso para aprender a ser salvavidas. No crean que era sólo agua, sol y playa. Tuve que entrenarme duro para aprobar el examen de aptitud física. El curso me ayudó a conseguir el trabajo de salvavidas de la ciudad el año pasado.

Alan

Eliéser

Centro Universitario Calderón

LIC. EN DERECHO
LIC. EN CONTADURÍA
LIC. EN SICOLOGÍA
LIC. EN ARQUITECTURA
LIC. EN INGENIERÍA MECÁNICA

LIC. EN INFORMÁTICA
LIC. EN FARMACOLOGÍA
LIC. EN ADMINISTRACIÓN HOTELERA
LIC. EN DISEÑO GRÁFICO

El Centro Universitario Calderón significa:
¡Educación para el futuro!

P: ¿Qué planes tiene Ud. para el futuro?
R: Pues... pienso estudiar para ser... pues para tener... una carrera.
P: ¿Cuál carrera?
R: Me gustaría ingeniería agrónoma.
P: ¿Qué le importa más, ganar mucho dinero o tener un trabajo que le guste?
R: Pues, lo importante es que me guste bastante, ¿no?

De niña quería ser actriz.
A los ocho años hice un
papel en una obra de
teatro en mi ciudad. Hace
dos años estudié en el
Taller Cultural distintas
técnicas para expresar
emociones como la tristeza,
la alegría y el dolor.
Me interesaría saber más
sobre las artes dramáticas.

DE ANTEMANO

1 ¿Cierto o falso?

Indica si cada oración es **cierta** o **falsa**. Si es falsa, corrígela.

1. Jennifer quiere ser profesora.
2. Jennifer no quiere casarse.
3. Eliéser estudia para ser salvavidas.
4. Jennifer está considerando dos carreras.
5. Alan tuvo que trabajar muy duro para prepararse para su trabajo.
6. Caryn estudió en el Centro Universitario Calderón.

2 ¿Quién es?

Indica a quién o a quiénes se refieren estas frases.

1. Le interesan mucho las emociones humanas.
2. Quiere aprender más sobre el cultivo de la tierra.
3. Su trabajo era vigilar a *(watch over)* la gente que nadaba.
4. Las artes dramáticas eran uno de sus intereses.
5. Sus padres no interfieren *(interfere)* en sus planes para el futuro.
6. Le importa más gozar de su trabajo que ganar mucho dinero.

3 Busca las expresiones

1. ¿Qué dice Jennifer para indicar qué carreras le interesan?
2. ¿Qué dice Eliéser para hablar de sus planes para el futuro?
3. ¿Qué dice Caryn para hablar de la ambición que tenía cuando era niña?
4. ¿Cómo expresa Caryn su deseo de estudiar más las artes dramáticas?
5. ¿Qué dice Alan para indicar cuándo aprendió a ser salvavidas?

4 ¿Son similares?

Con dos o tres compañeros(as), habla de los intereses de Jennifer, Eliéser, Alan y Caryn. ¿Tienen Uds. los mismos intereses y planes que ellos? Expliquen sus respuestas.

5 Ahora te toca a ti

Imagina que un(a) estudiante habla sobre sus planes para el futuro con un(a) consejero(a) en el colegio. Escribe un diálogo en que el (la) estudiante menciona las clases y pasatiempos que le interesan y el (la) consejero(a) le recomienda algunas carreras que podría seguir.

 NOTA CULTURAL

El ecoturismo, que trata de proteger el medio ambiente, es muy popular en Costa Rica. Las compañías turísticas hacen un papel importante en la conservación en Costa Rica. Algunas han construido senderos *(trails)* y otras estructuras para limitar la erosión. Otras promueven la idea de "ver y no tocar" en los parques nacionales. El ecoturismo ha sido beneficioso para la economía de áreas rurales. ¿Se promueve el ecoturismo dónde vives tú?

Talking about former jobs and goals; talking about future career plans

VOCABULARIO

el (la) abogado(a) *lawyer*	el (la) diseñador(a) *designer*	el (la) policía *policeman (-woman)*
el (la) arquitecto(a) *architect*	el (la) enfermero(a) *nurse*	el (la) sicólogo(a) *psychologist*
el (la) banquero(a) *banker*	el (la) escritor(a) *writer*	el (la) técnico(a) de computadoras
el (la) carpintero(a) *carpenter*	el (la) farmacéutico(a) *pharmacist*	*computer programmer*
el (la) científico(a) *scientist*	el (la) ingeniero(a) *engineer*	el (la) trabajador(a) social
el (la) comerciante	el (la) mecánico(a) *mechanic*	*social worker*
businessman (-woman)	el (la) médico(a) *doctor*	el (la) vendedor(a)
el (la) contador(a) *accountant*	el (la) periodista *journalist*	*salesman (-woman)*

6 ¿Qué profesión es?

Completa las frases con palabras apropiadas del **Vocabulario**.

1. Mireya trabaja en una agencia que ayuda a los pobres. Mireya es ▭▭▭.
2. Hasta que no reciba su licencia de ▭▭▭, Fernando no podrá ayudar distribuir a medicinas y llenar recetas *(prescriptions)*.
3. Necesito un ▭▭▭ para ayudarme a calcular cuánto debo de impuestos *(taxes)*.
4. Héctor es ▭▭▭ de carros usados.
5. A Marisol le encanta ser ▭▭▭. Entrevista a muchos políticos para *El Heraldo.*
6. A Rubén siempre le ha interesado pintar y dibujar; por eso trabaja como ▭▭▭ en Nueva York.
7. Como es ▭▭▭, Paula va a trabajar con el estado en construir nuevas carreteras.

ASÍ SE DICE   Talking about former jobs and goals

Si quieres hablar de un trabajo o una ambición que tenías antes, puedes decir:

Hace diez años, trabajé en una tienda de computadoras.

Cuando tenía cinco años, quería ser banquera.

El año pasado, trabajé de técnico de computadoras.

Cuando era joven, quería ser bombero *(firefighter)*.

De niña, vendía periódicos.   *As a child, . . .*

7 ¿Cuándo fue?

Escucha lo que dicen Paola, Douglas, Kerri y Renato. Luego indica si las siguientes frases son **ciertas** o **falsas**. Si son falsas, corrígelas.

1. Hace cinco años, Paola sólo pensaba en hacerse médica.
2. Renato encontró un empleo nuevo el año pasado.
3. Cuando era joven, a Douglas le gustaba trabajar.
4. Kerri se graduó de la universidad el año pasado.
5. Cuando tenía doce años, Douglas vendía limonada en la calle.
6. El año pasado, Kerri sólo pensaba en ser profesora.

8 En el pasado...

Usa estas preguntas para entrevistar a un(a) compañero(a). Luego, presenta a la clase un resumen de lo que dijo tu compañero(a).

1. De niño(a), ¿con qué soñabas?
2. Cuando eras joven, ¿qué querías ser?
3. ¿Tenías un trabajo de niño? ¿Dónde trabajabas?
4. ¿Dónde trabajabas el año pasado?
5. ¿Tienes las mismas metas que tenías cuando eras niño(a)? ¿Qué metas tienes ahora?

*G*ramática de repaso   Preterite and imperfect

1. As you know, Spanish uses the preterite and the imperfect to talk about the past. Here is a review of their uses.

Use the preterite:

- to report completed past actions viewed as a whole.

  Trabajé de mesero el año pasado.
  Estudié un año en París.

- to give special meanings to certain verbs, such as **conocer, saber,** and **(no) querer.**

  Conocí a sus amigos.
  I met his friends.
  Lo supimos ayer.
  We found out about it yesterday.
  Quise irme.
  I tried to leave.
  No quise quedarme.
  I refused to stay.

Use the imperfect:

- to describe habitual, ongoing past actions.

  Eva trabajaba mucho de joven.
  No salía a menudo.

- to refer to mental or physical states in the past.

  Susana era alta y bonita.

- to tell time in the past.
  Eran las diez y cuarto.

- to describe age in the past.
  Tenía doce años en esta foto.

2. When the preterite and imperfect occur in the same sentence, the imperfect describes the background (what was going on) and the preterite points out completed actions within that setting.

Había mucha gente cuando llegué.
There were a lot of people when I arrived.
Hacía mal tiempo; por eso fuimos a casa.
The weather was bad; that's why we went home.

9 La vida de Miguel

Para describir la vida de Miguel, completa las oraciones con la forma apropiada del verbo.

1. Miguel (a. nació, b. nacía) hace dieciocho años.
2. Cuando (a. tuvo, b. tenía) cinco años, (a. empezó, b. empezaba) a asistir a la escuela.
3. De niño (a. fue, b. era) alto y atlético y (a. quería, b. quiso) ser tenista profesional.
4. Un día, (a. conoció, b. conocía) a un tenista profesional y (a. decidió, b. decidía) no seguir esa carrera.
5. El año pasado (a. se graduaba, b. se graduó) del colegio y ahora quiere seguir una carrera en matemáticas.

10 Las ambiciones de Kalinda

Completa cada frase con las formas apropiadas de los verbos entre paréntesis.

1. Cuando yo ═══ (ser) niña, ═══ (querer) ser bombera.
2. Pero una vez me ═══ (decir) mi abuelo que las niñas no deben ser bomberas.
3. Después se me ═══ (ocurrir) hacer una carrera de ciencias.
4. Otra vez, mi abuelo ═══ (oponerse[1]), diciendo que las ciencias son demasiado difíciles para las niñas.
5. Cuando ═══ (tener) 18 años, ═══ (comenzar) a estudiar farmacología en la universidad, y a los 23 años, por fin ═══ (llegar) a ser farmacéutica. Ahora estoy segura de que la mejor carrera para ti es el trabajo que más te guste, a pesar de lo que te diga la gente.

SUGERENCIA

Sometimes it may seem hard to remember how to use verb tenses in Spanish, especially the preterite and the imperfect. To make learning them easier:

1. Pay close attention to how the tenses are used in sample sentences in the textbook and in sentences your teacher gives you.
2. Find examples of the tenses in reading passages, magazines, or books. Identify how the tenses are used in each example. Then check the accuracy of your conclusions with your teacher.
3. Use the tenses to say or write sentences of your own. Then check them with your teacher.

11 ¿Qué aspiraciones tenías?

Escribe una breve descripción de ti mismo(a). Incluye información sobre cuándo y dónde naciste, qué sueños tenías cuando eras niño(a), qué aspiraciones tenías a los trece años y cosas interesantes que ocurrieron durante tu niñez.

ASÍ SE DICE   Talking about future career plans

Si quieres hablar de tus planes para el futuro, puedes decir:

Me gustaría/Me encantaría ser un cantante famoso.

Buscaré un trabajo en las ciencias.

Voy a ser contadora.

Quiero ser trabajador social.

Pienso trabajar en una agencia de bienes raíces *(real estate)*.

Me interesaría estudiar para profesora.   *I'd be interested in studying to be a . . .*

Quiero llegar a ser médica.   *I want to become . . .*

12 ¿Pasado o futuro?

Escucha lo que dice cada persona. Si habla de trabajos o planes que tenía en el pasado, escribe **P.** Si habla de sus planes para el futuro, escribe **F.** Si habla de ambas *(both)* cosas, escribe **A.**

¿Te acuerdas?

As you know, there's more than one way to talk about the future in Spanish. You can use the **ir a** + infinitive form: **Voy a trabajar este verano.** You can also use the future tense to talk about future events: **Irene se graduará en mayo.**

---

1. Verbs ending in -**ponerse**, like **oponerse**, **componerse**, and **imponerse**, are conjugated like **ponerse** in all tenses.

13 ¿Qué te gustaría hacer?

Usa las siguientes preguntas para entrevistar a un(a) compañero(a).
¿Están de acuerdo Uds. en todas las preguntas?

¿Se te ha olvidado?
future tense
Ver la página 71

1. ¿Te gustaría trabajar este verano? ¿Dónde?
2. ¿Te interesaría tomar clases en la universidad? Si decides asistir a una universidad, ¿qué clases vas a tomar?
3. ¿Qué carrera piensas seguir? ¿Por qué?
4. ¿Quieres llegar a ser rico(a) o famoso(a) algún día? Explica tu respuesta.
5. ¿Dónde vivirás en 10 años? ¿En 20? ¿En 30? Explica tus respuestas.

14 Tus planes para el futuro

Con un(a) compañero(a), lee estos anuncios de personas que están buscando empleo. Luego escriban una frase que indique los planes de cada persona en los anuncios.

Estudiante, recién graduado de universidad, busca trabajo como contador. Buenas referencias. Llamar a Emilio Juárez, 379-54-69

5 años experiencia en computadoras. Técnico y programador. Solicito trabajo en compañía internacional. Buena presentación. Javier Mondragón Real. 949-77-83.

Artista, 20 años de experiencia. Pintura y dibujo. Solicito trabajo como profesora de arte. Horas flexibles. Llame a Alfonsina James, 323-67-94

CONSEJERA. Títulos en sicología y sociología. Deseo trabajo en programas para jóvenes. Jenny Benavides. 775-12-35.

INGENIERA QUIMICA. Título universitario. Buenos antecedentes. Desea mudarse a esta ciudad. Llamar al 525-33-34.

15 Mi carrera ideal

Prepara una descripción de tu carrera ideal. Incluye las características personales que requiere la carrera, lo que tendrás que hacer para seguir esa carrera y por qué te consideras perfecto(a) para ella.

16 Sueños y planes

Júntate con unos(as) compañeros(as). En turnos, hablen de los sueños que tenían cuando eran niños(as). Luego comparen esos sueños con los planes que tienen ahora para el futuro. ¿Tienen las mismas ambiciones que antes? ¿Creen que sus planes van a cambiar otra vez en el futuro? Expliquen sus respuestas.

NOTA CULTURAL

En la mayoría de los países latinoamericanos, el primer título *(degree)* que se puede obtener en la universidad, generalmente después de cinco años de estudio, es la **licenciatura.** En contraste con el *bachelor's degree* en los Estados Unidos, la **licenciatura** requiere un examen global sobre todo lo que has estudiado. En muchos casos, hay que escribir una tesis también. ¿Se dan exámenes de este tipo en tu colegio?

¿Qué planes tienes para el futuro?

Las metas son importantes en la vida, pero llegar a ser una persona famosa no es siempre sinónimo a una vida feliz. Escucha los planes futuros de los siguientes jóvenes.

Bárbara

Sevilla, España

"Me gustaría... ser sicóloga a lo mejor, algo que tenga que ver con la gente, con relacionarme con mucha gente y poder ayudar a quien sea y ganar dinero".

Adelina

Los Teques, Venezuela

"Mi futuro sería graduarme en informática y trabajar... [en] una empresa, un banco".

Gabriel

Quito, Ecuador

"Me gustaría ser cirujano plástico... porque me gusta mucho todo lo que tiene que ver con la cirugía plástica".

Para pensar y hablar...

A. ¿Qué profesión va a estudiar cada uno de los entrevistados? ¿Por qué le gustaría a Bárbara estudiar sicología? ¿A quién le gustaría trabajar en un banco? ¿Estás interesado(a) en las mismas carreras que estos jóvenes? ¿Qué carreras te interesan más a ti?

B. Do you believe it's important to plan for your career years ahead of time? Why or why not? What things can you do now to help you plan for your future career? What are some of the resources you can use to help you plan your career?

¡ADELANTE!

Cuando buscas un trabajo

¿Piensas trabajar algún día? ¿Qué tipo de empleo te gustaría tener? Si tuvieras una entrevista mañana, ¿qué harías para prepararte? Este artículo te puede ayudar.

Estrategias para triunfar
Prepárate para tu primera entrevista de trabajo:

 Imagen: como ya sabes, la primera impresión es fundamental. Cuida hasta el más mínimo detalle… tus uñas, tu cabello, tu ropa. Lo ideal es ir limpio(a), bien arreglado(a) y mantener una elegancia sobria.

 Lleva tu currículum vitae actualizado. Adjunta copias de tus certificados de estudios, calificaciones y cartas de referencias de trabajos anteriores. Lleva todo bien presentado en una carpeta organizada. No olvides que esto hablará por ti.

 Es importante que seas espontáneo(a) y comunicativo(a) con la persona que te entreviste. No respondas con monosílabos. Debes ser explícito(a) con tus respuestas, pero procura no salirte del tema.

 Averigua todos los pormenores del empleo: horario, sueldo, etc. Pregunta sobre los beneficios que ofrece la empresa: vacaciones, seguro médico, etc.

17 ¿Se sabe?

Indica si las siguientes oraciones son **ciertas, falsas** o si **no se sabe,** según la información en el artículo. Si son falsas, corrígelas.

1. Para conseguir un trabajo, no importa cómo estés vestido(a).
2. Durante una entrevista, no tienes que hacer preguntas, sólo contestar las que te hacen.
3. Debes llevar tu currículum actualizado en una forma organizada.
4. Debes escribirle una carta de agradecimiento al jefe o a la jefa después de tu entrevista.
5. Hay que llevar certificados de estudios, calificaciones y cartas de referencia.
6. Antes de la entrevista, es preferible no saber mucho acerca del empleo.

18 ¿Comprendes?

Usa la información de ¡**Adelante!** para contestar las siguientes preguntas.

1. Según lo que acabas de leer, ¿qué es fundamental antes de una entrevista de trabajo?
2. ¿Qué se debe llevar en una carpeta?
3. ¿Cómo se debe responder a las preguntas que le hacen a uno(a) en una entrevista?
4. ¿Qué tipo de preguntas debes hacer durante tu entrevista de trabajo?
5. Compara los dos anuncios de trabajo en ¡**Adelante!** ¿Cómo son parecidos? ¿En qué son diferentes?

19 ¿Cuál es el (la) mejor?

Los siguientes jóvenes están solicitando el trabajo de vendedor(a) que aparece en la página 308. Con un(a) compañero(a), lee las descripciones y luego indica cuál es la mejor persona para el trabajo. Expliquen por qué las otras personas no son apropiadas.

1. Silvia se vistió para la entrevista con mucho cuidado. Planchó su ropa y se arregló el pelo. Piensa ir a la entrevista después de su clase de inglés de primer semestre.
2. Guillermo siempre se ve muy bien arreglado. Quiere trabajar como vendedor porque domina el inglés y siempre ha querido trabajar en ventas.
3. A pesar de que mucha gente piensa que Víctor es bastante antipático, él cree que es perfecto para un trabajo de ventas. Habla inglés y tiene experiencia en ventas.
4. Verónica vivió cinco años en Inglaterra donde trabajó en una tienda. Es atractiva y se lleva bien con la gente. Tiene todo ya listo en su carpeta para la entrevista.
5. Alfredo ha enseñado inglés en clases particulares y le encanta tratar con el público. Tan pronto como se ponga sus zapatos de tenis y una camiseta, va a ir a la entrevista.

20 Busca las expresiones

Busca en el artículo las expresiones de consejos y recomendaciones. ¿Cuántas oraciones encuentras?

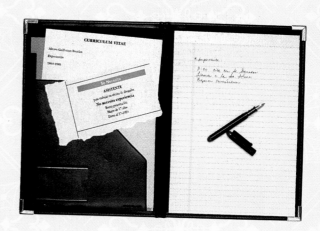

21 Ahora te toca a ti

Si tuvieras una entrevista para un trabajo mañana, ¿tendrías listo tu currículum vitae *(résumé)*? Prepara un currículum breve que contenga la siguiente información: trabajos que has tenido (dónde, cuándo, por cuánto tiempo, etc.), tus calificaciones y otra experiencia que tienes (voluntarismo, clubes, etc.)

Giving advice about job interviews

ASÍ SE DICE Giving advice about job interviews

Si quieres dar consejos o recomendar algo, puedes decir:

Para conseguir un buen trabajo, **debes** vestirte bien.
Te recomiendo que llegues temprano a la entrevista.
Te aconsejo que te expreses bien.
Lo ideal es preparar unas preguntas.
No olvides que las apariencias cuentan en las entrevistas.
Es importante que seas sincero y espontáneo.

22 Buenos consejos

Escucha los siguientes consejos. Si te parece un buen consejo para una persona que va a entrevistarse, escribe **lógico.** Si no es un buen consejo, escribe **¡Qué va!**

---

*G*ramática de repaso The subjunctive with recommendations

1. Spanish uses the subjunctive to imply commands after verbs and expressions such as **aconsejar que, recomendar que,** and **es importante que.**

   Es importante que tengas paciencia.   Te aconsejo que estudies más.
   Les recomiendo que no vuelvan tarde.

2. Spanish also uses the subjunctive after verbs or expressions that convey hope or desire that someone do something.

   Ojalá que Uds. vengan a la reunión.   ¿Quieres que yo te ayude?

---

23 Recomendaciones

Completa cada recomendación para una entrevista con una de las siguientes expresiones.

1. Al entrar en la oficina es importante que...
2. Si no sabes dónde queda la oficina, te recomiendo que...
3. Si el (la) entrevistador(a) te pregunta algo de tus empleos anteriores, es importante que...
4. Si te piden referencias, te aconsejo que...
5. Las apariencias importan mucho. Te recomiendo que...
6. Siempre buscan el entusiasmo en un(a) empleado(a). Es necesario que...

tener teléfonos y direcciones de referencias

arreglarte lo mejor posible

convencerle que tienes mucho interés

salir con mucha anticipación

dar la mano al (a la) entrevistador(a)

llevar dos o tres cartas de referencia

sonreír y mostrar confianza

24 Te damos un consejo

Los jóvenes en las siguientes fotos están solicitando un empleo pero necesitan ayuda. Con un(a) compañero(a), escribe algunas oraciones con consejos y estrategias para mejorar sus posibilidades de triunfar en la entrevista.

a.

b.

c.

d.

*G*ramática de repaso — The subjunctive with the unknown or nonexistent

1. Spanish uses the subjunctive with negative words like **nada, nadie,** or **ninguno(a)** to imply nonexistence.

   No hay nadie que diga eso.
   No conozco a ningún estudiante que se adapte mejor que él.

2. Spanish also uses the subjunctive to describe persons or things that aren't specified or known to exist. Remember that no personal **a** is used when there isn't a definite or specific person.

   Busco una persona que vaya al centro.
   Necesitamos algo que cueste menos.

3. When there's a specific person or thing in mind, however, use the indicative.

   Busco a la persona que va al centro.
   Tenemos algo aquí que cuesta menos.

25 Se busca...

Escucha las siguientes oraciones e indica si la persona habla de alguien o algo **específico** o **no específico.**

¿Te acuerdas?

Alguien, algún, nadie, and ninguno take personal a when used as direct objects.

   ¿Conoces **a alguien** que pueda ayudarme?

   No, no conozco **a nadie.**

actualizar *to update*	**medio tiempo** *part time, half time*
el ambiente de trabajo *workplace environment*	**el puesto (de trabajo)** *position, job*
los beneficios *benefits*	**los requisitos** *requirements*
el currículum (vitae) *résumé*	**el salario** *salary*
el (la) empleado(a) *employee*	**el seguro** *insurance*
la empresa *business, company*	**solicitar** *to apply for; to request*
el (la) gerente *manager*	**la solicitud** *application*
el horario *work hours, schedule*	**tiempo completo** *full time*
el jefe, la jefa *boss*	

> **T**ambién se puede decir...
> Se puede decir **sueldo** por **salario**. También se dice **trabajador(a)** por **empleado(a)**.

26 El mundo del empleo

Completa cada oración con la palabra más apropiada del **Vocabulario**, incluyendo el artículo cuando sea necesario. Usa la forma correcta de los verbos.

1. Con la nueva fábrica se espera que abran cinco ===== de trabajo.
2. Para mí, el ===== es importante. Me gusta un lugar tranquilo donde las personas se llevan bien.
3. Antonio no va a ===== el nuevo empleo con la compañía de computadoras. Dice que ===== que ofrecen es muy bajo.
4. Tengo todo listo para la entrevista menos mi =====. Lo tengo que ===== con toda la información sobre mi último trabajo.
5. Voy a hablar con ===== para ver si puedo trabajar =====, preferiblemente de la una hasta las seis de la tarde.
6. La familia de Hernán tiene una ===== muy grande. Tienen por lo menos 140 ===== que trabajan por ellos.
7. No hay muchos ===== para ese trabajo: saber el inglés y tener un poco de experiencia en ventas, pero nada más.

27 Los anuncios de trabajo

Imagina que tú y un(a) compañero(a) escriben y diseñan anuncios de trabajo para compañías. Escriban un anuncio para cada puesto que sigue. Mencionen los requisitos (experiencia, etc.), beneficios y otra información sobre el trabajo.

MODELO   maestro(a) de alemán; Instituto Humboldt

> **INSTITUTO HUMBOLDT**
> Necesita maestro(a) de alemán. Queremos alguien que tenga mínimo cinco años de experiencia. Se ofrecen buen salario y ambiente de trabajo. Presentar currículum y dos cartas de recomendación. **Llamar al 32-90-85.**

1. farmacéutico(a); Farmacia González
2. técnico(a) de computadoras; Compañía Nacional de Tecnología
3. trabajador(a) social; Agencia del Bienestar *(Welfare)* Público
4. ingeniero(a) civil; Ministerio de Obras Públicas
5. guía turística; Caribeturs

28 Las entrevistas

Reúnanse tú y tu compañero(a) con otro equipo de dos compañeros(as). Miren los anuncios que escribieron ellos y decidan qué puestos quieren solicitar tú y tu compañero(a). Las personas del otro equipo van a entrevistar a cada uno(a) de Uds. para el trabajo. Deben decirles a Uds. específicamente qué tipo de empleado(a) buscan.

29 Quiero un trabajo que...

¿Cuál es tu trabajo ideal? Entrevista a un(a) compañero(a) para ver si tienen ideas similares sobre qué es un trabajo perfecto. Usen frases como **Quiero un trabajo que...**, **Busco un empleo que...**, **Prefiero un(a) jefe(a) que...**, etc.

*G*ramática de repaso   The conditional and the past subjunctive

1. To talk about hypothetical situations you use the conditional and **si** with the past subjunctive.

   Si pudiera conseguir una beca, estudiaría en España.
   Formaríamos nuestra empresa si tuviéramos suficiente dinero.

2. The conditional is used to express what would happen or what someone would do. Like the future, the conditional consists of the entire infinitive plus one set of endings for all verbs.

HABLAR	CORRER	PEDIR
hablaría	correría	pediría
hablarías	correrías	pedirías
hablaría	correría	pediría
hablaríamos	correríamos	pediríamos
hablaríais	correríais	pediríais
hablarían	correrían	pedirían

   ¿Se te ha olvidado? *irregular conditional* Ver la página 233

3. To form the past subjunctive, start with the **ellos/ellas** form of the preterite. Remove the **-on** and add the following endings:

INVITAR	VENDER	SER/IR
(invitaron)	(vendieron)	(fueron)
invitara	vendiera	fuera
invitaras	vendieras	fueras
invitara	vendiera	fuera
invitáramos	vendiéramos	fuéramos
invitarais	vendierais	fuerais
invitaran	vendieran	fueran

30 Posibilidades

Escribe oraciones completas con la siguiente información.

MODELO   A la jefa no (gustarle) / si los empleados (llegar) tarde al trabajo
A la jefa no le gustaría si los empleados llegaran tarde al trabajo.

1. Si Eduardo (ser) bilingüe / (poder) trabajar con las aerolíneas
2. Nosotros (aceptar) su oferta *(offer)* / si la compañía (ofrecer) mejores beneficios
3. (Gustarme) el horario / si yo (poder) trabajar medio tiempo
4. Ellos (comprar) un carro / si sus jefes les (aumentar) el salario
5. Si el ambiente de trabajo (ser) más agradable / yo no (buscar) otro puesto
6. Si tú (actualizar) tu currículum / (tener) más oportunidades de entrevistarte con compañías
7. Hisoka (solicitar) ese puesto / si no (haber) tantos requisitos
8. Si Rosa (saber) más sobre el puesto / te (decirlo)

31 Después de la graduación

Los siguientes jóvenes hablan de lo que harían después de graduarse. Lee lo que dicen y luego, con un(a) compañero(a), indica con qué persona tienes más en común y explica por qué. ¿Conoces a alguien que tenga los mismos planes e ideas que uno de ellos?

"Si pudiera trabajar en cualquier campo sería en medicina. Es un campo que siempre me ha gustado. Me interesa hacer investigación".

Alfonso

Lourdes

"Si pudiera, tendría mi propia empresa. Me gusta todo lo que tiene que ver con los negocios. Así tendría la libertad de trabajar en casa también. Después de graduarme estudiaré administración de empresas".

"Mis papás quieren que estudie ingeniería pero eso no me interesa para nada. Si fuera ingeniera no estaría feliz. A mí me interesa más la sicología. Quiero trabajar con niños".

Ana Lucía

"Iré a la capital para estudiar música clásica. Si hubiera un buen instituto de música en mi ciudad me quedaría aquí para estudiar".

Daniel

32 Si fuera profesora...

¿Qué harías si fueras arquitecto(a)? ¿Cómo serías si fueras profesor(a)? ¿Serías estricto(a) con tus estudiantes? Di qué harías o cómo serías si te dedicaras a las siguientes profesiones. Luego compara tus respuestas con las de un(a) compañero(a).

MODELO   Si fuera arquitecta, construiría casas grandes y bonitas de dos pisos.

1. arquitecto(a)
2. profesor(a)
3. trabajador(a) social
4. sicólogo(a)
5. médico(a)
6. abogado(a)

¿Se te ha olvidado?
past subjunctive
Ver la página 287

33 En mi cuaderno

Imagina que trabajas para la compañía **Imágenes, S. A.,** que ayuda a la gente a mejorar su presentación en las entrevistas de trabajo. Escribe una conversación que tienes con una persona que pide tu ayuda porque se presenta muy mal en las entrevistas. Esta persona te dice qué tipo de trabajo quiere y habla de los problemas que tiene en las entrevistas. Tú le dices qué tipo de empleado están buscando las compañías, le das unos consejos y le explicas cómo sería diferente su vida si cambiara su imagen.

La formalidad

Estas fotos son de una oficina en una empresa. Hay una cosa que no se debe hacer y dos cosas que no se debe decir. ¿Puedes encontrarlas?

¡Hola, Sra. Díaz! ¿Qué tal? ¿Cómo está tu familia?

Para discutir

1. ¿Cómo está sentada la mujer en la primera foto? ¿Te sentarías así si tuvieras un trabajo en una oficina?

2. ¿Hablarías así con tu jefe(a)? ¿Cómo saludarías a tu jefe(a)? ¿Cómo saludas a tus profesores(as)?

Vamos a comprenderlo

El hispanohablante tiende a *(tends)* ser más formal en su forma de hablar y sentarse. En la primera foto, la mujer tiene sus pies encima del escritorio y la mano detrás de la cabeza, lo cual se considera demasiado informal para una oficina. Sólo en las situaciones muy informales se pueden poner los pies encima de un escritorio o una mesa. En la segunda foto, el hombre es demasiado informal en su forma de hablar con la jefa también. No se debe llamar a la jefa (o al jefe) **tú**. Tampoco se deben hacer preguntas personales (como preguntar por la familia) a menos que la persona sea un(a) amigo(a) o alguien que se conoce bien.

Fantasía y realidad

*E*n este cuento, la escritora española Ana María Matute combina el realismo con la fantasía para describir algo de su niñez. Se ven dos mundos en contraste: el mundo realista de la narradora y el mundo de la imaginación de un niño.

Estrategia

Utilice multiple reading strategies. Throughout this book you have learned about a number of strategies. Some are for the prereading stage, such as skimming and activating background knowledge. Others help you during your reading, both on a global level, such as summarizing and outlining, and on a specific level, such as guessing word meanings and scanning.

¡A comenzar!

¿Te acuerdas?

Skim to get the gist. Remember that skimming is looking at titles, pictures and the first sentence of each paragraph.

A. Primero necesitas saber sobre qué es el cuento. Echa una ojeada al texto y después indica de qué se trata.

¿Te acuerdas?

Use your background knowledge. Think about what you already know about a topic before you read.

El árbol de oro

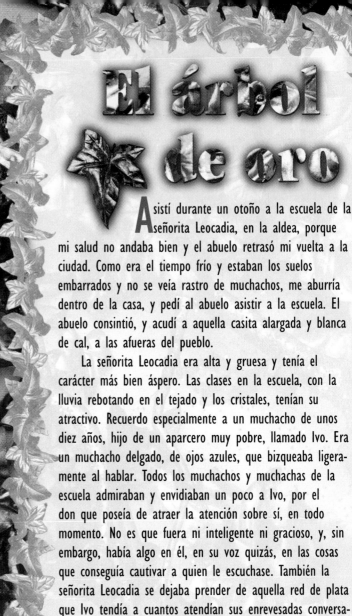

Asistí durante un otoño a la escuela de la señorita Leocadia, en la aldea, porque mi salud no andaba bien y el abuelo retrasó mi vuelta a la ciudad. Como era el tiempo frío y estaban los suelos embarrados y no se veía rastro de muchachos, me aburría dentro de la casa, y pedí al abuelo asistir a la escuela. El abuelo consintió, y acudí a aquella casita alargada y blanca de cal, a las afueras del pueblo.

La señorita Leocadia era alta y gruesa y tenía el carácter más bien áspero. Las clases en la escuela, con la lluvia rebotando en el tejado y los cristales, tenían su atractivo. Recuerdo especialmente a un muchacho de unos diez años, hijo de un aparcero muy pobre, llamado Ivo. Era un muchacho delgado, de ojos azules, que bizqueaba ligeramente al hablar. Todos los muchachos y muchachas de la escuela admiraban y envidiaban un poco a Ivo, por el don que poseía de atraer la atención sobre sí, en todo momento. No es que fuera ni inteligente ni gracioso, y, sin embargo, había algo en él, en su voz quizás, en las cosas que conseguía cautivar a quien le escuchase. También la señorita Leocadia se dejaba prender de aquella red de plata que Ivo tendía a cuantos atendían sus enrevesadas conversaciones, y —yo creo que muchas veces contra su voluntad—la señorita Leocadia le confiaba a Ivo tareas deseadas por todos, o distinciones que merecían alumnos más estudiosos y aplicados.

Quizá lo que más se envidiaba de Ivo era la posesión de la codiciada llave de la torrecita. Ésta era, en efecto, una pequeña torre situada en un ángulo de la escuela, en cuyo interior se guardaban los libros de lectura. Allí entraba Ivo a buscarlos, y allí volvía a dejarlos, al terminar la clase. Ivo estaba muy orgulloso de esta distinción, y por nada del mundo la hubiera cedido. Un día, Mateo Heredia, el más aplicado y estudioso de la escuela, pidió encargarse de la tarea—a todos nos fascinaba el misterioso interior de la torrecita, donde no entramos nunca—, y la señorita Leocadia pareció acceder. Pero Ivo se levantó, y acercándose a la maestra empezó a hablarle en su voz baja, bizqueando los ojos y moviendo mucho las manos, como tenía por costumbre. La maestra dudó un poco, y al fin dijo:

—Quede todo como estaba. Que siga encargándose Ivo de la torrecita.

A la salida de la escuela le pregunté:

—¿Qué le has dicho a la maestra?

Ivo me miró de través y vi relampaguear sus ojos azules.

—Le hablé del árbol de oro.

Sentí una gran curiosidad.

—¿Qué árbol?

—Si no se lo cuentas a nadie...

Te lo juro, que a nadie se lo diré.

Entonces Ivo me explicó:

—Veo un árbol de oro. Un árbol completamente de oro: ramas, tronco, hojas... ¿sabes? Las hojas no se caen nunca. En verano, en invierno, siempre. Resplandece mucho; tanto, que tengo que cerrar los ojos para que no me duelan.

—¡Qué embustero eres!—dije, aunque con algo de zozobra. Ivo me miró con desprecio.

—No te lo creas —contestó—. Me es completamente igual que te lo creas o no... ¡Nadie entrará nunca en la torrecita, y a nadie dejaré ver mi árbol de oro! ¡Es mío! La señorita Leocadia lo sabe, y no se atreve a darle la llave a Mateo Heredia, ni a nadie... ¡Mientras yo viva, nadie podrá entrar allí y ver mi árbol!

Lo dijo de tal forma que no pude evitar preguntarle:

—¿Y cómo lo ves... ?

—Ah, no es fácil —dijo, con aire misterioso—. Cualquiera no podría verlo. Yo sé la rendija exacta. Una que hay corriendo el cajón de la derecha: me agacho y me paso horas y horas... ¡Cómo brilla el árbol! Fíjate que si algún pájaro se le pone encima también se vuelve de oro. Eso me digo yo: si me subiera a una rama, ¿me volvería acaso de oro también?

No supe qué decirle, pero, desde aquel momento, mi deseo de ver el árbol creció de tal forma que me

---

B. Con un(a) compañero(a), habla por dos minutos sobre el tema del cuento. Expresen sus opiniones personales sobre el tema.

Al grano

¿Te acuerdas?

Try to be aware of how a text is organized before and while you read it. Making some kind of an informal outline is a good idea.

C. Ahora lee el cuento entero. Haz un esquema de los episodios importantes y compara tu esquema con el de un(a) compañero(a).

¿Te acuerdas?

Summarize main points. After you come across an important idea, summarize that information briefly.

D. Ahora lee el texto otra vez, pero con mucho cuidado. Trata de entenderlo bien. Después de terminar cada sección, escribe un resumen de la sección. El resumen debe ser de una o dos oraciones en español. Será útil saber el significado de las siguientes palabras:

aldea *village*
aparcero *sharecropper*
bizquear *to squint*
embustero *liar*
rendija *crack*
hucha *piggy bank*
estafar *to swindle*

¿Te acuerdas?

Scan to find specific information. Locate specific information quickly by searching for key words.

E. Relee el texto para contestar estas preguntas específicas.

1. ¿Por qué asistió la narradora a la escuela de la señorita Leocadia?
2. ¿Cómo era Ivo? ¿Qué cualidad tenía de especial?
3. ¿Por qué envidiaban los muchachos a Ivo?
4. ¿Qué veía Ivo por la rendija?
5. ¿Qué vio la narradora por la rendija?

F. Adivina el significado de estas palabras, usando el contexto.

1. don
2. relampaguear
3. resplandece

¿Te acuerdas?

Use context to figure out meaning. Rely on the words and sentences around the unknown word.

G. El cuento pone en contraste el mundo de realidad y de fantasía. Con un(a) compañero(a), indica qué palabras y frases usa la narradora para describir a las personas, la naturaleza, etc. Indiquen qué palabras y frases usa Ivo para describir el árbol. ¿Cuál es la diferencia?

H. ¿Crees que Ivo era embustero o que simplemente tenía una imaginación fantástica? ¿Alguna vez te pasó que lo que soñaste se hizo realidad? ¿Crees que es importante tener una imaginación? ¿Por qué o por qué no?

---

desasosegaba. Todos los días, al acabar la clase de lectura, Ivo se acercaba al cajón de la maestra, sacaba la llave y se dirigía a la torrecita. Cuando volvía, le preguntaba:

—¿Lo has visto?

—Sí —me contestaba. Y, a veces, explicaba alguna novedad:

—Le han salido unas flores raras. Mira: así de grandes, como mi mano lo menos, y con los pétalos alargados.

Ocurrió entonces algo que secretamente yo deseaba; me avergonzaba sentirlo, pero así era: Ivo enfermó, y la señorita Leocadia encargó a otro la llave de la torrecita. Primeramente, la disfrutó Mateo Heredia. Yo espié su regreso, el primer día, y le dije:

—¿Has visto un árbol de oro?

—¿Qué andas graznando? —me contestó de malos modos, porque no era simpático, y menos conmigo. Unos días después, me dijo:

—Si me das algo a cambio, te dejo un ratito la llave y vas durante el recreo. Nadie te verá...

Vacié mi hucha, y, por fin, conseguí la codiciada llave. Mis manos temblaban de emoción cuando entré en el cuartito de la torre. Allí estaba el cajón. Lo aparté y vi brillar la rendija en la oscuridad. Me agaché y miré.

Cuando la luz dejó de cegarme, mi ojo derecho sólo descubrió una cosa: la seca tierra de la llanura alargándose hacia el cielo. Nada más. Tuve una gran decepción y la seguridad de que me habían estafado.

Olvidé la llave y el árbol de oro. Antes de que llegaran las nieves regresé a la ciudad.

Dos veranos más tarde volví a las montañas. Un día, pasando por el cementerio—era ya tarde y se anunciaba la noche en el cielo: el sol, como una bola roja, caía a lo lejos— vi algo extraño. De la tierra pedregosa, entre las cruces caídas, nacía un árbol grande y hermoso, con las hojas anchas de oro: encendido y brillante todo él, cegador. Algo me vino a la memoria, como un sueño, y pensé: "Es un árbol de oro". Busqué al pie del árbol, y no tardé en dar con una crucecilla de hierro negro, mohosa por la lluvia. Mientras la enderezaba, leí IVO MÁRQUEZ, DE DIEZ AÑOS DE EDAD.

Y no daba tristeza alguna, sino, tal vez, una extraña y muy grande alegría.

In "El árbol de oro," you read about a boy who seemed to glimpse the future. His vision of the future became reality despite the doubts of others. Do you have clear ideas about what the future will bring? In this activity, you'll write about some of your ideas about the future, and you will learn some ways to write good conclusions.

En el año 3000

¿Cómo será el mundo en el año 3000? ¿Será similar o distinto del mundo de hoy? ¿En qué aspectos será distinto y en cuáles será similar? Si vivieras en el mundo del año 3000, ¿qué querrías cambiar? En un ensayo de tres o cuatro párrafos, describe tu visión del mundo en el año 3000.

A. Preparación

1. Antes de escribir, considera en categorías las cosas que podrían ser afectadas por el paso del tiempo. Considera estas categorías y agrega otras si es necesario.

el transporte

las ciencias

la comida

las comunicaciones

las casas

la medicina

el medio ambiente

la geografía

el recreo

> ## ALGUNOS CONSEJOS
> **Good conclusions**
> It's always a good idea to end what you write with a good conclusion that draws your main ideas together. For example, your conclusion can review ideas you introduced earlier and give a few sentences that tie them together. Your conclusion can also summarize your main idea in other words or it can close with an interesting comment that leaves your reader wanting to know more about your topic.

2. Anota las cosas que podrían cambiar en las categorías mencionadas. Si quieres, puedes usar un diagrama para vincular *(link)* las categorías con los cambios que van a ocurrir.

3. Organiza la información en un orden lógico. Si quieres, puedes poner la información en fichas y luego ponerla en un orden lógico.

B. Redacción

1. Comienza tu ensayo con una introducción que le llame la atención a tu lector(a). Puede ser una pregunta o una idea fascinante sobre el futuro.

2. Luego escribe unos párrafos sobre cómo van a ser las cosas en el año 3000. Describe las cosas que serán similares y las que serán distintas del mundo de hoy. Si hay cosas que te gustaría cambiar, menciónalas y explica por qué las quieres cambiar.

3. Incluye detalles interesantes. Por ejemplo, si mencionas que la gente viajará en platillos voladores *(flying saucers)*, explica cómo funcionarán, a qué velocidad volarán, etc.

4. Escribe una buena conclusión para resumir *(sum up)* tus ideas.

C. Evaluación

1. ¿Pusiste la información en un orden lógico? Si no, organízala en un orden más apropiado.

2. Pídeles a unos(as) compañeros(as) que lean tu ensayo. ¿Qué opinan de tu introducción y de tu conclusión? Toma en cuenta sus comentarios e incorpóralos si es necesario.

3. Después de leer y releer tu ensayo, ¿qué te parecen los detalles que incluiste? Si hay algunos que no te parecen interesantes o útiles, puedes cambiarlos u omitirlos.

1 Escucha mientras habla Josefina de los sueños que tenía de ser arqueóloga *(archaeologist)*. Luego lee las siguientes frases e indica si cada frase es **cierta, falsa** o si **no se sabe.** Si la frase es falsa, corrígela.

1. Cuando tenía diez años, Josefina se graduó con un doctorado en arqueología.
2. Josefina fue a Egipto con su familia el año pasado.
3. El año pasado, oyó hablar de un programa especial para visitar Egipto.
4. A los veinte años fue a ver unas ruinas en la Argentina.
5. Cuando era niña, le interesaban mucho a Josefina las ruinas antiguas.

2 Tu consejero(a) te recomienda que escribas un párrafo sobre tus planes para el futuro. Escribe por lo menos cinco frases sobre lo que harás y lo que te gustaría hacer dentro de los próximos cinco años.

3 Júntate con tres compañeros(as) y lee tus planes para el futuro que preparaste para la Actividad 2. Dales a los otros algunos consejos y recomendaciones sobre cómo pueden realizar sus metas.

4 Contesta las preguntas con información cultural de este capítulo.

1. ¿Cuál es el primer título que se puede obtener en una universidad latinoamericana?
2. ¿Cuál es la diferencia entre la licenciatura y el "bachelor's degree"?
3. ¿Qué es el ecoturismo?
4. ¿Qué esfuerzos *(efforts)* han hecho las compañías turísticas para conservar el medio ambiente en Costa Rica?
5. ¿Cuál es el efecto del ecoturismo sobre la economía rural?

5 Termina las siguientes oraciones de una manera original para dar consejos sobre las entrevistas de empleo.

1. El día de la entrevista es importante que...
2. Al llegar a la entrevista debes...
3. Es importante que...
4. Durante la entrevista, te aconsejo que...
5. Al preparar las cosas que vas a llevar a la entrevista, te recomiendo que...
6. Al terminar la entrevista, es importante...

6 Lee los siguientes anuncios e indica qué puesto debe solicitar cada persona mencionada abajo.

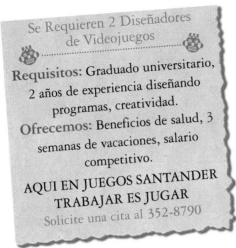

Se Requieren 2 Diseñadores de Videojuegos

Requisitos: Graduado universitario, 2 años de experiencia diseñando programas, creatividad.
Ofrecemos: Beneficios de salud, 3 semanas de vacaciones, salario competitivo.

AQUI EN JUEGOS SANTANDER TRABAJAR ES JUGAR

Solicite una cita al 352-8790

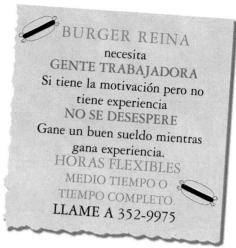

BURGER REINA
necesita
GENTE TRABAJADORA
Si tiene la motivación pero no tiene experiencia
NO SE DESESPERE
Gane un buen sueldo mientras gana experiencia.
HORAS FLEXIBLES
MEDIO TIEMPO O TIEMPO COMPLETO
LLAME A 352-9975

TALLER SAN ESTEBAN NECESITA MECANICOS

Mínimo 2 años de experiencia. Especialista en coches japoneses. Entusiasmo y dedicación. Vehículo propio (preferible).
BENEFICIOS Y SALARIO COMPETITIVO
Cita al teléfono: 352-1913

1. Ana acaba de graduarse de la Universidad de Quito con su título en computación.
2. Roberto lleva tres años trabajando con su padre. Sabe arreglar todo tipo de carros.
3. Laura es una persona muy creativa y muy entusiasta. Le encanta jugar a los videojuegos y salir con sus amigos pero nunca tiene dinero. Necesita un trabajo pero no tiene experiencia ni título.
4. Antonio busca un puesto con buenos beneficios y vacaciones. Estudió computación y es buen diseñador.

7 Escoge uno de los anuncios y escribe una carta para acompañar tu currículum. Escribe por lo menos tres párrafos para explicar por qué eres la mejor persona para el trabajo y por qué quieres trabajar allí.

8 SITUACIÓN

Con un(a) compañero(a), escoge uno de los anuncios de arriba. Dramatiza una entrevista entre tú y el (la) gerente para solicitar el puesto que escogiste. Luego presenta la entrevista a la clase.

Can you talk about former jobs and goals?
p. 303

1 Imagina que es el año 2010. Juan Pablo está pensando en su juventud y los trabajos que tenía. Mira los siguientes dibujos y describe lo que pasa en cada dibujo. Usa expresiones de **Así se dice** para indicar cuándo ocurre cada cosa.

niñez

edad: 15 años

2005

2009

Can you talk about future career plans?
p. 305

2 Indica los planes de cada persona para el futuro. Usa diferentes expresiones para cada persona.

1. Mónica: trabajar en un crucero *(cruise ship)*
2. Yuet: editora de una revista
3. Robert: arquitecto
4. Víctor Alejandro: fotógrafo
5. Justina: diseñadora

Can you give advice about job interviews?
p. 310

3 Dales consejos a las siguientes personas para que tengan éxito en sus entrevistas de trabajo.

1. Scott no sabe qué ropa debe llevar para su entrevista.
2. Jim quiere hacer una buena impresión en su entrevista, pero a veces habla demasiado.
3. Raquel siempre parece mal preparada porque llega a sus entrevistas sin su currículum.
4. Lily es buena gente y es trabajadora pero apenas *(barely)* habla durante una entrevista.
5. Rosalinda quiere un buen empleo pero no tiene cartas de referencia.

PRIMER PASO

Talking about former jobs and goals

Cuando era joven,... *When I was young, . . .*
Cuando tenía cinco años,... *When I was five, . . .*
De niño(a),... *As a child, . . .*
El año pasado,... *Last year, . . .*
Hace diez años,... *Ten years ago, . . .*

Talking about future career plans

Buscaré... *I'll look for . . .*
Me encantaría ser... *I'd love to be . . .*
Me gustaría ser... *I'd like to be . . .*
Me interesaría estudiar para...
   I'd be interested in studying to be a . . .
Pienso trabajar en... *I intend to work in . . .*
Quiero llegar a ser... *I want to become . . .*
Quiero ser... *I want to be . . .*
Voy a ser... *I'm going to be . . .*

Professions

el (la) abogado(a) *lawyer*
el (la) arquitecto(a) *architect*
el (la) banquero(a) *banker*
el (la) carpintero(a) *carpenter*
el (la) científico(a) *scientist*
el (la) comerciante *businessman (-woman)*
el (la) contador(a) *accountant*
el (la) diseñador(a) *designer*
el (la) enfermero(a) *nurse*
el (la) escritor(a) *writer*
el (la) farmacéutico(a) *pharmacist*
el (la) ingeniero(a) *engineer*
el (la) mecánico(a) *mechanic*
el (la) médico(a) *doctor*
el (la) periodista *journalist*
el (la) policía *policeman (-woman)*
el (la) sicólogo(a) *psychologist*
el (la) técnico(a) de computadoras
   computer programmer
el (la) trabajador(a) social *social worker*
el (la) vendedor(a) *salesman (-woman)*

SEGUNDO PASO

Giving advice about job interviews

Debes... *You should . . .*
Es importante que... *It's important that . . .*
Lo ideal es... *The best thing is . . .*
No olvides que... *Don't forget that . . .*
Te aconsejo que... *I advise you to . . .*
Te recomiendo que... *I recommend that you . . .*

Work

actualizar *to update*
el ambiente de trabajo *workplace environment*
los beneficios *benefits*
el currículum (vitae) *résumé*
el (la) empleado(a) *employee*
la empresa *business, company*
el (la) gerente *manager*
el horario *work hours, schedule*
la jefa *boss*
el jefe *boss*
medio tiempo *part time, half time*
el puesto (de trabajo) *position, job*
los requisitos *requirements*
el salario *salary*
el seguro *insurance*
solicitar *to apply for; to request*
la solicitud *application*
tiempo completo *full time*

REFERENCE SECTION

SUMMARY OF FUNCTIONS

GRAMMAR SUMMARY

SPANISH–ENGLISH VOCABULARY

ENGLISH–SPANISH VOCABULARY

GRAMMAR INDEX

SUMMARY OF FUNCTIONS

Functions are probably best defined as the ways in which you use a language for specific purposes. When you find yourself in specific situations, such as in a restaurant, in a grocery store, or at school, you will want to communicate with those around you. In order to do that, you have to "function" in the language so that you can be understood: you place an order, make a purchase, or talk about your class schedule.

Such functions form the core of this book. They are easily identified by the boxes in each chapter that are labeled **Así se dice**. These functions are the building blocks you need to become a speaker of Spanish. All the other features in the chapter—the grammar, the vocabulary, even the culture notes—are there to support the functions you are learning.

The following is a list of the functions from Levels 1, 2, and 3 accompanied by the Spanish expressions you will need in order to communicate in a wide range of situations. The level of the book is indicated by a Roman numeral I, II, or III. The chapter and page on which the expressions were introduced are also indicated.

You have learned to communicate in a variety of situations. Using these expressions, you will be able to communicate in many other situations as well.

SOCIALIZING

Saying hello
I, Ch. 1, p. 21

Buenos días.	Buenas noches.
Buenas tardes.	Hola.

Saying goodbye
I, Ch. 1, p. 21

Adiós.	Hasta luego.
Bueno, tengo clase.	Hasta mañana.
Chao.	Tengo que irme.

Introducing people and responding to an introduction
I, Ch. 1, p. 22

Me llamo...	Se llama...
Soy..	¡Mucho gusto!
¿Cómo te llamas?	Encantado(a).
Éste es mi amigo...	Igualmente.
Ésta es mi amiga...	

Introducing yourself and others
II, Ch. 1, p. 9

Éste es...	Soy...
Ésta es...	Tengo... años.
Me llamo...	Tiene... años.
Se llama...	

Introducing and changing a topic of conversation
III, Ch. 6, p. 142

¿Has leído algo de...?
Eso me recuerda...
Eso me hace pensar en...
Cambiando de tema, ¿qué me dices de...?
Hablando de..., ¿qué me cuentas de...?
A propósito, ¿qué has oído de...?

Asking how someone is and saying how you are
I, Ch. 1, p. 24

¿Cómo estás?	Estupendo.
¿Y tú?	Excelente.
¿Qué tal?	Regular.
Estoy (bastante) bien, gracias.	Más o menos. (Muy) mal.
Yo también.	¡Horrible!

Talking on the telephone
I, Ch. 7, p. 183

Aló.	La línea está ocupada.
Diga.	¿Puedo dejar un recado?
¿Quién habla?	Un momento...
¿Está..., por favor?	Llamo más tarde.
¿De parte de quién?	

Extending and accepting invitations
I, Ch. 7, p. 184

¿Te gustaría...?	¿Quieres...?
Sí, me gustaría...	Te invito.
Nos gustan...	¡Claro que sí!

Making plans
I, Ch. 7, p. 188

| ¿Qué piensas hacer hoy? | Pienso... ¿Piensas...? |

II, Ch. 4, p. 99

Pienso...	Sí, me encantaría.
De acuerdo.	Mejor...
Paso por ti...	Muy bien. Entonces
Si quieres...	quedamos en vernos...

Talking about getting ready
I, Ch. 7, p. 190

¿Estás listo(a)?
No, todavía necesito...
No, porque necesito...

Turning down an invitation and making an excuse
I, Ch. 7, p. 193

¡Qué lástima!	Tengo una cita.
Ya tengo planes.	Tengo que...
Tal vez otro día.	Me gustaría, pero no puedo.
Lo siento, pero no.	Estoy cansado(a) y un
Estoy ocupado(a).	poco enfermo(a).

Turning down an invitation
III, Ch. 6, p. 152

Gracias por invitarme, pero no puedo.
Lo siento, pero ya tengo otros planes.
Tengo muchas cosas que hacer.
Hagámoslo mañana.
La próxima vez iré.
¿Por qué no lo dejamos para...?
No tengo ganas de...

Making excuses
II, Ch. 5, p. 127

Bueno, es que...
Iba a... pero no pude.
No me dieron permiso.

Saying why you couldn't do something
II, Ch. 8, p. 202

Quería... pero no pude. Tenía que...
Esperaba... pero no pude.
Pensaba...

Bargaining in a market
II, Ch. 9, p. 237

¿Qué precio tiene...?
¿Cuánto vale...?
¿Me puede rebajar el precio?
¿En cuánto lo deja?
¿Cuánto es lo menos?
Se lo regalo por 15 dólares pero es mi
    última oferta.
Aquí no se puede regatear; tenemos precios fijos.
A Ud. se lo doy por 20 dólares.

EXCHANGING INFORMATION

Asking and saying how old someone is
I, Ch. 1, p. 27

| ¿Cuántos años tienes? | ¿Cuántos años tiene? |
| Tengo... años. | Tiene... años. |

Asking where someone is from and saying where you're from
I, Ch. 1, p. 28

| ¿De dónde eres? | ¿De dónde es...? |
| Soy de... | Es de... |

Talking about what you want and need
I, Ch 2, p. 48

¿Qué quieres?	¿Necesitas...?
Quiero...	Necesito...
Quiere...	Necesita...
¿Qué necesitas?	Ya tengo...
¿Qué necesita?	

Expressing what needs to be done
III, Ch. 6, p. 144

| Hace falta que... | Es importante que... |
| Es necesario que... | |

Talking about accomplishments
III, Ch. 10, p. 249

Puse todo mi esfuerzo en...
...domina el francés.
...se siente orgulloso(a) de haber...
...logró superar muchos obstáculos...
Alcancé éxito en...
...tuvo mucho éxito...
...han triunfado en...

Describing the contents of your room
I, Ch. 2, p. 53

¿Qué hay en tu cuarto?
Tengo... en mi cuarto.
¿Qué hay en el cuarto de...?
Hay... en su cuarto.
¿Tienes...?
¿Qué tiene... en su cuarto?
Tiene... en su cuarto.

Talking about what you need and want to do
I, Ch. 2, p. 56

¿Qué necesitas hacer?
Necesito...
¿Qué necesita hacer...?
Necesita...

¿Qué quieres hacer?
Quiero hacer...
¿Qué quiere hacer...?
No sé, pero no quiero...
Quiere...

Talking about classes and sequencing events
I, Ch. 3, p. 76

¿Qué clases tienes este semestre?
Tengo...
¿Qué clases tienes hoy?

Primero tengo..., después...
y luego...
Por fin...
¿Y mañana?

Telling time
I, Ch. 3, p. 77

¿Qué hora es?
Es la una.
Es la una y cuarto.
Es la una y media.
Son las...

Son las... y cuarto.
Son las... y media.
¿Ya son las...?
Es tarde.

Telling at what time something happens
I, Ch. 3, p. 80

¿A qué hora es...?
(Es) a las... de la tarde.

¡Es ahora!
En punto.

Talking about being late or in a hurry
I, Ch. 3, p. 82

Estoy atrasado(a).
Está atrasado(a).

Tengo prisa.
¡Date prisa!

Describing people and things
I, Ch. 3, p.84

¿Cómo es...?
Es...
No es...

¿Cómo son...?
Son...
No son...

I, Ch. 6, p. 158

¿Cómo es...?
Tiene...

¿De qué color es...?
¿De qué color son...?

II, Ch. 1, p. 10

Mido...
Mide...

Tengo ojos de color...
Tiene pelo...

Describing yourself and others
III, Ch. 1, p. 17

Tiene bigote y barba, y es calvo.
Es pelirroja y tiene el pelo rizado.
Es de estatura mediana y lleva gafas.
Es seria pero es muy buena gente.
Es pesado.
¡No hay quien lo aguante!
Es muy abierto y tiene un buen sentido de humor.

Talking about what you and others do during free time
I, Ch. 4, p. 102

¿Qué haces después de clases?
Antes de regresar a casa...
En el tiempo libre...

I, Ch. 4, p. 111

¿Adónde vas?
Voy a...

¿Adónde va...?
Va a/al/a la...

II, Ch. 1, p. 15

¿Qué haces los fines de semana?
¿Adónde van?
¿A qué hora salen?

Telling where people and things are
I, Ch. 4, p. 106

¿Dónde estás?
Estoy en...

¿No está en...?
No, no está aquí. Está en...

Discussing how often you do things
I, Ch. 5, p. 129

¿Con qué frecuencia...?
Todos los días.
Siempre.
Nunca.

¿Todavía...?
Durante la semana.
A veces.
Muchas veces.
Sólo cuando...

Talking about what you do during a typical week
I, Ch. 5, p. 135

¿Qué haces típicamente durante el día?
¿Qué hace... por la mañana?
¿Qué hacen... por la tarde?
¿Qué hacen... por la noche?

Talking about your daily routine
II, Ch. 3, p. 65

¿Cómo es un día típico?
¿Cuánto tiempo gastas en...?
¿... todos los días?
Por lo general,...
Normalmente, me gasto mucho tiempo en...
Sí, siempre.
A veces.
Nunca.

Giving today's date
I, Ch. 5, p. 138

¿Cuál es la fecha?
¿Qué fecha es hoy?

Hoy es el primero de...
Hoy es el... de...

Talking about the weather
I, Ch. 5, p. 140

¿Qué tiempo hace?
Hace buen tiempo.
Hace muy mal tiempo hoy.

Describing a family
I, Ch. 6, p. 154

¿Cuántas personas hay en tu familia?
Hay... en mi familia.
Somos...
¿Cómo es tu familia?
Tenemos...

Discussing things a family does together
I, Ch. 6, p. 160

¿Qué hacen Uds. los fines de semana?
¿Hacen Uds. algo durante el verano?

Talking about meals and food
I, Ch. 8, p. 207

¿Qué tomas para el desayuno?
¿Qué tomas para el almuerzo?
A veces tomo...
No me gusta... para nada.
Tengo sed. ¿Qué hay para tomar?
¿Qué prefieres?

Ordering dinner in a restaurant
I, Ch. 8, p. 218

¿Qué vas a pedir?   ¿Qué le puedo traer?
Voy a pedir...   Yo quisiera...

II, Ch. 6, p. 152

¿Ya sabe(n) qué va(n) a pedir?
Recomiendo la especialidad de la casa.
¿Qué le(s) traigo de tomar?
¿Qué desea(n) de postre?
¿Se le(s) ofrece algo más?
No. ¿Qué me recomienda?
Está bien, pero no está muy picante, ¿verdad?
Para mí,...
Por favor, me trae...
No, gracias, sólo la cuenta.

Asking for and paying the bill in a restaurant
I, Ch. 8, p. 218

¿Nos puede traer la cuenta?
La cuenta, por favor.
¿Desean algo más?
¿Cuánto es?
¿Está incluida la propina?
No, no está incluida. Es aparte.

Discussing gift suggestions
I, Ch. 9, p. 237

¿Qué piensas regalarle a...?
Le voy a dar...
¿Para quién es el regalo?
El regalo es para...
¿Qué tipo de regalo buscas?
Busco...

Asking for and giving directions
I, Ch. 9, p. 239

Perdón, ¿dónde está...?
Está a... cuadras de aquí.
¿Me puede decir dónde queda...?
Queda al lado de...

II, Ch. 9, p. 226

Disculpe, ¿vamos bien para...?
No, van mal. Hay que seguir derecho hasta...
     No se puede perder.
Perdón, ¿dónde queda...?
Queda a la izquierda, junto al...
¿Cómo se va...?
Tome esta calle hasta llegar al... y doble a la
     derecha. Allí se encuentra...

Making comparisons
I, Ch. 9, p. 245

¿Cuál es más barato?
El... es menos caro que el...
¿Son los... tan caros como el...?
Son del mismo precio.

II, Ch. 4, p. 95

más... que...   ...mejor que...
menos... que...   ...menor que...
...mayor que...   ...peor que...

Asking about prices and paying for something
I, Ch. 9, p. 248

¿Cuánto cuesta...?   ¿Cuánto cuestan...?
Cuesta...   Cuestan...

Talking about what you are doing right now
I, Ch. 10, p. 262

¿Qué estás haciendo?
Estoy colgando las decoraciones.
Él está limpiando la sala.
¿Todos están decorando la casa.
Sí, estamos decorando la casa.

Talking about past events
I, Ch. 10, p. 271

¿Qué hiciste anoche?
Bailé y hablé con...
¿Qué hizo... ayer?
¿Lo pasaron bien la semana pasada?
Sí, lo pasamos bien.

Talking about what has happened
III, Ch. 3, p. 64

Caracas ha cambiado...
Mucha gente ha venido...
La contaminación del aire ha empeorado...

Talking about where you went and when
I, Ch. 11, p. 302

¿Adónde fuiste anteayer?
¿Adónde fuiste anteanoche?
Anoche fui...

Talking about what you do and like to do every day
I, Ch. 12, p. 317

¿Qué haces todos los días?
Primero...
Después...
Y luego...

¿Con qué frecuencia...?
¿Qué te gusta hacer después de clases?
Me gusta...

Making future plans
I, Ch. 12, p. 318

¿Adónde piensas viajar algún día?
¿Quieres viajar a...?
No, pero espero hacer un viaje a...
¿Qué vas a hacer este verano?

Talking about future career plans
III, Ch. 12, p. 305

Me gustaría ser...
Buscaré...
Voy a ser...
Quiero ser...
Pienso...

Me interesaría estudiar para...
Quiero llegar a ser...
Me encantaría...

Talking about future events
III, Ch. 3, p. 70

El futuro va a ser...
Va a haber...
Todo va a estar...
La comunicación entre países mejorará...
Más gente va a usar...

Talking about future plans
III, Ch. 10, p. 252

Cuando sea mayor...
Cuando cumpla los 18 años...
Antes de que empiecen las clases...
Antes de terminar...
Después de graduarnos...

Saying where you went and what you did on vacation
I, Ch. 12, p. 327

¿Adónde viajaste el verano pasado?
No fui a ningún lugar.
¿Adónde fueron durante las vacaciones?
Fuimos a...
¿Qué hiciste cuando fuiste a...?

Saying if something has already been done
II, Ch. 2, p. 38

¿Ya...?
Sí, ya...

No, todavía no.

Describing your city or town
II, Ch. 2, p. 45

Mi ciudad es...
Está... océano.
En el centro, hay...

Está... las montañas.
En el invierno, hace...

Talking about your daily routine
II, Ch. 3, p. 65

¿Cómo es un día típico?
¿Cuánto tiempo gastas en... ?
¿ ...todos los días?
Por lo general,...
Normalmente, [me] gasto mucho tiempo en...
Sí, siempre.
A veces.
Nunca.

Talking about responsibilities
II, Ch. 3, p. 69

¿A quién le toca?
Le toca a...

Me toca a mí.
Te toca a ti.

III, Ch. 3, p. 73

Hay que...
Nos toca a nosotros...
Tanto los jóvenes como...
Es nuestra responsabilidad...
Estamos obligados a...
Es nuestro deber...

Talking about hobbies and pastimes
II, Ch. 3, p. 73

En tus ratos libres, ¿qué te gusta hacer?
¿Cuál es tu pasatiempo favorito?
Estoy loco(a) por...
Me interesan...

Saying how long something has been going on
II, Ch. 3, p. 74

¿Cuánto tiempo hace que...?
Hace... que...
Empecé...

Talking about things and people you know
II, Ch. 4, p. 94

¿Conoces a...?
¿Conoces...?

No, no los conozco.

Talking about staying fit and healthy
II, Ch. 5, p. 118

¿Qué haces para estar en plena forma?
¿Duermes lo suficiente?
Es preciso...
Sigo una dieta sana y balanceada.
Dormí por ocho horas.
Sí, ya lo sé. También es importante...

Talking about taking care of yourself
III, Ch. 2, p. 40

Le echo mucha sal a la comida.
Hago ejercicio (aeróbico)...
Me quedo frente a la tele.
Duermo lo suficiente.
Estoy a dieta.
Me peso...
Comparto mis problemas...
Me siento muy solo(a).
Tengo buenos hábitos de alimentación.
Como comida sana...
Cuando me bronceo, me pongo crema protectora.
Me mantengo en forma.

Asking for and giving information
II, Ch. 6, p. 144

¿Sabe Ud...?
¿Me podría decir...?
¿Sabes...?
Disculpe,...
Sí, claro.
Por supuesto.
No estoy seguro(a). Lo puedes averiguar...
Lo siento, pero no tengo ni idea.

Asking for information
III, Ch. 1, p. 16

¿Quién...?	¿Qué...?
¿Por qué...?	¿Cuándo...?
¿De dónde...?	¿Dónde...?
¿Cuántos...?	

Expressing cause and effect
III, Ch. 10, p. 257

Mis éxitos se deben a...
Soy bilingüe; por lo tanto...
Por tener padres hispanos...
No estudié, así que...
Las leyes han cambiado de tal forma que...
Sé español y portugués; en consecuencia...
Discutimos el problema; por consiguiente...
Las acciones de los líderes resultaron en...

Expressing intention and purpose
III, Ch. 10, p. 259

Pienso...
Tengo la intención de...
Escribieron la carta con la intención de...
Ana fue allí con la idea de...
Quiero visitar España para...
Vamos a eliminar los estereotipos para que...

Relating a series of events
II, Ch. 6, p. 148

Para empezar/	Después...
Primero...	Luego...
A continuación...	Por último...

Using conversational fillers
III, Ch. 3, p. 67

Bueno...	A ver...
Este...	Pues...
La verdad es que...	Eh...

Talking about what you used to do
II, Ch. 7, p. 172

Cuando era niño(a),...
De niño(a)...
De pequeño(a),...
De chiquito(a),...
Cuando era joven,...
Cuando tenía trece años,...

Talking about former jobs and goals
III, Ch. 12, p. 303

Hace diez años, trabajaba...
Cuando tenía cinco años, quería ser...
El año pasado, trabajé...
Cuando era joven, quería...
De niña, era...

Describing what people and things were like
II, Ch. 7, p. 178

¿Cómo era... en aquel entonces?
¿Cómo era... en aquellos tiempos?
En aquella época... era...
En mis tiempos era...

Using comparisons to describe people
II, Ch. 7, p. 182

Tan buena como un ángel.
Tan feliz como una lombriz.
Tan noble como un perro.
Tan fuerte como un toro.
Tan aburrido como un pato.
Dormía tan bien como un lirón.

Describing a past event
II, Ch. 8, p. 197

¿Qué tal lo pasaste?	Lo pasé de maravilla.
	De película.
¿Qué tal estuvo...?	Aburridísima.
¿Cómo estuvo...?	Más o menos bien.
¿Cómo te fue?	

Talking about unintentional events
III, Ch. 4, p. 91

Se me perdieron...	¿Se te olvidaron...?
Se me acabó...	Se nos cayeron...
Se nos descompuso...	

Reporting what someone said
II, Ch. 8, p. 207

¿Qué dijo?	Dijo que...
¿Qué te dijeron?	Me dijeron que...

Talking about how clothes look and fit
II, Ch. 9, p. 233

¿Cómo te queda...?
¿Cómo me veo...?
Me queda un poco estrecho(a).
Te ves guapísima. ... está muy de moda.
De verdad, no hace juego con...

Setting the scene for a story
II, Ch. 10, p. 253

Estaba soleado en el valle.
Eran... (with time)
... jugaban... cantaban... estaba enferma.
Se sentía muy mal.
Érase una vez...
Hace mucho tiempo...
Se cuenta que...

Continuing and ending a story
II, Ch. 10, p. 259

En seguida...   Por eso...
De repente...   Al final...
Fue cuando...   Así que...
Entonces...   En fin...

Talking about the latest news
II, Ch. 10, p. 263

Oye, ¿has oído   No, dime.
   hablar de...?   ¡Qué va!
Fíjate, leí que...   No, cuéntamelo todo.
¿Te enteraste de...?

Describing a problem
II, Ch. 11, p. 282

Hay demasiado ruido.
Es uno de los problemas más graves.
Lo malo es que...
Cada vez hay más... y menos...
El sistema no funciona.
¿No podemos hacer nada para mejorar la
   situación?
Estoy preocupado por...

Pointing out problems and their consequences
III, Ch. 11, p. 279

Me he fijado en...
Se dice que...
Según el gobierno...
Si no actuamos ahora... va a empeorarse.
Si no hacemos nada por... temo que
   el deterioro continúe.

Talking about how you would solve a problem
III, Ch. 11, p. 281

Me dedicaría a...   Intentaría...
Propongo...   Yo empezaría por...
Habrá que...   La solución que planteo es...

Exchanging the latest news
II, Ch. 12, p. 307

¿Sabes si...?   ¿Sigues trabajando tanto?
¿Qué noticias   ¿Ya sabías que...?
   tienes de...?   No lo vas a creer, pero...

Talking about where you went and what you did
II, Ch. 12, p. 308

¿Adónde fuiste el   Fui a la costa.
   verano pasado?   No hice nada.
¿Qué hiciste?   Me hice amigo de...

Telling when something happened
II, Ch. 12, p. 309

El viernes...   Dos días después...
Al día siguiente...   Una semana entera...
El día anterior...

Describing places
II, Ch. 12, p. 314

Quedé muy impresionado(a) con...
Me pareció lindísimo(a)...
Está rodeada de colinas.
El clima es muy seco y hace bastante calor.

Saying when you're going to do something
II, Ch. 12, p. 316

(la semana/el mes)   Algún día...
   que viene...   Dentro de...
Para fines de...   Cuando vuelva a...
Pronto...   Inmediatamente.

EXPRESSING ATTITUDES AND OPINIONS

Talking about likes and dislikes
I, Ch. 1, p. 32

¿Qué te gusta?   Me gusta (más)...
¿Te gusta...?   No me gusta...

I, Ch. 3, p. 87

¿Te gustan...?   Sí, a ella le gustan mucho.
Sí, me gustan.   ¿Por qué?
¿Cuál es...?   Porque...
¿A ella le gustan...?

II, Ch. 1, p. 21

Me fascina...
Sí, me encantan.
No me gustan para nada.
Me chocan...

Expressing interest, indifference, and displeasure
III, Ch. 1, p. 9

Estoy loco(a) por...	Me da lo mismo.
Me la paso...	No me importa.
Soy un(a) gran aficionado(a) a...	Como quieras. ¡Qué paliza!
Soy un(a) fanático(a) de...	Estoy harto(a) de... Me parece un rollo.
Me da igual.	No me interesa para nada.

Talking about what you like to do
I, Ch. 4, p. 101

¿Qué te gusta hacer?
Me gusta...
¿A él le gusta...?
No, no le gusta..., pero le gusta...
¿A quién le gusta...?
A mí me gusta...
Por eso me gustan...

Talking about what you and your friends like to do together
I, Ch. 5, p. 132

¿Qué les gusta hacer?	Nos gusta... ¿Les gusta... juntos?

Making polite requests
I, Ch. 8, p. 216

Camarero(a), ¿nos puede traer..., por favor?
¿Me puede traer..., por favor?

Discussing problems and giving advice
I, Ch. 6, p. 164

Tengo un problema.	Debes... menos. Debes... más.
¿Qué debo hacer?	

Giving advice
II, Ch. 4, p. 89

Deberías...	Debes...
Hay que...	Es importante...

Asking for and giving advice
III, Ch. 2, p. 33

¿Qué me aconsejas hacer?
Te aconsejo...
¿Qué me recomiendas hacer?
Te recomiendo...
¿Puedes darme algún consejo?
Deberías...
¿Qué debo hacer?
No debes...

Giving advice about job interviews
III, Ch. 12, p. 310

Debes...	Lo ideal es...
Te recomiendo que...	No olvides que... Es importante que...
Te aconsejo que...	

Commenting on food
I, Ch. 8, p. 212

¿Cómo está...?	¿Cómo están...?
Está...	Están...

Talking about how food tastes
III, Ch. 4, p. 89

Le falta sal/sabor/no sé que.
Tiene sabor a...
Lleva mucho...
Está echado a perder.
Me cae gordo.
¡Guácala!
¡Qué asco!
¡Qué bueno/sabroso!
Sabe riquísimo.
Está en su punto.

Commenting on clothes
I, Ch. 9, p. 242

¿Qué ropa vas a llevar?
¡Lo de siempre!
¿No tienes algo más formal?
Prefiero llevar ropa cómoda.

Expressing preferences
I, Ch. 9, p. 247

¿Cuál de estos... prefieres?
Prefiero el azul.
¿Qué camisa te gusta más? ¿La verde o la amarilla?
La verde. Además, te queda muy bien.

Asking for and giving an opinion
I, Ch. 10, p. 264

¿Crees que...?	Me parece bien.
Creo que sí.	Perfecto.
¿Qué te parece si...?	Buena idea.

II, Ch. 4, p. 88

¿Qué te parece...?	Me parece...
¿Te parece que...?	Sí, me parece que...
¿Crees que...?	No, yo creo que...
¿En tu opinión...?	Sí, para mí...

Expressing an opinion
III, Ch. 6, p. 145

¿Qué opinas de...?
Lo encuentro...
Admiro mucho su arte.
¿Qué te parece...?
Para ser sincero, me parece que...
Me deja frío(a).
¿Qué piensas de...?
Para decir la verdad, me cae gordo.
No la soporto.

Expressing an assumption
III, Ch. 9, p. 232

Me imagino que...   Tengo entendido que...
Supongo que...   Tengo la impresión de que...

Making hypothetical statements
III, Ch. 9, p. 232

Si pudieras..., ¿adónde irías?
Si pudiera, viviría en...
Si tuvieras..., ¿qué harías?
Si tuviera..., compraría...

Talking about hypothetical situations
III, Ch. 11, p. 286

Qué bonito sería, si hubiera paz...
¿Qué harías..., si tuvieras...?
Sería maravilloso si se encontrara una
    cura para...
Si fuera presidente, hablaría...
Si yo viviera..., sólo usaría...
Si tú pudieras..., ¿qué cambiarías?

Expressing and supporting a point of view
III, Ch. 3, p. 66

... ten en cuenta que...
Me imagino que...
Lo que noto es que...
Me parece que...
Se me hace que...
Lo que es importante es...
Creo que vale la pena...
Es cierto que..., pero por otro lado...

Talking about hopes and wishes
III, Ch. 5, p. 125

Esperamos...   Era una de mis grandes
Espero que...   ambiciones.
Ojalá que...   Tenía muchas esperanzas
El sueño de mi   de...
    vida...

Expressing doubt and disbelief
III, Ch. 8, p. 197

Dudo que...
Parece mentira que...
No estoy seguro(a) de que...
No creo que...
No puedo creer que...
Es increíble que...
¿Tú crees que sea verdad?

Expressing certainty
III, Ch. 8, p. 199

Es cierto que...
Estoy seguro(a) de que...
Estoy convencido(a) de que...
Sin duda alguna.
No cabe la menor duda.
Por cierto.
Por supuesto.
Claro que...
Todo el mundo sabe que...
Es evidente que...
Es obvio que...

Talking about possibility and impossibility
III, Ch. 8, p. 204

Es posible que...   Es fácil que...
Posiblemente...   Es difícil que...
Puede ser que...   Es probable que...
Quizás/Tal vez/   Es imposible que...
    A lo mejor...

Reporting what others say and think
III, Ch. 5, p. 119

Alguien me dijo   Se cree que...
    que...   Oí que...
Cuentan que...   Según (los chismes)...
Dicen que...   Supuestamente...
Se dice que...

Discussing what you would like to do on vacation
I, Ch. 12, p. 323

¿Qué te gustaría hacer este verano?
A mí me gustaría...
¿Adónde te gustaría ir este verano?
¿Qué tienes ganas de hacer?
Tengo ganas de...

Saying what you used to like and dislike
II, Ch. 7, p. 174

¿Odiabas...?   Lo encontraba genial.
¿Te molestaba...?   Me fastidiaba.
¿Te parecía   No, me fascinaba.
    pesado...?   No, me caía mal.
¿Te caía bien...?

Reacting to news
II, Ch. 10, p. 264

¡No me digas!	Bueno, no me extraña.
¿De veras?	Lo dudo.
¡No lo puedo creer!	No puede ser.
¿Tú crees?	Y eso, ¿qué?
¡N'ombre!	

Expressing surprise
III, Ch. 8, p. 206

¡No puede ser!	No me lo puedo creer.
¡No me digas!	No me lo esperaba.
¡Qué sorpresa!	¡No es posible!

Expressing agreement and disagreement
II, Ch. 11, p. 289

Así es la cosa.	Lo siento, pero no es así.
¡Claro que sí!	Me parece que no tienes
¡Eso es!	razón.
Estoy de acuerdo.	Mira...
Hasta cierto	No estoy de acuerdo.
punto...	No lo creo.
Sin duda (alguna).	No me parece.
Sí, tienes razón.	¡Te equivocas!
¡Al contrario!	

Expressing disagreement
III, Ch. 9, p. 227

Niego que...	No es verdad que...
No es cierto que...	No estoy de acuerdo
	en que...

Expressing qualified agreement and disagreement
III, Ch. 5, p. 117

Estoy de acuerdo.	¿Tú crees? No sé...
¡Claro que sí!	Es muy difícil de creer,
Por supuesto.	pero es posible.
Eso es.	Bueno, puede ser, pero...
Así es.	En efecto, parece ser así.
¡Cómo no!	Al contrario.
Desde luego.	¡Nada de eso!
Hasta cierto	¡Qué tontería!
punto, sí, pero...	¡Claro que no!
Pero hay que tener	¡Qué va!
en cuenta que...	¡Eso es muy difícil!
Depende de tu	
punto de vista.	

EXPRESSING FEELINGS

Making suggestions and expressing feelings
I, Ch. 11, p. 291

¿Qué tal si...?
Gracias, pero no quiero.
En realidad no tengo ganas.
¿Qué tienes? ¿Te sientes mal?
No me siento bien.
Estoy un poco cansado(a), nada más.
Entonces, ¿por qué no...?

Making suggestions and responding to them
II, Ch. 2, p. 37

¿Por qué no...?	Buena idea.
¿Qué tal si...?	Me gustaría, pero tengo
	que...

Talking about moods and physical condition
I, Ch. 11, p. 294

¿Cómo estás?	Tengo gripe.
Estoy...	¿Qué le pasa a...?
¿Cómo te sientes?	Está preocupado(a) por algo.

Talking about how you're feeling
II, Ch. 2, p. 36

¿Cómo estás?	¿Cómo te sientes?
Estoy contento(a).	Me siento enfermo(a).

Talking about emotional reactions
III, Ch. 9, p. 225

Me alegro cuando...	Me río cuando...
Me enojo cuando...	Me siento presionado(a)
Me frustro cuando...	cuando...

Expressing happiness and unhappiness
III, Ch. 7, p. 171

Estoy contento(a).	Estoy orgulloso(a) de...
¡Estoy en la gloria!	Estoy decepcionado(a).
Estoy de buen	Estoy desilusionado(a).
humor.	Me siento frustrado(a).
Me alegro de que...	Me frustra que...
Me encanta que...	Me dan ganas de llorar.
Estoy encantado(a)	Estoy dolido(a).
de que...	Me duele mucho que...

Complaining
II, Ch. 3, p. 70

¡No es justo!	Estoy harto(a) de...
¡Ay, qué pesado!	Yo ya lo hice mil veces.
¡Siempre me toca	
a mí!	

Making an apology
III, Ch. 7, p. 179

Perdóname.
Discúlpame.
Lo siento mucho, es que no sabía.

No lo volveré a hacer.
No lo haré más.
Lo hice sin querer.

Saying how you feel about people
II, Ch. 12, p. 312

Me cae muy bien.
Me cayó mal.

Es muy buena gente.
Me llevo muy bien con él.

Comforting someone
III, Ch. 7, p. 175

Tranquilo.
No te preocupes.
Lo siento mucho.
¡Ánimo!
¿Qué puedo hacer por ti?

Esto pasará pronto.
No hay mal que por bien no venga.
Mi más sentido pésame.
Comparto tu pena.

PERSUADING

Making polite requests
I, Ch. 8, p. 216

Camarero(a), ¿nos puede traer..., por favor?
¿Me puede traer..., por favor?

Asking for help and responding to requests
I, Ch. 10, p. 266

¿Me haces el favor de...?
Claro que sí.
¿Me ayudas a...?
Cómo no.
¿Me traes...?
¡Con mucho gusto!

Un momentito.
¿Me pasas...?
Lo siento, pero en este momento estoy ocupado(a).
Perdóname, pero...

Asking for and offering help
II, Ch. 2, p. 42

¿Quieres ayudarme?
¿Puedes ayudarme a...?
Ayúdame, por favor.
¿Puedo ayudar?
¿Te ayudo a...?
¿Qué quieres que haga?

Asking for help and requesting favors
III, Ch. 4, p. 96

Por favor, ayúdame con...
¿Me podrías ayudar a...?
Hazme/Hágame el favor de...
¿Me podrías hacer un favor?
¿Sería Ud. tan amable de darme una bolsa para estas flores?

Telling a friend what to do
I, Ch. 10, p. 268

Prepara... y limpia..., ¿quieres?
De acuerdo.
Por favor, decora... y llama...
Está bien.

Telling someone what to do and what not to do
II, Ch. 5, p. 122

Ponte en forma.
Deja de fumar.
Ten cuidado.

No seas flojo(a).
No fumes más.
No añadas sal.

Making suggestions and recommendations
III, Ch. 6, p. 150

Te aconsejo que...
Sugiero que...
Es mejor que...
No te conviene...

No te olvides de...
¿Has pensado en...?
Sería buena/mala idea...
Te recomiendo que...

Asking for help in a store
II, Ch. 9, p. 232

¿Con permiso, me puede atender, por favor?
Uso el número 38...
Usa talla...
¿Me la puedo probar?
¿En qué le puedo servir?
No nos quedan.
La tenemos en...
Los probadores...

Talking about consequences
II, Ch. 11, p. 288

Por lo tanto es urgente...
Por eso...
Por consiguiente...
Si no dejamos de desperdiciar los recursos, podemos enfrentar una crisis.

Talking about obligations and solutions
II, Ch. 11, p. 292

Es importante conservar energía...
Es necesario cambiar nuestro estilo de vida.
Todos deberíamos...
Hay que...
No hay que desesperarse.
Podemos resolver...
¡A todos nos toca hacer algo!

GRAMMAR SUMMARY

GENDER OF NOUNS

In Spanish, nouns (words that name a person, place, or thing) are grouped into two classes or genders: masculine and feminine. All nouns, both persons and objects, fall into one of these groups.

Most nouns that end in -o are masculine, and most nouns that end in -a, -ción, -tad, and -dad are feminine.

MASCULINE NOUNS	FEMININE NOUNS
libro	casa
chico	universidad
cuaderno	situación
bolígrafo	mesa
vestido	libertad

Some nouns ending in -o are feminine:

la mano
la modelo

Some nouns ending in -a are masculine:

el clima   **el mapa**
el día   **el planeta**
el drama   **el tema**

Nouns ending in -e or -ista, such as **estudiante** and **artista**, can either be masculine or feminine:

el (la) estudiante
el (la) artista

Some words ending in the same consonant may have a different gender:

el tapiz
la perdiz

FORMATION OF PLURAL NOUNS

Add -s to nouns that end in a vowel.		Add -es to nouns that end in a consonant.		With nouns that end in -z, the -z changes to -c.	
SINGULAR	PLURAL	SINGULAR	PLURAL	SINGULAR	PLURAL
libro	libros	profesor	profesores	vez	veces
casa	casas	papel	papeles	lápiz	lápices

DEFINITE ARTICLES

There are words that signal the class of the noun. One of these is the *definite article.* In English there is one definite article: *the.* In Spanish, there are four: **el, la, los, las.**

SUMMARY OF DEFINITE ARTICLES

	MASCULINE	FEMININE
SINGULAR	el gato	la gata
PLURAL	los gatos	las gatas

CONTRACTIONS

a	+	el	→	al
de	+	el	→	del

INDEFINITE ARTICLES

Another group of words that are used with nouns is the *indefinite article:* **un, una** (*a* or *an*), and **unos, unas** (*some*).

SUMMARY OF INDEFINITE ARTICLES

	MASCULINE	FEMININE
SINGULAR	<u>un</u> gato	<u>una</u> gata
PLURAL	<u>unos</u> gatos	<u>unas</u> gatas

PRONOUNS

SUBJECT PRONOUNS	DIRECT OBJECT PRONOUNS	INDIRECT OBJECT PRONOUNS	REFLEXIVE PRONOUNS	OBJECTS OF PREPOSITIONS
yo	me	me	me	mí
tú	te	te	te	ti
él, ella, Ud.	lo, la	le	se	él, ella, Ud.
nosotros, nosotras	nos	nos	nos	nosotros, nosotras
vosotros, vosotras	os	os	os	vosotros, vosotras
ellos, ellas, Uds.	los, las	les	se	ellos, ellas, Uds.

Double object pronouns

When used together, the indirect object pronoun always comes before the direct object pronoun.
¿Me la puedes traer?

Se replaces **le** and **les** before the direct object pronouns:
Se lo di al director.

Reflexives

Reflexive pronouns indicate that the subject both performs and receives the action of the verb.
Carlos se levantó temprano.

Reflexive pronouns are used with some verbs to indicate inner processes or emotional reactions:
Amanda se enojó cuando oyó las noticias.

The reflexive pronouns **nos, os,** and **se** can be used to express reciprocal actions:
Él y su abuelo se abrazaron.

Uses of **se**

Se can be combined with an indirect object pronoun and a verb to express an unintentional event:
Se me olvidó el libro.

Se can also be used to express an indefinite subject:
Se habla español.

Se can also be used to express the passive voice:
Se construyeron muchas casas.

Lo que

The neuter relative pronoun **lo que** can be translated as *what, whatever,* or *which:*
   Eso es lo que dijo Susana.

ADJECTIVES

Adjectives are words that describe nouns. The adjective must agree in gender (masculine or feminine) and number (singular or plural) with the noun it modifies. Adjectives that end in -**e** or a consonant only agree in number. Descriptive adjectives are usually placed after the noun they modify.

ADJECTIVE AGREEMENT

Adjectives ending...		MASCULINE	FEMININE
with an -**o**	SINGULAR	el gato simpático	la gata simpática
	PLURAL	los gatos simpáti<u>cos</u>	las gatas simpáti<u>cas</u>
with an -**e**	SINGULAR	el amigo inteligente	la amiga inteligente
	PLURAL	los amigos inteligente<u>s</u>	las amigas inteligente<u>s</u>
with a consonant	SINGULAR	el pantalón azul	la blusa azul
	PLURAL	los pantalones azul<u>es</u>	las blusas azul<u>es</u>

DEMONSTRATIVE ADJECTIVES

	MASCULINE	FEMININE
SINGULAR	<u>este</u> chico	<u>esta</u> chica
PLURAL	<u>estos</u> chicos	<u>estas</u> chicas

	MASCULINE	FEMININE
SINGULAR	<u>ese</u> chico	<u>esa</u> chica
PLURAL	<u>esos</u> chicos	<u>esas</u> chicas

	MASCULINE	FEMININE
SINGULAR	<u>aquel</u> chico	<u>aquella</u> chica
PLURAL	<u>aquellos</u> chicos	<u>aquellas</u> chicas

POSSESSIVE ADJECTIVES

Possessive adjectives tell you *whose* object or person is being referred to (*my* car, *his* book, *her* mother).

SINGULAR		PLURAL	
MASCULINE	FEMININE	MASCULINE	FEMININE
<u>mi</u> libro	<u>mi</u> casa	<u>mis</u> libros	<u>mis</u> casas
<u>tu</u> libro	<u>tu</u> casa	<u>tus</u> libros	<u>tus</u> casas
<u>su</u> libro	<u>su</u> casa	<u>sus</u> libros	<u>sus</u> casas
<u>nuestro</u> libro	<u>nuestra</u> casa	<u>nuestros</u> libros	<u>nuestras</u> casas
<u>vuestro</u> **libro**	<u>vuestra</u> **casa**	<u>vuestros</u> **libros**	<u>vuestras</u> **casas**

Note: Possession can also be expressed with the preposition **de**: **Es la casa** de **Fernando** instead of **Es su casa.**

STRESSED POSSESSIVE ADJECTIVES

Stressed possessive adjectives are used for emphasis and always follow the noun they modify: **Ellos son amigos míos**. Stressed possessive adjectives may be used as pronouns by using the definite article and the adjective and simply dropping the noun: **Los zapatos tuyos son más caros que los míos**.

SINGULAR		PLURAL	
MASCULINE	FEMININE	MASCULINE	FEMININE
mío	**mía**	**míos**	**mías**
tuyo	**tuya**	**tuyos**	**tuyas**
suyo	**suya**	**suyos**	**suyas**
nuestro	**nuestra**	**nuestros**	**nuestras**
vuestro	vuestra	vuestros	vuestras

AFFIRMATIVE AND NEGATIVE EXPRESSIONS

AFFIRMATIVE			NEGATIVE		
sí	algún, alguna	también	no	ningún, ninguna	tampoco
algo	algunos, algunas	o...o	nada	ningunos, ningunas	ni...ni
alguien	siempre	ya	nadie	nunca/jamás	todavía no

INTERROGATIVE WORDS

¿Adónde?	¿Cuánto(a)?	¿Por qué?
¿Cómo?	¿Cuántos(as)?	¿Qué?
¿Cuál(es)?	¿De dónde?	¿Quién(es)?
¿Cuándo?	¿Dónde?	

COMPARATIVES

Comparatives are used to compare people or things. With comparisons of inequality, the same structure is used with adjectives, adverbs, or nouns. With comparisons of equality, **tan** is used with adjectives and adverbs, and **tanto/a/os/as** with nouns.

COMPARATIVE OF INEQUALITY

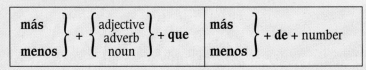

COMPARATIVE OF EQUALITY

tan + adjective or adverb + **como**
tanto/a/os/as + noun + **como**

SUPERLATIVES

To single out something as *the most* or *the least,* use **el/la/los/las** + (noun) + **más/menos** + adjective (+ **de**): **Es la película más divertida del año.**

IRREGULAR FORMS OF COMPARATIVES AND SUPERLATIVES

ADJECTIVES	REGULAR	IRREGULAR
bueno(a)	más bueno(a)	mejor
malo(a)	más malo(a)	peor
grande	más grande	mayor
pequeño(a)	más pequeño(a)	menor
viejo(a)	más viejo(a)	mayor
joven	más joven	menor

The suffix **-ísimo** added to the stem of the adjective is another form of the superlative in Spanish: **grande: grandísimo, guapa: guapísima.**

ADVERBS

Adverbs define the action of a verb. They can be formed by adding -**mente** to the singular form of adjectives. This is the equivalent of adding -*ly* in English.

Adjectives ending with an -**o** change **o** to **a** and add -**mente**: claro: claramente	
Adjectives ending with an -**a**, an -**e**, or a consonant, just add -**mente**:	**bella: bellamente** **reciente: recientemente** **feliz: felizmente**

PREPOSITIONS

These are common adverbial prepositions in Spanish:

a	*to*	**detrás de**	*behind*
al lado de	*next to*	**en**	*in, on*
arriba	*over*	**encima de**	*over, on top of*
con	*with*	**hacia**	*toward*
de	*of, from*	**hasta**	*until*
debajo de	*under*	**para**	*for*
delante de	*before*	**por**	*for*
desde (que)	*from, since*	**sin**	*without*

A number of Spanish verbs require a preposition:

abusar de	*to abuse*	**contar con**	*to count on*
acabar de	*to have just (done something)*	**dejar de**	*to stop (doing something)*
		depender de	*to depend on*
acordarse de	*to remember*	**fijarse en**	*to notice*
aprender a	*to learn to*	**insistir en**	*to insist on*
asistir a	*to attend*	**pasar por**	*to go by or through*
ayudar a	*to help*	**pensar en**	*to think of*
casarse con	*to get married to*	**soñar con**	*to dream of*
comenzar a	*to begin to*		

POR VS. PARA

Even though the English preposition *for* translates into Spanish as both **por** and **para,** they cannot be used interchangeably:

PARA	POR
Expresses purpose: **Estudio para aprender.**	Expresses "through" or "by": **Caminamos por el parque.**
Indicates a recipient: **El regalo es para papá.**	Expresses mode of transportation: **Carlos fue por autobús.**
Indicates destination: **Salieron para Perú.**	Indicates a period of time: **Estudié por tres horas.**
Indicates employment: **Trabajo para el señor López.**	Expresses "in exchange for": **Pagué $20.000 por mi carro.**
Indicates a deadline: **Completen la tarea para mañana.**	Expresses "per": **La gasolina cuesta $1.45 por galón.**
Indicates a person's opinion: **Para mí, esa novela es excelente.**	Indicates the agent of an action: **Fue construido por los romanos.**

USE OF E INSTEAD OF Y, U INSTEAD OF O

Use **e** instead of **y** before words beginning with **i**- or **hi**-:   guapo **e** inteligente   madres **e** hijas
Use **u** instead of **o** before words beginning with **o**- or **ho**-:   camarones **u** ostras   mujer **u** hombre

ORDINAL NUMBERS

Ordinal numbers are used to express ordered sequences. They agree in number and gender with the noun they modify. The ordinal numbers **primero** and **tercero,** just like **bueno,** drop the final **o** before a singular, masculine noun.

1	primero(a)
2	segundo(a)
3	tercero(a)
4	cuarto(a)
5	quinto(a)
6	sexto(a)
7	séptimo(a)
8	octavo(a)
9	noveno(a)
10	décimo(a)

COMMON EXPRESSIONS

EXPRESSIONS WITH *TENER*

tener... años *to be . . . years old*	**tener (mucha) prisa** *to be in a (big) hurry*
tener (mucho) calor *to be (very) hot*	**tener que** *to have to*
tener ganas de *to feel like*	**tener (la) razón** *to be right*
tener (mucho) frío *to be (very) cold*	**tener (mucha) sed** *to be (very) thirsty*
tener (mucha) hambre *to be (very) hungry*	**tener (mucho) sueño** *to be (very) sleepy*
tener (mucho) miedo *to be (very) afraid*	**tener (mucha) suerte** *to be (very) lucky*

EXPRESSIONS OF TIME

To ask how long someone has been doing something, use
¿Cuánto tiempo hace que + present tense?

To say how long someone has been doing something, use
Hace + quantity of time + **que** + present tense
Hace **seis meses** que **vivo** en Los Ángeles.
You can also use present tense + **desde hace** + quantity
of time
Vivo en Los Ángeles **desde hace seis meses.**

WEATHER EXPRESSIONS

Hace buen tiempo.   *The weather is nice.*
Hace (mucho) calor.   *It's (very) hot.*
Hace fresco.   *It's cool.*
Hace (mucho) frío.   *It's (very) cold.*
Hace (muy) mal tiempo.   *The weather is (very) bad.*
Hace (mucho) sol.   *It's (very) sunny.*
Hace (mucho) viento.   *It's (very) windy.*
But: **Está lloviendo (mucho).**   *It's raining (a lot).*
   Hay (mucha) neblina.   *It's (very) foggy.*
   Está nevando.   *It's snowing.*
   Está nublado.   *It's overcast.*

VERBS

Verbs are one of the basic elements of a sentence. They tell us about the subject, the attitude of the speaker, the type of action, and when the action took place. Much of this information is found in the verb ending. For example, **llegarás** tells us that the subject is *you* (singular, familiar), that the action is *to arrive,* and that the speaker is referring to an action that will take place in the future.

SUBJECTS, TENSES, AND MOODS

Spanish assigns an ending to each verb according to person, tense and mood.

There are six PERSONS:

SINGULAR	PLURAL
yo	nosotros(as)
tú	vosotros(as)
él, ella, Ud.	ellos, ellas, Uds.

There are three basic TENSES:

> past
> present
> future

Moods express the attitude of the speaker toward an action. The speaker may report; give an order or make a request; express hopes or wishes; express necessity; or express doubt, disbelief, or denial. The three MOODS are called:

> Indicative
> Subjunctive
> Imperative

There are other forms of the verbs that do not reflect the subject or the attitude of the speaker. One of these forms is the infinitive. Dictionaries list verbs as infinitives, which end in -**ar**, -**er**, or -**ir**. The other two forms, present and past participles, often appear in dictionaries as well.

INFINITIVE		PRESENT PARTICIPLE		PAST PARTICIPLE	
hablar	*to speak*	hablando	*speaking*	hablado	*spoken*
comer	*to eat*	comiendo	*eating*	comido	*eaten*
vivir	*to live*	viviendo	*living*	vivido	*lived*

Some verbs have irregular past participles:

abrir	**abierto**	romper	**roto**
cubrir	**cubierto**	ver	**visto**
describir	**descrito**	volver	**vuelto**
escribir	**escrito**	decir	**dicho**
morir	**muerto**	hacer	**hecho**
poner	**puesto**	satisfacer	**satisfecho**
resolver	**resuelto**	freír	**frito**

REGULAR VERBS

All verbs have a tense and mood, and agree with the person or thing which is the subject. We call this "conjugation." To conjugate a regular verb, drop the -**ar**, -**er**, or -**ir** and add the endings in the following charts.

INDICATIVE MOOD

Present
The present tense is used for action taking place now or in general.

-ar	-er	-ir
hablo	como	vivo
hablas	comes	vives
habla	come	vive
hablamos	comemos	vivimos
habláis	coméis	vivís
hablan	comen	viven

Present Progressive
If you want to emphasize that the action is in progress, use the present progressive. To do this, use the auxiliary verb **estar (estoy, estás, está, estamos, estáis, están)** with the present participle of the main verb: **hablando, comiendo, viviendo.**

Present Perfect
If the main action has been completed but still affects the present, use the present perfect. Form the present perfect by using the auxiliary form **haber (he, has, ha, hemos, habéis, han)** with the past participle of the main verb (**hablado, comido, vivido**).

Imperfect

The imperfect is used for ongoing or habitual actions in the past. It also describes the way things were, what used to happen, what was going on, mental and physical states in the past including age, clock time in the past, and the way people felt in general.

-ar	-er	-ir
hablaba	comía	vivía
hablabas	comías	vivías
hablaba	comía	vivía
hablábamos	comíamos	vivíamos
hablabais	comíais	vivíais
hablaban	comían	vivían

Preterite

The preterite is used for actions that were completed in the past and to describe past actions viewed as a completed whole. It also describes how a person felt about a particular event.

-ar	-er	-ir
hablé	comí	viví
hablaste	comiste	viviste
habló	comió	vivió
hablamos	comimos	vivimos
hablasteis	comisteis	vivisteis
hablaron	comieron	vivieron

The preterite also gives special meanings to certain verbs:

conocer	Lo **conocí** ayer. *I met him yesterday.*
saber	Lo **supe** ayer. *I found out about it yesterday.*

querer	**Quiso** llamar. *He tried to call.*
no querer	**No quise** hacerlo. *I refused to do it.*

The following verbs are irregular in the preterite.

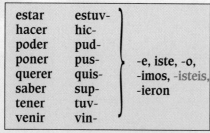

Dar, ser, and **ir** are also irregular in the preterite:

DAR	SER/IR
di	fui
diste	fuiste
dio	fue
dimos	fuimos
disteis	fuisteis
dieron	fueron

Future
The future tense is used to describe what will take place. It can also be used to indicate probability about the present.

REGULAR		
-ar	-er	-ir
hablaré	comeré	viviré
hablarás	comerás	vivirás
hablará	comerá	vivirá
hablaremos	comeremos	viviremos
hablaréis	comeréis	viviréis
hablarán	comerán	vivirán

Some verbs have irregular stems in the future tense:

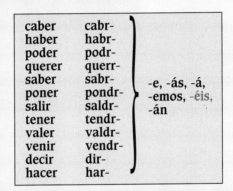

caber	cabr-
haber	habr-
poder	podr-
querer	querr-
saber	sabr-
poner	pondr-
salir	saldr-
tener	tendr-
valer	valdr-
venir	vendr-
decir	dir-
hacer	har-

-e, -ás, -á, -emos, -éis, -án

The future can also be expressed with **ir + a +** infinitive: **Voy a hablar con mi jefa.**

Conditional
The conditional expresses what would happen under certain circumstances. It is also used after if-clauses and to express probability about the past. The verbs that have irregular stems in the future tense have the same stems in the conditional.

-ar	-er	-ir
hablaría	comería	viviría
hablarías	comerías	vivirías
hablaría	comería	viviría
hablaríamos	comeríamos	viviríamos
hablaríais	comeríais	viviríais
hablarían	comerían	vivirían

SUBJUNCTIVE MOOD

Present subjunctive
The present subjunctive is required in all dependent clauses where the verb of the main clause indicates request, intention, wish, suggestion or recommendation, or preference. Typical verbs of this type are: **querer, desear, prohibir, sugerir, preferir,** and **aconsejar:**

    Mamá quiere que yo compre pan.

The subjunctive is also used with expressions of emotion, such as **espero que** (*I hope that*), **¡ojalá!** (*hopefully*), **siento que** (*I'm sorry that*), **me alegro que** (*I'm happy that*), **es triste que** (*it's sad that*), and **me sorprende que** (*it surprises me that*):

¡Ojalá que lleguemos a tiempo!

You must use the subjunctive if the verb in the main clause expresses doubt, disbelief, uncertainty, disagreement or denial:

Dudo que podamos salir temprano.

The subjunctive can be used to refer to something or someone whose existence is indefinite or that doesn't exist.

Busco una casa que tenga tres recámaras.
No hay nadie aquí que conozca Italia.

The subjunctive is used after all impersonal expressions that do NOT express certainty or truth:

Es importante que estudies otro idioma.

but:

Es verdad que ese restaurante es malo.

The subjunctive must be used after certain conjunctions, such as: **antes (de) que** (*before*), **para que** (*so that, in order that*), **a fin de que** (*so that, in order that*), **a menos que** (*unless*), **con tal (de) que** (*provided that*), **en caso (de) que** (*in case*), and **sin que** (*without*):

Siempre entra sin que yo lo vea.

The conjunctions **cuando, después de que, en cuanto, hasta que** and **tan pronto como** require the subjunctive when they refer to actions that have not yet taken place:

No comeremos hasta que llegue Felipe.

When there is not a change of subject, the infinitive is often used:

Espero graduarme en cuatro años.

-ar	-er	-ir
hable	coma	viva
hables	comas	vivas
hable	coma	viva
hablemos	comamos	vivamos
habléis	comáis	viváis
hablen	coman	vivan

The following verbs are irregular in the subjunctive:

dar: dé, des, dé, demos, deis, den
estar: esté, estés, esté, estemos, estéis, estén
haber: haya, hayas, haya, hayamos, hayáis, hayan
ir: vaya, vayas, vaya, vayamos, vayáis, vayan
saber: sepa, sepas, sepa, sepamos, sepáis, sepan
ser: sea, seas, sea, seamos, seáis, sean

Present Perfect Subjunctive

The present perfect subjunctive is formed with the present subjunctive of **haber** (**haya, hayas, haya, hayamos, hayáis, hayan**) and a past participle. It is used like the present perfect indicative but only after verbs and expressions that require the subjunctive:

Me alegro de que hayas venido.

Past Subjunctive

The past subjunctive is formed by taking the **ellos/ellas/Uds.** form of the preterite and adding the following endings:

-ar	-er	-ir
hablara	pudiera	muriera
hablaras	pudieras	murieras
hablara	pudiera	muriera
habláramos	pudiéramos	muriéramos
hablarais	pudierais	murierais
hablaran	pudieran	murieran

The past subjunctive is used in contrary to fact if-clauses:

Si pudiera, iría.

IMPERATIVE MOOD

The imperative is used to get people to do things. Its forms are sometimes called *commands*:

-ar	-er	-ir
habla tú	**come** tú	**vive** tú
hable Ud.	**coma** Ud.	**viva** Ud.
hablemos nosotros	**comamos** nosotros	**vivamos** nosotros
hablad vosotros	**comed** vosotros	**vivid** vosotros
hablen Uds.	**coman** Uds.	**vivan** Uds.

Several verbs have irregular **tú** imperative forms:

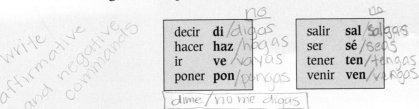

decir	**di** /digas	salir	**sal** /salgas	no
hacer	**haz** /hagas	ser	**sé** /seas	
ir	**ve** /vayas	tener	**ten** /tengas	
poner	**pon** /pongas	venir	**ven** /vengas	

dime / no me digas

Negative **tú** and **vosotros(as)** commands are formed with the present subjunctive:

No compres ese carro.
No salgáis sin abrigo.

Affirmative **nosotros(as)** commands can also be formed using **vamos a** + infinitive:

¡Vamos a jugar!

Pronouns are always connected to affirmative commands. Pronouns always precede negative commands.

¡Tráemelo!
No me lo mandes.

STEM-CHANGING VERBS

Stem-changing verbs have a spelling change in the stem.

The -**ar** and -**er** stem-changing verbs:
Verbs ending in -**ar** and -**er** change from **e** to **ie** and from **o** to **ue** in the stem. These changes occur in all persons except the **nosotros** and **vosotros** forms:

INFINITIVE	PRESENT INDICATIVE	IMPERATIVE	PRESENT SUBJUNCTIVE
perder *(to lose)*	pierdo pierdes pierde perdemos perdéis pierden	pierde pierda perdamos perded pierdan	pierda pierdas pierda perdamos perdáis pierdan
pensar *(to think)*	pienso piensas piensa pensamos pensáis piensan	piensa piense pensemos pensad piensen	piense pienses piense pensemos penséis piensen
probar *(to try)*	pruebo pruebas prueba probamos probáis prueban	prueba pruebe probemos probad prueben	pruebe pruebes pruebe probemos probéis prueben
volver *(to return)*	vuelvo vuelves vuelve volvemos volvéis vuelven	vuelve vuelva volvamos volved vuelvan	vuelva vuelvas vuelva volvamos volváis vuelvan

Verbs that follow the same pattern:

acordar(se)	despertarse	poder
acostarse	doler	preferir
almorzar	empezar	querer
atender	encontrar	recomendar
comenzar	llover	sentar(se)
costar	pensar	soñar

The -**ir** stem-changing verbs:
Stem-changing verbs ending in -**ir** change from **e** to **ie**, from **e** to **i**, or from **o** to **ue** or **u**.

-**ir**: **e** → **ie** / **o** → **ue** or **u**

Such verbs also undergo a stem change in the preterite for the third persons singular and plural, corresponding to the stem change that occurs in the -**ndo** form: **e** to **i** and **o** to **u**. For example:
pedir → **pidió, pidieron; dormir** → **durmió, durmieron**

INFINITIVE	Indicative		Imperative	Subjunctive
	PRESENT	PRETERITE		PRESENT
sentir *(to feel)* -**ndo** form: sintiendo	siento sientes siente sentimos sentís sienten	sentí sentiste sintió sentimos sentisteis sintieron	siente sienta sintamos sentid sientan	sienta sientas sienta sintamos sintáis sientan
dormir *(to sleep)* -**ndo** form: durmiendo	duermo duermes duerme dormimos dormís duermen	dormí dormiste durmió dormimos dormisteis durmieron	duerme duerma durmamos dormid duerman	duerma duermas duerma durmamos durmáis duerman

-ir: e → i

The verbs in this category are irregular in the same tenses as those of the first type. The only difference is that they only have one change: **e → i.**

INFINITIVE	Indicative		Imperative	Subjunctive
	PRESENT	PRETERITE		PRESENT
pedir *(to ask for,* *request)* -**ndo** form: pidiendo	pido pides pide pedimos pedís piden	pedí pediste pidió pedimos pedisteis pidieron	pide pida pidamos pedid pidan	pida pidas pida pidamos pidáis pidan

Verbs that follow this pattern:
seguir   repetir
servir   reír
vestir

VERBS WITH SPELLING CHANGES

Some verbs have a change in spelling in some tenses in order to maintain the sound of the final consonant of the stem. The most common ones are those with the consonants **g** and **c**. Remember that **g** and **c** have a soft sound in front of **e** or **i**, but a hard sound in front of **a**, **o**, or **u**. In order to maintain the soft sound in front of **a**, **o**, or **u**, the letters **g** and **c** change to **j** and **z**, respectively. In order to maintain the hard sound of **g** or **c** in front of **e** and **i**, **u** is added to the **g** (**gu**) and the **c** changes to **qu**. The following verbs appear in the textbook.

1. Verbs ending in -**gar** change from **g** to **gu** before **e** in the first person of the preterite, in all persons of the present subjunctive, and in some persons of the imperative. Some verbs that follow the same pattern are **entregar, llegar,** and **jugar.**

    pagar *(to pay)*
    Preterite: pa**gu**é, pagaste, pagó, etc.
    Pres. Subj.: pa**gu**e, pa**gu**es, pa**gu**e, pa**gu**emos, pa**gu**éis, pa**gu**en
    Imperative: paga, pa**gu**e, pa**gu**emos, pagad, pa**gu**en

2. Verbs ending in **-ger** or **-gir** change from **g** to **j** before **o** and **a** in the first person of the present indicative, in all the persons of the present subjunctive, and in some persons of the imperative. Some verbs that follow the same pattern: **recoger, escoger, elegir.**

> **proteger** *(to protect)*
> Pres. Ind.: protejo, proteges, protege, etc.
> Pres. Subj.: proteja, protejas, proteja, protejamos, protejáis, protejan
> Imperative: protege, proteja, protejamos, proteged, protejan

3. Verbs ending in **-guir** change from **gu** to **g** before **o** and **a** in the first person of the present indicative, in all persons of the present subjunctive, and in some persons of the imperative.

> **seguir** *(to follow)*
> Pres. Ind.: sigo, sigues, sigue, etc.
> Pres. Subj.: siga, sigas, siga, sigamos, sigáis, sigan
> Imperative: sigue, siga, sigamos, seguid, sigan

4. Verbs ending in **-car** change from **c** to **qu** before **e** in the first person of the preterite, in all persons of the present subjunctive, and in some persons of the imperative. Some verbs that follow the same pattern: **buscar, practicar, sacar, tocar.**

> **explicar** *to explain*
> Preterite: expliqué, explicaste, explicó, etc.
> Pres. Subj.: explique, expliques, explique, expliquemos, expliquéis, expliquen
> Imperative: explica, explique, expliquemos, explicad, expliquen

5. Verbs that end in **-cer** or **-cir** and are preceded by a vowel change from **c** to **zc** before **o** and **a**. This change occurs in the first person of the present indicative and in all persons of the present subjunctive. Some verbs that follow the same pattern: **parecer, pertenecer, producir, conducir.**

> **conocer** *to know, be acquainted with*
> Pres. Ind.: conozco, conoces, conoce, etc.
> Pres. Subj.: conozca, conozcas, conozca, conozcamos, conozcáis, conozcan

6. Verbs ending in **-zar** change from **z** to **c** before **e** in the first person of the preterite and in all persons of the present subjunctive. Some verbs that follow the same pattern: **almorzar, empezar.**

> **comenzar** *to start*
> Preterite: comencé, comenzaste, comenzó, etc.
> Pres. Subj.: comience, comiences, comience, comencemos, comencéis, comiencen

7. Verbs ending in **-eer** change from the unstressed **i** to **y** between vowels in the third person singular, in all persons of the past subjunctive, and in the **-ndo** form. Note the accent marks over **i** in the **tú, nosotros** and **vosotros** forms in the preterite. Other verbs that follow the same pattern are **leer** and **proveer.**

> **creer** *to believe*
> Preterite: creí, creíste, creyó, creímos, creísteis, creyeron
> Past Subj.: creyera, creyeras, creyera, creyéramos, creyerais, creyeran
> -**endo** form: creyendo
> Past Part.: creído

8. Verbs ending in **-uir** change from the unstressed **i** to **y** between vowels (except **-quir,** which has the silent **u** in the following tenses and persons).

> **construir** *to build*
> Pres. Part.: construyendo
> Pres. Ind.: construyo, construyes, construye, construimos, construís, construyen
> Preterite: construí, construiste, construyó, construimos, construisteis, construyeron
> Pres. Subj.: construya, construyas, construya, construyamos, construyais, construyan

Past Subj.: construyera, construyeras, construyera, construyéramos, construyerais, construyeran
Imperative: construye, construya, construyamos, construid, construyan

IRREGULAR VERBS

The following verbs have irregular forms in some tenses. Only those tenses included in this book are shown.

abrir *to open*
   Past. Part.: abierto

dar *to give*
   Pres. Ind.: doy, das, da, damos, dais, dan
   Preterite: di, diste, dio, dimos, disteis, dieron
   Imperative: da, dé, demos, dad, den
   Pres. Subj.: dé, des, dé, demos, deis, den
   Past Subj.: diera, dieras, diera, diéramos, dierais, dieran

decir *to say, tell*
   Pres. Ind.: digo, dices, dice, decimos, decís, dicen
   Preterite: dije, dijiste, dijo, dijimos, dijisteis, dijeron
   Future: diré, dirás, dirá, diremos, diréis, dirán
   Conditional: diría, dirías, diría, diríamos, diríais, dirían
   Imperative: di, diga, digamos, decid, digan
   Pres. Subj.: diga, digas, diga, digamos, digáis, digan
   Past Subj.: dijera, dijeras, dijera, dijéramos, dijerais, dijeran
   Past Part.: dicho
   -**ndo** Form: diciendo

escribir *to write*
   Past Part.: escrito

estar *to be*
   Pres. Ind.: estoy, estás, está, estamos, estáis, están
   Preterite: estuve, estuviste, estuvo, estuvimos, estuvisteis, estuvieron
   Imperative: está, esté, estemos, estad, estén
   Pres. Subj.: esté, estés, esté, estemos, estéis, estén
   Past Subj.: estuviera, estuvieras, estuviera, estuviéramos, estuvierais, estuvieran

haber *to have*
   Pres. Ind.: he, has, ha, hemos, habéis, han
   Preterite: hube, hubiste, hubo, hubimos, hubisteis, hubieron
   Future: habré, habrás, habrá, habremos, habréis, habrán
   Conditional: habría, habrías, habría, habríamos, habríais, habrían
   Pres. Subj.: haya, hayas, haya, hayamos, hayáis, hayan
   Past Subj.: hubiera, hubieras, hubiera, hubiéramos, hubierais, hubieran

hacer *to do, make*
   Pres. Ind.: hago, haces, hace, hacemos, hacéis, hacen
   Preterite: hice, hiciste, hizo, hicimos, hicisteis, hicieron
   Future: haré, harás, hará, haremos, haréis, harán
   Conditional: haría, harías, haría, haríamos, haríais, harían
   Imperative: haz, haga, hagamos, haced, hagan
   Pres. Subj.: haga, hagas, haga, hagamos, hagáis, hagan
   Past. Part.: hecho

ir *to go*
Pres. Ind.: voy, vas, va, vamos, vais, van
Imp. Ind.: iba, ibas, iba, íbamos, ibais, iban
Preterite: fui, fuiste, fue, fuimos, fuisteis, fueron
Imperative: ve, vaya, vamos, id, vayan
Pres. Subj.: vaya, vayas, vaya, vayamos, vayáis, vayan
Past Subj.: fuera, fueras, fuera, fuéramos, fuerais, fueran
Past Part.: ido
-**ndo** Form: yendo

mantener *to maintain, keep*
(See **tener** for pattern to follow.)

poder *to be able to, can*
Pres. Ind.: puedo, puedes, puede, podemos, podéis, pueden
Preterite: pude, pudiste, pudo, pudimos, pudisteis, pudieron
Future: podré, podrás, podrá, podremos, podréis, podrán
Conditional: podría, podrías, podría, podríamos, podríais, podrían
Pres. Subj.: pueda, puedas, pueda, podamos, podáis, puedan
Past Subj.: pudiera, pudieras, pudiera, pudiéramos, pudierais, pudieran

poner *to put, place*
Pres. Ind.: pongo, pones, pone, ponemos, ponéis, ponen
Preterite: puse, pusiste, puso, pusimos, pusisteis, pusieron
Future: pondré, pondrás, pondrá, pondremos, pondréis, pondrán
Conditional: pondría, pondrías, pondría, pondríamos, pondríais, pondrían
Imperative: pon, ponga, pongamos, poned, pongan
Pres. Subj.: ponga, pongas, ponga, pongamos, pongáis, pongan
Past Part: puesto

romper(se) *to break*
Past Part.: roto

saber *to know*
Pres. Ind.: sé, sabes, sabe, sabemos, sabéis, saben
Preterite: supe, supiste, supo, supimos, supisteis, supieron
Future: sabré, sabrás, sabrá, sabremos, sabréis, sabrán
Conditional: sabría, sabrías, sabría, sabríamos, sabríais, sabrían
Imperative: sabe, sepa, sepamos, sabed, sepan
Pres. Subj.: sepa, sepas, sepa, sepamos, sepáis, sepan
Past Subj.: supiera, supieras, supiera, supiéramos, supierais, supieran

salir *to leave, go out*
Pres. Ind.: salgo, sales, sale, salimos, salís, salen
Future: saldré, saldrás, saldrá, saldremos, saldréis, saldrán
Conditional: saldría, saldrías, saldría, saldríamos, saldríais, saldrían
Imperative: sal, salga, salgamos, salid, salgan

ser *to be*
Pres. Ind.: soy, eres, es, somos, sois, son
Imp. Ind.: era, eras, era, éramos, erais, eran
Preterite: fui, fuiste, fue, fuimos, fuisteis, fueron
Imperative: sé, sea, seamos, sed, sean
Pres. Subj.: sea, seas, sea, seamos, seáis, sean
Past Subj.: fuera, fueras, fuera, fuéramos, fuerais, fueran

tener *to have*
    Pres. Ind.: tengo, tienes, tiene, tenemos, tenéis, tienen
    Preterite: tuve, tuviste, tuvo, tuvimos, tuvisteis, tuvieron
    Future: tendré, tendrás, tendrá, tendremos, tendréis, tendrán
    Conditional: tendría, tendrías, tendría, tendríamos, tendríais, tendrían
    Imperative: ten, tenga, tengamos, tened, tengan
    Pres. Subj.: tenga, tengas, tenga, tengamos, tengáis, tengan
    Past Subj.: tuviera, tuvieras, tuviera, tuviéramos, tuvierais, tuvieran

traer *to bring*
    Pres. Ind.: traigo, traes, trae, traemos, traéis, traen
    Preterite: traje, trajiste, trajo, trajimos, trajisteis, trajeron
    Imperative: trae, traiga, traigamos, traed, traigan
    Pres. Subj.: traiga, traigas, traiga, traigamos, traigáis, traigan
    Past Subj.: trajera, trajeras, trajera, trajéramos, trajerais, trajeran
    Past Part.: traído
    -ndo Form: trayendo

valer *to be worth*
    Pres. Ind.: valgo, vales, vale, valemos, valéis, valen
    Future: valdré, valdrás, valdrá, valdremos, valdréis, valdrán
    Conditional: valdría, valdrías, valdría, valdríamos, valdríais, valdrían
    Pres. Subj.: valga, valgas, valga, valgamos, valgáis, valgan

venir *to come*
    Pres. Ind.: vengo, vienes, viene, venimos, venís, vienen
    Preterite: vine, viniste, vino, vinimos, vinisteis, vinieron
    Future: vendré, vendrás, vendrá, vendremos, vendréis, vendrán
    Conditional: vendría, vendrías, vendría, vendríamos, vendríais, vendrían
    Imperative: ven, venga, vengamos, venid, vengan
    Pres. Subj.: venga, vengas, venga, vengamos, vengáis, vengan
    Past Subj.: viniera, vinieras, viniera, viniéramos, vinierais, vinieran
    -ndo Form: viniendo

ver *to see*
    Pres. Ind.: veo, ves, ve, vemos, veis, ven
    Imp. Ind.: veía, veías, veía, veíamos, veíais, veían
    Preterite: vi, viste, vio, vimos, visteis, vieron
    Imperative: ve, vea, veamos, ved, vean
    Pres. Subj.: vea, veas, vea, veamos, veáis, vean
    Past Subj.: viera, vieras, viera, viéramos, vierais, vieran
    Past Part.: visto

GUSTAR AND VERBS LIKE IT

Gustar, encantar, fascinar, chocar, interesar, and **faltar** are used to talk about things you like, love, dislike, are interested in, or lack. The verb endings for **gustar** and verbs like it always agree with what is liked or disliked. The indirect object pronouns always precede the verb forms.

If one thing is liked:	If more than one thing is liked:
me te le } gusta nos os les	me te le } gustan nos os les

SABER AND CONOCER

For the English verb *to know,* there are two verbs in Spanish, **saber** and **conocer.**

Saber means *to know* something or *to know how to* do something.
　　¿Sabes que mañana no hay clase?　*Do you know that there is no school tomorrow?*
　　¿Sabes chino?　*Do you know Chinese?*
　　¿Sabes patinar?　*Do you know how to skate?*

Conocer means *to be acquainted with* somebody or something:
　　¿Conoces a Alicia?　*Do you know Alicia?*
　　¿Conoces Madrid?　*Do you know Madrid?*

Conocer is followed by the personal **a** when it takes a person as an object.

THE VERBS SER AND ESTAR

Both **ser** and **estar** mean *to be,* but their uses are different.

Use ser:

1. with nouns to identify and define the subject
   La mejor estudiante de la clase es Katia.

2. with **de** to indicate place of origin, ownership, or what something is made of
   Carmen es de Venezuela.
   Este libro es de mi abuela.
   La blusa es de algodón.

3. to describe enduring characteristics, such as physical and personality traits, nationality, religion, and profession
   Mi profesor es simpático e inteligente.

4. to express the time, date, season and location of an event
   Hoy es sábado y la fiesta es en mi casa a las ocho.

5. with the past participle to form the passive voice
   El libro fue escrito por Octavio Paz.

Use estar:

1. to indicate the location or position of the subject
   Lima está en Perú.

2. to describe a condition, mental or physical
   Maricarmen está enojada.

3. with the -**ndo** form to describe an action in progress
   Mario está escribiendo un poema.

4. to convey the idea of *to look, to feel, to seem, to taste*
   ¡Qué guapo estás hoy!

5. with the past participle to refer to a condition which is the result of a previous action
   La ventana está rota. La rompió Carlos.

SPANISH–ENGLISH VOCABULARY

SPANISH-ENGLISH VOCABULARY

This vocabulary includes most of the words in this textbook, both active and passive. You are expected to know and be able to use active vocabulary. Passive vocabulary is for recognition only. Active words and phrases are listed in black, heavy type. They are the words listed on the **Vocabulario** page at the end of each chapter. All other words—some in the opening dialogues, in exercises, in optional and visual material, in the **Panorama cultural**, **Vamos a leer**, and **A ver si puedo** sections—are passive, and can usually be understood from the context or may be looked up in this end-of-book vocabulary.

The number at the end of each entry indicates the chapter where the word or phrase was first introduced. The Roman numerals I or II appear with a word or phrase that was introduced in Levels 1 or 2.

Although the **Real Academia** has recently deleted the letters **ch** and **ll** from the alphabet, many dictionaries still have separate entries for these letters. This end-of-book vocabulary follows the new rules, merging **ch** and **ll** words with **c** and **l**.

A

a continuación *next*, II
a despecho de *in spite of*, 10
a la derecha *to the right*, II
a la izquierda *to the left*, II
a la legua *a long way off*, 11
a la vez *at the same time*, 3
a lo largo de *throughout, along*, 1
A lo mejor... *Perhaps . . .*, 8
A los catorce años, buscaba... *At fourteen years of age, I was looking for . . .*, 12
a menos (de) que *unless*, 9
¡Ánimo! *Cheer up!*, 7
A propósito,... *By the way, . . .*, 6
¿A qué hora? *At what time?*, II
¿A quién le gusta...? *Who likes . . .?*, I
a sus espaldas *at his/her back*, 11
a *to, at*, I
A todos nos toca *It's up to all of us*, II
a veces *sometimes*, II
A ver... *Let's see . . .*, 3
el abanico *fan*, 1
las abdominales *situps*; **hacer abdominales** *to do situps*, II
la abeja *bee*, 11
abierto(a) *open*, 1
el (la) abogado(a) *lawyer*, 12
aborrecer *to abhor, hate*, 11
el abrazo *hug*, II
abril *April*, I
abrir *to open*, I; **abrir regalos** *to open gifts*, I
la abuela *grandmother*, I
el abuelo *grandfather*, I

los abuelos *grandparents*, I
aburridísimo(a) *extremely boring*, II
aburrido(a) *boring* (with **ser**), I; **estar aburrido(a)** *to be bored*, II
acampar *to camp*, I
acariciar *to caress*, 1
la aceituna *olive*, II
acoger *to protect*, 6
la acogida *acceptance, popularity*, 1
el acompañante, la acompañante *friend*, 6
acompañar (a) *to go with*, II
el acontecimiento *event*, 11
acordar la paz *to make peace*, 5
acordarse (ue) de *to remember*, II
acostarse (ue) *to go to bed*, II
acostarse tarde *to go to bed late*, 2
acre *bitter*, 11
la actitud *attitude*, 9
actualizar *to update*, 12
el acuarelista, la acuarelista *watercolorist*, 6
el acuario *aquarium*, I
acudir *to attend*, 6
adaptarse *to adapt*, 3
los **adelantos** *progress*, 3; los **adelantos tecnológicos** *technological advances*, 3
además *besides*, I
Adiós. *Goodbye.*, I
el adivino *diviner*, 5
la admiración *astonishment, admiration*, 5
Admiro mucho... *I admire very much . . .*, 6

admitir tu error *to admit your mistake*, 7
¿Adónde? *Where to?*, II
adquirir *to acquire*, 6
aeróbico *aerobic*, I; **una clase de ejercicios aeróbicos** *aerobics class*, I
la aeronave *aircraft*, 1
afeitarse *to shave*, I
afónico(a) *speechless*, 11
afrontar *to face, to take on*, 1
las afueras *outskirts*, 12
agachar *to duck, to stoop*, 12
agobiado(a) *worn out, overwhelmed*, 2
agotado(a) *exhausted*, 2
agosto *August*, I
el agotamiento *fatigue*, 2
agradecer *to give thanks*, 7
agrícola *agricultural*, 4
el agricultor *farmer*, 4
el agua *water* (f.), I; **el agua corriente** *running water*, II; **el agua mineral** *mineral water*, I
el aguacate *avocado*, 4
el aguacero *downpour*, II
el águila (las águilas) *eagle*, II
ahora *now*, I
el aire acondicionado *air conditioning*, II
el aire puro *fresh air*, II
el ají *pepper*, 4
el ajuar *brides clothing or furniture*, 7
ajustar *to adjust, tighten*, 7
al (a + el) *to the (masc.)*, I
al cabo de *at the end of*, 11
Al contrario. *On the contrary.*, 5
al este *to the east*, II

Al final... *Finally . . .,* II
al lado de *next to, alongside,* II
al norte *to the north,* II
al oeste *to the west,* II
al sur *to the south,* II
al (a la)... siguiente *next (day, week, year . . .),* II
el **ala (las alas)** *wing,* 1
alargado(a) *lengthened,* 12
alargar *to lengthen,* 2
alargarse *to stretch out,* 12
el **albergue juvenil** *youth hostel,* II
Alcancé éxito en... *I achieved success in . . .,* 10
alcanzar *to achieve, to manage to,* 10
la **aldea** *town,* 12
alegrarse *to be happy,* 9
alejarse *to go away,* 11
Alemania *Germany,* I
el **alfiler** *pin,* 7
algo *something,* I; **preocupado(a) por algo** *worried about something,* I
el **algodón** *cotton,* I; **de algodón** *(made of) cotton,* I
algodonoso(a) *cottony,* 4
Alguien me dijo que... *Somebody told me that . . .,* 5
algún día *someday,* II
alguna vez *some time, at one time,* 3
alhajado(a) *wearing jewelry,* 6
la **alimentación** *nutrition,* 2
alimentarse bien *to eat well,* 2; **alimentarse mal** *to eat badly,* 2
el **alimento** *food,* 2; **los alimentos** *food,* II
aliviar el estrés *to relieve the stress,* 2
allá *there,* I
el **almacén** *department store,* I
la **almeja** *clam,* 4
almorzar (ue) *to eat lunch,* I
el **almuerzo** *lunch,* I
Aló *Hello,* I
el **alrededor** *surroundings,* 5
alto(a) *tall,* I
la **altura** *altitude,* 1
el **aluminio** *aluminum,* II
el **amante** *lover,* II
amarillo(a) *yellow,* I
la **ambición** *ambition,* 5
el **ambiente de trabajo** *workplace environment,* 12
americano(a) *American;* **el fútbol americano** *football,* I
la **amiga** *friend (female),* I; **ésta es mi amiga** *this is my (female) friend,* I
amigable *friendly,* 9

el **amigo** *friend (male),* I; **éste es mi amigo** *this is my (male) friend,* I; **nuevos amigos** *new friends,* I; **pasar el rato con amigos** *to spend time with friends,* I
la **amistad** *friendship,* 7
amplio(a) *wide, broad,* 9
Ana fue allí con la idea de... *Ana went there intending to . . .,* 10
anaranjado(a) *orange,* I
ancho(a) *loose (clothes),* II; *wide, broad,* 12
el **ángulo** *corner,* 12
¡Ánimo! *Cheer up!,* 7
el **aniversario** *anniversary,* I; **la fiesta de aniversario** *anniversary party,* I
anoche *last night,* II
ansioso(a) *anxious,* 2
anteanoche *the night before last,* I
anteayer *day before yesterday,* II
los **anteojos** *eyeglasses,* 1
antes de *before,* I
antes de que *before,* 9
Antes de que empiecen las clases... *Before classes begin . . .,* 10
Antes de terminar... *Before finishing . . .,* 10
antipático(a) *disagreeable,* I
la **antropología** *anthropology,* I; **el museo de antropología** *anthropology museum,* I
anunciar *to announce,* 8
el **anuncio** *announcement, advertisement,* 8; **los anuncios clasificados** *classified ads,* 8
el **año** *year,* I; **el Año Nuevo** *New Year's Day,* I; **el año pasado** *last year,* I; **¡Feliz Año Nuevo!** *Happy New Year!,* I; **Tengo... años.** *I'm . . . years old.,* I; **Tiene... años.** *She/He is . . . years old.,* I; **¿Cuántos años tiene?** *How old is she/he?,* I; **¿Cuántos años tienes?** *How old are you?,* I
El año pasado... *Last year . . .,* 12
apagar *to turn off,* II; **apagar la luz** *to turn off the light,* II
el **aparato eléctrico** *electrical appliance,* 3
el **aparcero** *sharecropper,* 12
aparecer *to appear,* 7
aparte *separate,* I; **Es aparte.** *It's separate.,* I

aplazar *to put off,* 2
aplicado(a) *studious,* II
la **aportación** *contribution,* 10
aportar *to contribute,* 10
el **apoyo** *support,* 2
apreciar *to appreciate,* 9
aprender a + inf. *to learn to do something,* 6
aprender de memoria *to memorize,* II
aprobar *to pass (an exam),* II
aprovechar *to take advantage of,* 5
la **aproximación** *approach to a landing, approximation,* 1
apuntar *to make a note of, to write down,* II
aquí *here,* I
la **araña** *spider,* 11
el **arco iris** *rainbow,* 9
el **arete** *earring,* I
argentino(a) *Argentine,* II
argüir *to argue, to object,* 7
el **armario** *closet,* I
el **(la) arquitecto(a)** *architect,* 12
arrancarse el pelo *to pull out one's hair,* 7
arrastrado(a) *dragged along,* 10
arrogante *arrogant,* 9
arrojar *to fling, to hurl, to throw,* 5
el **arroz** *rice,* I
el **arte** *art,* I
las **artes marciales** *martial arts,* II
el **artículo** *article,* 8
el **(la) artista** *artist,* 6
aséptico(a) *sterilized,* 11
Así es. *That's right.,* 5
Así es la cosa. *That's it.,* II
Así (fue) que... *So that's how . . .,* II
asimilarse *to assimilate,* 10
asistir a *to attend,* I
asombrado(a) *surprised,* 5
áspero(a) *rough,* 12
la **aspiración** *aspiration,* 10
la **aspiradora** *vacuum cleaner;* **pasar la aspiradora** *to vacuum,* I
aspirar a *to aspire to,* 10
asustarse *to get scared,* II
atender *to pay attention to,* 12
el **aterrizaje** *landing,* 1
aterrizar *to land,* 1
aterrorizar *to terrify,* 1
atlético(a) *athletic,* 1
el **atletismo** *track and field,* II
atónito(a) *astonished,* 11
la **atracción** *attraction,* I; **el parque de atracciones** *amusement park,* I

atrapado(a) *trapped,* 11
atrasado(a) *delayed, running late;* **Está atrasado(a).** *He/She is late.,* I; **Estoy atrasado(a).** *I'm late.,* I
atravesar *to cross, to go across, traverse,* 1
atreverse *to dare,* 11
el **atún** *tuna,* I
aumentar *to increase,* 11
aumentar de peso *to put on weight,* II
el **autobús** *bus,* I; **tomar el autobús** *to take the bus,* I
la **autoestima** *self-esteem,* 2
la **autopista** *the freeway, highway,* 3
el **autorretrato** *self-portrait,* 6
el **ave (las aves)** *bird,* II
aventurero(a) *adventurous,* II
avergonzarse *to feel ashamed,* 12
averiguar *to find out,* II
¡Ay de mí! *Oh my!,* 5
¡Ay, qué pesado! *Oh, what a pain!,* II
ayer *yesterday,* II
el **ayudante** *helper,* 11
ayudar *to help;* **Ayúdame, por favor.** *Please help me.,* II; **ayudar en casa** *to help at home,* I; **¿Me ayudas a...?** *Can you help me to . . .?,* I; **¿Puedes ayudarme a...?** *Can you help me to . . .?,* II; **¿Puedo ayudar?** *Can I help?,* II; **¿Quieres ayudarme?** *Do you want to help me?,* II; **¿Te ayudo a...?** *Can I help you to . . .?,* II
el **ayuntamiento** *town hall,* 3
el **azúcar** *sugar,* I
azul *blue,* I

B

el **bacalao** *cod,* 4
bailar *to dance,* I
el **bailarín** *dancer,* 6
la **bailarina** *dancer,* 6
el **baile** *dance,* I
bajar *to decrease,* 11
bajar *to descend, to go downstairs,* I; **bajar de peso** *to lose weight,* II; **bajar el río en canoa** *to go canoeing,* I; **bajar por** *to go down (a street or road),* II
bajarse *to get off;* **bajarse del autobús** *to get off the bus,* II
bajo(a) *short (to describe people),* I
balanceado(a) *balanced,* II

la **ballena** *whale,* II
el **baloncesto** *basketball,* I
bañarse *to take a bath,* II
el **banco** *bank;* **pasar por el banco** *to go by the bank,* II
la **banda** *band,* I
el **(la) banquero(a)** *banker,* 12
barato(a) *cheap,* I; **¡Qué barato!** *How cheap!,* I
la **barba** *beard,* 1
barrer *to sweep,* II
el **básquetbol** *basketball*
bastante *quite,* I
la **basura** *garbage, trash;* **el bote de basura** *trash can,* II; **sacar la basura** *to take out the garbage,* I
el **basurero** *trash can,* 3
la **batata** *sweet potato,* 4
el **batido** *milkshake,* I
beber *to drink,* I
la **bebida** *beverage,* I
el **béisbol** *baseball,* I
los **beneficios** *benefits,* 12
la **biblioteca** *library,* I
el **bicho** *bug,* 11
la **bicicleta** *bicycle;* **montar en bicicleta** *to ride a bike,* I
bien *good, well;* **Está bien.** *All right.,* I; **Me parece bien.** *It seems fine to me.,* I
los **bienes** *property,* 8
el **bienestar** *well-being,* II
el **bigote** *moustache,* 1
bilingüe *bilingual,* 10
el **bistec** *steak,* I
el **bistec a la parrilla** *grilled steak,* 4
bizquear *to cross one's eyes, to squint,* 12
blanco(a) *white,* I
el **bloqueador** *sunscreen,* I
los **bluejeans** *bluejeans,* I
la **blusa** *blouse,* I
bobo(a) *silly, dumb,* 9
la **boca** *mouth,* I
la **boda** *wedding,* I
la **bodega** *grocery store,* 4
el **boleto** *ticket,* II
el **bolígrafo** *ballpoint pen,* I
boliviano(a) *Bolivian,* II
el **(la) bombero(a)** *firefighter,* 12
bondadoso(a) *good, kind,* 9
bonito(a) *pretty,* I
borrar *to erase;* **goma de borrar** *eraser,* I
el **bosque** *forest,* I
botar *to throw out,* 3
las **botas** *boots,* I
el **brazo** *arm,* I
el **brillante** *diamond,* 7
el **bronce** *bronze,* 11

broncearse *to suntan,* 2
bucear *to scuba dive,* I
el **buceo** *scuba diving,* 1
bueno(a) *good,* I
buena gente *a good person,* 1
Buena idea. *Good idea.,* II; **buena onda** *great,* II; **Buenas noches.** *Good night.,* I; **Buenas tardes.** *Good afternoon,* I; **Buenos días.** *Good morning.,* I
Bueno... *Well . . .,* 3; **¡Bueno!** *Hello! (telephone, Mexico)*
Bueno, no me extraña. *Well, I'm not surprised.,* II; **Bueno, puede ser, pero...** *Well, it could be, but . . .,* 5
la **bufanda** *scarf,* I
burlarse (de) *to make fun of,* 9
buscar *to look for,* I
Buscaré... *I'll look for . . .,* 12
la **búsqueda** *search, quest,* 1

C

el **caballero** *gentleman,* 7
el **cabello** *hair,* 10
caber *to fit,* 11
la **cabeza** *head,* I
el **cacique** *chief, warlord,* 5
Cada vez hay más... y menos... *There are more and more . . . and less . . .,*
la **cadena** *network,* 8
la **cadenita** *little chain,* 7
caerle bien (mal) *to like (dislike) someone,* II
caerse *to fall down,* II
el **café** *coffee,* I; **de color café** *brown,* I; **café con leche** *coffee with milk,* I
la **cafetería** *cafeteria,* I
caído(a) *fallen,* 12
la **caja** *cash register,* II
el **(la) cajero(a)** *cashier,* II
cajón de palma y corona *palm-and-crown box, casket,* 7
la **cal** *lime, calcium,* 12
la **calabaza** *pumpkin,* 4
los **calcetines** *socks,* I
la **calculadora** *calculator,* I
la **calefacción** *heat,* II
la **calidad del aire** *air quality,* 3
caliente *hot,* I
callado(a) *quiet,* 9
el **calor** *heat;* **hace calor** *it's hot,* II
caluroso(a) *hot,* 9
calvo(a) *bald,* II
la **cama** *bed,* I; **hacer la cama** *to make the bed,* I
la **cámara** *camera,* I

el camarada, la camarada *partner*, 6
la camarera *waitress*, I
el camarero *waiter*, I
los camarones *shrimp*, I
Cambiando de tema, ¿qué me dices de...? *Changing subjects, what can you tell me about . . .?*, 6
cambiar *to change*, II
la camilla *cot*, 6
caminar *to walk;* **caminar con el perro** *to walk the dog*, I
la caminata *stroll, walk*, I; **dar una caminata** *to go hiking*, el camino *the path*, II
la camisa *shirt*, I
la camiseta *T-shirt*, I
el campo *country*, I
el canal *channel*, 8
las canas *gray hair*, I; **Tiene canas.** *He/She has gray hair.*, I
la cancha *playing court*, I; **la cancha de fútbol** *soccer field*, I; **la cancha de tenis** *tennis court*, I
la canción *song*, 6
la canoa *canoe*, I; **bajar el río en canoa** *to go canoeing*, I
canoso(a) *white-haired*, II
cansado(a) *tired*, II
cansarse *to get tired*, II
el (la) cantante *singer*, 6
cantar *to sing*, II
la capa de ozono *ozone layer*, II
el carácter *personality*, 12
las caraotas *beans (Ven.)*, 4
la cárcel *jail*, 5
cargado(a) *loaded, charged*, 7
cariñoso(a) *affectionate*, 2
la carne *meat*, I; **la carne de res** *beef*, I
la carnicería *butcher shop*, 4
caro(a) *expensive*, I; **¡Qué caro!** *How expensive!*, I
la carpeta *folder*, I
el (la) carpintero(a) *carpenter*, 12
la carrera *race*, 1
el carro *car*, I; **lavar el carro** *to wash the car*, I; **los carros chocones** *bumper cars*, II
los carros eléctricos *electric cars*, 3
la carroza *float*, II
la carta *letter*, I
el cartel *poster*, I
la cartera *wallet, purse*, I
la casa *house, home*, I
casarse *to get married*, II
casi *almost*, I; **casi siempre**

almost always, I
catorce *fourteen*, I
causar el estrés *to cause stress*, 2
cauteloso(a) *cautious*, 2
cautivar *to captivate, to capture*, 7
cazar *to hunt*, 5
la cebolla *onion*, I
ceder *to give up, yield*, 12
cegador(a) *blinding, dazzling*, 12
cegar *to blind*, 12
celebrar *to celebrate*, 5
la cena *dinner*, I; **preparar la cena** *to prepare dinner*, I; **cenar** *to have dinner/supper*, II
el centro *downtown*, II
el centro comercial *shopping mall*, I
cepillarse *to brush*, II
el cepillo de dientes *toothbrush*, II
la cera *wax*, 11
cerca *close to*, II; **estar cerca de** *to be close to, to be near*, II
el cereal *cereal*, I
cero *zero*, I
el césped *grass*, I; **cortar el césped** *to cut the grass*, I
la chacra *small farm, garden*, 4
el champú *shampoo*, II
las chancletas *sandals, slippers*, I
Chao. *'Bye.*, I
la chaqueta *jacket*, I
chasquear *to snap*, 11
la chica *girl*, I
el chico *boy*, I
chileno(a) *Chilean*, II
China *China*, I; **la comida china** *Chinese food*, I
el chisme *gossip*, II
chismear *to gossip*, 7
chismoso(a) *gossipy*, 9
el chiste *joke*, II; **contar chistes** *to tell jokes*, II
chocar *to dislike strongly*, II
el chocolate *chocolate*, I
el chorizo *sausage*, 4
las chuletas de cerdo *pork chops*, 4
el chuño *potato starch*, 4
el ciclismo *cycling*, II
cien, ciento *one hundred*, I
las ciencias *science*, I
las ciencias sociales *social sciences*, I
el (la) científico(a) *scientist*, 12
cierto *true*, I; **No es cierto.** *It isn't true.*, I
cinco *five*, I

cincuenta *fifty*, I
el cine *movie theater*, I
el cinturón *belt*, I
el circo *circus*, I
el cirro *cirrus cloud*, 1
la cita *appointment*, II
la ciudad *city*, I; **Mi ciudad es ...** *My city is ...*, II
la claridad *clarity*, 2
el claro *clearing*, 5
claro *of course*, II
¡Claro que no! *Of course not!*, 5
¡Claro que sí! *Of course!*, II
Claro que... *Of course . . .*, 8
la clase *class, classroom*, I; **Bueno, tengo clase.** *Well, I have class (now)*, I; **la clase de baile** *dance class*, I; **la clase de inglés** *English class*, I; **una clase de ejercicios aeróbicos** *aerobics class*, I
clásico(a) *classical*, I
clavado(a) *stuck*, 5
la clave *key*, 4
el (la) cliente *customer*, II
la clientela *clientele, customers*, 11
el clima *climate*, II
el cochino *pork*, 4
la cocina *cuisine, style of cooking*, 4
la cocina *kitchen*, I; **limpiar la cocina** *to clean the kitchen*, I
el coco *coconut*, 4
el cocodrilo *crocodile*, II
codiciado(a) *desirable, coveted*, 12
el codo *elbow*, II
coger *to catch, grasp, hold*, 10
la cola *tail*, 5
coleccionar *to collect*, II
coleccionar adhesivos, sellos *to collect stickers, stamps*, 1
el colegio *high school*, I
colgar (ue) *to hang*, I; **colgar (ue) las decoraciones** *to hang decorations*, I
el colibrí *hummingbird*, 5
el collar *necklace*, I
la colmena *beehive*, 11
colocar *to set in place*, 5
colombiano(a) *Colombian*, II
el color *color*, I; **de color café** *brown*, I; **¿De qué color es/son?** *What color is it/are they?*, I
la comarca *region, district*, 11
combatir *to combat*, 9
el combustible *fuel*, II
el comedor *dining room*, II
el (la) comentarista *commentator*, 8

comenzar(ie) *to start, to begin*, II
comer *to eat*, II
comer comida baja en grasa *to eat food low in fat*, 2
comer comida sana *to eat healthy food*, 2
el (la) comerciante *businessman (-woman)*, 12
comestible *edible*, 4
cometer *to commit*, 11
cometer errores *to make mistakes*, II
cómico(a) *comical, funny*, I
la **comida** *food, meal, (Mex.) lunch;* **la comida italiana/ china/mexicana** *Italian/ Chinese/Mexican food*, I
como *like, as*, I; **tan... como** *as . . . as*, I
Como quieras. *Whatever you want.*, 1
¿Cómo? *How?*, II; **¿Cómo es...?** *What's . . . like?*, I; **¿Cómo estás?** *How are you? (to ask a friend)*, I; **¿Cómo estuvo?** *How was it?*, II; **¿Cómo me veo?** *How do I look?*, II; **¿Cómo se va...?** *How do you get to . . .?*, II; **¿Cómo son...?** *What are . . . like?*, I; **Cómo te fue?** *How did it go?*, II; **¿Cómo te llamas?** *What's your name?*, II; **¿Cómo te queda?** *How does it fit you?*, II; **¿Cómo te sientes?** *How are you feeling?*, II; **¡Cómo no! Of course!*, I
¡Cómo no! *Of course!*, 5
la **comodidad** *comfort*, II
cómodo(a) *comfortable*, I
el compañero, la compañera *friend, classmate*, I
compartir con alguien *to share with someone*, 2
Comparto tu pena. *I share your grief.*, 7
la **competencia** *competition*, II
complejo(a) *complex*, 9
comprar *to buy*, II
comprarle un regalo *to buy someone a gift*, 7
comprender *to understand*, 9
comprimir *to compress*, 6
el **compromiso** *commitment, obligation*, 10
la **computación** *computer science*, I
la **computadora** *computer*, II; **usar la computadora** *to use the computer*, II; **la**

computadora personal *personal computer*, 3
con *with*, I; **con base en** *based on*, II; **con la idea de** *in order to*, 10; **con la intención de** *with the intention of*, 10
¿Con qué frecuencia? *How often?*, I
con medida *with moderation*, 2
¡Con mucho gusto! *Sure!*, I
con tal (de) que *provided*, 9
el **concierto** *concert*, I
condimentado(a) *seasoned, spicy*, 4
el **cóndor** *condor*, II
el **conductor, la conductora** *driver*, II
la **confianza** *confidence;* **de confianza** *trustworthy*, 2
confiar *to entrust*, 12
confiar en *to trust*, 7
confundido(a) *confused*, 10
conmemorar *to remember (as in a celebration)*, II
conmigo *with me*, I
conocer *to be familiar with (something)*, II; **conocer a** *to know (a person)*, II
consagrado(a) *consecrated, established*, 6
conseguir *to obtain, get*, 11
consentido(a) *spoiled*, II
consentir *to agree*, 7; consentir *to spoil (a child)*, 7
conservar *to conserve*, II; conservar *to keep, preserve*, 6
constituir *to constitute, to be made up of*, 4
construir *to build*, II
el (la) **consumidor(a)** *consumer*, 11
el (la) **contador(a)** *accountant*, 12
la **contaminación** *pollution*, II
la **contaminación del aire/agua** *air/water pollution*, 3
contar chistes *to tell jokes*, II
contar con *to count on*, 7
contemplar *to contemplate*, 2
contemporáneo(a) *contemporary*, 6
contento(a) *happy*, II
el **contestador** *answering machine*, 3
contigo *with you*, I
contra *against*, 9
contribuir *to contribute*, 2
convencional *conventional*, 6
conversador(a) *talkative*, II
convertirse(ie) en *to turn into*, 1
la **convivencia** *relationship*, 6

copiar *to copy*, II
coquetear *to flirt*, 6
la **corbata** *tie*, I
el **cordoncillo** *delicate cord*, 7
el **correo** *post office*, I; **pasar por el correo** *to go by the post office*, II
correr *to run*, I; **la pista de correr** *running track*, I
cortar *to cut*, I; **cortar el césped** *to cut the grass*, I
la **cosa** *thing*, I
cosechar *to harvest*, 4
costar (ue) *to cost*, I; **¿Cuánto cuesta...?** *How much does . . . cost?*, I; **¿Cuánto cuestan...?** *How much do . . . cost?*, I
costarricense *Costa Rican*, II
la **costumbre** *custom*, 10
creativo(a) *creative*, 6
crecer *to grow*, 3
creer *to believe, to think*, I; **Creo que sí.** *I think so.*, I; **Creo que no.** *I don't think so.*, I
¿Crees que...? *Do you think that . . . ?*, I
la **crema de maní** *peanut butter*, I
la **crema protectora** *sunscreen*, 2
Creo que vale la pena... *I think it's worth it . . .*, 3
criarse *to grow up*, 10
el **crimen** *major crime*, 11
la **criminalidad** *crime rate*, 11
la **crisis** *crisis*, II
el **crisol** *melting pot*, 10
el **cristal** *windowpane*, 12
el **cruce** *intersection*, II
crujiente *crunchy*, 4
la **cruz** *cross*, 12
cruzar en... *to cross (at . . .)*, II
el **cuaderno** *notebook*, I
la **cuadra** *city block*, II
el **cuadro** *square*, I; **de cuadros plaid**, I
¿Cuál? *What?, Which?*, I; **¿Cuál es la fecha?** *What is today's date?*, I
cualquier *any*, 9
cuando *when*, I; **¿Cuándo? When?*, II; **cuando cae el sol** *at sunset*, II; **cuando encuentre un empleo** *when (I) get a job*, II; **cuando era joven** *when I was young*, II; **cuando era niño(a)** *when I was a child*, II; **cuando llegue...** *when . . . arrives*, II; **cuando tenga más dinero** *when (I) have more money*, II; **cuando tenía trece años**

when I was thirteen years old, II; **cuando termine la clase** when class ends, II; **cuando vuelva a...** when (I) get back to . . ., II
Cuando cumpla los 18 años... When I turn 18 . . ., 10
Cuando era joven... When I was young . . ., 12
Cuando sea mayor... When I'm older . . ., 10
Cuando tenía cinco años, quería ser... When I was five, I wanted to be . . ., 12
¿Cuánto(a)? how much? (singular), I; **¿Cuánto cuesta...?** How much does . . . cost?, I; **¿Cuánto cuestan...?** How much do . . . cost?, I; **¿Cuántos(as)?** How many? (plural), I; **¿Cuánto es?** How much is it?, I; **¿Cuántos(as)?** How many?, I; **¿Cuántos años tiene?** How old is she/he?, I; **¿Cuántos años tienes?** How old are you?, II; **¿Cuánto tiempo hace que...?** How long have/has . . .?, II; **¿Cuánto vale?** How much is it?, II
cuarenta forty, I
cuarto quarter, fourth; **menos cuarto** quarter to (the hour), I
el cuarto room, I; **el cuarto de baño** bathroom, II
cuatro four, I
cuatrocientos(as) four hundred, I
cubano(a) Cuban, II
la cuchara spoon, I
la cucharadita teaspoonful, 4
el cuchillo knife, I
el cuello neck, I
la cuenta bill, I; **No gracias, sólo la cuenta.** No thanks, just the check, II
¡Cuéntamelo! Tell me about it!, II
Cuentan que... They say that . . ., 5
el cuento de hadas fairy tale, II
el cuero leather; **de cuero** (made of) leather, I
el cuerpo body, I
el cuervo crow, 11
cuidar to take care of, I; **cuidar al gato** to take care of the cat, I; **cuidar a tu hermano(a)** to take care of your brother/sister, I
cuidar el peso to watch one's

weight, 2
cuidarse to take care of oneself, 2
el cumpleaños birthday, I; **la fiesta de cumpleaños** birthday party, I
el curandero, la curandera folk doctor, 7
el currículum (vitae) résumé, 12

D

dañino(a) harmful, 9
la danza dance, 6
dar to give, I; **dar a entender** to make clear, 7; **dar comienzo** to begin, 6; **dar con** to run into, 12; **dar permiso** to give permission, II; **dar un saludo a** to give one's regards to, to tell someone you said "hello", II; **darle un abrazo** to give someone a hug, 7; **dar una caminata** to go hiking, I; **¿Me das...?** Can you give me . . .?, I
darse a conocer to be revealed, 5
darse cuenta de to realize, 2
darse tiempo para pensar to give yourself time to think, 7
¡Date prisa! Hurry up!, I
de of, from, made of, in, I; **De acuerdo** Agreed, I; all right, II; **de algodón** cotton, I; **de buen humor** in a good mood, II; **de chiquito** as a small child, II; **de color café** brown, I; **de cuadros** plaid, I; **de cuero** leather, I; **¿De dónde eres?** Where are you from?, II; **¿De dónde es?** Where is she/he from?, I; **de la mañana** in the morning (A.M.), I; **de lana** wool, I; **de la noche** in the evening (P.M.), I; **de la tarde** in the afternoon (P.M.), I; **de lunares** with polka dots, II; **de mal humor** in a bad mood, II; **de maravilla** great, II; **de mi parte** from me, on my behalf, II; **De niño(a)...** As a child . . ., 12; **¿De parte de quién?** Who's calling?, I; **de pronto** suddenly, 10; **de película** extraordinary, II; **de pequeño** as a child, II; **de propiedad de** belonging to, 11; **¿De qué color es/son?** What color is/are?, I;

de rayas striped, I; **De repente...** All of a sudden . . ., II; **de seda** silk, I; **de sorpresa** surprise, I; **de tal forma** in such a way, 10; **De todos modos...** Anyway . . ., II; **de través** crossways, 12; **¿De veras?** Really?, II; **de verdad** to tell you the truth/ truthfully, II
de la tarde in the afternoon, I; **por la tarde** in the afternoon, I
de muy mal gusto in very bad taste, 6
debajo de under, beneath, I
deber should, ought to, I; **Deberías** You should . . ., II; **Debes** you should/ought to . . ., II; **Todos deberíamos** We should all, II
deber to owe, 7
Deberías + infinitive You should . . ., 2
Debes... You should . . ., 12
la debilidad weakness, 2
debilitarse to grow weak, 11
la década decade, 9
decir to say, tell, II; **dice que...** he/she says that . . ., I; **Diga.** Hello (to answer the phone)., II; **dijo que** he/she said that, II; **¡Dime!** Tell me!, II; **me dijeron que** they told me that, II; **¿Me puede decir...?** Can you tell me . . .?, I; **¿Qué dijo?** What did he/she say?, II; **¿Qué te dijeron?** What did they tell you, II
declarar la guerra to declare war, 5
la decoración decoration, I; **colgar (ue) las decoraciones** to hang decorations, I
decorar to decorate, II
dedicar to dedicate, II; **dedicar tiempo a...** to spend time on . . ., 2
el dedo finger, toe, I
Deja ya de fumar. Stop smoking., II
dejar to leave (behind), II; **dejar la propina** to leave a tip, II; **¿Puedo dejar un recado?** May I leave a message?, I; **dejar de** to stop, to quit, to cease, 12; **dejar de hablarse** to stop speaking to each other, 7
dejar para to leave something for another time, 6

dejar plantado(a) a alguien *to stand someone up*, 7

dejarse prender *to allow oneself to be captured*, 12

del (de + el) *of the, from the*, I

delante de *in front of*, II

el delfín (los delfines) *dolphin*, II

delgado(a) *thin*, I

delicioso(a) *delicious*, I

la delincuencia *delinquency, crime*, 11

el delito *minor crime*, 11

demasiado *too much*, I

demoler *to demolish*, 11

denominado(a) *named*, 6

dentro de... *within (a day, month, . . .)*, II; dentro de *within*, 9

Depende de tu punto de vista. *It depends on your point of view.*, 5

el (la) dependiente *store clerk*, II

los **deportes** *sports*, I

deprimido(a) *depressed, sad*, II

la derecha *right-hand side*; a la **derecha** *to the right*, II

derecho *straight*, II

la derrota *defeat*, 5

derrumbarse *to fall, to cave in*, 6

desafío *challenge*, 10

desaparecer *to disappear*, 5

desarrollado(a) *developed*, 9

desarrollar *to develop*, 3

desasosegarse *to become uneasy*, 12

desayunar *to have breakfast*, I

el desayuno *breakfast*, I

el **desbalance** *imbalance*, 2

descansar *to rest*, I; **descansar en el parque** *to rest in the park*, I

el descanso *recess, break*, I

desconfiar *to distrust*, 1

desconocido(a) *unknown*, 11

descortés *rude*, 9

descubrir *to discover*, 3

el descuento *discount*, II

Desde luego. *Of course.*, 5

los **desechos** *waste, garbage*, 3

el desempleo *unemployment*, 11

el **desenvolvimiento** *development*, 4

desesperarse *to despair*, II; *to become exasperated*, 11

desfilar *to march, to parade*, II

el desfile *parade*, II

desinclinadamente *unwillingly*, 10

desmoronarse *to disintegrate, to collapse*, 11

el **desnivel** *unevenness*, 1

despedir *to dismiss, to fire*, 11

despedirse *to say goodbye*, II

despegar *to take off*, 1

el **despegue** *takeoff*, 1

despejado *clear*, II

la **despensa** *pantry*, 4

desperdiciar *to waste*, II

el desperdicio *waste*, II

el despertador *alarm clock*, II

despertarse (ie) *to wake up*, II

desplegar *to unfold*, 1

despreciado(a) *scorned*, 10

el **desprecio** *disregard, disrespect*, 12

desprovisto *lacking, missing*, 11

después *after*, I; *afterwards*, II; **después de** *after*, I; **Después de graduarnos...** *After we graduate . . .*, 10; **después de que** *after*, 9

destilar *to ooze out*, 11

destrozado(a) *destroyed*, 6

la destrucción *destruction*, II

destruir *destroy*, 3

la desventaja *disadvantage*, 3

el deterioro *deterioration, decline*, 11

detrás de *behind*, II

devolver *to give back*, 6

el **día** *day*, I; **Buenos días.** *Good morning.*, I; **...días después** (two, three ... days later), II; **el día anterior** *the day before*, II; **el Día de Acción de Gracias** *Thanksgiving*, I; **el Día de Independencia** *Independence Day*, I; **el Día de la Madre** *Mother's Day*, I; **el Día de los Enamorados** *Valentine's Day*, I; **el Día del Padre** *Father's Day*, I; **los días festivos** *holidays*, I; **tal vez otro día** *perhaps another day*, I; **todos los días** *every day*, I; **un día libre** *a free day*, I

el **diablo** *devil*, 7

dibujar *to draw*, I

el **dibujo** *drawing*, 6

el **diccionario** *dictionary*, I

dice que *he or she says that*, I; **Dicen que...** *They say that*, 5

diciembre *December*, I

diecinueve *nineteen*, I

dieciocho *eighteen*, I

dieciséis *sixteen*, I

diecisiete *seventeen*, I

el **diente** *tooth*, I; **lavarse los dientes** *to brush your teeth*, I

la **dieta** *diet*, II

diez *ten*, I

diezmado(a) *decimated, killed off*, 4

difícil *difficult*, I

Diga. *Hello (to answer the phone).*, I

dijo que *he/she said that*, II

¡Dime! *Tell me!*, II

el dinero *money*, I

el dios *god*, 5

la diosa *goddess*, 5

el (la) diplomático(a) *diplomat*, 12

el **diputado, la diputada** *representative*, 9

dirigirse *to go to, to set out for a destination*, 7

el disco *record (music)*, I; **el disco compacto** *compact disc*, I

la discoteca *disco*, 6

la discriminación *discrimination*, 9

Discúlpame. *Forgive me.*, 7; **Disculpe.** *Excuse me.*, II

Discutimos el problema; por consiguiente... *We discussed the problem; consequently . . .*, 10

discutir el problema *to discuss the problem*, 7

el (la) diseñador(a) *designer*, 12

diseñar *to design*, II

el disfraz *costume*, II

disfrutar *to enjoy*, 12

disgregado(a) *broken up*, 4

disminuir *to reduce*, 2

el **disparate** *foolish thing*, 11

disponer *to dispose, to arrange*, 4

dispuesto *ready*, 5

distraído(a) *absent-minded*, II

diverso(a) *various*, 1

divertido(a) *amusing, fun*, I

divertirse (ie) *to have fun*, II

doblar *to turn*, II

doce *twelve*, I

el documental *documentary*, 8

el dólar *dollar*, I

doler (ue) *to hurt, to ache*, II

doloroso(a) *painful*, 6

Domina el francés. *He speaks French very well.*, 10

el **domingo** *Sunday*, I

dominicano(a) *Dominican, from the Dominican Republic*, II

donde *where*, I; **¿Adónde?** *Where (to)?*, I; **¿De dónde eres?** *Where are you from?*, I; **¿De dónde es?** *Where is she/he from?*, I; **¿Dónde?** *Where?*, I; **¿Dónde queda?** *Where is it?*, II

dorado(a) *golden*, 5

dormir *to sleep*, I; **dormir tan bien como un lirón** *to sleep like a baby*, II; **dormir lo suficiente** *to sleep enough*, 2; **dormirse** *to fall asleep*, 2

dos *two*, I

dos por uno *two for one*, II

doscientos/as *two hundred*, I

el **dosel** *curtain*, 6

el **dote** *dowry*, 7

la **drogadicción** *drug addiction*, 11

ducharse *to take a shower*, I

dudar *to hesitate, have doubts*, 11

Dudo. *I doubt it.*, II; **Dudo que...** *I doubt that . . .*, 8

el **dulce** *sweet*, I; **el pan dulce** *sweet rolls*, I

la **dulcería** *candy store*, I

los **dulces** *candy*, I

durante *during*, I

el **duro** *Spanish coin*, 7

E

echar de menos a alguien *to miss someone*, II

echar flores *to give flowers*, 7

echarle la culpa *to blame someone*, 7

echarle mucha sal a la comida *to put a lot of salt on the food*, 2

ecuatoriano(a) *Ecuadorean*, II

el **edificio** *building*, II

los **editoriales**, *editorials*, 8

la **educación** *education*, I; **la educación física** *physical education*, I

los **efectos** *effects*, II; **los efectos especiales** *special effects*, II

Egipto *Egypt*, I

egoísta *selfish*, 9

Eh... *Uh . . .*, 3

el **ejemplar** *kind, sample*, 6

ejercicio *exercise*, I; **hacer ejercicio** *to exercise*, I; **una clase de ejercicios aeróbicos** *aerobics class*, I

el **ejército** *army*, 5

el (la)...que viene *next (year, week,. . .)*, II

él (pronoun) *he*, I

elaborado(a) *produced, created*, 11

la **electricidad** *electricity*, II

elegir *to select*, 5

eliminar *to eliminate*, 10

ella *she*, I

ellas *they*, I; **a ellas** *to them*, I

ellos *they*, I; **a ellos** *to them*, I

embarrado(a) *made of dirt*, 12

la **emisora** *broadcasting station*, 8

emocionado(a) *excited*, II

empacado(a) *packaged*, II; **los productos empacados** *packaged goods*, II

empapar *to soak*, 4; **empaparse de** *to soak in*, 6

emparentar *to marry, become a relative of*, 7

empeorarse *to get worse*, 3

empezar (ie) *to start, to begin*, II

el (la)**empleado(a)** *employee*, 12

el **empleo** *job*, II; **encontrar un empleo** *to find a job*, II

emprender *to take up*; **emprender el vuelo** *to take flight*, 5

empresa *business, company*, 12,

la **empuñada** *grasp, grip*, 10

en *in, on*, I; **¡En absoluto!** *Absolutely not!*, 5; **en aquel entonces** *back then*, II; **en aquella época** *in those days*, II; **en aquellos tiempos** *in those times*, II; **en barata** *on sale*, II; **en casa** *at home*, II; **en caso de que** *in case*, 9; **en consecuencia** *therefore*, 10; **en cuanto** *as soon as*, 9; **en cuanto a** *as to*, II; **¿En cuánto lo deja?** *How much will you let it go for?*, II; **En efecto, parece ser así.** *Actually, it seems to be that way.*, 5; **En el centro, hay...** *Downtown, there is/are . . .*, II; **En fin...** *In short . . .*, II; **en función** *in office*, II; **en la costa** *on the coast*, II; **en mis tiempos** *in my time*, II; **en punto** *on the dot*, II; **¿En qué le puedo servir?** *How can I help you?*, II; **En seguida...** *Right away . . .*, II; **En tu opinión...** *In your opinion . . .*, II

En efecto, parece ser así. *Actually, it seems to be that way.*, 5

enamorarse *to fall in love*, II

el (la) **enano(a)** *dwarf*, II

encajar *to fit in*, 10

el **encaje** *lace*, 7

encaminarse *to make one's way*, 7

Encantado(a). *Delighted to meet you.*, I

encantar *to like very much*, II

encargarse de *to be in charge*

of, 12

encendido(a) *illuminated*, 12

encerrar *to enclose*, 7

encerrarse en *to lock oneself into*, 2

encima de *on top of*, I

encontrar (ue) *to find*, I; **encontrar... genial** *to think something was great*, II; **encontrarse** *to be located*, II; **encontrarse (con)** *to meet up (with)*, II; **encuentro un empleo** *(I) get a job*, II; **encontrar un empleo** *to find a job*, II

enderezar *to hold in one's hands*, 12

el **enemigo** *enemy*, 5

la **energía** *energy*, II; **la energía nuclear/solar** *nuclear/solar energy*, 3

enero *January*, I

enfadado(a) *angry*, II

enfadarse *to get angry*, 9

enfermarse *to get sick*, II

la **enfermedad** *disease*, 11

el (la) **enfermero(a)** *nurse*, 12

enfermo(a) *ill*, II

enfocarse en *to focus on*, 10

enfrentar *to face*, II

enganchado(a) *hooked*, 10

engañoso(a) *treacherous, deceitful*, 9

¡Enhorabuena! *Congratulations!*, 5

el **enjambre** *swarm*, 11

enojado(a) *angry*, I

enojarse *to get angry*, 9

el **enojo** *anger*, 5

enrevesado(a) *difficult, coveted*, 12

enriquecer *to enrich*, 1

enriquecido(a) *enriched*, 9

la **ensalada** *salad*, I; **ensalada mixta** *tossed salad*, 4

ensayo *rehearsal* (for a performance), 6

en seguida *right away*, 3

la **enseñanza** *teaching (noun), instruction*, 1

entenderse con *to get along with*, 11

enterarse *to find out about*, 1

entero(a) *entire, whole*, II

enterrar *to bury*, 11

Entonces... *So then . . .*, II

la **entrada** *ticket*, 6

entregar la tarea *to hand in homework*, II

entrenarse *to train*, II

entretenido(a) *entertaining*, 6

el **entusiasta, la entusiasta** *enthusiast*, II

envidiar *to envy*, 12

envolverse en *to get involved in*, 2

en vía de desarrollo *developing, under development*, 9

la equitación *horseback riding*, 1

equivocado(a) *wrong, incorrect*, 8

equivocarse *to be mistaken*, 3

Érase una vez... *Once upon a time . . .*, II

Era una de mis grandes ambiciones. *It was one of my great ambitions.*, 5

Es aparte. *It's separate.*, I

Es cierto que... *It's true that . . .*, 8; Es cierto que... pero por otro lado... *It's true that . . . but on the other hand . . .*, 3

Es de... *He/She/It is from . . .*, I

Es difícil que... *It's unlikely that . . .*, 8

Es evidente que... *It's evident that . . .*, 8

Es fácil que... *It's likely that . . .*, 8

Es imperativo... *It's imperative . . .*, 6

Es importante... *It's important . . .*, II

Es importante que... *It's important that . . .*, 12

Es imposible que... *It's impossible that . . .*, 8

Es increíble que... *It's unbelievable that . . .*, 8

Es la una. *It's one o'clock.*, I

Es mejor que... *It's better for you to . . .*, 6

¡Es muy difícil! *That's very unlikely!*, 5

Es muy difícil de creer, pero es posible. *That's very hard to believe, but it's possible.*, 5

Es necesario... *It's necessary . . .*, II

Es nuestra responsabilidad... *It's our responsibility . . .*, 3

Es nuestro deber... *It's our duty . . .*

Es obvio que... *It's obvious that . . .*, 8

Es posible que... *It's possible that . . .*, 8

Es preciso... *It's necessary . . .*, II

Es probable que... *It's probable that . . .*, 8

Es que ... *It's just that . . .*, II

Es sumamente importante... *It's extremely important . . .*, 6

¡Es un robo! *It's a rip-off!*, I

Es urgente... *It's urgent . . .*, II

esa, ese *that*, I

esas, esos *those*, I

la escalada deportiva *rock climbing*, 1

escalar *to climb*, I; escalar montañas *to go mountain climbing*, II

el escaparate *show window*, II

la esclavización *slavery*, 4

escribir *to write*, II

el (la) escritor(a) *writer*, 12

el escritorio *desk*, I

escuchar *to listen*, I; escuchar música *to listen to music*, I

el escudo nacional de armas *national coat of arms*, 5

el (la) escultor(a) *sculptor*, 6

la escultura *sculpture*, 6

esforzarse (ue) por *to make an effort*, 10

el esfuerzo *effort*, 10

esmerarse en *to be meticulous about*, 2

¡Eso es! *That's it!*, II

Eso es. *That's right.*, 5

¡Eso es muy difícil! *That's very unlikely!*, 5

Eso me hace pensar en... *That makes me think about . . .*, 6

Eso me recuerda... *That reminds me of . . .*, 6

la espalda *back*, I

el español *Spanish*, I

español, española *Spanish (nationality)*, II

la especialidad de la casa *specialty of the house*, II

especialmente *especially*, I

el espejo *mirror*, II

Esperaba... *I hoped to . . .*, II

esperar + infinitive *to hope ...*, 5

esperar que + subjunctive *to hope*, 5

la espiga *ear of corn*, 4

la esposa *wife, spouse*, I

el esposo *husband, spouse*, I

el esquí *skiing*, 1; el esquí acuático *waterskiing*, 1

esquiar *to ski*, I

la esquina *corner*, II

los esquís *skis*, I

ésta *this*, II

Ésta es mi amiga. *This is my friend. (to introduce a female)*, I

está de moda *it's stylish*, II

Está echado(a) a perder. *It's spoiled (ruined).*, 4

Está en su punto. *It's just right.*, 4

Ésta es... *This is . . . (to introduce a female)*, II

esta mañana *this morning*, II

esta, este *this*, I

establecer una zona peatonal *to make a pedestrian zone*, 3

la estación *station*, II; la estación de tren *train station*, II

el estacionamiento *parking (space)*, II

las estaciones *seasons*, I

el estadio *stadium*, I

la estadística *statistic*, 9

estadounidense *from the United States*, II

estafar *to swindle, cheat*, 12

Estamos obligados a... *We're obligated to . . .*, 3

la estampilla *stamp*, II

estar *to be*, II; ¿Cómo estás? *How are you?*, I; Está atrasado(a). *He/she is late.*, I; Está bien. *He/She is okay.*, I; ¿Está incluida? *Is it included?*, I; Está bien. *All right.*, I; Está lloviendo. *It's raining.*, I; Está nevando. *It's snowing.*, I; Está nublado. *It's cloudy.*, I; estar a dieta *to be on a diet*, 2; estar abrumado(a) por *to be overwhelmed by*, 2; estar aburrido(a) *to be bored*, II; estar agobiado(a) por *to be overwhelmed by*, 2; estar agotado(a) *to be exhausted, worn out*, 2; estar agradecido(a) por/a *to be grateful for/to*, 10; estar al tanto de... *to be up to date on . . .*, 8; estar bien informado(a) sobre *to be well informed about . . .*, 8; estar cerca de *to be close to, near*, II; estar de acuerdo *agree*, II; estar en plena forma *to be in good shape*, II; estar furioso(a) *to be furious*, II; estar lejos de *to be far from*, II; estar listo(a) *to be ready*, I; estar loco(a) por *to be crazy about*, II; estar integrado por *to be put together by*, 1; estar rendido(a) *to be worn out*, 2; estar reñidos *to be mad at each other*, II; estar resfriado(a) *to have a cold*, I; Estoy atrasado(a). *I'm*

late., I; **Estoy contento(a).** *I'm happy.*, 7; **Estoy convencido(a) que...** *I'm convinced that . . .*, 8; **Estoy de acuerdo.** *I agree.*, II; **Estoy de buenas.** *I'm in a good mood.*, 7; **Estoy decepcionado(a).** *I'm disappointed.*, 7; **Estoy desilusionado(a).** *I'm disappointed.*, 7; **Estoy dolido(a).** *I'm hurt.*, 7; **¡Estoy en la gloria!** *I'm in heaven!*, 7; **Estoy encantado(a) que...** *I'm delighted that . . .*, 7; **Estoy frustrado(a).** *I'm frustrated.*, 7; **Estoy harto(a) de...** *I am fed up with. . .*, 1; *I'm sick and tired of . . .*, II; **Estoy loco(a) por...** *I'm crazy about. . .*, 1; **Estoy seguro(a) de que...**, 8
estas, estos *these*, I
la estatua *statue*, 6
la estatura *height*, II
el este *east*, II; **al este** *to the east*, II
éste *this*, II
Este... Umm . . ., 3
Éste es... *This is . . . (to introduce a male)*, II
la **estera** *straw or reed mat*, 5
estereotipar *to stereotype*, 9
el estereotipo *stereotype*, 9
la esterilización *sterilization*, 10
el estilo de vida *lifestyle*, II
estirarse *to stretch*, II
el estómago *stomach*, I
Esto pasará pronto. *This will soon pass.*, 7
éstos *these (masc. and fem.)*, I
estrecho(a) *tight (clothes)*, II
la estrella *star*, II; **la estrella de cine** *movie star*, II
el estreno *premiere*, II
el estrés *stress*, II
estricto(a) *strict*, II
el estudiante, la estudiante *student*, I
estudiar *to study*, II
la estufa *stove*, II
Estupendo. *Marvelous.*, I
la etiqueta *price tag*, II
el evento *event*, I
evitar *to avoid*, II
el examen (los exámenes) *exam*, I
Excelente. *Excellent.*, I
la exhibición *exhibition*, 6
exigente *demanding*, II
exigir *to demand*, 1
el éxito *success*, 10

explicar *to explain*, I
explorar *to explore*, I
explotar *to explode*, 6
exprimir *to squeeze out*, 4
extraño(a) *strange*, 12

F

la fábrica *factory*, 3
la **fachada** *façade, outside appearances*, 2
fácil *easy*, I
la falda *skirt*, I
la falta (de) *lack (of)*, 9
la familia *family*, I
fantástico(a) *fantastic*, I
el (la) farmacéutico(a) *pharmacist*, 12
la farmacia *pharmacy*, II; **pasar por la farmacia** *to go by the pharmacy*, II
fascinar *to love*, II
fastidiar *to annoy*, II
fatigarse *to get tired*, 11
el **favor** *favor*, I; **¿Me haces favor de...?** *Can you do me the favor of . . .?*, I; **por favor** *please*, I
favorito(a) *favorite*, I
febrero *February*, I
la fecha *date*, I; **¿Cuál es la fecha?** *What is today's date?*, I; **¿Qué fecha es hoy?** *What's today's date?*, I
feliz *happy*, II
fenomenal *great*, 1
feo(a) *ugly*, I
la **ferretería** *hardware store*, 4
el festival *festival*, II
festivo(a) *festive*, I; **los días festivos** *holidays*, I
la fiebre *fever*, I; **tener fiebre** *to have a fever*, I
la **fiereza** *fierceness*, 4
la **fiesta** *party*, I; **la fiesta de aniversario** *anniversary party*, I; **la fiesta de cumpleaños** *birthday party*, I; **la fiesta de graduación** *graduation party*, I; **la fiesta de sorpresa** *surprise party*, I
figurar *to appear, to figure*, 1
¡Fíjate! *Imagine!*, II
el **fin** *the end*, I; **el fin de semana** *weekend*, I
el **flan** *custard*, I
la **flauta** *flute*, 5
la **flecha** *arrow*, 5
flechar *to wound with an arrow*, 7
flojo(a) *lazy*, II
florecer *to bloom*, 11

la **florería** *flower shop*, I
las flores *flowers*, I
la forma *shape*, II; **estar en plena forma** *to be in shape*, II; **Ponte en forma.** *Get into shape.*, II
formal *formal*, I
formidable *tremendous*, 6
forzar *to force*, 7
la fotografía *photography*, 1
el francés *French (language)*, I
Francia *France*, I
frente a *in front of*, 8
la fresa *strawberry*, I
fresco(a) *cool*, II; **hace fresco** *it's cool*, II
los frijoles *beans*, I
el **frío** *cold*, I; **Hace frío.** *It's cold.*, II
frotarse las manos *to rub one's hands together*, 11
la fruta *fruit*, I
la frutería *fruit market*, 4
Fue cuando... *It was when . . .*, II
la **fuente** *source, fountain*, 9
fuerte *strong, heavy*, I
fumar *to smoke*, II; **Deja de fumar.** *Stop smoking.*, II; **No fumes más.** *Don't smoke anymore.*, II
la función *showing, performance*, 6
fundido(a) *melted*, 10
la **furia** *rage*, 2
el fútbol *soccer*, I; **el fútbol norteamericano** *football*, I; **la cancha de fútbol** *soccer field*, I

G

el **galán** *gentleman*, 7
la galaxia *galaxy*, II
la galleta *cookie*, I
la gana *desire*, I; **tener ganas de (+ infinitive)** *to feel like doing something*, I
la **ganancia** *livestock*, 11
ganar *to win, to earn*, I
la ganga *bargain*, II; **¡Qué ganga!** *What a bargain!*, I
la garganta *throat*, I
la gasolinera *gas station*, II; **pasar por la gasolinera** *to go by the gas station*, II
gastar *to spend, to waste*, II
el **gato** *cat*, I; **cuidar al gato** *to take care of the cat*, I
generoso(a) *generous*, II
genial *great*, 6
la geografía *geography*, I

el (la) gerente *manager*, 12
germinado(a) *sprouted*, 2
gigantesco(a) *gigantic*, II
el gimnasio *gym*, I
el globo *balloon*, I; **inflar los globos** *to blow up balloons*, I
el gobierno *government*, 11
la goma de borrar *eraser*, I
gordo(a) *fat, overweight*, I; **un poco gordo(a)** *a little overweight*, I
el goterón *large drop*, 11
Gracias. *Thanks.*, I; **el Día de Acción de Gracias** *Thanksgiving*, I
gracioso(a) *witty*, 12
la graduación *graduation*, I; **la fiesta de graduación** *graduation party*, I
una gran persona *a great person*, 1
un gran tipo *a great guy*, 1
grande *big*, II
el grano *grain, kernel*, 5
la grasa *fat*, II
gratis *free*, II
grave *serious*, II
la gripe *the flu*, I; **tener gripe** *to have the flu*, I
gris *gray*, I
grueso(a) *thick, heavy*, 12
el grupo étnico *ethnic group*, 9
¡Guácala! *Gross! Yuck!*, 4
guapo(a) *good-looking, handsome or pretty*, I
guardarse *to be kept*, 12
el guardia *guard*, 5
guatemalteco(a) *Guatemalan*, II
el güero, la güera *a blond person (Mex.)*, 10
la guerra *war*, 5
el guerrero celoso *jealous warrior*, 5
el guía, la guía *guide*, II
guiar *to guide*, 1; **guiado(a)** *guided*, 1
el guijarro *pebble, gravel*, 4
guiñapo *rag*, 11
guisado(a) *cooked*, 4
la guitarra *guitar*, I
gustar *to like someone/something*, I; **¿A quién le gusta...?** *Who likes . . .?*, I; **le gusta(n)** *he/she likes*, I; **les gusta(n)** *they like*, I; **me gusta más** *I like it more*, I; **me gusta(n)** *I like*, I; **me gustaría** *I'd like to*, II; **no me gusta...** *I don't like . . .*, I; **nos gusta(n)** *we like*, I; **¿Qué te gusta?** *What do you like?*, I; **¿Qué te gusta**

hacer? *What do you like to do?*, I; **Sí, me gusta.** *Yes, I like it.*, I; **¿Te gusta...?** *Do you like . . .?*, I; **te gustan... you like . . .**, I
el gusto *taste, pleasure*, I; **¡Con mucho gusto!** *Sure!*, I

H

el hábito *habit*, II
Hablando de... ¿qué me cuentas de...? *Speaking of . . . tell me about . . .*, 6
hablar *to speak, to talk*, II; **hablar por teléfono** *to talk on the phone*, I
Habrá que... *It will be necessary to . . .*, 11
hacer *to do*, II; **Hace buen tiempo.** *The weather is nice.*, I; **hace calor** *it's hot*, II; **Hace diez años...** *Ten years ago, . . .*, 12; **hace fresco** *it's cool*, II; **hace frío** *it's cold*, II; **Hace mal tiempo.** *The weather is bad.*, I; **Hace mucho tiempo...** *A long time ago . . .*, II; **hace... que... to have been (doing something) for (amount of time)**, II; **hacer abdominales** *to do situps*, II; **hacer caso** *to pay attention*, II; **hacer cola** *to stand in line*, II; **hacer ejercicio** *to exercise*, I; **Hace falta...** *It's necessary . . .*, 6; **hacer falta** *there is a need*, II; **hacer juego con** *to match*, II; **hacer la cama** *to make the bed*, I; **hacer la maleta** *to pack the suitcase*, I; **hacer las paces** *to make up*, II; **hacer monopatín** *to skateboard*, II; **hacer planes** *to make plans*, II; **hacer preguntas** *to ask questions*, II; **hacer régimen** *to be on a diet*, II; **hacerse amigo(a) de alguien** *to make friends with someone*, II; **hacerse daño** *to hurt (oneself)*, II; **hacer plata** *to make money (silver)*, 2; **hacer trabajos** *to write papers*, 3; **hacer travesuras** *to play tricks*, II; **hacer turismo** *to go sightseeing*, I; **hacer un cumplido** *to pay a compliment*, 7; **hacer un mandado** *to run an errand*, II; **hacer un viaje** *to take a trip*, I; **hacer yoga** *to do yoga*, I; **hace sol** *it's sunny*,

II; **hace viento** *it's windy*, II; **haz** *do!, make! (command)*, I; **¿Me haces el favor de...?** *Can you do me the favor of . . .?*, I; **¿Qué quieres que haga?** *What do you want me to do?*, II; **¿Qué tiempo hace?** *What's the weather like?*, I
el hada madrina *fairy godmother*, II
el hambre *(f.)* *hunger*, I; **tener hambre** *to be hungry*, I
la hamburguesa *hamburger*, I
Han triunfado... *They have succeeded . . .*, 10
harto(a) *tired*, II; **Estoy harto(a) de...** *I'm sick and tired of . . .*, II
¿Has leído algo de...? *Have you read anything about . . .?*, 6
¿Has pensado en...? *Have you thought of . . .?*, 6
hasta *until*, II; **Hasta cierto punto...** *Up to a certain point . . .*, II; **Hasta luego.** *See you later.*, I; **Hasta mañana.** *See you tomorrow.*, I
hasta que *until*, 9
hay *there is, there are*, I
hay que *you have to*, II; **Hay que...** *One must . . .*, II
Hay que + infinitive *It's necessary . . .*, 3
la hazaña *deed*, 5
Hazme/Hágame el favor de + infinitive *Could you please . . .?*, 4
el hectárea *hectare (metric area)*, 3
la heladería *ice cream parlor*, 4
heredar a *to inherit from*, 7
el heredero *heir*, 8
la herencia *inheritance, heritage*, 7
herir *to wound*, 5
la hermana *sister*, I; **la media hermana** *half-sister*, I
la hermanastra *stepsister*, I; **el hermanastro** *stepbrother*, I
el hermano *brother*, I; **el medio hermano** *half-brother*, I
los hermanos *brothers, brothers and sisters*, I
hermoso(a) *beautiful*, 6
el héroe *hero*, 5
la heroína *heroine*, 5
hervir *to boil*, 4
el hierro *iron*, 12
higiénico(a) *clean, hygienic*, 11
la hija *daughter*, I; **el hijo** *son*, I; **los hijos** *children*, I

histérico(a) *stressed out*, 2
el hogar *home*, 10
¡Hola! *Hello!*, I
el hombro *shoulder*, II
el homicidio *homicide*, 11
hondureño(a) *Honduran*, II
honesto(a) *honest*, II
honrado(a) *honorable*, 5
honrar *to honor*, 5
la hora *hour, time*, I; **¿A qué hora...?** *At what time. . .?*, I; **¿Qué hora es?** *What time is it?*, I
el horario *work hours*, 12
el horno de microondas *microwave oven*, 3
Horrible. *Horrible.*, I
hoy *today*, I; **¿Cuál es la fecha hoy?** *What is today's date?*, I; **¿Qué fecha es hoy?** *What's today's date?*, I
hoy en día *nowadays*, 3
la hucha *large chest or box*, 12
los huevos *eggs*, I
huir *to flee*, II
la humedad *wetness, humidity*, 4
húmedo *humid*, II

I

Iba a... pero no pude. *I was going to... but I wasn't able.*, II
ida y vuelta *round trip*, II
la idea *idea*, I; **Buena idea.** *Good idea.*, II
la iglesia *church*, II
la ignorancia *ignorance*, 9
Igualmente. *Same here.*, I
imaginativo(a) *imaginative*, 6
impaciente *impatient*, II
impedir *to hinder, impede*, 3
implementar *to implement*, 11
importante *important*, II; **es importante** *it's important*, II
imposibilitado(a) para moverse *unable to move*, 6
impuesto(a) *imposed*, 6
inagotable *inexhaustible*, 9
inaugurar *to inaugurate, begin*, 11
incautarse de *to seize through legal means*, 8
el incendio *fire*, 11
incisivo(a) *sharp*, 6
incluir *to include*, I; **¿Está incluida?** *Is it included?*, I
incomprensible *incomprehensible*, 6
el inconveniente *difficulty, problem, inconvenience*, 11
incrementar *to increase gradually*, 1

indemnizar *to pay back*, 11
la independencia *independence*, I; **el Día de la Independencia** *Independence Day*, I
indígena *indigenous person*, 4
indomable *untiring, dauntless*, 6
indudable *without doubt*, 5
inferior *lower*, 6
inflar *to blow up, to inflate*, 1; **inflar los globos** *to blow up balloons*, I
informar *to inform*, 3
la informática *computer programming, computer science*, 3
el (la) ingeniero(a) *engineer*, 12
Inglaterra *England*, I
el inglés *English*, I; **la clase de inglés** *English class*, I
iniciarse *to begin*, 6
injusto(a) *unfair*, 9
inmediatamente *immediately*, II
inscribirse *to enroll*, II
los insectos *insects*, II
insignificante *trivial*, 6
la insolencia *insolence, arrogance*, 7
insoportable *unbearable*, 6
la instrucción *direction*, II
el instrumento *(musical) instrument*, I; **tocar un instrumento** *to play an instrument*, I
inteligente *intelligent*, I
intentar *to try*, 6; **Intentaría... ** *I would try to . . .*, 11
el intercambio *exchange*, 9
interesante *interesting*, I
interesar(le) *to be interested in*, 3
interrumpirse *to interrupt*, 6
el invierno *winter*, II
la invitación *invitation*, I; **mandar las invitaciones** *to send the invitations*, I
el invitado, la invitada *guest*, I; **llamar a los invitados** *to call the guests*, I
invitar *to invite*, 6
ir *to go*, I; **ir + a + infinitive** *going to (do something)*, I; **ir al centro comercial** *to go to the mall*, I; **ir de vela** *to go sailing*, I; **¡Ve!** *Go! (command)*, I
irse *to go away*, II
Italia *Italy*, I
italiano(a) *Italian*, I; **la comida italiana** *Italian food*, I

izquierda *left-hand side* II; **a la izquierda** *to the left*, II

J

el jabón *soap*, II
jamás *never*, 8
el jamón *ham*, I
el jardín *garden*, II; **el jardín botánico** *botanical garden*, II; **trabajar en el jardín** *to work in the garden*, I
el jazz *jazz*, I
el (la) jefe(a) *boss*, 12
joven *young*, I; **se ve joven** *he/she looks young*, I
la joyería *jewelry store*, I
el juego *game*, I; **el juego de mesa** *(board) game*, I; **el videojuego** *videogame*, I
el jueves *Thursday*, I
jugar (ue) *to play*, II; **jugar a las cartas** *to play cards*, II
el jugo *juice*, I; **el jugo de naranja** *orange juice*, I
la juguetería *toy store*, I
los juguetes *toys*, I
el juicio *judgment, ruling*, 8
julio *July*, I
junio *June*, I
junto a *next to*, II
juntos(as) *together*, I
el juramento *oath, promise*, 7
la justicia *justice*, 5
justo(a) *fair*, II; **No es justo.** *It's not fair*, II
juzgar *to judge*, 9

L

la *it/her (pronoun)*, I
la *the (article)*, I
La próxima vez iré. *Next time I'll go.*, 6
La solución que planteo es... *The solution I propose is . . .*, 11
la ladera *side*, 1
el lado *side*, I; **al lado de** *next to*, I
el ladrón, la ladrona *thief*, 5
el lago *lake*, I
la lágrima *tear*, 10
lamentar *to lament, regret*, 5
el lamento *complaint*, 10
la lámpara *lamp*, I; **la lámpara de la calle** *streetlight*, II
la lana *wool*, I; **de lana** *(made of) wool*, I
la lancha *boat*, II
el lápiz *pencil*, I; **el lápiz de color** *colored pencil*, I

largo(a) *long*, II

las *the (feminine plural)*, I; *them (pronoun)*, II

la lástima *shame*, I; **¡Qué lástima!** *What a shame!*, I

lastimarse *to injure (oneself)*, II

las latas *cans*, II

lavar *to wash*, I; **lavar el carro** *to wash the car*, I; **lavar la ropa** *to wash the clothes*, I

lavarse *to wash oneself*, I; **lavarse los dientes** *to brush your teeth*, I

le *to/for him, her, you (formal)*, I

Le falta... *It lacks . . .*, 4

le toca a... *it's . . . turn, it's up to . . .*, II

la leche *milk*, I; **el café con leche** *coffee with milk*, I; **un vaso de leche** *a glass of milk*, I

la lechería *dairy*, 4

la lechuga *lettuce*, I

el lector, la lectora *reader*, 7

leer *to read*, II; **leí que...** *I read that . . .*, II

las legumbres *vegetables*, I

lejos *far; far away*, II; **estar lejos de** *to be far from*, II

los lentes *contact lenses, glasses*, I

los lentes de sol *sunglasses*, I

la leña *firewood*, II

les *to/for them, you (plural, formal)*, I; **les gusta** *they/you (plural, formal) like*, I

el letrero *sign*, II

levantar *to lift, to raise*, I; **levantar pesas** *to lift weights*, II

levantarse *to get up*, II

levantarse temprano *to get up early*, 2

libre *free*, I; **un día libre** *a free day*, I

la librería *bookstore*, I

el libro *book*, I

ligero(a) *light*, I

limeño(a) *from Lima, capital of Peru*, 7

la limonada *lemonade*, I

limpiar *to clean*, I; **limpiar la cocina** *to clean the kitchen*, I

limpio(a) *clean*, I

lindísimo(a) *really beautiful*, II

la línea *line*, I; **La línea está ocupada.** *The line is busy.*, I

listo(a) *clever, smart (with ser)*, I; **estar listo** *to be ready*, I

llamar *to call, to phone*, I; **llamar a los invitados** *to call the guests*, I; **Llamo más tarde.** *I'll call later.*, I; **llamarse** *to be named*, I; **¿Cómo te llamas?** *What's your name?*, I; **Me llamo...** *My name is . . .*, I; **se llama...** *his/her name is . . .*, I

llegar *to arrive*, I; **llegar a tiempo** *to get (somewhere) on time*, II

Lleva mucho... *It has too much . . .*, 4

llevar *to wear*, I; *to take*, II; **llevar a cabo** *to carry out*, 10; **llevar el carro a la gasolinera** *to take the car to the gas station*, II; **llevar el carro al taller** *to take the car to the shop*, II; **llevar gafas** *to wear glasses*, 1; **llevar una vida sana** *to lead a healthy life*, I; **llevar una vida agitada** *to lead a hectic life*, 2

llevarse bien *to get along*, II

llorar *to cry*, 5

llover (ue) *to rain*, I; **Llueve.** *It's raining.*, II; **Está lloviendo.** *It's raining.*, I

lo *it/him/you*, I

Lo encuentro... *I find it . . .*, 6

Lo hice sin querer. *I didn't mean to do it.*, 7

Lo ideal es... *The best thing is . . .*, 12

Lo malo es que... *The bad thing is that . . .*, II

Lo que es importante es... *What's important is. . .*, 3

Lo que noto es que... *What I notice is that . . .*, 3

lo siento *I'm sorry*, II; **Lo siento mucho.** *I'm very sorry.*, 7

lo suficiente *enough*, 2

el (la) locutor(a) *announcer, anchorperson*, 8

lograr *to achieve; to manage to*, 10

el loro *parrot*, II

los *the (masculine plural)*, I

los/las *them (pronoun)*, II

la lucha *battle*, II

luchar *to fight, to struggle*, 5

luego *later*, II; **Hasta luego.** *See you later.*, I

el lugar *place*, I

la luna *moon*, 11

lunes *Monday*, I

la luz *light*, II

M

la madrastra *stepmother*, I

la madre *mother*, I; **el Día de las Madres** *Mother's Day*, I

magnífico(a) *magnificent*, I

el maíz *corn*, I

majo(a) *nice*, 1

mal *bad*, I

la maleta *suitcase*, I; **hacer la maleta** *to pack the suitcase*, I

el maletero, la maletera *baggage carrier*, II

el malgenio *bad temper*, 2

malhablado(a) *bold*, 6

malo(a) *bad*, I; **Hace mal tiempo.** *The weather is bad.*, I

el (la) malvado(a) *villain*, 5

malvado(a) *villainous*, 5

la mamá *mom*, I

la maña *skill*, 11

la mañana *morning*, II; **de la mañana** *in the morning (A.M.)*, I; **esta mañana** *this morning*, II; **por la mañana** *in the morning*, I

mañana *tomorrow*, I; **¡Hasta mañana!** *See you tomorrow!*, I

el mandado *errand*, II; **hacer un mandado** *to run an errand*, II

mandar *to send, to order*, I; **mandar las invitaciones** *to send invitations*, I

la mandioca *manioc*, 4

el mandón, la mandona *bossy person*, II

manejar *to manage*, 11

el mango *mango*, I

el maní *peanut*, I

la maniobra *maneuver*, 1

la maniobrabilidad *maneuverability*, 1

mantener *to preserve, keep*, 10

mantener limpio *to keep clean*, II

mantenerse en forma *to stay in shape*, II

la manzana *apple*, I; *city block*, II

maquillarse *to put on make-up*, I

el mar *sea*, II

el marido *husband*, 7

los mariscos *shellfish*, 4

martes *Tuesday*, I

marzo *March*, I

más *more*, I; **Más o menos.** *So-so.*, I; **más o menos bien** *so-so*, II; **más... que** *more . . . than*, I; **nada más** *that's all*, I; **Llamo más tarde.** *I'll call later.*, I

la máscara *mask*, II

las matemáticas *mathematics*, I

la materia *subject*, I

mayo *May*, I

mayor *older*, I; **mayor que** *older than*, II

me *to/for me*, I; **Me alegro cuando...** *I'm happy when . . .*, 9; **Me alegro que...** *I'm glad that . . .*, 7; **¿Me ayudas a...?** *Can you help me . . .?*, I; **Me cae bien (mal)...** *I really (don't) like . . .*, II; **Me da igual...** *It's all the same to me.*, 1; **Me da lo mismo.** *It's all the same to me.*, 1; **Me da mucha pena.** *I'm very sorry.*, 5; **Me da mucho gusto.** *I'm very pleased.*, 5; **Me dan ganas de llorar.** *It makes me want to cry.*, 7; **¿Me das...?** *Can you give me . . .?*, II; **Me dedicaría a...** *I would devote myself to . . .*, 11; **Me deja frío(a).** *It doesn't do anything for me.*, 6; **Me dijeron que...** *They told me that . . .*, II; **Me duele mucho que...** *It really hurts me that . . .*, 7; **Me encanta que...** *I'm delighted that . . .*, 7; **Me encantaría...** *I'd love to . . .*, II; **Me enfado cuando...** *I get angry when . . .*, 9; **Me enojo cuando...** *I get angry when . . .*, 9; **Me frustra que...** *It frustrates me that . . .*, 7; **Me frustro cuando...** *I feel frustrated when . . .*, 9; **Me gusta** *I like*, I; **me gusta más** *I like . . . more*, I; **me gustan** *I like*, I; **Me gustaría** *I would like*, I; **Me gustaría, pero tengo que...** *I'd like to but I have to . . .*, II; **Me gustaría ser...** *I'd like to be . . .*, 12; **¿Me haces el favor de...?** *Can you do me the favor of . . .?*, I; **Me he fijado en...** *I've noticed . . .*, 11; **Me imagino que...** *I imagine that . . .*, 3; **Me interesaría estudiar para...** *I'd be interested in studying to be a . . .*, 12; **Me la paso...** *I spend my time . . .*, 1; **Me llamo...** *My name is . . .*, II; **Me llevo muy bien con...** *I get along very well with . . .*, II; **Me parece...** *It seems . . . to me*, II; **Me parece bien.** *It seems fine to me.*, I; **Me parece que...** *It seems to me that . . .*, 3; **Me parece que...** *I think that . . .*, II; **Me parece que no tienes razón.** *I think you're wrong.*, II; **me parece un rollo** *it seems really boring to me*, 1; **¿Me pasas...?** *Can you pass me . . .?*, I; **Me podría decir...?** *Can you tell me . . .?*, II; **¿Me podrías ayudar con...?** *Could you help me with . . .?*, 4; **¿Me podrías hacer un favor?** *Could you do me a favor?*, 4; **¿Me puede atender?** *Can you help me?*, II; **¿Me puede decir...?** *Can you tell me . . .?*, I; **¿Me puede rebajar el precio?** *Can you lower the price for me?*, II; **¿Me puede traer...?** *Can you bring me . . .?*, I; **Me río cuando...** *I laugh when . . .*, 9; **Me siento...** *I feel . . .*, II; **Me siento presionado cuando...** *I feel pressured when . . .*, 9; **Me suena a chino.** *It's Greek to me.*, 8; **Me toca a mí.** *It's my turn, It's up to me.*, II; **¿Me traes...?** *Can you bring me . . .?*, I

Me cae gordo. *It disagrees with me./I hate it.*, 4

el (la) mecánico(a) *mechanic*, 12

mediano(a) *medium*, II

el (la) médico(a) *doctor*, 12

medio(a) *half*, I; **la media hermana** *half-sister*, I; **el medio hermano** *half-brother*, I; **y media** *half past (the hour)*, I

el medio ambiente *environment*, II

medio tiempo *part time, half time*, 12

Mejor... *Better . . .*, II

mejorar *to improve*, 3

mejor que *better than*, II

melancólico(a) *moody*, 9

el melocotón *peach*, 4

el mendigo *beggar*, 8

menor *younger*, I; **menor que** *younger than*, II

menos *less*, I; **Más o menos.** *So-so.*, I; **menos cuarto** *quarter to (the hour)*, I; **menos... que** *less . . . than*, I

mentir (ie) *to lie*, 7

el menú *menu*, I

el mercado *market*, II; **el mercado al aire libre** *open-air market*, II

merecido(a) *deserved*, 7

merendar (ie) *to snack*, II

el mes *month*, I

la mesa *table*, I; **poner la mesa** *to set the table*, I; **el juego de mesa** *(board) game*, I

el mesero, la mesera *food server*, II

el mesón *restaurant*, 4

la meta *goal*, 10

meter en problemas *to get into trouble*, 2

el metiche, la metiche *busybody*, II

el metro *subway* II

mexicano(a) *Mexican*, II

la mezcla *mixture*, 9

Mi ciudad es... *My city is . . .*, II

Mi más sentido pésame. *My most heartfelt condolences.*, 7

mi última oferta *my last offer*, II

mi/mis *my*, I

mide *he/she is . . . tall*, II; **mido** *I'm . . . tall*, II

la miel *honey*, 11

miércoles *Wednesday*, I

mil *one thousand*, I

la milla *mile*, I

mimado(a) *spoiled (child)*, 7

la minoría *minority*, 9

minoritario(a) *in the minority*, 9

mirar *to look, to watch*, I; **Mira...** *Look . . .*, II; **mirar la televisión** *to watch television*, I; **mirar las vitrinas** *to window-shop*, II

mirarse *to look at oneself*, II

el mirasol *sunflower*, 4

mismo(a) *same*, I; **Son del mismo precio** *They're the same price*, I

la mochila *book bag, backpack*, I

la moda *style*, II; **está de moda** *it's stylish*, II

el modo de ser *nature, disposition*, 10

mohoso(a) *moldy*, 12

moldear *to mold, to shape*, 4

molestar *to bother*, II

el momento *instance*, I; **Un momentito.** *Just a second.*, I; **un momento** *one moment*, I

la moneda *coin*, II; *currency*, 5

el mono *monkey*, II

el monopatín *inline skating*, 1

la montaña *mountain*, I; **escalar montañas** *to go mountain climbing*, I; **la montaña rusa** *roller coaster*, II

las montañas *mountains*, II
el montañismo *mountain climbing*, II
montar *to ride*, I; montar en bicicleta *to ride a bike*, I; montar en tabla de vela *to go windsurfing*, II
montar a caballo *to go horseback riding*, 1
morado(a) *purple*, I
moreno(a) *brunette*, I
moverse *to move*, II
mucho(a)(os)(as) (adj) *a lot*, II; ¡Con mucho gusto! *Sure!*, I; muchas veces *often*, I; Mucho gusto. *Nice to meet you.*, I
la mueca *grimace*; hacer una mueca *to make a face*, 11
muerto(a) *dead*, 5
el mundo moderno *modern world*, 3
la muñeca *wrist*, II
el murciélago *bat*, II
el museo *museum*, I; el museo de antropología *anthropology museum*, I
la música *music*, I; escuchar música *listen to music*, I; la música de... *music by . . .*, I; la música clásica/pop/rock *classical/pop/rock music*, I
el (la) músico(a) *musician*, 6
el muslo *thigh*, II
muy *very*, I; muy bien *very well*, I; (Muy) mal. *(Very) bad.*, I

N

¡N'ombre! *No way!*, II
naciente *recently appearing, growing*, 1
nada *nothing*, I; para nada *at all*, I; nada más *that's all*, I
¡Nada de eso! *None of that!*, 5
nadar *to swim*, II
la naranja *orange*, I; el jugo de naranja *orange juice*, I
la nariz *nose*, I
la natación *swimming*, II
la naturaleza *nature*, II
nauseabundo *nauseating*, 11
la nave espacial *space ship*, II
la Navidad *Christmas*, I
necesitar *to need*, I
negarse *to refuse*, 11
negro(a) *black*, I
nervioso(a) *nervous*, II
nevar (ie) *to snow*, I; Está nevando. *It's snowing.*, I; Nieva. *It's snowing.*, II
ni... ni... *neither . . . nor . . .*, I;

ni *nor*, I
nicaragüense *Nicaraguan*, II
la niebla *fog*, II
Niego que... *I disagree that . . .*, 9
Nieva. *It's snowing.*, I
ningún/ninguna *none, not . . . any, nobody*, I; ningún lado *nowhere, not anywhere*, I; ningún lugar *nowhere, not anywhere*, I
ninguno *none*, II
no *no*, I; No añadas sal. *Don't add salt.*, II; No cabe la menor duda. *There is absolutely no doubt.*, 8; No creo que... *I don't believe that . . .*, 8; No es así. *That's not so.*, II; No es cierto. *It isn't true.*, I; No es cierto que... *It's not true that . . .*, 9; No es justo. *It's not fair,* II; No es verdad que... *It's not true that . . .*, 9; No estoy de acuerdo. *I disagree.*, II; No estoy de acuerdo en que... *I don't agree that . . .*, 9; No estoy seguro(a). *I'm not sure.*, II; No estoy seguro(a) de que... *I'm not sure that . . .*, 8; No estudié, así que... *I didn't study, so . . .*, 10; No fumes más. *Don't smoke anymore.*, II; no guardar sus secretos *to not keep someone's secrets*, 7; No hay mal que cien años dure. *It won't last forever.*, 7; No hay mal que por bien no venga. *Every cloud has a silver lining.*, 7; no hay quien lo aguante *nobody can stand him*, 1; No lo creo. *I don't believe it.*, II; No lo haré más. *I won't do it any more.*, 7; ¡No lo puedo creer! *I can't believe it!*, II; No lo soporto. *I can't stand it.*, 6; No lo volveré a hacer. *I won't do it again.*, 7; ¡No me digas! *You don't say!*, II; no me gusta el/la... *I don't like . . .*, I; No me importa. *It doesn't matter to me.*, 1; no me interesa para nada *it doesn't interest me at all*, 1; No me lo esperaba. *It caught me by surprise.*, 8; No me parece. *It doesn't seem right to me.*, II; No nos quedan. *We don't have any more.*, II; No olvides que... *Don't forget that . . .*, 12; No

puedo creer que... *I can't believe that . . .*, 8; No puede ser. *It can't be.*, II; No puedo. *I can't.*, I; No se puede perder. *You can't miss it.*, II; no saber ni jota de... *not to know a thing about . . .*, 8; No sé. *I don't know.*, I; No seas... *Don't be . . .*, II; No te conviene... *It's not advisable that you . . .*, 6; No te preocupes. *Don't worry.*, 7; No tengo ni idea. *I've no idea.*, II; No, gracias, sólo la cuenta. *No thanks, just the check.*, II; No, no me gusta. *No, I don't like it.*, I; no tener la menor idea *not to have the slightest idea*, 8
no sé qué *something, I don't know what*, 4
no tener nada que ver con *to have nothing to do with*, 9
la noche *night*, I; Buenas noches. *Good night.*, I; de la noche *in the evening (P.M.)*, I; por la noche *at night (in the evening)*, I
la Nochebuena *Christmas Eve*, I
la Nochevieja *New Year's Eve*, I
normalmente *normally*, II
el norte *north*, II; al norte *to the north*, II
nos *to/for us*, I; nos gusta(n) *we like*, I
Nos toca a nosotros... *It's up to us . . .*, 3
nosotros(as) *we*, I
las notas *grades*, II; sacar buenas notas *to get good grades*, II
las noticias *news*, II
el noticiero *news program*, 8
novecientos(as) *nine hundred*, I
la novedad *novelty*, 12
la novela *novel*, I
noventa *ninety*, I
noviembre *November*, I
nublado *cloudy*, II; Está nublado. *It's cloudy.*, I
nuestro(a) *our*, I
nueve *nine*, I
nuevo(a) *new*, I; nuevos amigos *new friends*, I
la nuez *nut*, 2
el número *size (shoe)*, II
los números *numbers*, I
nunca *never*, I
Nunca lo olvidaré. *I'll never forget it.*, 7
nutrir *to nourish*, 2

O

los **obituarios** *obituaries*, 8
el **objetivo** *objective*, 10
la **obra de teatro** *play (theater)*, 6
la **obra maestra** *masterpiece*, 6
el **obrero migratorio** *migrant worker*, 10
el **obstáculo** *obstacle*, 10
obstinado *stubborn*, 7
el **océano** *ocean*, II
ochenta *eighty*, I
ocho *eight*, I
ochocientos(as) *eight hundred*, I
octubre *October*, I
ocupado(a) *busy*, II; **La línea está ocupada.** *The line is busy.*, I
odiar *to hate*, II; **el odio** *hatred*, 10
el **oeste** *west*, II; **al oeste** *to the west*, II
la **oferta** *sale*, II; **mi última oferta** *my last offer*, II
Oí que... *I heard that ...*, 5
el **oído** *inner ear*, I
Ojalá que + subjunctive *Hopefully*, 5
los **ojos** *eyes*, I
olvidar *to forget*, 7
olvidarse (de) *to forget (about)*, II
once *eleven*, I
opuesto(a) *opposite*, II
el **orden** *order*, II
ordenar *to tidy up*, II
la **oreja** *outer ear, earlobe*, I
organizar *to organize*, I
el **orgullo** *source of pride, honor*, 10
el **oro** *gold*, 5
la **orquesta** *orchestra*, 6
el **oso** *bear*, 11
la **ostra** *oyster*, 4
el **otoño** *autumn*, II
otro(a)(os)(as) *other, another*, I
el **OVNI** *UFO*, II
Oye, ¿has oído hablar de...? *Listen, have you heard about ...?*, II
el **ozono** *ozone*, II; **la capa de ozono** *ozone layer*, II

P

el **padrastro** *stepfather*, I
el **padre** *father*, I; **el Día de los Padres** *Father's Day*, I
los **padres** *parents*, I
el **pájaro** *bird*, 11
paladear *to taste*, 11

palidecer *to grow pale*, 11
la **palta** *avocado (Arg.)*, 4
el **pan** *bread*, I; **el pan dulce** *sweet rolls*, I; **el pan tostado** *toast*, I
la **panadería** *bakery*, 4
panameño(a) *Panamanian*, II
los **pantalones** *pants*, I; **los pantalones cortos** *shorts*, I
la **pantorrilla** *calf (of the leg)*, II
el **papá** *dad*, I
la **papa** *potato*, I
las **papas fritas** *French fries*, I
la **papaya** *papaya*, I
el **papel** *paper*, I
las **papitas** *potato chips*, I
el **par de** *pair of*, II
para *for, to*, I; **para** + infinitive *in order to*, I; **para empezar** *to begin with*, II; **para fines de** *by the end of . . .*, II; **para mí** *for me*, II; **Para mí...** *I'll have . . . (ordering food)*, II; **para nada** *at all*, II; **¿Para quién...?** *For whom . . .?*, I
Para decir la verdad, me cae gordo. *To tell the truth, I hate it.*, 6
para que *so, in order that*, 9
Para ser sincero(a), me parece horrible. *To be honest, I think it's horrible.*, 6
el **paracaídas** *parachute*, I; **saltar en paracaídas** *to go skydiving*, I
la **parada** *stop*, 3; **la parada del autobús** *bus stop*, II
la **paradoja** *paradox*, 10
paraguayo(a) *Paraguayan*, II
el **parapente** *parasailing*, 1
pardo(a) *brown*, I
Parece mentira que... *It's hard to believe that . . .*, 8
parecer *to give the impression of, to seem*, I; **Me parece bien.** *It seems fine with me.*, I; **¿Qué te parece si...?** *How do you feel about . . .?*, I
parecer pesado *to seem boring*, II
parecido(a) *similar*, 3
el **pargo** *red snapper*, 4
los **parientes** *relatives*, II
el **parque** *park*, I; **descansar en el parque** *to rest in the park*, I; **el parque de atracciones** *amusement park*, II
la **parte** *part*, I; **¿De parte de quién?** *Who's calling?*, I
el **partido de...** *game of . . . (sport)*, I

pasado(a) *past, last (with time)*, I; **el sábado pasado** *last Saturday*, I; **la semana pasada** *last week*, I; **el verano pasado** *last summer*, I
el **pasajero, la pasajera** *passenger*, II
pasar *to pass, to spend time*, I; **¿Me pasas...?** *Can you pass me . . .?*, I; **pasar el rato con amigos** *to spend time with friends*, I; **pasar la aspiradora** *to vacuum*, I; **pasar por** *to drop by and pick someone up*, II; **pasar por el banco** *to go by the bank*, II; **pasar por el correo** *to go by the post office*, II; **pasar por la farmacia** *to go by the pharmacy*, II; **¿Qué le pasa a...?** *What's wrong with . . .?*, I
pasarla bien *to have a good time*, 2
el **pasatiempo** *pastime, hobby*, II
las **Pascuas** *Easter*, I
pasear *to go for a walk*, I
pasear en velero *to go sailing*, 1
el **paso** *step*, 5
la **pasta de dientes** *toothpaste*, II
el **pastel** *cake, pie*, 4
la **pastelería** *pastry shop*, 4
la **patilla** *watermelon (Venezuela)*, 4
el **patinaje** *skating*, 1
patinar *to skate*, I; **patinar sobre ruedas** *to roller skate*, I
patinar en línea *to go inline skating*, 1
patinar sobre hielo *to ice skate*, 1
patrocinar *to sponsor*, 6
el **patrón** *boss*, 11
el **pavimento** *pavement*, 10
la **paz** *peace*, 5
el **pecho** *chest*, 5
pedir (i) *to order, to ask for*, I; **pedir la comida** *to order food*, II
pedregoso(a) *rocky*, 12
peinarse *to comb your hair*, I
el **peine** *comb*, II
pelar *to peel*, 4
pelear *to fight*, II
pelearse *to have a fight*, 7
la **película** *movie*, I; **ver una película** *to see a film*, I
el **peligro** *the danger*, 2; **en peligro de extinción** *endangered*, II
peligroso(a) *dangerous*, II

pelirrojo(a) *redheaded*, I
el pelo *hair*, I
Pensaba... *I planned to . . .*, II
pensar (ie) *to think*, I; **pensar (ie) + infinitive** *to plan, to intend*, I
peor que *worse than*, II
pequeño(a) *small*, I
percibir *to perceive*, 1
perder (ie) *to lose, to miss (a class, an exam, etc.)*, II
perderse (ie) *to get lost*, II
Perdón. *Excuse me.*, I; **Perdóname.** *Excuse me.*, I; *Forgive me.*, 7
perezoso(a) *lazy*, 9
Perfecto. *Perfect.*, I
el periódico *newspaper*, I
el (la) periodista *journalist*, 12
pero *but*, I
Pero hay que tener en cuenta que... *But you have to take into account that . . .*, 5
pero por otro lado *but on the other hand*, 3
perplejo(a) *perplexing*, 5
el perro *dog*, I; **el perro caliente** *hot dog*, I
perseguir *to follow*, 5
el personaje *character (in a story)*, 8
peruano(a) *Peruvian*, II
pesado(a) *annoying*, 1
pesarse *to weigh oneself*, 2
las pesas *weights*, I; **levantar pesas** *to lift weights*, I
la pescadería *fish store*, 4
el pescado *fish*, I
pescar *to fish*, I; *to catch (a thief)*, 5
pésimo(a) *awful*, 6
el peso *weight*, II; **aumentar de peso** *to gain weight*, II; **bajar de peso** *to lose weight*, II; **subir de peso** *to gain weight*, II
el pétalo *petal*, 12
el petirrojo *robin*, 11
el petróleo *petroleum*, II
el pez, los peces *fish*, II
el piano *piano*, I
picante *spicy*, I
el pie *foot*, I; **al pie de la letra** *to the letter, literally*, 7
la piedra *stone*, 10
la piel *the skin*, 2
Pienso... *I intend to . . .*, 12; *I plan to . . .*, 10
la pierna *leg*, I
el pilotaje *piloting*, 1
el pimiento *pepper*, 4
la piña *pineapple*, I
el pincel *brush*, 6

pintar *to paint*, I
la pintura *painting*, 6
la pirámide *pyramid*, 10
pisar *to step on, trample*, 4
la piscina *swimming pool*, I
el piso *floor*, II
la pista *track*, I; **la pista de correr** *running track*, I
la pizza *pizza*, I
la pizzería *pizzeria*, I
el plan *plan*, I; **Ya tengo planes.** *I already have plans.*, I
planchar *to iron*, I
el planeador *glider*, 1
planear *to plan*, 3
el planeta *planet*, II
plano *smooth*, 6
la planta *plant*, I
plasmar *to shape, to mold*, 6
el plástico *plastic*, II
el plátano *banana*, I
platicar *to chat*, II
el plato *plate*, I
la playa *beach*, I; **por la playa** *along the beach*, I
el plomo *lead*, 3
el pobretón, la pobretona *poor thing!*, 7
poco (adverb) *a little*, I; **un poco gordo(a)** *a little overweight*, I
poco(a)(os)(as) (adjective) *few*, II
poder (ue) *to be able to, can*, I; **¿Me puede decir...?** *Can you tell me . . .?*, I; **¿Me puede traer...?** *Can you bring me . . .?*, I; **No puedo.** *I can't.*, I; **¿Puedo dejar un recado?** *May I leave a message?*, I
poderoso(a) *powerful*, 4
¿Podrías...? *Could you . . .?*, 4
la poesía *poetry*, 3
el (la) policía *policeman (-woman)*, 12
el pollo *chicken*, I; **el pollo frito** *fried chicken*, 4
el polvo *dust*, 10
ponderar *to consider*, 7
poner *to put, to place*, II; **pon** *put, place (command)*, I; poner a prueba *to put to the test*, 3; **poner gasolina al carro** *to put gas in the car*, II; **poner la mesa** *to set the table*, I; **ponerse rojo(a)** *to blush*, 9; **ponerse a** *to begin*, 3; **ponerse ansioso(a)** *to get anxious*, 2; **ponerse crema protectora** *to put on sunblock*, 2; **ponerse nervioso(a)** *to get nervous*, 2; **ponerse**

rabioso(a) *to become furious*, 7
ponerse la ropa *to put on clothes*, II
Ponte en forma. *Get in shape*, II
por *for, by, at, in*, I; *for (a period of time)*, II; **por ciento** *percent*, II; **Por cierto.** *Certainly.*, 8; **por consiguiente** *consequently*, II; **¡Por Dios!** *For God's sake!*, 5; **Por eso...** *That's why . . .*, II; **por favor** *please*, I; **Por favor, ayúdame con...** *Please help me with . . .*, 4; **Por favor, me trae...** *Please bring me . . .*, II; **por fin** *at last*, I; **por la mañana** *in the morning*, I; **por la noche** *at night (in the evening)*, I; **por la playa** *along the beach*, I; **por la tarde** *in the afternoon*, I; **por lo general** *generally*, II; **por lo mismo** *also, at the same time*, 11; **por lo tanto** *therefore*, II; **¿Por qué?** *Why?*, I; **¿Por qué no...?** *Why don't you . . .?*, 2; **Por supuesto.** *Of course.*, 8; I; **Por tener padres hispanos...** *Because I have Hispanic parents . . .*, 10; **por último** *finally*, II
porque *because*, I
el porte *portage, carrying*, 1
el porvenir *the future*, 3
posarse *to perch*, 5
Posiblemente... *Possibly . . .*, 8
postrado(a) *prostrated, humiliated*, 6
el postre *dessert*, I
el postulante *person asking a favor, candidate*, 7
el pozo *well*, II
practicar *to practice*, II
el precio *price*, I; **precios fijos** *fixed prices*, II; **¿Qué precio tiene?** *What is the price?*, II; **Son del mismo precio.** *They're the same price.*, I
predicho *foretold*, 5
preferir (ie) *to prefer*, I
el prejuicio *prejudice*, 9
la prensa *press*, 8
preocupado(a) *worried*, II; **preocupado por algo** *worried about something*, I
preocuparse *to worry*, II; **No te preocupes.** *Don't worry.*, I
preparar *to prepare*, I; **preparar la comida** *to fix dinner*, II
prestar atención *to pay attention*, II

presumido(a) *conceited*, 9

prevenir *to warn*, 5

prever *to foresee*, 1

la prima *female cousin*, I

la primavera *spring (season)*, II

la primera plana *front page*, 8

primero *first*, II; *the first (of the month)*, I

el primo *male cousin*, I

la princesa *princess*, II

el príncipe *prince*, II

principiar *to begin*, 6

la prisa *haste*, I; tener prisa *to be in a hurry*, I; Tengo prisa. *I'm in a hurry.*, I

el probador *dressing room*, II

probar *to test, taste, try*, 9

probarse *to try on*, II

el problema *problem*, II

los productos *goods*, II; los productos empacados *packaged goods*, II

la profecía *prophecy*, 5

el profesor, la profesora, *teacher*, I

profundamente *deeply*, II

el (la) programador(a) *programmer*, 12

promover (ue) *to promote*, 11

pronto *soon*, II

pronunciar *to say, pronounce*, 5

la propina *the tip*, I; dejar la propina *to leave the tip*, II; ¿Está incluida la propina? *Is the tip included?*, I

Propongo... *I propose . . .*, 11

proteger *to protect*, II; proteger las especies *to protect species*, II

próximo(a) *next*; la próxima vez *next time*, 6

Puede ser que... *It's possible that . . .*, 8

¿Puedes ayudarme a...? *Can you help me . . .?*, II

¿Puedes darme algún consejo? *Can you give me any advice?*, 2

¿Puedo ayudar? *Can I help?*, II

el puente *bridge*, II

el puerco asado *roast pork*, 4

la puerta *door*, I

puertorriqueño(a) *Puerto Rican*, I

Pues... *Well . . .*, 3

el puesto *position, job*, 12

pulido (a) *polished, refined*, 4

el punto *point, dot*, I; en punto *on the dot*, I

puntuar *to punctuate*, 8

Puse todo mi esfuerzo en... *I put a lot of effort into . . .*, 10

Q

que *that, which, who*, I; dice que *he/she says that*, I; Que yo sepa... *As far as I know . . .*, 8

qué *what?, how*; ¡Qué asco! *How disgusting!*, 4; ¡Qué barato! *How cheap!*, I; Qué bonito sería, si hubiera paz. *How nice it would be if there were peace.*, 11; ¡Qué caro! *How expensive!*, I; ¿Qué debo hacer? *What should I do?*, 2; ¡Qué desastre! *How awful!*, 5; ¿Qué desea(n) de...? *What would you like for . . .?*, II; ¿Qué dijo? *What did he/she say?*, II; ¿Qué fecha es hoy? *What's today's date?*, I; ¡Qué ganga! *What a bargain!*, I; ¿Qué harías... si tuvieras tu propia compañía? *What would you do . . . if you had your own company?*, 11; ¿Qué has oído de...? *What have you heard about . . .?*, 6; ¿Qué hay en...? *What's in . . .?*, I; ¿Qué hay? *What's up?*, I; ¿Qué hiciste? *What did you do?*, I; ¿Qué hizo? *What did he/she/you do?*, I; ¿Qué hora es? *What time is it?*, I; ¡Qué horror! *How horrible!*, 5; ¡Qué lástima! *What a shame!*, 5; ¿Qué le pasa a...? *What's wrong with . . .?*, I; ¿Qué le(s) traigo de...? *What shall I bring you for . . .?*, II; ¡Qué maravilla! *How wonderful!*, 5; ¿Qué me aconsejas hacer? *What do you advise me to do?*, 2; ¿Qué me cuentas de...? *What can you tell me about . . .?*, 6; ¿Qué me recomienda? *What do you recommend?*, II; ¿Qué me recomiendas hacer? *What do you recommend that I do?*, 2; ¿Qué opinas de...? *What do you think of . . .?*, 6; ¡Qué paliza! *What a bummer!*, 1; ¿Qué piensas de...? *What do you think of . . .?*, 6; ¿Qué precio tiene? *What is the price?*, II; ¿Qué quieres que haga *What do you want me to do?*, II; ¿Qué sabes de...? *What do you know about . . .?*, 6; ¡Qué sabroso! *How delicious!*, 4; ¿Qué sé yo? *How should I know?*, 8; ¡Qué susto! *What a fright!*, 5; ¿Qué tal? *How's it going?*, I; ¿Qué tal estuvo? *How was it?*, II; ¿Qué tal lo pasaste? *Did you have a good time?*, II; ¿Qué tal si... ? *What if . . .?*, I; ¿Qué tal te parece... ? *What do you think about . . .?*, II; ¿Qué te dijeron? *What did they tell you?*, II; ¿Qué te gusta hacer? *What do you like to do?*, I; ¿Qué te gusta? *What do you like?*, II; ¿Qué te parece si...? *How do you feel about . . .?*, I; ¿Qué te parece...? *What do you think of . . .?*, 6; ¿Qué tiempo hace? *What's the weather like?*, II; ¿Qué tienes? *What's the matter?*, I; ¡Qué tontería! *How silly!*, 5; ¡Qué va! *No way!*, 5; ¿Qué? *What?*, I

el quebranto *breakdown*, 6

quedar *to be situated*, I

quedar en *to arrange to* (do something), II

quedar muerto *to die*, 5

quedarse *to stay, to remain*, I

quedarse despierto *to stay awake*, 2

quedarse frente a la tele *to stay in front of the TV*, 2

Quedé muy impresionado con... *I thought . . . was great.*, II

los quehaceres *chores*, II

quejarse (de) *to complain*, 9

quemarse *to get a sunburn*, 2

querer (ie) *to want*, I; Quería pero no pude. *I wanted to but couldn't.*, II; ¿Quieres ayudarme? *Do you want to help me?*, II; quisiera *I would like*, I

querer llegar a ser *to want to become*, 12

querido(a) *dear*, II

el quesillo *custard (Venezuela)*, 4

el queso *cheese*, I

el quetzal *national currency of Guatemala, a colorful tropical bird*, 5

¿Quién? *Who? (singular)*, I; ¿De parte de quién? *Who's calling?*, I; ¿Para quién? *For whom?*, I; ¿quiénes? *who? (plural)*, I

Quiero ser... *I want to be . . .*, 12

los **químicos** *chemicals,* II
quince *fifteen,* I
quinientos(as) *five hundred,* I
quitar la mesa *to clear the table,* II
Quizás... *Maybe . . .,* 8

R

la **radio** *radio,* I
las **raíces (raíz)** *roots,* 10
la **rama** *branch,* 12
el **ramo de flores** *bouquet of flowers,* 11
rápidamente *quickly,* II
el **rascacielos** *the skyscraper,* 3
el **rastro** *face,* 12
el **rato libre** *free time,* II
la **raya** *stripe,* I; *de rayas* *striped,* I
la **raza** *race,* 9
realista *realistic,* 6
realizar (un sueño) *to realize (a dream),* 10
rebotando *to bounce,* 12
el **recado** *message,* I; **¿Puedo dejar un recado?** *May I leave a message?,* I
la **recámara** *bedroom,* 6
recibir *to receive,* I; **recibir regalos** *to receive gifts,* I
el **reciclaje** *recycling,* II
reciclar *to recycle,* II
recién *newly,* 9
los **recién casados** *newlyweds,* 7
recomendar (ie) *to recommend,* II; **¿Qué me recomienda?** *What do you recommend?,* II; **Recomiendo...** *I recommend . . .,* II
reconciliarse *to make up, reconcile,* 7
el **recorrido** *journey,* II
recubierto(a) *covered,* 6
recursos *resources,* II; **los recursos naturales** *natural resources,* II
la **red** *net,* 11
reemplazar *to replace,* 4
reencontrar *to meet again,* 6
el **refresco** *soft drink,* I
regalar *to give (as a gift),* I
el **regalo** *gift,* I; **recibir regalos** *to receive gifts,* I
regar (ie) *to water,* II
regatear *to bargain,* II
la **regla** *ruler,* I; *rule,* 10
regocijarse *to rejoice,* 5
regresar *to return,* II
Regular. *Okay.,* I
reírse *to laugh,* 2
reivindicar *to claim, to*

recover, 4
relajarse *to relax,* 2
el **relieve** *terrain,* 1
el **reloj** *clock, watch,* I
remar *to row,* II
el **remo** *rowing,* II
el **remolino** *whirlwind,* 10
la **rendija** *crevice, crack,* 12
rendir *to produce, give,* 11
repasar *to review,* II
repleto(a) *full,* 10
el **reportaje** *report,* 8
el **(la) reportero(a)** *reporter,* 8
reprimir *to repress,* 2
los **requisitos** *requirements,* 12
resfriado(a) *congested,* I; **estar resfriado(a)** *to be congested,* I
resignarse *to resign, to quit a job,* 11
resistir *to withstand, to resist,* 11
resolver (ue) *to resolve,* 2
respetar *to respect,* 9
respetar sus sentimientos *to respect his or her feelings,* 7
el **respeto** *respect,* 9
respirable *fit for breathing,* 3
respirar *to breathe,* II
responsable *responsible,* II
restante *remaining,* 11
el **restaurante** *restaurant,* I
restaurar *to restore,* 4
resultante *resulting,* 4
resultar en *to result in,* 10
retirar *to withdraw, take back,* 4
retirarse *to withdraw, give up,* 7; *to retreat,* 10
el **reto** *challenge,* 10
retrasar *to retrace,* 12
el **retrato** *portrait,* 6
reunirse con amigos *to get together with friends,* II
la **revista** *magazine,* I
rico(a) *rich, delicious,* I
el **riego** *irrigation,* 4
el **río** *river,* II
la **risita** *cackle, light laughter,* 11
rizado(a) *curly,* II
robar *to steal,* 5
el **robo** *robbery,* 11; **¡Es un robo!** *It's a rip-off!,* I
rodeado(a) de *surrounded by,* II
rodear *to surround,* 1
la **rodilla** *knee,* II
rogar *to beg,* 7
rojo(a) *red,* I
romper con *to break up with someone,* 7
romperse *to break,* II

la **ropa** *clothing,* I; **lavar la ropa** *to wash the clothes,* I; **ponerse la ropa** *to put on clothes,* II
rubio(a) *blond,* I
rubro *category, heading,* 4
la **rueda de Chicago** *Ferris wheel,* II
el **ruido** *noise,* II
ruidoso(a) *noisy,* II
el **ruiseñor** *nightingale,* 11
el **rumbo** *destination,* 11

S

el **sábado** *Saturday,* I; **el sábado pasado** *last Saturday,* I
Sabe riquísimo. *It tastes great.,* 4
saber *to know,* II; **no sé** *I don't know,* I; **¿Sabe Ud...?** *Do you know (formal) . . .?,* II; **¿Sabes...?** *Do you know . . .?,* II
Sabes algo de...? *Do you know anything about . . .?,* 6
el **sabor** *flavor,* 11
sacar *to take out,* II; **sacar buenas notas** *to get good grades,* II; **sacar la basura** *to take out the trash,* I
sacar fotos *to take pictures,* 1
sacudir el polvo *to dust,* II; *to shake,* II
sagrado(a) *sacred,* 5
la **sal** *salt,* II; **No añadas sal.** *Don't add salt.,* II
la **sala** *living room,* I
salado(a) *salty,* I
el **salario** *salary,* 12
salir *to go out, to leave,* II
salir bien *to do well,* II
saltar *to jump,* II; **saltar a la cuerda** *to jump rope,* II; **saltar en paracaídas** *to go skydiving,* I
la **salud** *health,* II
salvadoreño(a) *Salvadoran,* II
salvaje *wild,* 11
las **sandalias** *sandals,* I
la **sandía** *watermelon,* 4
el **sándwich** *sandwich,* I
sano(a) *healthy,* II; **comer comida sana** *to eat healthy food,* 2; **llevar una vida sana** *to lead a healthy life,* I
Se cree que... *It's believed that . . .,* 5
Se cuenta que... *The story goes that . . .,* II
Se dice que... *They say that . . .,* 5
Se le rompió... *He/She broke . . .,* 4

¿Se le(s) ofrece algo más? *Would you care for anything else?*, II

Se les quedó... *They left . . .*, 4

Se llama... *His/Her name is . . .*, II

Se lo doy por... *I'll give it to you for . . .*, II

Se lo regalo por... *I'll let you have it for . . .*, II

Se me acabó... *I ran out of . . .*, 4

Se me hace que... *it seems to me . . .*, 3

Se me perdieron... *I lost . . .*, 4

Se nos cayeron... *We dropped . . .*, 4

Se nos descompuso... *We broke . . .*, 4

Se siente orgulloso(a) de haber... *He(She) feels proud of having . . .*, 10

Se te olvidaron... *You forgot . . .*, 4

se ve joven *he/she looks young*, I

la secadora de pelo *hair dryer*, II

secar *to dry out*, 4

secarse *to dry oneself*, II

seco(a) *dry*, II; *cold, curt*, 9

la sed *thirst*, I; **tener sed** *to be thirsty*, I

la seda *silk*, II; **de seda** *(made of) silk*, I

seguir (i) *to continue*, II; **seguir (i) las instrucciones** *to follow directions*, II

Según... *According to ...*, 5

seguro(a) *sure*, II; **No estoy seguro(a).** *I'm not sure.*, II

la selva *jungle*, I

la selva tropical *rain forest*, II

el semáforo *traffic light*, II

la semana *week*, II; **la semana pasada** *last week*, II

sembrar *to plant*, 3

semejante *similar*, 11

el semestre *semester*, I

la semilla *seed*, 4

la seña *sign*, 5

el senador, la senadora *senator*, 9

sencillo(a) *simple*, II

el senderismo *hiking*, II

el señor *sir*, I

la señora *ma'am*, I

la señorita *miss*, I

la sensibilidad *sensitivity*, 11

sentir *to feel, to hear*, 12

sentir (ie) *to regret*, I; **Lo siento.** *I'm sorry.*, I; **Lo siento, pero no puedo.** *I'm sorry but I can't.*, I

sentirse (ie) *to feel*, I

sentirse muy solo(a) *to feel very lonely*, 2

sentirse orgulloso(a) de *to feel proud of*, 10

septiembre *September*, I

la sequía *drought*, 10

ser *to be*, I; **¿Cómo es?** *What's he/she/it like?*, I; **¿Cómo son?** *What are they like?*, I; **¿De dónde eres?** *Where are you from?*, I; **Es de...** *He/She is from . . .*, I; **es la una** *it's one o'clock*, I; **ser tan aburrido(a) como un pato** *be a terrible bore*, II; **ser tan bueno(a) como un ángel** *as good as a saint*, II; **ser tan feliz como una lombriz** *as happy as a lark*, II; **ser tan fuerte como un toro** *as strong as an ox*, II; **ser tan noble como un perro** *as noble as a lion*, II; **son las...** *it's . . . o'clock*, I

ser desleal *to be disloyal*, 7

ser infiel *to be unfaithful*, 7

ser muy de su gusto *to be much to her/his liking*, 7

Sería buena/mala idea... *It would be a good/bad idea to . . .*, 6

Sería bueno + inf. *It would be a good idea for you to . . .*, 2

Sería maravilloso si se encontrara una cura... *It would be wonderful if a cure were found . . .*, 11

¿Serías tan amable de + inf.? *Would you be so kind as to . . .?*, 4

la serpiente *snake*, II

el (la) servidor(a) *servant*, 11

la servilleta *napkin*, I

servir (i) *to serve*, II

sesenta *sixty*, I

el seso *brain*, 11

setecientos(as) *seven hundred*, I

setenta *seventy*, I

si *if*, II; **si quieres** *if you want*, II

sí *yes*, II; **Sí, tienes razón.** *Yes, you're right.*, II

Si hubiera paz... *If there were peace . . .*, 11

Si no actuamos ahora... va a empeorarse... *If we don't act now . . . it will get worse . . .*, 11

Si no hacemos nada por... el deterioro continúe... *If we don't do anything about . . . the deterioration will continue . . .*, 11

Si no realizamos... lo lamentaremos... *If we don't carry out . . . we'll regret it . . .*, 11

Si pudiera... viviría... *If I could . . . I would live . . .*, 9

Si pudieras... ¿adónde irías? *If you could . . . where would you go?*, 9

Si se encontrara una cura... *If a cure were found . . .*, 11

si se le unta la mano *if one greases his/her hand (gives a bribe)*, 11

Si tú pudieras... ¿qué cambiarías? *If you could . . . what would you change?*, 11

Si tuviera... compraría... *If I had . . . I would buy . . .*, 9

Si tuvieras... ¿qué harías? *If you had . . . what would you do?*, 9

Si yo fuera presidente, hablaría... *If I were president, I would talk . . .*, 11

Si yo viviera... sólo usaría... *If I lived . . . I would only use . . .*, 11

el (la) sicólogo(a) *psychologist*, 12

siempre *always*, I; **casi siempre** *almost always*, I; **Siempre me toca a mí.** *I always have to do it.*, II

siete *seven*, I

el siglo *the century*, 3

signos de puntuación *punctuation marks*, 8

¿Sigues trabajando? *Are you still working?*, II

el silbido *whistle, hiss*, 5

la silla *chair*, I

simpático(a) *nice*, I

Sin duda alguna. *Without a doubt.*, 8

sin que *unless*, 9

Sírvase *Here it is.*, 8

el sistema *system*, II; **el sistema no funciona** *the system isn't working, doesn't work*, II

el sitio *place, site*, II

la situación *situation*, II

el smog *smog*, II

sobrante *leftover, remaining*, 4

sobrepasar *to go ahead of, exceed*, 3

sofocado(a) *suffocated*, 10

el sol *sun*, I; **tomar el sol** *to sunbathe*, I; **Hace sol.** *It's sunny.*, II

el soldado *soldier*, 5
soleado *sunny*, II
soler *to be usual*, 9
solicitar *to apply for, to request*, 12
la solicitud *application*, 12
solitario(a) *lonely*, II
solo(a) *alone, lonely*, 2
sólo *only*, I; sólo cuando *only when*, I
el solterón *old bachelor*, 7
la soltura *ease, assurance*, 8
solucionar un problema *to solve a problem*, 2
somos *we are*, I
Son las... *It's . . . o'clock*, I
sonreírse *to smile*, 11
soñar (ue) con *to dream about*, II
la sopa *soup*, I
sorber *to sip*, 11
la sorpresa *surprise*, I; la fiesta de sorpresa *surprise party*, I
soy *I am*, I; soy de... *I'm from . . .*, I
Soy un(a) fanático(a) de... *I'm a big fan of. . .*, 1
Soy un(a) gran aficionado(a) a... *I'm a big fan of. . .*, 1
su/sus *your (formal)/his/her*, I
la suavidad *gentleness*, 1
subir de peso *to gain weight*, 2
subir por *to go up (a street or road)*, II
subirse *to get on*, II; subirse al autobús *to get on the bus*, II
sublevar *to act up*, 7
suceder *to happen, occur*, 11
sucio(a) *dirty*, I
sudar *to sweat*, II
el suegro, la suegra *father in-law, mother in-law*, 7
el suelo *floor, ground*, 12
el sueño *dream*, I; tener sueño *to be sleepy*, I
el sueño de mi vida *the dream of my life*, 5
el suéter *sweater*, I
suficiente *enough*, II
sufrir *to suffer*, 5
sufrir de presiones *to suffer from pressures*, 2
sufrir de tensiones *to suffer from tension*, 2
sufrir del estrés *to suffer from stress*, 2
Sugiero que... *I suggest that . . .*, 6
el sujeto *subject*, 11
la suma *sum, entirety*, 2
superar *to overcome*, 10
superarse *to better oneself*, 10

la superficie *surface*, 3
el supermercado *supermarket*, I
superpoblado(a) *overpopulated*, 3
la supervivencia *survival*, 10
Supongo que... *I suppose that . . .*, 9
Supuestamente... *Supposedly ...*, 5
sur *south*, II; al sur *to the south*, II
surcar *to plow*, 1
suspender *to fail (a test, a class)*, II
el susurro *whisper*, 1

T

la tabla de vela *windsurf*, II
el tablero de control *control board*, 11
la tajada *slice*, 4
tal vez *maybe, perhaps*, I; tal vez otro día *perhaps another day*, I
la talla *size*, II
el taller *(auto) shop*, II; llevar el carro al taller *to take the car to the shop*, II
el tamaño *size*, 4
también *too, also*, I
el tambor *drum*, 5
tampoco *neither*, II
tan *as*, I; tan... como... *as . . . as . . .*, I
tan pronto como *as soon as*, 9
la tapa *lid*, 11
tardar en *to delay, take time*, 11
la tarde *afternoon*, I; Buenas tardes. *Good afternoon.*, I;
la tarea *homework*, I; *task*, 12; entregar la tarea *to hand in homework*, II
la tarjeta *greeting card*, I
la tarjeta postal *postcard*, I
la taza *cup*, 4
tazón *bowl*, 4
el té *tea*, I; el té frío *iced tea*, I
te *to/for you*, I; ¿Te ayudo a...? *Can I help you . . .?*, II; ¿Te enteraste de...? *Did you find out about . . .?*, II; ¡Te equivocas! *You're wrong!*, II; ¿Te gusta(n)...? *Do you like . . .?*, II; ¿Te gustaría...? *Would you like . . .?*, I; Te invito. *It's my treat.*, I; ¿Te parece que...? *Do you think that . . .?*, II; Te queda muy bien. *It fits you very well.*, I; Te toca a ti. *It's your turn., It's up to you.*, II

Te aconsejo + infinitive *I advise you to . . .*, 2
Te aconsejo que... *I advise you to . . .*, 12
Te debo mucho. *I'm in your debt.*, 7
Te lo agradezco mucho. *I'm very grateful to you for that.*
Te recomiendo + infinitive *I recommend that you . . .*, 2
Te recomiendo que... *I recommend that you . . .*, 12
Te ves guapísimo(a). *You look very handsome (pretty).*, II
el teatro *theater*, I
la técnica *technique*, 1
el técnico de computadoras *computer programmer*, 12
la tecnología *technology*, 3
el tejado *roof*, 12
tejer *to weave*, 11
la tela *web*, 11
el teléfono *telephone*, I; hablar por teléfono *to talk on the phone*, I; el teléfono celular *cellular phone*, 3
la televisión *television*, I; mirar la televisión *to watch television*, I; ver televisión *to watch television*, 1
el televisor *television set*, I
temblar *to tremble*, 12
temer *to fear, be afraid*, 11
Ten cuidado. *Be careful.*, II
Ten en cuenta que... *Keep in mind that . . .*, 3
tender *to stretch*, 12
tender (ie) la cama *to make the bed*, II
el tenedor *fork*, I
tenemos en... *We have it in . . .*, II
tener *to have*, II; bueno, tengo clase *well, I have class*, I; ¿Cuántos años tiene? *How old is (she/he)?*, I; ¿Cuántos años tiene? *How old are you?*, I; ¿Qué tienes? *What's the matter?*, I; tener buenos hábitos de alimentación *to have good eating habits*, 2; tener calambre *to have a cramp*, II; tener celos de *to be jealous of*, 7; tener éxito *to succeed*, 10; tener fiebre *to have a fever*, I; tener ganas de + inf. *to feel like doing something*, I; tener gripe *to have the flu*, I; tener hambre *to be hungry*, I;

tener la culpa *to be guilty,* 7; **tener prisa** *to be in a hurry,* I; **tener que** + inf. *to have to do something,* I; **tener razón** *to be right,* II; **tener sed** *to be thirsty,* I; **tener sueño** *to be sleepy,* I; **tener tos** *to have a cough,* I; **tener un buen sentido del humor** *to have a good sense of humor,* 1; **tener un malentendido** *to have a misunderstanding,* 7; **Tengo entendido que...** *I understand that . . .,* 9; **Tengo la impresión de que...** *I'm under the impression that . . .,* 9; **Tengo la intención de...** *I intend to . . .,* 10; **tengo más dinero** *I have more money,* II; **Tengo que irme.** *I have to go.,* I; **Tengo... años.** *I'm . . . years old,* II; **Tenía que...** *I had to . . .,* II; **has,** I; **Tiene... años.** *He/She is . . . years old,* II; **Tiene canas.** *He/She has gray hair,* I; **Ya tengo planes.** *I already have plans.,* I; **Tenía muchas esperanzas de...** *I had hopes of . . .,* 5

el tenis *tennis,* I; **la cancha de tenis** *tennis court,* I; **las zapatillas de tenis** *tennis shoes (Spain),* I

la ternera *veal,* 4

la tía *aunt,* I

el tiempo *weather, time,* I; **Hace buen tiempo.** *The weather is nice.,* I; **Hace mal tiempo.** *The weather is bad.,* I; **¿Qué tiempo hace?** *What's the weather like?,* II; **el tiempo libre** *free time,* I

el tiempo completo *full time,* 12

la tienda *store,* I; **la tienda de camping** *camping tent,* I; **la tienda de comestibles** *grocery store,* I; **la tienda de refacciones** *parts store,* 4

tiene *he/she has,* I; **tiene... años** *he/she is . . . years old,* I; **Tiene canas.** *He/She has gray hair.,* I

Tiene sabor a... *It tastes like . . .,* 4

tienes *you have (familiar),* I; **¿Cuántos años tienes?** *How old are you?,* I

tierno(a) *tender,* 2

la tierra *Earth,* II

el tigre *tiger,* II

tímido(a) *shy,* 9

el tío *uncle,* I

el tío estupendo *great guy,* 1

típicamente *typically,* II

típico *typical,* II

tirar *to throw out,* II

las tiras cómicas *comics,* I

la titulación *professional certification,* 1

los titulares *headlines,* 8

la toalla *towel,* II

el tobillo *ankle,* II

tocar *to play,* II; **tocar un instrumento** *to play an instrument,* 1

tocar a *to be someone's turn,* II; **le toca a...** *it's . . . turn; it's up to . . .,* II; **Me toca a mí.** *It's my turn. It's up to me.,* II; **Te toca a ti.** *It's your turn., It's up to you.,* II

el tocino *bacon,* I

todavía *still, yet,* I; **todavía no** *not yet,* II

Todo el mundo sabe que... *Everyone knows that . . .,* 8

todo(a), todos(as) *all, every,* I; **todos los días** *every day,* I

Todos deberíamos... *We should all . . .,* II

tomar *to drink,* II; *to take,* I; **tomar apuntes** *to take notes,* II; **tomar el autobús** *to take the bus,* I; **tomar el metro** *to take the subway,* II; **tomar el papel de** *to take the role of,* II; **tomar el sol** *to sunbathe,* I

tomar la iniciativa *to take the initiative,* 10

tomar las cosas con calma *to take things easy,* 2

tomar las cosas en serio *to take things seriously,* 2

el tomate *tomato,* I

la tonelada *ton,* 2

la tontería *nonsense,* 11

torcerse (ue) *to sprain,* II

la tormenta *storm,* II

la toronja *grapefruit,* I

torpe *clumsy,* II; *slow, dull,* 9

la torre *tower,* II

la torrecita *small tower,* 12

la torta *cake,* 4

la tortuga *turtle,* II

la tos *cough,* I; **tener tos** *to have a cough,* I

tostado(a) *toasted,* I; **el pan tostado** *toast,* I

tostar *to toast, to roast,* 4

el (la) trabajador(a) social *social worker,* 12

trabajar *to work,* I; **trabajar en el jardín** *to work in the garden,* I; **trabajar en mecánica** *to fix cars,* II

el trabajo *work, job,* I

traer *to bring,* II; **¿Me puede traer...?** *Can you bring me . . .?,* I; **¿Me traes...?** *Can you bring me . . .?,* I

el tráfico *traffic,* 3

traicionar *to betray,* 5

el traje *suit,* I; **el traje de baño** *bathing suit,* I

tranquilo(a) *calm,* II

el tránsito *traffic,* II

el tranvía *streetcar,* 6

el tratamiento *treatment,* 3

tratar *to treat,* 9

tratar de *to try,* 2

la travesura *to trick,* II; **hacer travesuras** *to play tricks,* II

travieso(a) *mischievous,* 9

trece *thirteen,* I

treinta *thirty,* I

el tren *train,* II; **la estación de tren** *train station,* II

trepar a los árboles *to climb trees,* II

tres *three,* I

trescientos(as) *three hundred,* I

triste *sad,* II

la tristeza *sadness,* 12

triunfar *to succeed,* 10

el trozo *piece,* 2

la trucha *trout,* 4

el trueno *thunder,* II

tú *you (informal),* I; **¿Tú crees?** *You think so?,* II

tu *your (informal),* I; **Tu ropa hace juego.** *Your clothes go well together.,* I

¿Tú crees que sea verdad? *Do you believe it's true?,* 8

¿Tú crees? No sé. *Do you think so? I don't know.,* 5

tu/tus *your (familiar),* I

el tubérculo *tuber,* 4

el turismo *tourism,* I; **hacer turismo** *to go sightseeing,* I

el (la) turista *tourist,* II

Tuvo mucho éxito... *He (She) was very successful . . .,* 10

U

ufanarse *to boast,* 4

las últimas *the latest,* II

ultraligero(a) *ultralight,* 1

un *a, an (masc. singular),* I; **un momento** *one moment,* I; **Un momentito.** *Just a second.,* I; **un poco (adverb) a little,* I; **un poco gordo(a)** *a little overweight,* I

una *a, an (fem. singular)*, I
unido(a) *close-knit*, I
unos(as) *some, a few*, I
urbanista *city planner*, 3
urgente *urgent*, II; **es urgente** *it's urgent*, II
uruguayo(a) *Uruguayan*, II
usar *to use*, I; **usar la computadora** *to use the computer*, II; *to wear (a size)*, II; **Uso talla...** *I wear size . . .*, II
Ud. *you (formal)*, I
Uds. *you (formal, plural)*, I; **a Uds.** *to you (plural)*, I
el **utensilio** *tool*, 1
la **uva** *grape*, I

V

las **vacaciones** *vacation*, I
vaciar *to empty*, 11
la **vaina** *sheath*, 4
valer *to be worth*, 7; **¿Cuánto vale?** *How much is it?*, II
¡Válgame Dios! *My God!*, 5
valiente *brave*, 5
el **valle** *valley*, II
valorar *to value*, 1
valorizado(a) en *valued at*, 7
¿Vamos bien para...? *Are we going the right way to . . .?*, II
Van mal. *You are going the wrong way.*, II
variado(a) *diverse*, 9
variar *to vary*, 9
el **vaso** *glass*, I; **el vaso de leche** *glass of milk*, I
¡Vaya suerte! *What bad luck!*, 5
¡Ve! *go!*, I
el (la) **vecino(a)** *neighbor*, II
veinte *twenty*, I
veinticincoavo *twenty-fifth*, 6
la **vela** *sail*, I; **ir de vela** *to go sailing*, I; *sailing*, 1
vencer *to conquer*, 5
el (la) **vendedor(a)** *salesman (-woman)*, 12
venezolano(a) *Venezuelan*, II

venir *to come*, II; **¡Ven!** *Come*, I; **el/la...que viene** *next (year, week)*, II
la **venta** *sale*, 11
la **ventaja** *advantage*, 3
la **ventana** *window*, I
ver *to see*, II; **ver televisión** *to watch television*, 1
el **verano** *summer*, II; **el verano pasado** *last summer*, I
la **verdad** *truth*, II; **de verdad** *to tell you the truth*, II
¿verdad? *don't you?, right?*, I
La verdad es que... *The truth is that. . .*, 3
verde *green*, I
las **verduras** *greens, vegetables*, I
el **vestido** *dress*, I
vestirse (i) *to get dressed*, II
¡Vete! *Go away!*, I
la **vez** *time, turn, occasion, occurrence*, I; **a veces** *sometimes*; **de vez en cuando** *once in a while*, I; **muchas veces** *often*, I; **otra vez** *again*, I; **tal vez otro día** *perhaps another day*, I
la **vía** *rail*, II; **la vía láctea** *Milky Way*, II
el **viaje** *trip*, II; **hacer un viaje** *to take a trip*, I
la **víctima** *victim*, 5
la **victoria** *victory*, 5
la **vida** *life*, I
la **vida diaria** *daily life*, 3
la **videocasetera** *video cassette player*, 3
el **videojuego** *videogame*, I
el **vidrio** *glass*, II
viejo(a) *old*, I
el **viento** *wind*, I; **Hace (mucho) viento.** *It's (very) windy.*, I
el **viento relativo** *wind rushing by*, 1
viernes *Friday*, I
visitar *to visit*, I
la **vivienda** *living space, habitat*, 3
vivir *to live*, I

vociferar *to say loudly*, 11
el **voleibol** *volleyball*, I
la **voluntad** *will, desire*, 12
volver (ue) a *get back to*, I; **vuelvo a** *I get back to ...*, II; *to do again*, 6
volverse *to turn into*, 12
vosotros(as) *you (fam., pl. in Spain)*, I
Voy a ser... *I'm going to be . . .*, 12
la **voz** *voice*, 12
vuestro(a) *your (pl., Spain)*, I

Y

y *and*, I; **Y eso, ¿qué?** *So what?*, II; **y media** *half past (the hour)*, I; **¿Y tú?** *And you?*, I
ya *already*, II; **Ya lo sé.** *I already know.*, II; **¿Ya sabe(n) qué va(n) a pedir?** *Do you know what you're going to order?*, II; **Ya tengo planes** *I already have plans*, I
¡Ya lo sé! *I know!*, 8
yo *I*, I; **Yo también.** *Me too.*, I; **Yo ya lo hice mil veces.** *I've already done it a thousand times.*, II
Yo empezaría por... *I would start by . . .*, 11
la **yoga** *yoga*, I; **hacer yoga** *to do yoga*, I

Z

la **zanahoria** *carrot*, I
la **zapatería** *shoe store*, I
las **zapatillas de tenis** *tennis shoes (Spain)*, I
el **zapato** *shoe*, I
el **zoológico** *zoo*, II
el **zorro** *fox*, 11
zozobra *danger, risk*, 12

ENGLISH–SPANISH VOCABULARY

ENGLISH-SPANISH VOCABULARY

This vocabulary includes all of the words in the **Vocabulario** sections of the chapters. These words are considered active—you are expected to know them and be able to use them.

Idioms are listed under the English word you would be most likely to look up. Spanish nouns are listed with the definite article and plural ending, when applicable. The number after each Spanish word or phrase refers to the chapter in which it becomes active vocabulary. Entries followed by the Roman numeral I or II indicate the word became active in Level 1 or Level 2. Entries followed by a chapter number indicate the chapter the word became active in Level 3. To be sure you are using the Spanish words and phrases in the correct context, refer to the chapter and book in which they appear.

A

a few *unos, unas,* I
a little *un poco,* I
A long time ago *Hace mucho tiempo,* II
a lot *mucho,* I; *mucho(a)(os)(as),* II
a/an *un, una,* I
absent-minded *distraído(a),* II
Absolutely not! *¡En absoluto!,* 5
According to . . . *Según...,* 5
According to the government, . . . *Según el gobierno,...,* 11
accountant *el (la) contador(a),* 12
to **ache** *doler (ue),* I
to **achieve** *alcanzar,* 10; to achieve, to manage to *alcanzar,* 10; *lograr,* 10
Actually, it seems to be that way. *En efecto, parece ser así.,* 5
to **adapt** *adaptarse,* 3
to **admit your mistake** *admitir tu error,* 7
advantage *la ventaja,* 3
adventurous *aventurero(a),* II
advertisement *el anuncio,* 8
aerobics *los ejercicios aeróbicos,* I
affection *el cariño,* II; **affectionate** *cariñoso(a),* I; **affectionately** *con cariño,* II
after *después de que,* 9; after *después,* I; *después de,* I; **After we graduate . . .** *Después de graduarnos...,* 10
afternoon *la tarde,* I; **in the afternoon** *de la tarde,* I; *por la tarde,* I
afterwards *después,* II
against *contra,* 9
to **agree** *estar de acuerdo,* II
agreed *de acuerdo,* I

air conditioning *el aire acondicionado,* II
air quality *la calidad del aire,* 3
air/water pollution *la contaminación del aire/agua,* 3
alarm clock *el despertador,* II
all *todo(a); todos(as),* I; **All of a sudden . . .** *De repente...,* II; **all right** *Está bien,* I; *de acuerdo,* II
almost *casi,* I; **almost always** *casi siempre,* I
along; along the beach *por la playa,* I
alongside *al lado de,* II
already *ya,* II
aluminum *el aluminio,* II
always *siempre,* I
American *americano(a),* I; *norteamericano,* I; *estadounidense,* III; **American football** *el fútbol norteamericano,* I
amusement park *el parque de atracciones,* II
amusing *divertido(a),* I
and *y,* I; **And you?** *¿Y tú?,* I
angry *enojado(a),* I; *enfadado(a),* II
ankle *el tobillo,* II
anniversary *el aniversario,* I; **anniversary party** *la fiesta de aniversario,* I
to **announce** *anunciar,* 8
announcement *el anuncio,* 8
to **annoy** *fastidiar,* II
annoying *pesado(a),* 1
another *otro(a); otros(as),* I
answering machine *la contestadora,* 3
anthropology *la antropología,* I
anxious *ansioso(a),* 2
Anyway . . . *De todos modos...,* II
apple *la manzana,* I

to **apply for** *solicitar,* 12
appointment *la cita,* II
to **appreciate** *apreciar,* 9
April *abril,* I
aquarium *el acuario,* I
architect *el (la) arquitecto(a),* 12
Are we going the right way to . . .? *¿Vamos bien para...?,* II
Are you still working? *¿Sigues trabajando?,* II
Argentine *argentino(a),* II
arm *el brazo,* I
army *el ejército,* 5
to **arrange to (do something)** *quedar en,* II
to **arrive** *llegar,* II
arrogant *arrogante,* 9
art *el arte,* I; *las artes (pl.),* I
artist, 6 *el (la) artista*
as *tan,* II; **as . . . as . . .** *tan ... como ...,* I; **as a child** *de pequeño; de niño(a),* II, 12; **as a small child** *de chiquito,* II; **As far as I know . . .** *Que yo sepa...,* 8; **as good as a saint** *tan bueno(a) como un ángel,* II; **as happy as a lark** *tan feliz como una lombriz,* II; **as noble as a lion** *tan noble como un perro,* II; **as soon as** *en cuanto, tan pronto como,* 9; **as strong as an ox** *tan fuerte como un toro,* II
to **ask for** *pedir (i),* I
to **ask questions** *hacer preguntas,* II
aspiration *la aspiración,* 10
to **aspire to** *aspirar a,* 10
to **assimilate** *asimilarse,* 10
at *a, por,* I; **at all** *para nada,* II; **at home** *en casa,* II; **at last** *por fin,* I; **at night** *por*

la noche, en la noche, I; **At what time?** ¿A qué hora?, II

At fourteen years of age, I was looking for . . . A los catorce años, buscaba..., 12

at the same time a la vez, 3

athletic atlético(a), 1

to **attend** asistir a, I

attitude la actitud, 9

attraction la atracción, I

August agosto, I

aunt la tía, I

autumn el otoño, II

avocado el aguacate, 4

to **avoid** evitar, II

awful pésimo(a), 6

B

back la espalda, I

back then en aquel entonces, II

backpack la mochila, I

bacon el tocino, I

bad malo(a), I

baggage carrier el maletero, la maletera, II

bakery la panadería, 4

balanced balanceado(a), II

bald calvo(a), II

balloons los globos, I

ballpoint pen el bolígrafo, I

banana el plátano, I

band la banda, II

bank el banco, II

banker el (la) banquero(a), 12

bargain la ganga, II

to **bargain** regatear, II

baseball el béisbol, I

basketball el baloncesto, el básquetbol, I

bat el murciélago, II

bathing suit el traje de baño, I

bathroom el cuarto de baño, II

to **be** ser; estar, I; **Be careful.** Ten cuidado., II; **to be a terrible bore** ser tan aburrido(a) como un pato, II; **to be able** poder (ue), I; **to be close to** estar cerca de, II; **to be crazy about** estar loco por, II; **to be disloyal** ser desleal, 7; **to be exhausted** estar rendido(a), 2; **to be exhausted, worn out** estar agotado(a), 2; **to be familiar with (something)** conocer, II; **to be far from** estar lejos de, II; **to be fed up (with)** estar harto(a), II; **to be furious** estar furioso(a), II; **to be grateful for/to** estar agradecido(a) por/a, 10; **to**

be happy alegrarse, 9; **to be honest, I think it's horrible.** Para ser sincero(a), me parece horrible., 6; **to be in a hurry** tener prisa, I; **to be in shape** estar en plena forma, II; **to be interested in** interesarle, II; **to be jealous of** tener celos de, 7; **to be located** encontrarse, II; **to be mad at each other** estar reñidos(as), II; **to be named** llamarse, II; **to be near** estar cerca de, II; **to be on a diet** estar a dieta, 2; hacer régimen, II; **to be overwhelmed by** estar abrumado(a) por, estar agobiado(a) por, 2; **to be ready** estar listo(a), I; **to be situated** quedar, I; **to be sleepy** tener sueño, I; **to be unfaithful** ser infiel, 7; **to be up to date on . . .** estar al tanto de..., 8; **to be well informed about . . .** estar bien informado(a) sobre, 8; **to be worth** valer, I

beach la playa, I

beans las caraotas (Ven.), 4; los frijoles, I

beard la barba, 1

beautiful hermoso(a), 6

because porque, I

bed la cama, I

beef la carne de res, I

before antes de que, 9; **before** antes de, I; **Before classes begin . . .** Antes de que empiecen las clases..., 10; **Before finishing . . .** Antes de terminar..., 10

to **begin** comenzar, empezar, II; **to begin with** para empezar, II

behind detrás de, II

to **believe** creer, I

belt el cinturón, I

beneath debajo de, I

benefits los beneficios, 12

besides además, I

to **betray the hero** traicionar al héroe, 5

to **better oneself** superarse, 10

better than mejor que, II

beverage la bebida, I

bicycle la bicicleta, I

big grande, II

bill la cuenta, I

bird el ave, las aves, II

birthday el cumpleaños, I; **birthday party** la fiesta de cumpleaños, I

black negro(a), I

to **blame (someone)** echarle la culpa a alguien, 7

block (city) la cuadra, I

blond rubio(a), I

blouse la blusa, I

to **blow up balloons** inflar los globos, I

blue azul, I

bluejeans los bluejeans, I

to **blush** ponerse rojo(a), 9

boardgame el juego de mesa, I

boat la lancha, II

body el cuerpo, I

Bolivian boliviano(a), II

book el libro, I

book bag la mochila, I

bookstore la librería, I

boots las botas, I

bored aburrido(a), II

boring aburrido(a), I; un rollo, 1; **extremely boring** aburridísimo(a)

boss el jefe, la jefa, 12

botanical garden el jardín botánico, I

to **bother** molestar, II

boy el chico, I

brave valiente, 5

bread el pan, I

break el descanso, I

to **break** romperse, II; **to break up** fracasarse, II; **to break up with** romper con, II; **to break off with someone** romper con, 7

breakfast el desayuno, I

to **breathe** respirar, II

bridge el puente, II

to **bring** traer, I

broadcasting station la emisora, 8

brother el hermano, I; **brothers and sisters** los hermanos, I

brown de color café, I; pardo, I

brunette moreno(a), I

to **brush** cepillarse, II

to **brush your teeth** lavarse los dientes, I

to **build** construir, II

building el edificio, II

bumper cars los carros chocones, II

bus el autobús, I; **bus stop** la parada del autobús, II

business la empresa, 12

businessman (-woman) el (la) comerciante, 12

busy ocupado(a), I; **the line is busy** la línea está ocupada, I

busybody   el (la) metiche, II
but   pero, I; But you have to take into account that . . . Pero hay que tener en cuenta que..., 5
butcher shop   la carnicería, 4
to buy   comprar, I; to buy him or her a gift   comprarle un regalo, 7
by   por, I; by the end of   para fines de, II; By the way . . . A propósito..., 6
'bye   chao, I

C

cafeteria   la cafetería, I
cake   el pastel, I; la torta, 4
calculator   la calculadora, I
calf (of the leg)   la pantorrilla, II
to call   llamar, I; to call the guests   llamar a los invitados, I
calm   tranquilo(a), II
camera   la cámara, I
to camp   acampar, I; camping tent   la tienda de camping, I
can   poder, I; Can I help you . . .?   ¿Te ayudo a...?, II; Can I help?   ¿Puedo ayudar?, II; Can you bring me . . .? ¿Me puedes traer...?, I; ¿Me traes...?, I; Can you do me the favor of . . .?   ¿Me haces el favor de...?, I; Can you give me . . .?   ¿Me das...?, I; Can you give me any advice? ¿Puedes darme algún consejo?, 2; Can you help me . . .? ¿Me ayudas a...?, I; Puedes ayudarme a ...?, II; Can you help me?   Me puede atender?, II; Can you lower the price for me?   Me puede rebajar el precio?, II; Can you pass me . . .?   ¿Me pasas...?, I; Can you tell me . . .?   ¿Me podría decir...?, II
candy   los dulces, I; candy store   la dulcería, I
canoe   la canoa, I
cans   las latas, II
car   el carro, I
card   la tarjeta, I
carpenter   el (la) carpintero(a), 12
carrot   la zanahoria, I
to carry out   llevar a cabo, 10
cash register   la caja, II
cashier   el cajero, la cajera, II
cat   el gato, I; to take care of

the cat   cuidar al gato, I
to catch (a thief)   pescar, 5
to cause stress   causar el estrés, 2
to celebrate   celebrar, 5
cellular phone   el teléfono celular, 3
century   el siglo, 3
cereal   el cereal, I
Certainly.   Por cierto., 8
chair   la silla, I
challenge   un desafío, un reto, 10
to change   cambiar, II; Changing subjects, what can you tell me about . . .?   Cambiando de tema, ¿qué me dices de...?, 6
channel   el canal, 8
to chat   platicar, II
cheap   barato(a), I
Cheer up!   ¡Ánimo!, 7
cheese   el queso, II
chemicals   los químicos, II
chicken   el pollo, I
children   los hijos, I
Chilean   chileno(a), II
China   (la) China, I
Chinese food   la comida china, I
chocolate   el chocolate, I
chores   los quehaceres, II
Christmas   la Navidad, I; Christmas Eve   la Nochebuena, I
church   la iglesia, II
circus   el circo, I
city   la ciudad, I; city block   la cuadra, II
clam   la almeja, 4
class   la clase, I; when class is over   cuando termine(n) la(s) clase(s), II
classical music   la música clásica, I
classmate   el compañero, la compañera, I
to clean   limpiar, I; to clean the kitchen   limpiar la cocina, I; clean   limpio(a), I
clear   despejado, II; to clear the table   quitar la mesa, II
clever   listo(a), I
climate   el clima, II
to climb   escalar, I; to climb trees   trepar a los árboles, II
clock   el reloj, I
close to   cerca, II
close-knit   unido(a), I
closet   el armario, I
clothing   la ropa, I
cloudy   nublado, I; It's cloudy.   Está nublado., I

clumsy   torpe, II
cod   el bacalao, 4
coffee   el café, I
coin   la moneda, II
cold   frío, I; It's cold.   Hace frío., I; cold, curt   seco(a), 9
to collect   coleccionar, II; to collect stickers, stamps   coleccionar adhesivos, sellos, 1
Colombian   colombiano(a), II
color   el color, I
comb   el peine, II; to comb your hair   peinarse, I
to combat   combatir, 9
to come   venir (ie), I; Come! ¡Ven!, I; Come along!   ¡Ven conmigo!, I
comfort   la comodidad, II; comfortable   cómodo(a), I
comical   cómico(a), I
comics   las tiras cómicas, I
commentator   el (la) comentarista, 8
to commit   cometer, 11
commitment   el compromiso, 10
compact disc   el disco compacto, I
company   la empresa, 12
competition   la competencia, II
to complain   quejarse (de), 9
computer   la computadora, II; computer programming, computer science   la informática, 3; la computación, I; computer programmer   el técnico de computadoras, 12
to contemplate   contemplar, 2
conceited   presumido(a), 9
concert   el concierto, I
congested   resfriado(a), I
Congratulations!   ¡Enhorabuena!, 5
to conquer   vencer, 5
consequently   por consiguiente, I
to conserve   conservar, II
contemporary   contemporáneo(a), 6
to continue   seguir (i), II
to contribute   contribuir, 2; aportar, 10
contribution   la aportación, 10
cookie   la galleta, I
to copy   copiar, II
corn   el maíz, I
corner   la esquina, II
Costa Rican   costarricense, II
costume   el disfraz, II
cotton (made of)   (de) algodón, I

cough *la tos*, I
Could you do me a favor?
¿Me podrías hacer un favor?, 4
Could you help me with . . .?
¿Me podrías ayudar con...?, 4
Could you please . . .?
Hazme/Hágame el favor de + inf., 4
to count on *contar con*, 7
country *el campo*, I
cousin *el (la) primo(a)*, I
creative *creativo(a)*, 6
crime rate *la criminalidad*, 11
crisis *la crisis*, II
crocodile *el cocodrilo*, II
to cross (at . . .) *cruzar (en...)*, II
to cry *llorar*, 5
Cuban *cubano(a)*, II
curly *rizado(a)*, II
custard *el flan*, I
custom *la costumbre*, 10
customer *el (la) cliente*, II
to cut *cortar*, I; to cut the grass *cortar el césped*, I
cycling *el ciclismo*, II

D

dad *el papá*, I
daily life *la vida diaria*, 3
dairy *la lechería*, 4
to dance *bailar*, I
dance *el baile*, I; *la danza*, 6
dancer *el bailarín, la bailarina*, 6
danger *el peligro*, 2
dangerous *peligroso(a)*, II
date *la fecha*, I; *la cita*, I
daughter *la hija*, I
day *el día*, I; a free day *un día libre*, I; day before yesterday *anteayer*, I; every day *todos los días*, I; (two, three . . .) days later *... días después*, I
dear *querido(a)*, II
December *diciembre*, I
to declare war *declarar la guerra*, 5
to decorate *decorar*, II
decorations *las decoraciones*, I
to decrease *bajar*, 11
to dedicate *dedicar*, II
deeply *profundamente*, II
defeat *la derrota*, 5
delicious *delicioso(a)*, I; *rico(a)*, I
delighted *encantado(a)*, I
delinquency, crime *la delincuencia*, 11
demanding *exigente*, II

department store *el almacén*, I
depressed *deprimido(a), triste*, II
to design *diseñar*, II
designer *el (la) diseñador(a)*, 12
desk *el escritorio*, I
to despair *desesperarse*, II
dessert *el postre*, I
destroy *destruir*, 3
destruction *la destrucción*, II
to develop *desarrollar*, 3
to devote (oneself to) *dedicarse a*, II
dictionary *el diccionario*, I
Did you find out about . . .?
¿Te enteraste de...?, II
Did you have a good time?
¿Qué tal lo pasaste?, II
to die *morir, quedar muerto*, 5
diet *la dieta*, II
difficult *difícil*, I
dining room *el comedor*, II
dinner *la cena*, I
diplomat *el (la) diplomático(a)*, 12
directions *las instrucciones*, II
dirty *sucio(a)*, I
disadvantage *la desventaja*, 3
disagreeable *antipático(a)*, I
disco *la discoteca*, 6
discount *el descuento*, II
to discover *descubrir*, 3
discrimination *la discriminación*, 9
to discuss the problem *discutir el problema*, 7
disease *la enfermedad*, 11
to dislike strongly *chocar*, II
to do *hacer*, I; Do! *¡Haz!*, I; Do you know (formal) . . .?
¿Sabe Ud...?, II; Do you know (informal) . . .?
¿Sabes...?, II; Do you know anything about . . .? *Sabes algo de...?*, 6; Do you know what you are going to order? *¿Ya sabe(n) qué va(n) a pedir?*, II; Do you like . . .? *¿Te gusta(n)...?*, II; Do you think so? I don't know. *¿Tú crees? No sé.*, 5; Do you think that . . .? *¿Crees que...?*, II; Do you think that . . .? *¿Te parece que...?*, II; Do you want to help me? *¿Quieres ayudarme?*, II; Don't add salt. *No añadas sal.*, II; Don't be . . . *No seas...*, II; Don't forget that . . . *No olvides que*, 12; Don't smoke anymore.

No fumes más., II; Don't worry. *No te preocupes. (fam.)*, I; to do situps *hacer abdominales*, II; to do weight lifting *levantar pesas*, II; to do well *salir bien*, II; to do yoga *hacer yoga*, I
doctor *el (la) médico(a)*, 12
documentary *el documental*, 8
dog *el perro*, I; to walk the dog *caminar con el perro*, I
dollar *el dólar*, I
dolphin *el delfín, los delfines*, II
Dominican *dominicano(a)*, II
door *la puerta*, I
downpour *el aguacero*, II
downtown *el centro*, I; Downtown, there is/are . . . *En el centro, hay...*, II
to draw *dibujar*, I
drawing *el dibujo*, 6
to dream about *soñar con*, II
dress *el vestido*, I
dressing room *el probador*, II
to drink *tomar, beber*, I
driver *el conductor, la conductora*, II
to drop by *pasar por*, II
drug addiction *la drogadicción*, 11
dry *seco(a)*, II
to dry oneself *secarse*, II
during *durante*, I
to dust *sacudir el polvo*, II
dwarf *el enano, la enana*, II

E

eagle *el águila, las águilas*, II
ear *el oído*, I
earlobe *la oreja*, I
earring *el arete*, I
Earth *la tierra*, II
east *el este*, II
Easter *las Pascuas*, I
easy *fácil*, I
to eat *comer*, I; to eat badly *alimentarse mal*, 2; to eat breakfast *desayunar*, I; to eat dinner *cenar*, I; to eat food low in fat *comer comida baja en grasa*, 2; to eat healthy food *comer comida sana*, 2; to eat lunch *almorzar (ue)*, I; to eat well *alimentarse bien*, 2
Ecuadorean *ecuatoriano(a)*, II
education *la educación*, I; physical education *la educación física*, I
effects *los efectos*, II

effort *el esfuerzo*, 10
eggs *los huevos*, I
Egypt *Egipto*, I
eight *ocho*, I
eight hundred *ochocientos(as)*, I
eighteen *dieciocho*, I
eighty *ochenta*, I
elbow *el codo*, II
electric cars *los carros eléctricos*, 3
electrical appliance *el aparato eléctrico*, 3
electricity *la electricidad*, II
eleven *once*, I
employee *el (la) empleado(a)*, 12
end *el fin*, I
enemy *el enemigo*, 5
energy *la energía*, II
engineer *el (la) ingeniero(a)*, 12
England *Inglaterra*, I
English class *la clase de Inglés*, I
to **enjoy** *disfrutar*, II
enough *lo suficiente*, 2
to **enroll** *inscribirse*, II
entertaining *entretenido(a)*, 6
enthusiastic *entusiasta*, II
entire *entero(a)*, II
environment *el medio ambiente*, II
eraser *la goma de borrar*, I
errand *el mandado*, II
especially *especialmente*, I
ethnic group *el grupo étnico*, 9
evening *por la noche*, I
event *el evento*, I
every *todo(a), todos(as)*; **every day** *todos los días*, I
Every cloud has a silver lining. *No hay mal que por bien no venga.*, 7
Everyone knows that . . . *Todo el mundo sabe que...*, 8
exam *el examen, (los exámenes)*, I
excellent *excelente*, I
excited *emocionado(a)*, II
Excuse me *Perdón*, I; *Perdóname*, I; *Disculpe*, II
to **exercise** *hacer ejercicio*, I; **exercises** *los ejercicios*, I
exhausted *agotado(a)*, 2
exhibition *la exhibición*, 6
expensive *caro(a)*, I
to **explore** *explorar*, I
extraordinary *de película*, II
extremely boring *aburridísimo(a)*, II
eyes *los ojos*, I

F

to **face** *enfrentar*, II
factory *la fábrica*, 3
to **fail (a test, a class)** *suspender*, II
fair *justo(a)*, II
fairy godmother *la hada madrina*, II
fairy tale *el cuento de hadas*, II
fall *el otoño*, I
to **fall asleep** *dormirse*, 2; **to fall down** *caerse*, II; **to fall in love** *enamorarse*, II
family *la familia*, I
fantastic *fantástico(a)*, I
far *lejos*; **far from** *lejos de*, I; **far away** *lejos*, II
fat *la grasa*, II
father *el padre*, I; **Father's Day** *el Día del Padre*, I
favorite *favorito(a)*, I
February *febrero*, I
to **feel** *sentirse (ie)*, I; **to feel like** *tener ganas de*, I; **to feel** *sentirse*, 9; **to feel proud of** *sentirse orgulloso(a) de*, 10; **to feel very lonely** *sentirse muy solo(a)*, 2
Ferris wheel *la rueda de Chicago*, II
festival *el festival*, II
fever, to have a *tener fiebre*, I
fifteen *quince*, I
fifty *cincuenta*, I
to **fight** *pelear*, II; *luchar*, 5
finally *por último*, II; **Finally . . .** *Al final...*, II
to **find** *encontrar (ue)*, I; **to find a job** *encontrar un empleo*, II; **to find out** *averiguar*, II
finger *el dedo*, I
firefighter *el (la) bombero(a)*, 12
firewood *la leña*, II
first *primero*, II
fish *el pescado*, I; *el pez, los peces*, II
to **fish** *pescar*, I
fish store *la pescadería*, 4
to **fit** *quedar*, I; **It fits you very well.** *Te queda muy bien.*, I
to **fit in** *encajar*, 10
five *cinco*, I
five hundred *quinientos(as)*, I
to **fix cars** *trabajar en mecánica*, II
to **fix dinner** *preparar la comida*, II
fixed prices *los precios fijos*, II
float *la carroza*, II
floor *el piso*, II
flower shop *la florería*, I

flowers *las flores*, I
flu *la gripe*, I
to **focus on** *enfocarse en*, 10
fog *la niebla*, II
folder *la carpeta*, I
to **follow directions** *seguir (i) las instrucciones*, II
food *la comida*, I; **Chinese food** *la comida china*, I; **Italian food** *la comida Italiana*, I; **Mexican food** *la comida mexicana*, I; **food server** *el mesero, la mesera*, II
foot *el pie*, I
football *el fútbol americano*, I
for *para*, I; **for (a period of time)** *por*, II; **For God's sake!** *¡Por Dios!*, 5; **for me** *para mí*, II; **For whom?** *¿Para quién?*, I
forest *el bosque*, I
to **forget** *olvidar*, 7; **to forget (about)** *olvidarse (de)*, II
Forgive me. *Discúlpame., Perdóname.*, 7
fork *el tenedor*, I
formal *formal*, I
forty *cuarenta*, I
four *cuatro*, I
four hundred *cuatrocientos(as)*, I
fourteen *catorce*, I
France *Francia*, I
free *gratis*, II
free time *el rato libre*, II
freeway *la autopista*, 3
French *el francés*, I
French fries *las papas fritas*, I
fresh *fresco*, II
fresh air *el aire puro*, II
Friday *el viernes*, I
fried chicken *el pollo frito*, 4
friend *el amigo (male), la amiga (female)*, I; *el compañero (male), la compañera (female)*, I
friendly *amigable*, 9
friendship *la amistad*, 7
from me *de mi parte*, II
fruit *la fruta*, I
fruit market *la frutería*, 4
fuel *el combustible*, II
full time *el tiempo completo*, 12
fun *divertido(a)*, I
funny *cómico(a)*, I
future *el porvenir*, 3

G

to **gain weight** *aumentar de peso*, II; *subir de peso*, 2
galaxy *la galaxia*, II

game *el juego,* I
game of...(sport) *el partido de...,* I
garden *el jardín,* II
gas station *la gasolinera,* II
generally *por lo general,* II
generous *generoso(a),* II
geography *la geografía,* I
Germany *Alemania,* I
to **get; to get (somewhere) on time** *llegar a tiempo,* II; to **get a sunburn** *quemarse,* 2; **to get along** *llevarse bien,* II; **to get angry** *enfadarse, enojarse,* 9; **to get anxious** *ponerse ansioso(a),* 2; **to get dressed** *vestirse (i),* II; **to get good grades** *sacar buenas notas,* II; **to get in shape** *ponerse en forma.,* II; **to get lost** *perderse (ie),* II; **to get married** *casarse,* II; **to get off (a bus or train)** *bajarse,* II; **to get on** *subirse,* II; **to get scared** *asustarse,* II; **to get sick** *enfermarse,* II; **to get tired** *cansarse,* II; **to get to know someone** *conocer,* I; **to get together with friends** *reunirse con amigos,* II; **to get up** *levantarse,* II; **to get up early** *levantarse temprano,* 2
gift *el regalo,* I; **to open gifts** *abrir los regalos,* I; **to receive gifts** *recibir regalos,* I
gigantic *gigantesco(a),* II
girl *la chica,* I
to **give** *dar, regalar,* I; **to give him or her a hug** *darle un abrazo,* 7; **to give one's regards to** *dar un saludo a,* II; **to give permission** *dar permiso,* II; **to give thanks** *agradecer,* 7; **to give yourself time to think** *darse tiempo para pensar,* 7
glass *el vaso,* I; *el vidrio,* II
to **go** *ir,* I; **Go!** *¡Ve!,* I; **Go away!** *¡Vete!,* I; **to go away** *irse,* II; **to go by the bank** *pasar por el banco,* II; **to go by the pharmacy** *pasar por la farmacia,* II; **to go by the post office** *pasar por el correo,* II; **to go canoeing** *bajar el río en canoa,* I; **to go down (a street or road)** *bajar por,* II; **to go hiking** *dar una caminata,* I; **to go horseback riding** *montar a caballo,* 1; **to go mountain**

climbing *escalar montañas,* I; **to go out** *salir,* I; **to go sailing** *ir de vela, pasear en velero,* 1; I; **to go sightseeing** *hacer turismo,* I; **to go sky-diving** *saltar en paracaídas,* I; **to go to the mall** *ir al centro comercial,* I; **to go to bed** *acostarse (ue),* II; **to go to bed late** *acostarse tarde,* 2; **to go up (a street or road)** *subir por,* II; **to go windsurfing** *montar en tabla de vela,* II; **to go with** *acompañar a,* II
god *el dios,* 5
goddess *la diosa,* 5
gold *el oro,* 5
good *bueno(a),* I; **Good afternoon.** *Buenas tardes.,* I; **Good evening.** *Buenas noches.,* I; **Good idea.** *Buena idea.,* II; **Good morning.** *Buenos días.,* I; **Good night.** *Buenas noches.,* I; **a good person** *buena gente,* 1; **good, kind** *bondadoso(a),* 9; **good-looking** *guapo(a),* I
Goodbye *Adiós,* I
goods *los productos,* II
to **gossip** *chismear,* 7
gossip *el chisme,* II; **gossipy** *chismoso(a),* 9
grades *las notas,* II
graduation *la graduación,* I; **graduation party** *la fiesta de graduación,* I
grandfather *el abuelo,* I
grandmother *la abuela,* I
grandparents *los abuelos,* I
grapefruit *la toronja,* I
grapes *las uvas,* I
grass *el césped,* I
gray *gris,* I; **gray hair** *las canas,* I
great *excelente,* I; *magnífico(a),* I; *de maravilla,* II
great *fenomenal,* 1, *genial,* 6; **a great guy** *un gran tipo, un tío estupendo,* 1; **a great person** *una gran persona,* 1
green *verde,* I
greeting card *la tarjeta,* I
grilled steak *el bistec a la parrilla,* 4
grocery store *la tienda de comestibles,* I
Gross! Yuck! *¡Guácala!,* 4
to **grow** *crecer,* 3; **to grow up** *criarse,* 10
guard *el guardia,* 5

Guatemalan *guatemalteco(a),* II
guests *los invitados,* I
guide *el (la) guía,* II
guitar *la guitarra,* I
gym *el gimnasio,* I

H

habit *el hábito,* II
hair *el pelo,* I; **He/She has gray hair** *Tiene canas,* I
hair dryer *la secadora de pelo,* II
half-brother *el medio hermano,* I
half past (the hour) *y media,* I
half-sister *la media hermana,* I
ham *el jamón,* I
hamburger *la hamburguesa,* I
to **hand in homework** *entregar la tarea,* II
to **hang up** *colgar (ue),* I
happy *contento(a), feliz,* II
to **hate** *odiar,* II
to **have** *tener (ie),* I; **to have a cough** *tener tos,* I; **to have a fever** *tener fiebre,* I; **to have breakfast** *desayunar,* I; **to have the flu** *tener gripe,* I; **to have to (do something)** *tener que + inf.,* I; **to have to go** *tener que irse,* I; **to have a cramp** *tener calambre,* II; **to have dinner/supper** *cenar,* II; **to have fun** *divertirse (ie),* II; **to have a fight** *pelearse,* 7; **to have a good sense of humor** *tener un buen sentido del humor,* 1; **to have a misunderstanding** *tener un malentendido,* 7; **to have good eating habits** *tener buenos hábitos de alimentación,* 2; **Have you thought of . . .?** *¿Has pensado en...?,* 6
he *él,* I; **He feels proud of having . . .** *Se siente orgulloso de haber...,* 10; **He speaks French very well.** *Domina el francés.,* 10; **he/she is . . . tall** *mide,* II; **He/She is . . . years old** *Tiene... años.,* II; **he/she said that** *dijo que,* II
head *la cabeza,* I
health *la salud,* II; **healthy** *sano(a),* II
heat *el calor,* I; *la calefacción,* II
heavy *fuerte,* I

height *la estatura*, II
Hello *Aló*, I, *¡hola!*, I, *Diga*, I
to help at home *ayudar en casa*, I
here *aquí*, I
high school *el colegio*, I
highway *la autopista*, 3
hiking *el senderismo*, II
hobby *el pasatiempo*, II
holidays *los días festivos*, I
home *la casa*, I
homework *la tarea*, I
homicide *el homicidio*, 11
Honduran *hondureño(a)*, II
honest *honesto(a)*, II
honorable *honrado(a)*, 5
to hope *Esperar que* + subj., *esperar* + inf., 5
Hopefully *Ojalá que* + subj., 5
horrible *horrible*, I
horseback riding *la equitación*, 1
hot *caliente*, I; to be hot *hacer calor*, I
hot dog *el perro caliente*, I
hour *la hora*, I
house *la casa*, I
How about if you . . .? *¿Qué tal si... ?*, II; How are you feeling? *¿Cómo te sientes?*, II; How are you? *¿Cómo estás?*, II; How awful! *¡Qué desastre!*, 5; How can I help you? *¿En qué le puedo servir?*, II; How cheap! *¡Qué barato!*, I; How delicious! *¡Qué sabroso!*, 4; How did it go? *¿Cómo te fue?*, II; How disgusting! *¡Qué asco!*, 4; How do I look? *¿Cómo me veo?*, II; How do you feel about . . .? *¿Que te parece si...?*, I; How do you get to . . .? *¿Cómo se va a...?*, II; How does it fit you? *¿Cómo te queda?*, II; How expensive! *¡Qué caro!*, I; How horrible! *¡Qué horror!*, 5; How long have/has . . .? *¿Cuánto tiempo hace que... ?*, II; How many? *¿Cuántos? (masc. and mixed group pl.)*, *¿Cuántas? (fem. pl.)*, I; How much do . . . cost? *¿Cuánto cuestan...?*, I; How much does . . . cost? *¿Cuánto cuesta...?*, I; How much is it? *¿Cuánto es?*, I; *¿Cuánto vale?*, II; How much will you let it go for? *¿En cuánto lo deja?*, II; How much? *¿cuánto(a)?*, I; How nice it would be if there were peace . . . *Qué bonito sería, si hubiera paz...*, 11;

How often? *¿Con qué frecuencia?*, I; How old are you? *¿Cuántos años tienes?*, I; How should I know? *Qué sé yo?*, 8; How silly! *¡Qué tontería!*, 5; How sorry I am! *¡Cuánto lo siento!*, 5; How was it? *¿Cómo estuvo?*, *¿Qué tal estuvo?*, II; How wonderful! *¡Qué maravilla!*, 5; How's it going? *¿Qué tal?*, I; How? *¿Cómo?*, I; How?
hug *el abrazo*, II
humid *húmedo*, II
hundred *cien, ciento*, I
hungry, to be *tener hambre*, I
hurry *la prisa*; Hurry up! *¡Date prisa!*, I; I'm in a hurry *tengo prisa*, I
to hurt *doler (ue)*, to ache, II; to hurt (oneself) *hacerse daño*, II
husband *el esposo*, I

I

I *yo*, I
I achieved success in . . . *Alcancé éxito en...*, 10
I admire very much . . . *Admiro mucho...*, 6
I advise you to . . . *Te aconsejo* + inf., 2; I advise you to . . . *Te aconsejo que...*, 12
I agree. *Estoy de acuerdo.*, II
I already know. *Ya lo sé.*, II
I always have to do it. *Siempre me toca a mí.*, II
I am fed up with . . . *Estoy harto(a) de...*, 1
I can't believe it! *¡No lo puedo creer!*, II; I can't believe that . . . *No puedo creer que*, 8; I can't stand it. *No lo soporto.*, 6
I didn't mean to do it. *Lo hice sin querer.*, 7; I didn't study, so . . . *No estudié, así que...*, 10
I disagree that . . . *Niego que...*, 9; I disagree. *No estoy de acuerdo.*, II
I don't agree that . . . *No estoy de acuerdo en que...*, 9; I don't believe it. *No lo creo.*, II; I don't believe that . . . *No creo que*, 8; I don't have the slightest idea. *No tengo la menor idea.*, 8; I doubt it. *Lo dudo.*, II
I doubt that . . . *Dudo que...*, 8
I feel . . . *Me siento...*, II; I feel

frustrated when . . . *Me frustro cuando...*, 9; I feel pressured when . . . *Me siento presionado(a) cuando...*, 9
I find it . . . *Lo encuentro...*, 6
I get along very well with . . . *Me llevo muy bien con...*, II; I get angry when . . . *Me enfado cuando...*, *Me enojo cuando...*, 9
I had hopes of . . . *Tenía muchas esperanzas de...*, 5; I had to . . . *Tenía que...*, II
I heard that . . . *Oí que...*, 5
I hoped to . . . *Esperaba...*, II
I imagine that . . . *Me imagino que...*, 3
I intend to . . . *Pienso...*, 12; *Tengo la intención de...*, 10
I know! *¡Ya lo sé!*, 8
I know Spanish and Portuguese; therefore . . . *Sé español y portugués; en consecuencia...*, 10
I laugh when . . . *Me río cuando...*, 9
I lost . . . *Se me perdieron...*, 4
I plan to . . . *Pienso...*, 10; I planned to . . . *Pensaba...*, II
I propose . . . *Propongo...*, 11
I put a lot of effort into . . . *Puse todo mi esfuerzo en...*, 10
I ran out of . . . *Se me acabó...*, 4
I read that . . . *Leí que...*, II
I really (don't) like . . . *Me cae bien (mal)...*, II
I recommend . . . *Recomiendo...*, II; I recommend that you . . . *Te recomiendo* + inf., 2; I recommend that you . . . *Te recomiendo que...*, 12
I spend my time. . . *Me la paso...*, 1
I suggest that . . . *Sugiero que...*, 6
I suppose that . . . *Supongo que...*, 9
I think it's worth it . . . *Creo que vale la pena...*, 3; I think that . . . *Me parece que...*, II; I think you're wrong. *Me parece que no tienes razón.*, II; I thought . . . was great. *Quedé muy impresionado(a) con...*, II
I understand that . . . *Tengo entendido que...*, 9
I want to be . . . *Quiero ser...*, 12; I want to visit Spain in order to . . . *Quiero visitar*

España para..., 10; **I wanted to but couldn't.** *Quería pero no pude.*, II

I was going to ... but I wasn't able. *Iba a... pero no pude.*, II

I wear size ... *Uso talla...*, II

I won't do it again. *No lo volveré a hacer.*, 7; **I won't do it anymore.** *No lo haré más.*, 7; **I would dedicate myself to ...** *Me dedicaría a...*, 11; **I would start by ...** *Yo empezaría por...*, 11; **I would try to ...** *Intentaría...*, 11

I'd be interested in studying to be a ... *Me interesaría estudiar para...*, 12; **I'd like to be ...** *Me gustaría ser...*, 12; **I'd like to but I have to ...** *Me gustaría, pero tengo que...*, II; **I'd love to ...** *Me encantaría...*, 12

I'll give it to you for ... *Se lo doy por...*, II; **I'll have ... (ordering food)** *Para mí...*, II; **I'll let you have it for ...** *Se lo regalo por...*, II; **I'll look for ...** *Buscaré...*, 12; **I'll never forget it.** *Nunca lo olvidaré.*, 7

I'm ... tall *mido*, II; **I'm ... years old** *Tengo... años.*, II; **I'm a big fan of...** *Soy un(a) fanático(a) de...*, 1; *Soy un(a) gran aficionado(a) a...*, 1; **I'm bilingual; therefore ...** *Soy bilingüe; por lo tanto...*, 10; **I'm convinced that ...** *Estoy convencido(a) que...*, 8; **I'm crazy about ...** *Estoy loco(a) por...*, 1; **I'm delighted that ...** *Estoy encantado(a) que...*, 7; **I'm delighted that ...** *Me encanta que...*, 7; **I'm disappointed.** *Estoy decepcionado(a).*, 7; **I'm disappointed.** *Estoy desilusionado(a).*, 7; **I'm frustrated.** *Me siento frustrado(a).*, 7; **I'm glad that ...** *Me alegro que...*, 7; **I'm going to be ...** *Voy a ser...*, 12; **I'm happy when ...** *Me alegro cuando...*, 9; **I'm happy.** *Estoy contento(a).*, 7; **I'm hurt.** *Estoy dolido(a).*, 7; **I'm in a good mood.** *Estoy de buenas.*, 7; **I'm in heaven!** *¡Estoy en la gloria!*,

7; **I'm in your debt.** *Te debo mucho.*, 7

I'm not sure that ... *No estoy seguro(a) que...*, 8; **I'm not sure.** *No estoy seguro(a).*, II

I'm sick and tired of ... *Estoy harto(a) de...*, II; **I'm sorry.** *Lo siento.*, II; **I'm sure that ...** *Estoy seguro(a) que...*, 8; **I'm under the impression that ...** *Tengo la impresión de que...*, 9; **I'm very grateful to you for that.** *Te lo agradezco mucho.*; **I'm very pleased.** *Me da mucho gusto.*, 5; **I'm very sorry.** *Lo siento mucho.*, 7; **I'm very sorry.** *Me da mucha pena.*, 5

I've already done it a thousand times. *Yo ya lo hice mil veces.*, II; **I've no idea.** *No tengo ni Idea.*, II; **I've noticed ...** *Me he fijado en...*, 11

ice cream parlor *la heladería*, 4

iced tea *el té frío*, I

idea *la idea*, I

if *si*, I; **if you want** *si quieres*, II; **If I could ... I would live ...** *Si pudiera... viviría...*, 9; **If I had ... I would buy ...** *Si tuviera... compraría...*, 9; **If I lived ... I would only use ...** *Si yo viviera... sólo usaría...*, 11; **If I were president, I would talk ...** *Si yo fuera presidente, hablaría...*, 11; **If we don't act now ... it will get worse ...** *Si no actuamos ahora... va a empeorarse...*, 11; **If we don't do anything about ... the deterioration will continue ...** *Si no hacemos nada por ... el deterioro continúe...*, 11; **If you could ... what would you change?** *Si tú pudieras... ¿qué cambiarías?*, 11; **If you could ... where would you go?** *Si pudieras... ¿adónde irías?*, 9; **If you had ... what would you do?** *Si tuvieras... ¿qué harías?*, 9

ignorance *la ignorancia*, 9

ill *enfermo(a)*, II

imaginative *imaginativo(a)*, 6

Imagine! *¡Fíjate!*, II

immediately *inmediatamente*, II

impatient *impaciente*, II

to **implement** *implementar*, 11

important *importante*, II

to **improve** *mejorar*, 3

in *en, por*, I; **in a bad mood** *de mal humor*, II; **in a good mood** *de buen humor*, II; **in front of** *delante de*, II; **in my time** *en mis tiempos*, II; **in order to** *para* + inf., II; **In short ...** *En fin...*, II; **in the afternoon (P.M.)** *de la tarde*, I; **in the evening (P.M.)** *de la noche*, I; **in the morning (A.M.)** *de la mañana*, I; **in those days** *en aquella época*, II; **in those times** *en aquellos tiempos*, II; **In your opinion ...** *En tu opinión...*, II; **in case** *en caso de que*, 9

included *incluido(a)*, I

to **increase** *aumentar*, II

Independence Day *el Día de la Independencia*, I

to **inflate** *inflar*, I

to **inform** *informar*, 3

to **injure (oneself)** *lastimarse*, II

inline skating *el monopatín*, 1

insects *los insectos*, II

intelligent *inteligente*, I

to **intend** *pensar* + inf., I

intending to *con la intención de*, 10

interesting *interesante*, I

intersection *el cruce*, II

invitation *la invitación*, I

to **invite** *invitar*, 6

to **iron** *planchar*, I

Isn't it? *¿no?*, I

it *lo/la*, II

Italian food *la comida italiana*, I

Italy *Italia*, I

It can't be. *No puede ser.*, II

It depends on your point of view. *Depende de tu punto de vista.*, 5

It doesn't do anything for me. *Me deja frío(a).*, 6; **It doesn't interest me at all.** *No me interesa para nada.*, 1; **It doesn't seem right to me.** *No me parece bien.*, II

It frustrates me that ... *Me frustra que...*, 7

It makes me want to cry. *Me dan ganas de llorar.*, 7

it rains *llueve*, II

It really hurts me that ... *Me duele mucho que...*, 7

It seems ... to me *Me parece...*, II; **It seems really boring to**

me. *Me parece un rollo.*, 1; **It seems to me . . .** *Se me hace que...*, 3; **It seems to me that . . .** *Me parece que...*, 3
it snows *nieva*, II
It tastes great. *Sabe riquísimo.*, 4
It was one of my great ambitions. *Era una de mis grandes ambiciones.*, 5; **It was when . . .** *Fue cuando...*, II
It will be necessary to . . . *Habrá que...*, 11
It won't last forever. *No hay mal que cien años dure.*, 7
It would be a good idea for you to . . . *Sería bueno + infinitive.*, 2; **It would be a good/bad idea to . . .** *Sería buena/mala idea...*, 6; **It would be wonderful if a cure were found . . .** *Sería maravilloso si se encontrara una cura...*, 11
it's . . . turn *le toca a...*, II; **It's a rip-off!** *¡Es un robo!*, I; **It's all the same to me.** *Me da igual...*, 1; *Me da lo mismo.*, 1; **It's better for you to . . .** *Es mejor que...*, 6
It's cold. *Hace frío.*, I; **It's cool.** *Hace fresco.*, I
It's evident that . . . *Es evidente que...*, 8
It's extremely important . . . *Es sumamente importante...*, 6
It's Greek to me. *Me suena a chino.*, 8
It's hard to believe that . . . *Parece mentira que*, 8
It's hot. *Hace calor.*, I
It's imperative . . . *Es imperativo...*, 6; **It's important . . .** *Es importante...*, II; **It's important that . . .** *Es importante que...*, 12
It's impossible that . . . *Es imposible que...*, 8
It's just that . . . *Es que ...*, II
It's likely that . . . *Es fácil que...*, 8
It's my turn. *Me toca a mí.*, II
It's necessary . . . *Es necesario...*, II; *Es preciso...*, II; *Hace falta...*, 6; *Hay que...*, 3
It's not advisable that you . . . *No te conviene...*, 6; **It's not fair.** *No es justo.*, II; **It's not true that . . .** *No es cierto que...*, *No es verdad que...*, 9
It's obvious that . . . *Es obvio que...*, 8

It's our duty . . . *Es nuestro deber...*; **It's our responsibility . . .** *Es nuestra responsabilidad...*, 3
It's possible that . . . *Es posible que...*, *Puede ser que...*, 8; **It's probable that . . .** *Es probable que...*, 8
It's raining. *Está lloviendo.*, I; *Llueve.*, I; **It's snowing.** *Está nevando.*, I; *Nieva.*, I
It's stylish. *Está de moda.*, II
It's sunny. *Hace sol.*, I
It's true that . . . *Es cierto que...*, 8; **It's true that . . . but on the other hand . . .** *Es cierto que... pero por otro lado...*, 3
It's unbelievable that . . . *Es increíble que...*, 8; **It's unlikely that . . .** *Es difícil que...*, 8
It's up to all of us. *A todos nos toca.*, II; **It's up to me.** *Me toca a mí.*, II; **It's up to us . . .** *Nos toca a nosotros...*, 3; **It's up to you.** *Te toca a ti.*, II
It's urgent . . . *Es urgente...*, II
It's windy. *Hace viento.*, I
It's your turn *Te toca a ti.*, II

J

jacket *la chaqueta*, I
jail *la cárcel*, 5
January *enero*, I
jazz *el jazz*, I
jealous *celoso(a)*, 5
jewelry store *la joyería*, I
job *el trabajo*, I
joke *el chiste*, II
journalist *el (la) periodista*, 12
journey *el recorrido*, II
juice *el jugo*, I
July *julio*, I
to **jump rope** *saltar a la cuerda*, II
June *junio*, I
jungle *la selva*, I
justice *la justicia*, 5
juzgar *to judge*, 9

K

to **keep clean** *mantener limpio*, II
Keep in mind that . . . *Ten en cuenta que...*, 3
kind *bondadoso(a)*, II
kitchen *la cocina*, I
knee *la rodilla*, II
knife *el cuchillo*, I
to **know** *saber*, II; **to know (a person)** *conocer a*, II

L

lake *el lago*, I
to **lament** *lamentar*, 5
lamp *la lámpara*, I
landscape *el paisaje*, II
last *pasado(a)*, I; **last night** *anoche*, I; **last Saturday** *el sábado pasado*, I; **last summer** *el verano pasado*, I; **last week** *la semana pasada*, I; **last year** *el año pasado*, I
late *atrasado(a)*, I; **to be late** *estar atrasado(a)*, I
later *más tarde*, I; *luego*, II
to **laugh** *reírse*, 2
lawyer *el (la) abogado(a)*, 12
lazy *flojo(a)*, II; *perezoso(a)*, 9
to **lead** *llevar*, I; **to lead a healthy life** *llevar una vida sana*, I; **to lead a hectic life** *llevar una vida agitada*, 2
to **learn to do something** *aprender a + inf.*, 6
leather (made of) *(de) cuero*, I
to **leave** *salir*, I; **to leave a message** *dejar un recado*, I; **to leave (behind)** *dejar*, II; **to leave the tip** *dejar la propina*, II; **to leave something for another time** *dejar para*, 6
left *la izquierda*, II; **to the left** *a la izquierda*, II
leg *la pierna*, I
lemonade *la limonada*, I
less *menos*, I; **less . . . than** *menos ... que*, I
Let's see . . . *A ver...*, 3
letter *la carta*, I
lettuce *la lechuga*, I
library *la biblioteca*, I
to **lie** *mentir*, 7
life *la vida*, I
lifestyle *el estilo de vida*, II
to **lift** *levantar*, I; **to lift weights** *levantar pesas*, I
light *la luz*, II; **light** *ligero(a)*, I
to **like** *gustar*, II; *gustarle a*, I; **to like (dislike) someone** *caerle bien (mal)*, II; **to like very much** *encantar*, II; **to really like** *encantar*, I
to **listen to** *escuchar*, I; **Listen, have you heard about . . .?** *Oye, ¿has oído hablar de...?*, II; **to listen to music** *escuchar música*, I
to **live** *vivir*, I
living room *la sala*, I
lonely *solitario(a)*, II

Look . . . *Mira...,* II
to look at oneself *mirarse,* II
to look for *buscar,* I
to look young *verse joven,* I
to lose weight *bajar de peso,* II
to love *encantarle a,* I; *fascinar,* II
lunch *el almuerzo,* I

M

ma'am *señora,* I
magazine *la revista,* I
magnificent *magnífico(a),* II
major crime *el crimen,* 11
to make a note of *apuntar,* II; to
   make a pedestrian zone
   establecer una zona peatonal,
   3; to make an effort *esfor-*
   zarse por, 10; to make friends
   with someone *hacerse*
   amigo(a) de alguien, II; to
   make fun of *burlarse (de),*
   9; to make mistakes
   cometer errores, II; to make
   peace *acordar la paz,* 5; to
   make plans *hacer planes,* II;
   to make the bed *hacer la*
   cama, I; to make the bed
   tender (ie) la cama, II; to
   make up *hacer las paces,* II;
   reconciliarse, 7
mall *el centro comercial,* I
manager *el (la) gerente,* 12
mango *el mango,* I
many *muchos(as),* I
to march *desfilar,* II
March *marzo,* I
market *el mercado,* II
martial arts *las artes*
   marciales, II
mask *la máscara,* II
masterpiece *obra maestra,* 6
to match *hacer juego con,* II
mathematics *matemáticas,* I
May *mayo,* I
maybe *tal vez,* I; *quizás,* 8
me too *yo también,* I
meat *la carne,* I
mechanic *el (la) mecánico(a),*
   12
medium *mediano(a),* II
to meet up (with) *encontrarse*
   (con), II
to memorize *aprender de*
   memoria, II
menu *el menú,* I
message *el recado,* I; May I
   leave a message? *¿Puedo*
   dejar un recado?, I
Mexican food *la comida*
   mexicana, I

microwave oven *el horno de*
   microondas, 3
mile *la milla,* I
milk *la leche,* I
milkshake *el batido,* I
mineral water *el agua*
   mineral, I
minor crime *el delito,* 11
minority *la minoría,* 9
mirror *el espejo,* II
mischievous *travieso(a),* 9
miss *señorita,* I
to miss (a class, an exam,
   etc.) *perder (ie),* II; to miss
   (someone) *echar (a alguien)*
   de menos, II
modern world *el mundo*
   moderno, 3
moment *el momento,* I
Monday *el lunes,* I
money *el dinero,* I
monkey *el mono,* II
month *el mes,* I
moody *melancólico(a),* 9
more *más,* I; more . . .
   than *más ... que,* I
morning *la mañana,* I
mother/mom *la*
   madre/mamá, I
Mother's Day *el Día de la*
   Madre, I
mountain *la montaña,* I; to
   go mountain climbing
   escalar montañas, I;
   mountain climbing *el*
   montañismo, II
moustache *el bigote,* 1
mouth *la boca,* I
to move *moverse,* II
movie *la película,* I; movie
   star *la estrella de cine,* II;
   movie theater *el cine,* I
museum *el museo,* I
music *la música,* I; classical
   music *la música clásica,* I;
   music by . . . *la música*
   de..., I; pop music *la música*
   pop, I; rock music *la música*
   rock, I
musician *el (la) músico(a),* 6
must *deber,* II
my *mi,* I; *mis,* I; My city is . . .
   Mi ciudad es..., II; My God!
   ¡Válgame Dios!, 5; my last
   offer *mi última oferta,* II;
   My most heartfelt condolences. *Mi más sentido*
   pésame., 7; My name is . . .
   Me llamo..., II; My successes
   are due to . . . *Mis éxitos se*
   deben a..., 10

N

named, to be *llamarse,* I; my
   name is... *me llamo,* I
napkin *la servilleta,* I
natural resources *los recursos*
   naturales, II
nature *la naturaleza,* II
nature (disposition) *el modo*
   de ser, 10
near *cerca de,* I
neck *el cuello,* II
necklace *el collar,* I
to need *necesitar,* I
neither *tampoco,* II
nervous *nervioso(a),* II; to
   get nervous *ponerse*
   nervioso(a), 2
network *la cadena,* 8
never *nunca,* I
new *nuevo(a),* I; new friends
   los nuevos amigos, I; New
   Year's Day *el Año Nuevo,* I;
   New Year's Eve *la Noche-*
   vieja, I
news *las noticias,* II; news
   program *el noticiero,* 8;
   newspaper *el periódico,* I
next *a continuación,* II; next
   (day, week, year . . .) *al...*
   siguiente, el (la)... que viene,
   II; next to *al lado de,* I; *junto*
   a, II; Next time I'll go. *La*
   próxima vez iré., 6
Nicaraguan *nicaragüense,* II
nice *majo(a),* 1; *simpático(a),*
   I; Nice to meet you *Mucho*
   gusto, I
night *la noche,* I; Good
   night. *Buenas noches.,* I;
   last night *anoche,* I; the
   night before last *ante-*
   anoche, I
nine *nueve,* I
nine hundred *nove-*
   cientos(as), I
nineteen *diecinueve,* I
ninety *noventa,* I
no *no,* I; No thanks, just the
   check. *No, gracias, sólo la*
   cuenta., I; No way!
   ¡N'ombre!, ¡Qué va!, II
nobody can stand him *no*
   hay quien lo aguante, 1
noise *el ruido,* II
noisy *ruidoso(a),* II
none *ninguno(a),* II; None of
   that! *¡Nada de eso!,* 5
nor *ni,* I
normally *normalmente,* II
north *el norte,* II; to the
   north *al norte,* II
nose *la nariz,* I

not to keep secrets *no guardar sus secretos*, 7; **not to know a thing about . . .** *no saber ni jota de...*, 8
notebook *el cuaderno*, I
nothing *nada*, I
novel *la novela*, I
November *noviembre*, I
now *ahora*, I
nowadays *hoy en día*, 3
nowhere *ningún lugar*, I
nuclear/solar energy *la energía nuclear/solar*, 3
numbers *los números*, I
nurse *el (la) enfermero(a)*, 12
nutrition *la alimentación*, 2

O

objective *el objetivo*, 10
obligation *el compromiso*, 10
obstacle *el obstáculo*, 10
ocean *el océano*, II
October *octubre*, I
of course *claro; por supuesto*, II; **Of course . . .** *Claro que...*, 8; **Of course not!** *¡Claro que no!*, 5; **Of course!** *¡Cómo no!*, 5; *Claro que sí!*, II; *Desde luego.*, 5; *Por supuesto.*, 8
often *muchas veces*, I
Oh my! *¡Ay de mí!*, 5
Oh what a pain!, *¡Ay, qué pesado!*, II
okay *regular*, I
old *viejo(a)*, I
older *mayor*, I
older than *mayor que*, II
on *en*, I; **on my behalf** *de mi parte*, II; **on sale** *en barata*, II; **on the coast** *en la costa*, II; **On the contrary!** *¡Al contrario!*, II; **on the dot** *en punto*, I; **on top of** *encima de*, I
Once upon a time . . . *Érase una vez...*, II
one *uno*, I
One believes that . . . *Se cree que...*, 5
one moment *un momento*, I
One must . . . *Hay que...*, II
onion *la cebolla*, I
only *sólo*, I
open *abierto(a)*, 1
to **open** *abrir*, I; **to open gifts** *abrir regalos*, I
open-air market *el mercado al aire libre*, II
orange *anaranjado(a)*, I
orange *la naranja*, I; **orange juice** *el jugo de naranja*, I
orchestra *la orquesta*, 6

to **order** *pedir (i)*, I; **to order food** *pedir la comida*, II
to **organize** *organizar*, I
other *otro(a); otros(as)*, I
ought to *deber*, I
our *nuestro(a)*, I
to **overcome** *superar*, 10
overweight *gordo(a)*; **a little overweight** *un poco gordo(a)*, I
overwhelmed *agobiado(a)*, 2
to **owe** *deber*, 7
oyster *la ostra*, 4
ozone layer *la capa de ozono*, II

P

to **pack a suitcase** *hacer la maleta*, II
packaged goods *los productos empacados*, II1
to **paint** *pintar*, I
painting *la pintura*, 6
pair of *el par de*, II
pal *el (la) compañero(a)*, I
Panamanian *panameño(a)*, II
pants *los pantalones*, I
papaya *la papaya*, I
paper *el papel*, I
to **parade** *desfilar*, II
parade *el desfile*, II
Paraguayan *paraguayo(a)*, II
parents *los padres*, I
park *el parque*, I; **amusement park** *el parque de atracciones*, I
parking (space) *el estacionamiento*, II
parrot *el loro*, II
part time *medio tiempo*, 12
party *la fiesta*, I
to **pass** *pasar*, I; **to pass (an exam)** *aprobar*, II
passenger *el pasajero, la pasajera*, II
pastime *el pasatiempo*, II
pastry shop *la pastelería*, 4
to **pay a compliment** *hacer un cumplido*, 7
to **pay attention** *prestar atención*, II
peach *el melocotón*, 4
peanut butter *la crema de maní*, I
pencil *el lápiz*, I
percent *por ciento*, II
perfect *perfecto(a)*, I
perhaps *tal vez*, I; **perhaps another day** *tal vez otro día*, I
Perhaps . . . *A lo mejor...*, 8
personal computer *la*

computadora personal, 3
Peruvian *peruano(a)*, II
petroleum *el petróleo*, II
pharmacist *el (la) farmacéutico(a)*, 12
pharmacy *la farmacia*, II
photography *la fotografía*, 1
physical education *la educación física*, I
piano *el piano*, I
pineapple *la piña*, I
pizza *la pizza*, I
pizzeria *la pizzería*, I
place *el lugar*, I
to **place** *poner*, I; **Place!** *¡Pon!* I
plaid *de cuadros*, I
plan *el plan*, I; **I already have plans.** *Ya tengo planes.*, I
to **plan** *pensar* + inf., I
planet *el planeta*, II
plant *la planta*, I
to **plant** *sembrar*, 3
plastic *el plástico*, II
plate *el plato*, I
to **play** *jugar*, II; **to play an instrument** *tocar un instrumento*, I; **to play cards** *jugar a las cartas*, II; **to play tricks** *hacer travesuras*, II; **play (theatrical)** *la obra de teatro*, 6
playing court *la cancha*, I
please *por favor*, I
Please bring me . . . *Por favor, me trae...*, II; **Please help me with . . .** *Por favor, ayúdame con...*, 4
policeman (-woman) *el (la) policía*, 12
pollution *la contaminación*, II
pop music *la música pop*, I
pork chops *las chuletas de cerdo*, 4
position (job) *el puesto*, 12
Possibly . . . *Posiblemente...*, 8
postcards *las tarjetas postales*, I
poster *el cartel*, I
post office *el correo*, I
potato *la papa*, I
potato chips *las papitas*, I
to **practice** *practicar*, I
to **practice inline skating** *hacer monopatín*, 1
to **prefer** *preferir (ie)*, I
prejudice *el prejuicio*, 9
premiere *el estreno*, II
to **prepare** *preparar*, I
to **preserve, keep** *mantener*, 10
press *la prensa*, 8
pretty *bonito(a)*, I
price *el precio*, I
price tag *la etiqueta*, II

prince *el príncipe*, II
princess *la princesa*, II
problem *el problema*, I
programmer *el (la) programador(a)*, 12
progress *los adelantos*, 3
to promote *promover*, 11
to protect *proteger*, II; to protect species *proteger las especies*, II
provided *con tal (de) que*, 9
psychologist *el (la) psicólogo(a)*, 12
Puerto Rican *puertorriqueño(a)*, II
purple *morado(a)*, I
to put *poner*, I; put! *¡Pon!*, I; to put a lot of salt on the food *echarle mucha sal a la comida*, 2
    to put gas in the car *poner gasolina al carro*, II; to put on make-up *maquillarse*, I; to put on weight *aumentar de peso*, II; *subir de peso*, 2; to put on sunblock *ponerse crema protectora*, 2

Q

quarter to (the hour) *menos cuarto*, I
quickly *rápidamente*, II
quiet *callado(a)*, 9
quite *bastante*, I

R

race *la raza*, 9
radio *la radio*, I
rail *la vía*, II
to rain *llover*, II
rain forest *la selva tropical*, II
to read *leer*, I
ready *listo(a)*, I
to realize *darse cuenta de*, 2
to realize (a dream) *realizar (un sueño)*, 10
Really? *¿De veras?*, II
really beautiful *lindísimo(a)*, II
really nice (person) *buena gente*, II
to receive *recibir*, I; to receive gifts *recibir regalos*, I; to receive letters *recibir cartas*, I
recess *el descanso*, I
to recommend *recomendar (ie)*, II
to recycle *reciclar*, II
recycling *el reciclaje*, II
red *rojo(a)*, I
red headed *pelirrojo(a)*, I
rehearsal (for a performance)

el ensayo, 6
to rejoice *regocijarse*, 5
relatives *los parientes*, II
to relax *relajarse*, 2
to relieve the stress *aliviar el estrés*, 2
to remember *acordarse de (ue)*, II
report *el reportaje*, 8
reporter *el (la) reportero(a)*, 8
requirements *los requisitos*, 12
to resolve *resolver*, 2
resources *los recursos*, II
respect *el respeto*, 9
to respect *respetar*, 9
to respect his or her feelings *respetar sus sentimientos*, 7
responsible *responsable*, II
to rest *descansar*, I; to rest in the park *descansar en el parque*, I
restaurant *el mesón*, 4; *el restaurante*, I
résumé *el currículum (vitae)*, 12
to return *regresar*, I
to review *repasar*, II
rice *el arroz*, I
to ride *montar*, I; to ride a bike *montar en bicicleta*, I
right *la derecha*, II; to the right *a la derecha*, II; right away *en seguida*, 3; right? *¿verdad?*, I
rip-off *el robo*, I
river *el río*, II
roast pork *el puerco asado*, 4
robbery *el robo*, 11
rock climbing *la escalada deportiva*, 1
rock music *la música rock*, I
roller coaster *la montaña rusa*, II
to roller skate *patinar sobre ruedas*, I
room *el cuarto*, I
roots *las raíces*, 10
round trip *la ida y vuelta*, II
to row *remar*, II
rowing *el remo*, II
rude *descortés*, 9
ruler *la regla*, I
to run *correr*, I; to run an errand *hacer un mandado*, II
running track *la pista de correr*, I
running water *el agua corriente*, II

S

sad *triste*, II
sailing *la vela*, 1
salad *la ensalada*, I

salary *el salario*, 12
sale *la oferta*, II
salesman (-woman) *el (la) vendedor(a)*, 12
salt *la sal*, II
salty *salado(a)*, I
Salvadoran *salvadoreño(a)*, II
same *mismo(a)*, I
Same here. *Igualmente*, I
sandals *las sandalias*, I; *las chancletas*, I
sandwich *el sándwich*, I
Saturday *el sábado*, I
sausage *el chorizo*, 4
to say *decir*, I
to say goodbye *despedirse*, II
scarf *la bufanda*, I
science *las ciencias*, I
scientist *el (la) científico(a)*, 12
to scuba dive *bucear*, I
scuba diving *el buceo*, 1
sculptor *el (la) escultor(a)*, 6
sculpture *la escultura*, 6
sea *el mar*, II
seasons *las estaciones*, I
to see *ver*, II
See you later. *Hasta luego.*, I
See you tomorrow. *Hasta mañana.*, I
to seem *parecer*, II; to seem boring *parecer pesado(a)*, II
selfish *egoísta*, 9
semester *el semestre*, I
to send *mandar*, I; to send invitations *mandar las invitaciones*, I
sensitivity *la sensibilidad*, 11
separate *aparte*, I
September *septiembre*, I
serious *grave*, II
to serve *servir*, II
to set the table *poner la mesa*, I
seven *siete*, I
seven hundred *setecientos(as)*, I
seventeen *diecisiete*, I
seventy *setenta*, I
shampoo *el champú*, II
shape *la forma*, II
to share *compartir*, II
to share with someone *compartir con alguien*, 2
to shave *afeitarse*, I
she *ella*, I
She was very successful . . . *Tuvo mucho éxito...*, 10
shellfish *los mariscos*, 4
shirt *la camisa*, I
shoe *el zapato*, I
shoe store *la zapatería*, I
shop (car) *el taller*, II
shopping mall *el centro*

comercial, I

short (to describe people) *bajo(a)*, I

shorts *los pantalones cortos*, I

should *deber*, I

shoulder *el hombro*, II

show window *el escaparate*, II

showing (performance) *la función*, 6

shrimp *los camarones*, I

shy *tímido(a)*, 9

sick *enfermo(a)*, I

sign *el letrero*, II

silk (made of) *(de) seda*, I

silly *bobo(a)*, 9

simple *sencillo(a)*, II

to **sing** *cantar*, I

singer *el (la) cantante*, 6

sir *señor*, I

sister *la hermana*, I

situation *la situación*, II

situps *las abdominales;* **to do situps** *hacer abdominales*, II

six *seis*, I

six hundred *seiscientos(as)*, I

sixteen *dieciséis*, I

sixty *sesenta*, I

size *la talla*, II

size (shoe) *el número*, II

to **skate** *patinar*, I

to **skateboard** *hacer monopatín*, II

skating *el patinaje*, 1

to **ski** *esquiar*, I

skiing *el esquí*, 1

skin *la piel*, 2

skirt *la falda*, I

skis *los esquís*, I

skyscraper *el rascacielos*, 3

to **sleep** *dormir;* **to sleep like a baby** *dormir tan bien como un lirón*, II

to **sleep enough** *dormir lo suficiente*, 2

sleepy, to be *tener sueño*, I

slippers *las chancletas*, I

slow (dull) *torpe*, 9

small *pequeño(a)*, I

smart *listo(a)*, I

smog *el smog*, II

to **smoke** *fumar*, II

to **snack** *merendar*, II

snake *la serpiente*, II

snow *la nieve*, I; **It's snowing.** *Nieva.*, I; **to snow** *nevar*, II

So that's how . . . *Así (fue) que...*, II; **So then . . .** *Entonces...*, II; **So what . . .** *Y eso, ¿qué?*, II; **so, in order that** *para que*, 9; **so-so** *más o menos bien*, II

soap *el jabón*, II

soccer *el fútbol*, I; **soccer field** *la cancha de fútbol*, I

social sciences *las ciencias sociales*, I; **social worker** *el (la) trabajador(a) social*, 12

socks *los calcetines*, I

soft drink *el refresco*, I

soldier *el soldado*, 5

to **solve a problem** *solucionar un problema*, I

some *unos, unas*, I

Somebody told me that . . . *Alguien me dijo que...*, 5

someday *algún día*, II

something *algo*, I; **sometimes** *a veces*, I

son *el hijo*, I

song *la canción*, 6

soon *pronto*, II

soup *la sopa*, I

source of pride, honor *un orgullo*, 10

south *el sur*, II; **to the south** *al sur*, II

space ship *la nave espacial*, II

Spanish *el español*, I; **Spanish (nationality)** *español(a) (adj)*, II

to **speak** *hablar*, I; **Speaking of . . . tell me about . . .** *Hablando de... ¿qué me cuentas de...?*, 6

special effects *los efectos especiales*, II

specialty of the house *la especialidad de la casa*, II

to **spend** *gastar*, II; **to spend time on . . .** *dedicar tiempo a...*, 2; **to spend time with friends** *pasar el rato con amigos*, I

spicy *picante*, I

spoiled *consentido(a)*, II

to **sponsor** *patrocinar*, 6

spoon *la cuchara*, I

sports *los deportes*, I

spouse *la esposa (wife), el esposo (husband)*, I

to **sprain** *torcerse*, II

spring (season) *la primavera*, I

stadium *el estadio*, I

stamp *la estampilla*, II; *el sello*, 1

to **stand in line** *hacer cola*, II

star *la estrella*, II

to **start** *comenzar, empezar*, II

station *la estación*, II

statue *la estatua*, 6

to **stay** *quedarse*, II; **to stay in shape** *mantenerse en forma*, II; **to stay awake** *quedarse despierto*, 2; **to stay in front of the TV** *quedarse frente a la tele*, 2

steak *el bistec*, I

to **steal** *robar*, 5

stepbrother *el hermanastro*, I; **stepfather** *el padrastro*, I; **stepmother** *la madrastra*, I; **stepsister** *la hermanastra*, I

stereotype *el estereotipo*, 9; **to stereotype** *estereotipar*, 9

still *todavía*, I

stomach *el estómago*, I

to **stop** *dejar de*, II; **Stop smoking.** *Deja ya de fumar.*, II; **to stop speaking to each other** *dejar de hablarse*, 7

store *la tienda*, I; **store clerk** *el (la) dependiente*, II

storm *la tormenta*, II

stove *la estufa*, II

straight *derecho*, II

strawberry *la fresa*, I

streetlight *la lámpara de la calle*, II

stress *el estrés*, II

to **stretch** *estirarse*, II

strict *estricto(a)*, II

striped *de rayas*, I

stroll *la caminata*, I

strong *fuerte*, I

to **struggle** *luchar*, 5

studious *aplicado(a)*, II

to **study** *estudiar*, I

style *la moda*, II

subject *la materia*, I

subway *el metro*, II

to **succeed** *tener éxito, triunfar*, 10

success *el éxito*, 10

to **suffer** *sufrir*, 5; **to suffer from pressures** *sufrir de presiones*, 2; **to suffer from stress** *sufrir del estrés*, 2; **to suffer from tension** *sufrir de tensiones*, 2

sugar *el azúcar*, I

suit *el traje*, I; **bathing suit** *traje de baño*, I

suitcase *la maleta*, I; **to pack the suitcase** *hacer la maleta*, I

summer *el verano*, I

sun *el sol*, II

to **sunbathe** *tomar el sol*, I

Sunday *el domingo*, I

sunglasses *los lentes de sol*, I; *la crema protectora*, 2

sunny *soleado*, II

sunscreen *el bloqueador*, I; *la crema protectora*, 2

to **suntan** *broncearse*, 2

supermarket *el supermercado*, I

Supposedly . . . *Supuestamente...*, 5

sure *seguro(a)*, II

Sure! *¡Con mucho gusto!,* I
surprise party *la fiesta de sorpresa,* I
surrounded by *rodeado(a) de,* II
to sweat *sudar,* II
sweater *el suéter,* I
to sweep *barrer,* II
sweet rolls *el pan dulce,* I
sweet shop *la pastelería,* I
to swim *nadar,* I
swimming *la natación,* I; swimming pool *la piscina,* I
system *el sistema,* II

T

T-shirt *la camiseta,* I
table *la mesa,* I
tag *la etiqueta,* II
to take *tomar,* I; *llevar,* II; to take a bath *bañarse,* II; to take a shower *ducharse,* 2; to take a trip *hacer un viaje,* I; to take care of *cuidar,* I; to take care of your brother or sister *cuidar a tu hermano(a),* I; to take notes *tomar apuntes,* II; to take care of oneself *cuidarse,* 2; to take out the garbage *sacar la basura,* I; to take the bus *tomar el autobús,* I; to take the car to get gasoline *llevar el carro a la gasolinera,* II; to take the car to the shop *llevar el carro al taller,* II; to take the subway *tomar el metro,* II; to take pictures *sacar fotos,* 1; to take the initiative *tomar la iniciativa,* 10; to take things easy *tomar las cosas con calma,* 2; to take things seriously *tomar las cosas en serio,* 2
to talk *hablar,* I; to talk on the phone *hablar por teléfono,* I
talkative *conversador(a),* II
tall *alto(a),* I
tea *el té,* I; iced tea *el té frío, el té helado,* I
teacher *el profesor (male), la profesora (female),* I
technological advances *los adelantos tecnológicos,* 3
technology *la tecnología,* 3
teeth *los dientes,* I; to brush your teeth *lavarse los dientes,* I
television set *el televisor,* I
to tell *decir,* II; Tell me! *Dime!,* II; Tell me about it! *¡Cuéntamelo!,* II; to tell jokes

contar chistes, II; to tell someone you said "hello" *dar un saludo a,* II; to tell you the truth *de verdad,* II; to tell the truth, I hate it. *Para decir la verdad, me cae gordo.,* 6
ten *diez;* Ten years ago, . . . *Hace diez años...,* 12
tennis *el tenis,* I; tennis court *la cancha de tenis,* I; tennis shoes (Spain) *las zapatillas de tenis,* I
Thanks. *Gracias.,* I
Thanksgiving *el Día de Acción de Gracias,* I
that *esa, ese,* I; that *que,* I; That makes me think about . . . *Eso me hace pensar en...,* 6; That reminds me of . . . *Eso me recuerda...,* 6; That's it! *¡Eso es!,* II; That's it. *Así es la cosa.,* II; That's not so. *No es así.,* II; That's right. *Así es., Eso es.,* 5; That's very hard to believe, but it's possible. *Es muy difícil de creer, pero es posible.,* 5; That's very unlikely! *¡Es es muy difícil!,* 5; That's why . . . *Por eso...,* II
the *el, la,* I; *los, las,* I; The bad thing is that . . . *Lo malo es que...,* II; The best thing is . . . *Lo ideal es...,* 12; the day before *el día anterior,* II; The dream of my life . . . *El sueño de mi vida...,* 5; the latest *las últimas,* II; The solution I propose is . . . *La solución que planteo es...,* 11; the story goes that . . . *se cuenta que...,* II; the system isn't working, doesn't work *el sistema no funciona,* II; The truth is that . . . *la verdad es que...,* 3
theater *el teatro,* I
them *los/las,* II
then *luego,* I
there *allá,* I; there are, is *hay,* I; there are more and more . . . and less and less . . . *Cada vez hay más... y menos...,* II; There is absolutely no doubt. *No cabe la menor duda.,* 8
therefore *por lo tanto,* II
these *estas, estos, éstas, éstos,* I
they *ellas, ellos,* I; they told me that *me dijeron que,* II;

They broke . . . *Se le rompió...,* 4; They left . . . *Se les quedó...,* 4; They say that *Dicen que...,* 5; They say that . . . *Cuentan que...,* 5; They say that . . . *Se dice que...,* 5; They wrote the letter with the intention of . . . *Escribieron la carta con la intención de...,* 10
thief *el ladrón, la ladrona* 11
thigh *el muslo,* II
thin *delgado(a),* I
thing *la cosa,* I
to think *pensar (ie),* I; *creer,* II; to think something was great *encontrar... genial,* II
thirsty, to be *tener sed,* I
thirteen *trece,* I
thirty *treinta,* I
this *esta, este, ésta,* I; *ésta,* II; *éste,* I; *éste,* II; This is . . . (to introduce a female) *Ésta es...,* II; This is . . . (to introduce a male) *Éste es...,* II; this morning *esta mañana,* II; This will soon pass. *Esto pasará pronto.,* 7
those *esas, esos,* I
thousand *mil,* I
three *tres,* I
three hundred *trescientos(as),* I
throat *la garganta,* I
to throw out *botar,* 3
thunder and lightning *truenos y rayos,* II
Thursday *el jueves,* I
ticket *la entrada,* 6
ticket booth *la taquilla,* II
to tidy up *ordenar,* II
tie *la corbata,* I
tiger *el tigre,* II
tight (clothes) *estrecho(a),* II
time *la hora,* I
tip *la propina,* I
tired *cansado(a),* II
to *a, al (a + el), a la, para,* I; to the east *al este,* II
to/for her, him, you *le,* I; to/for me *me,* I; to/for them, you (pl.) *les,* I; to/for us *nos,* I; to/for you *te,* I
toast *el pan tostado,* I
today *hoy,* I
toe *el dedo,* I
together *juntos(as),* I
tomato *el tomate,* I
tomorrow *mañana,* I
too *también,* I; too much *demasiado,* I
toothbrush *el cepillo de dientes,* II

toothpaste *la pasta de dientes*, II
tourist *el (la) turista*, II
towel *la toalla*, II
tower *la torre*, II
town hall *el ayuntamiento*, 3
toys *los juguetes*, I
toy store *la juguetería*, I;
track and field *el atletismo*, II
traffic *el tráfico*, 3; *el tránsito*, II; traffic light *el semáforo*, II
to train *entrenarse*, II
train station *la estación de tren*, II
trash *la basura*, I; trash can *el basurero*, 3
to treat *tratar*, 9
tremendous *formidable*, 6
trick *la travesura*
trout *la trucha*, 4
to trust *confiar en*, 7
truth *la verdad*, II
to try *intentar*, 6; to try *tratar de*, 2; to try on *probar*, II
Tuesday *el martes*, I
tuna *el atún*, I
to turn *doblar*, II; to turn off *apagar*; to turn off the light *apagar la luz*, II
turtle *la tortuga*, II
twelve *doce*, I
twenty *veinte*, I
two *dos*, I; two for one *dos por uno*, II
two hundred *doscientos(as)*, I
typical *típico*, II; typically *típicamente*, II

U

UFO *el OVNI*, II
ugly *feo(a)*, I
Uh . . . *Eh...*, 3; Umm . . . *Este...*, 3
uncle *el tío*, I
under *debajo de*, I
to understand *comprender*, 9
unemployment *el desempleo*, 11
unless *a menos (de) que*, 9
unless *sin que*, 9
until *hasta que*, 9; *hasta*, II
Up to a certain point . . . *Hasta cierto punto...*, II
to update *actualizar*, 12
urgent *urgente*, II
Uruguayan *uruguayo(a)*, II
to use *usar*; to use the computer *usar la computadora*, II

V

vacation *las vacaciones*, I
to vacuum *pasar la aspiradora*, I
Valentine's Day *el Día de los Enamorados*, I
valley *el valle*, II
vegetables *las legumbres, las verduras* I
Venezuelan *venezolano(a)*, II
very *muy*, I; very bad *muy mal*, I; very well *muy bien*, I
victim *la víctima*, 5
victory *la victoria*, 5
video cassette player *la videocasetera*, 3; videogame *el videojuego*, I
villain (noun) *malvado(a)*, 5
villainous (adjective) *malvado(a)*, 5
to visit *visitar*, I
volleyball *el voleibol*, I

W

waiter *el camarero*, I; waitress *la camarera*, I
to wake up *despertarse (ie)*, II
to walk *caminar*, I; to walk the dog *caminar con el perro*, I
walk *la caminata*, I
wallet *la cartera*, I
to want *querer (ie)*, I; to want to become *querer llegar a ser*, 12
warrior *el guerrero*, 5
to wash *lavar*, I; to wash oneself *lavarse*, I
waste *el desperdicio*, II; to waste *gastar*, II; *desperdiciar*, II
watch *el reloj*, I
to watch *mirar*, I; to watch TV *mirar la televisión*, I; *ver televisión*, 1; to watch one's weight *cuidar el peso*, 2
water *el agua*, I; mineral water *el agua mineral*, I; to water *regar (ie)*, II
watermelon *la sandía, la patilla (Ven.)*; 4
we *nosotros(as)*, I; We broke . . . *Se nos descompuso...*, 4; We discussed the problem; consequently . . . *Discutimos el problema; por consiguiente...*, 10; We don't have any more. *No nos quedan.*, II; We dropped . . . *Se nos cayeron...*, 4; We have it

in . . . *La tenemos en...*, II; We should all . . . *Todos deberíamos...*, II; We're obligated to . . . *Estamos obligados a...*, 3
to wear *llevar*, I; to wear (a size) *usar*, II; to wear glasses *llevar gafas*, 1
weather *el tiempo*, I; the weather is bad *hace mal tiempo*, I; the weather is nice *hace buen tiempo*, I
wedding *la boda*, 5
Wednesday *el miércoles*, I
week *la semana*, I
weekend *el fin de semana*, I
to weigh oneself *pesarse*, 2
weights *las pesas*, I
well *el pozo*, II
Well . . . *Bueno..., Pues...*, 3; Well, I'm not surprised. *Bueno, no me extraña.*, II; Well, it could be, but . . . *Bueno, puede ser, pero...*, 5
well-being *el bienestar*, II
west *el oeste*, II; to the west *al oeste*, II
whale *la ballena*, II
What? *¿Cuál?*, I; *¿Qué?*, I; What a bargain! *¡Qué ganga!*, I; What a bummer! *¡Qué paliza!*, 1; What a fright! *¡Qué susto!*, 5; What a shame! *¡Qué lástima!*, I
What are . . . like? *¿Cómo son...?*, I
What bad luck! *¡Vaya suerte!*, 5
What color is . . .? *¿De qué color es...?*, I
What did he/she say? *¿Qué dijo?*, II; What did they tell you? *¿Qué te dijeron?*, II; What do I bring you . . . *¿Qué le(s) traigo de...?*, II; What do you advise me to do? *¿Qué me aconsejas hacer?*, 2; What do you know about . . .? *¿Qué sabes de...?*, 6; What do you recommend that I do? *¿Qué me recomiendas hacer?*, 2; What do you think of . . .? *¿Qué opinas de...?*, 6; What do you think of . . .? *¿Qué piensas de...?*, 6; What do

you think of . . .? *¿Qué te parece...?*, 6; **What did you do?** *¿Qué hiciste?*, I; **What do you like to do?** *¿Te gusta hacer?*, I; **What do you like?** *¿Qué te gusta?*, I; **What do you recommend?** *¿Qué me recomienda?*, II; **What do you think about . . .?** *¿Qué tal te parece... ?*, II; **What do you want me to do?** *¿Qué quieres que haga?*, II
What have you heard about . . .? *¿Qué has oído de...?*, 6
What I notice is that . . . *Lo que noto es que...*, 3
What if . . .? *¿Qué tal si...?*, I
What's important is. . . *Lo que es importante es...*, 3; **What is the price?** *¿Qué precio tiene?*, II; **What is today's date?** *¿Cuál es la fecha?*, I
What should I do? *¿Qué debo hacer?*, 2
What time is it? *¿Qué hora es?*, I
What's he/she/it like? *¿Cómo es...?*, I
What's the matter? *¿Qué tienes?*, I; **What's the weather like?** *¿Qué tiempo hace?*, I
What would you do . . . if you had your own company? *¿Qué harías... si tuvieras tu propia compañía?*, 11; **What would you like for . . .?** *¿Qué desea(n) de... ?*, II
What's wrong with . . .? *¿Qué le pasa a...?*, I; **What's your name?** *¿Cómo te llamas?*, I
when *cuando*, I; **When?** *¿Cuándo?*, II; **when (I) get a job** *cuando encuentre un empleo*, II; **when (I) get back to . . .** *cuando vuelva a...*, II; **when (I) have more money** *cuando tenga más dinero*, II; **when . . . arrives** *cuando llegue...*, II; **when class ends** *cuando termine la clase*, II; **When I turn 18 . . .** *Cuando cumpla los 18 años...*, 10; **when I was a child** *cuando era niño(a)*, II; **When I was**

five, I wanted to be . . . *Cuando tenía cinco años, quería ser...*, 12; **when I was thirteen years old** *cuando tenía trece años*, II; **When I was young . . .** *Cuando era joven...*, 12; **When I'm older . . .** *Cuando sea mayor...*, 10
where *donde*, I; **Where?** *¿Dónde?*, I; *¿Adónde?*, II; **Where are you from?** *¿De dónde eres?*, I; **Where is it?** *¿Dónde queda?*, II; **Where (to)?** *¿Adónde?*, I
which *que*, I; **which?** *¿cuál?*, I
white *blanco(a)*, I
white-haired *canoso(a)*, II
who *que*, I; **who?** *¿quién? (sing.)*, I; *¿quiénes? (pl.)*, I; **Who likes . . .?** *¿A quién le gusta...?*, I; **Who's calling?** *¿De parte de quién?*, I
Why don't you . . .? *¿Por qué no...?*, 2
why? *¿por qué?*, I; **Why don't you . . .?** *¿Por qué no... ?*, II
wife *la esposa*, I
to **win** *ganar*, I
window *la ventana*, I
to **window-shop** *mirar las vitrinas*, II
windsurfing *la tabla de vela*, II
winter *el invierno*, I
to **wish** *querer (ie)*, I
with *con*, I; **with me** *conmigo*, I; **with you** *contigo*, I
within (a day, month, . . .) *dentro de...*, II
Without a doubt. *Sin duda (alguna).*, II
wool (made of) *(de) lana*, I
work *el trabajo*, I; **to work** *trabajar*, I; **to work in the garden** *trabajar en el jardín*, I; **work hours** *el horario*, 12; **workplace environment** *el ambiente de trabajo*, 12
worried *preocupado(a)*, II; **worried (about something)** *preocupado(a) (por algo)*, I; **to worry** *preocuparse*, II; **Don't worry.** *No te preocupes.*, I
worse than *peor que*, II
Would you be so kind as

to . . .? *¿Serías tan amable de + inf.?*, 4; **Would you care for anything else?** *¿Se le(s) ofrece algo más?*, II
wrist *la muñeca*, II
to **write** *escribir*, I; **to write down** *apuntar*, II; **to write papers** *hacer trabajos*, 3
writer *el (la) escritor(a)*, 12

Y

year *el año*, I; **last year** *el año pasado*, I
yellow *amarillo(a)*, I
yes *sí*, I; **Yes, you're right.** *Sí, tienes razón.*, II
yesterday *ayer*, I
yet *todavía*, I
yoga *la yoga*, I
you *tú, vosotros(as) (fam), Ud., Uds.*, I; **You are going the wrong way.** *Van mal.*, II; **You believe it's true?** *¿Tú crees que sea verdad?*, 8; **You can't miss it.** *No se puede perder.*, II; **You don't say!** *¡No me digas!*, II; **You forgot . . .** *Se te olvidaron...*, 4; **you have to** *hay que*, II; **You ought to . . .** *Debes*, II; **You should . . .** *Deberías + inf.*, 2; **You should . . .** *Debes...*, 12; **You're wrong!** *¡Te equivocas!*, II
younger *menor*, I; **younger than** *menor que*, II
your *tu, tus, su, sus*, I
youth hostel *el albergue juvenil*, II

Z

zero *cero*, I
zoo *el zoológico*, II

GRAMMAR INDEX

This grammar index includes grammar topics introduced in ¡**Ven conmigo!** Levels 1, 2, and 3. The Roman numeral I following the page number(s) indicates Level 1; the Roman numeral II indicates Level 2. The Roman numeral III indicates Level 3.

NOTE: For a summary of the grammar presented in this book see pages 336-356.

A

a: after **conocer**, p. 94 (II); verbs followed by, p. 203 (II); with **alguien** and **nadie**, p. 292 (II)

adjectives: agreement—singular and plural, p. 85 (I); possessive adjectives all forms, p. 154 (I); demonstrative adjectives all forms, p. 247 (I); p. 347 (II); agreement—feminine and masculine nouns, p. 11 (II); with **-ísimo/a**, p. 197 (II)

adverbs ending in **-mente**, p. 66 (II); p. 341 (III)

affirmative expressions: p. 339 (III); review of, p. 181 (III)

articles: definite articles: **el, la,** p. 33 (I), **los, las,** p. 75 (I); indefinite articles: **un, una,** p. 47 (I), p. 49 (I); **unos, unas,** p. 49 (I); p. 346 (II); with words that can refer to both males and females, p. 143 (III); with words that refer to females but end in **-o**, p. 143 (III); with words that end in a consonant, p. 143 (III)

ayudar: conditional tense, p. 233 (III)

C

comer: preterite tense, p. 12 (III)

commands: introduction to informal commands, p. 268 (I); informal commands: positive and negative, p. 123 (II); review of, p. 34 (III); command forms of verbs ending in **-gar** and **-car**, p. 124 (II); irregular informal commands, p. 124 (II); review of, p. 34 (III); formal command forms of regular and irregular verbs, p. 228 (II); formal command forms of verbs ending in **-car, -gar, -zar,** p. 228 (II); formal command forms of irregular verbs: **dar, estar, ir, saber, ser,** p. 228 (II); **nosotros** commands, p. 294 (II); 152 (III)

comparisons: with adjectives using **más...que, menos...que, tan...como,** p. 245 (I); p. 349 (II); review of, p. 72 (III); with adverbs and nouns using **tanto(s)...como** or **tanta(s)...como,** p. 183 (II); review of, p. 72 (III); of equality, p. 183 (II); review of, p. 72 (III)

conditional tense: p. 354 (II); p. 233 (III); with the past subjunctive, p. 287 (III); p. 313 (III)

conjunctions: p. 226 (III)

conocer: vs. **saber,** review of, p. 18 (III)

contractions al and **del:** p. 336 (III)

correr: preterite tense, p. 120 (II); imperfect tense, p. 43 (III); conditional tense, p. 313 (III)

cuánto: agreement with nouns, p. 54 (I)

D

dar: preterite tense, p. 120 (II); formal command forms, p. 228 (II); present subjunctive forms, p. 150 (III)

de: used in showing possession, p. 81 (I); when expressing superlatives, p. 199 (II); verbs followed by, p. 203 (II); using **de** to mean in or of, p. 199 (II)

deberías vs. **debes:** p. 89 (II)

decir: positive and negative **tú** commands, p. 124 (II); preterite tense, p. 208 (II); followed by the imperfect, p. 208 (II); future tense, p. 71 (III)

demonstrative adjectives: all forms, p. 247 (I)

direct object pronouns: me, te, lo, la, nos, os, los, las, p. 100 (II)

dormir: preterite tense, p. 118 (II); imperfect tense, p. 43 (III)

E

empezar: p. 11 (III)

escribir: imperfect tense, p. 172 (II)

estar: used to tell where people and things are located, p. 106 (I); p. 45 (II); p. 93 (II); used to talk about how things taste, look or feel, p. 212 (I); contrast with **ser,** p. 325 (I); formal command forms, p. 228 (II)

F

future tense: p. 354 (II); p. 71 (III)

G

giving the date: p. 138 (I)

gustar: p. 361 (II)

H

haber: imperfect tense, p. 180 (II); used with the present perfect tense, p. 64 (III); future tense, p. 71 (III); present subjunctive forms, p. 174 (III)

hablar: conditional tense, p. 313 (III)

hacer: present tense, p. 160 (I); **hace** + quantity of time + **que** + present tense to say how long someone has been doing something, p. 74 (II); positive and negative **tú** commands, p. 124 (II); future tense, p. 71 (III); past subjunctive, p. 287 (III)

I

imperfect tense: introduction, p. 172 (II); p. 346 (III); review of, p. 43 (III); irregular verbs: **ir, ver,** p. 173 (II); p. 43 (III); **ser,** p. 179 (II); p. 43 (III); **hay,** p. 180 (II); with the preterite, p. 254 (II); p. 260 (II); vs. the preterite, p. 304 (III)

indirect object pronouns: p. 208 (I); p. 238 (I)

informal commands: positive and negative, p. 123 (II); irregular forms, p. 124 (II); review of, p. 34 (III)

insistir: preterite tense, p. 12 (III)

interrogatives: cómo, cuántos, de dónde, p. 30 (I); **adónde,** p. 111 (I); **quién,** p. 130 (I); all, p. 348 (II); p. 340 (III)

ir: present tense, p. 111 (I); **ir** + **a** + infinitive, p.188 (I); preterite tense, p. 41 (II); positive and negative **tú** commands, p. 124 (II); imperfect tense, p. 173 (II), p. 43 (III); formal command form, p. 228 (II); present subjunctive forms, p. 127 (III); past subjunctive forms, p. 287 (III)

-ísimo/a: p. 197 (II)

J

jugar: preterite tense, p. 300 (I); changes in **tú** command forms, p. 124 (II)

L

leer: conditional tense, p. 233 (III)

lo que: p. 66 (III)

LL

llevar: imperfect tense, p. 43 (III)

M

más/menos... que: review of, p. 95 (II)

mejor/peor... que: comparing quality, p. 95 (II)

menor/mayor... que: comparing age, p. 95 (II)

mientras: how to use it in the past, p. 204 (II)

mucho: agreement with nouns, p. 54 (I)

N

negation: with **nada** and **nunca,** p. 129 (I); use of double negative word or expression, p. 282 (II)

negative expressions: p. 348 (II); review of, p. 181 (III)

nouns: singular forms, p. 33 (I); plural forms, p. 48 (I); p. 346 (II); gender of nouns, p. 336 (III); gender of words that end in a consonant, p. 143 (III)

O

object pronouns: all forms of indirect object pronouns, p. 208 (I); use, p. 238 (I); all forms of direct object pronouns, p. 100 (II); double object pronouns, 98 (III)

ordinal numbers: p. 342 (III)

otro: all forms, p. 216 (I)

P

para: use with infinitive, p. 91 (II); and **por,** p. 96 (III); p. 199 (III); with **que** and subjunctive, p. 260 (III)

past participles: regular and irregular verbs, p. 64 (III)

past subjunctive: in contrary-to-fact **si** clauses, p. 287 (III); vs. indicative, p. 287 (III)

pedir: preterite tense, p. 154 (II); present tense, p. 11 (III); conditional tense, p. 313 (III)

personal a: p. 161 (I)

poder: present tense, p. 210 (I); p. 42 (II); preterite tense, p. 128 (II); future tense, p. 71 (III)

poner: present tense, p. 165 (I); positive and negative **tú** commands, p. 124 (II); future tense, p. 71 (III)

por and **para:** p. 96 (III); p. 199 (III)

practicar: changes in **tú** command forms, p. 124 (II)

preferir: present tense, p. 185 (I); conditional tense, p. 233 (III)

prepositions: used with verbs, p. 203 (II); p. 341 (III); with infinitives, p. 257 (III)

present perfect tense: p. 64 (III)

present perfect subjunctive: p. 174 (III)

present progressive: p. 263 (I)

present tense: of regular verbs, p. 16 (II); p. 345 (III); review of stem-changing verbs, p. 11 (III)

preterite tense: regular -**ar** verbs, p. 271 (I); p. 327 (I); p. 39 (II); p. 346 (III); review of, p. 12 (III); **jugar,** p. 300 (I); **ir,** p. 302 (I); p. 327 (I); regular -**er** verbs, p. 39 (II); regular -**er** and -**ir** verbs, p. 120 (II); review of, p. 12 (III); regular -**ir** verbs, p. 154 (II); review of, p. 12 (III); irregular verbs: **pedir, servir, traer,** p. 154 (II); **ser,** p. 179 (II); **decir,** p. 208 (II); **oír, creer, leer, caerse,** p. 255 (II); with the imperfect, p. 254 (II); to tell a story, p. 260 (II); vs. imperfect, p. 304 (III)

pronouns: reflexive pronouns, p. 64 (II); direct object pronouns, p. 100 (II)

punctuation marks: p. 23 (I)

ACKNOWLEDGMENTS (continued from page ii)

Editorial Atlántida, S.A.: From "Superniña alpinista" from *Billiken*, no. 3740, September 16, 1991. Copyright © 1991 by Editorial Atlántida, S.A. From "¡No habrá clases los miércoles!" from *Billiken*, no. 3747, November 4, 1991. Copyright © 1991 by Editorial Atlántida, S.A. Text and photograph from "Maratón a los 80" from *Billiken*, no. 3753, December 16, 1991. Copyright © 1991 by Editorial Atlántida, S.A. From "Historia del siglo XX" from *Billiken*, no. 3755, December 30, 1991. Copyright © 1991 by Editorial Atlántida, S.A. From "La escuela en la tele" de *Billiken*, no. 3765, March 9, 1992. Copyright © 1992 by Editorial Atlántida, S.A. Text and illustrations, pg. 47 and 49, from "Sueños posibles" from *Billiken*, no. 3784, July 20, 1992. Copyright © 1992 by Editorial Atlántida, S.A. From "Los chicos periodistas" from *Billiken*, no. 3789, August 24, 1992. Copyright © 1992 by Editorial Atlántida, S.A. "Cada pueblo, un desarrollo" from *Billiken*, no. 3795, October 5, 1992. Copyright © 1992 by Editorial Atlántida, S.A. From "La electricidad que viene del cielo" and from "La 'tele' que le cambiará la vida" from *Conozca más*, año 4, no. 12, December 1, 1993. Copyright © 1993 by Editorial Atlántida, S.A.

Editorial Eres, S.A. de C.V.: Adapted from "Luis Miguel: 5 Años con Eres!" from *Eres*, Special Edition, año 6, no. 126, September 16, 1993. Copyright © 1993 by Editorial Eres, S.A. de C.V. Tour schedule for Luis Miguel and adaptation of "Maná" from *Somos*, año 4, no. 87, December 16, 1993. Copyright © 1993 by Editorial Eres, S.A. de C.V.

Espasa-Calpe, S.A., Madrid and Andrés Palma Michelson: From "La Camisa de Margarita" from *Tradiciones Peruanas*, Tomo III, by Ricardo Palma. Copyright © 1946 by Ricardo Palma.

Rodolfo Gonzales: From *I Am Joaquín/Yo soy Joaquín: An Epic Poem* by Rodolfo Gonzales. Copyright © 1967 by Rodolfo Gonzales.

D.C. Heath and Company: "Signos de puntuación" by M. Toledo y Benito from *Repaso y composición*. Published by D.C. Heath and Company, 1947.

Holt, Rinehart and Winston College Publishers: From "Olmos, Estefan, Canseco: ¿Españoles o hispanos?" from *Fronteras: Literatura y cultura*, Second Edition, by Nancy Levy-Konesky, Karen Daggett, and Lois Cecsarini. Copyright © 1992 by Holt, Rinehart and Winston, Inc.

Instituto Costarricense de Turismo: From front cover of brochure, *Costa Rica*. Published by Instituto Costarricense de Turismo.

Knight-Ridder Newspapers: From front cover from *El Nuevo Herald*, December 3, 1994. Copyright © 1994 by Knight-Ridder Newspapers.

La Nación, San José, Costa Rica: From "Pedaleando por la vida" by Andrés Formoso from *La Nación*, April 4, 1994. Copyright © 1994 by La Nación.

National Textbook Co.: "Quetzal no muere nunca" from *Leyendas Latinoamericanas* by Genevieve Barlow. Copyright © 1970 by National Textbook Co.

Núcleo Radio Mil: From Radio schedule for "Radio 1000 AM" from *Excelsior*, November 3, 1994.

Joaquín Colorado Sierra: Text and photographs from "Parapente, o la necesidad de algo distinto" by Joaquín Colorado Sierra from *All Sport*, no. 2, 1992.

Sociedad Mixta de Turismo y Festejos de Gijón: From "Festival Internacional de Cine de Gijón," 8–16 Julio 1988, from brochure, *Gijón, Verano 88*.

Sociedad Siglo 21: From "Cartelera" section from *Siglo 21*, June 4, 1994. Copyright © 1994 by Alda Editores S.A. de C.V.

Transportes Metropolitanos de Barcelona, S.A.: Ticket stub, "Transportes Municipales de Barcelona."

Tur Coruña: Cycling events schedule from brochure, *Tur Coruña*.

University of Oklahoma Press: From "The Viceroy and the Indian" from *Of the Night Wind's Telling: Legends from the Valley of Mexico* by E. Adams Davis. Copyright © 1946 by the University of Oklahoma Press.

Warner Music México S.A. de C.V.: Compact disc cover from *Falta Amor* by the group Maná.

Martha Zamora: Adapted from "Por qué se pintaba Frida Kahlo" by Martha Zamora from *Imagine*, vol. II, no. 1, 1985. Copyright © 1985 by Martha Zamora.

PHOTOGRAPHY CREDITS

Abbreviations used: (t) top, (c) center, (b) bottom, (l) left, (r)right, (bckgd) background, (bdr) border.

FRONT COVER: (l), J. Pierini/Latin Stock/Westlight; (r), Myrleen Ferguson/PhotoEdit; **BACK COVER:** (l), Manley/SuperStock; (r), Jeff Greenberg/The Picture Cube, Inc. **FRONT AND BACK COVER COLLAGE:** HRW Photo/Andrew Yates.

Chapter Opener Photographs: Scott Van Osdol.

TABLE OF CONTENTS: Page v(b), HRW Photo/ Sam Dudgeon; vi(tl), Daniel J. Schaefer; vii(tl), tr), Michelle Bridwell/Frontera Fotos; vii(br), Daniel J. Schaefer; viii(t), HRW Photo/Marty Granger/Edge Productions; ix(b), Daniel J. Schaefer; ix(all remaining), HRW Photo/Marty Granger/Edge Video Productions; xi(tl), (br), Michelle Bridwell/Frontera Fotos; xi(tr), Daniel J. Schaefer; xi(bc), Alejandro Xul Solar, *Uno*, 1920, Watercolor and pencil on paper on card, 6-1/2 X 8-1/4 inches. Courtesy, Rachel Adler Gallery, New York.; xii(both), Michelle Bridwell/Frontera Fotos; xiii(tl), Michelle Bridwell/Frontera Fotos; xiii(tr), Daniel J. Schaefer; xiii(br), HRW Photo/Marty Granger/Edge Productions; xiv (both), HRW Photo/Marty Granger/Edge Productions; xv(tl), (bc), Michelle Bridwell/Frontera Fotos; xv(tr), Daniel J. Schaefer; xv(bl), HRW Photo/Marty Granger/ Edge Productions; xvi(br), Michelle Bridwell/Frontera Fotos; xvi(both remaining), HRW Photo/Marty Granger/Edge Productions; xvii(b), HRW Photo/ Sam Dudgeon; xvii(both remaining), HRW Photo/ Marty Granger/Edge Productions.

UNIT ONE: Page xxii-1, Robert Frerck/The Stock Market; 2(b), P & G Bowater/The Image Bank; 2(c), Tibor Bognar/The Stock Market; 2(t), Robert Frerck/ Odyssey Productions; 3(b), Charles Mahaux/The Image Bank; 3(c), K. Gibson/SuperStock; 3(t), Tibor Bognar/The Stock Market. **Chapter One:** Page 4(c), The Stock Market; 5(b), Robert Frerck/Odyssey Productions; 5(t), Michelle Bridwell/Frontera Fotos; 6(cl), Michelle Bridwell/Frontera Fotos; 6(tl), Tony Stone Images; 7(cr), Daniel J. Schaefer; 12, Kevin Syms/David R. Frazier Photolibrary; 14(bl), Robert Frerck/The Stock Market; 14(c), Kevin Syms/David R. Frazier Photolibrary; 14(t), R. Heinzen/Super-Stock; 17(cl), Daniel J. Schaefer; 17(cr), Michael Newman/PhotoEdit; 17(l), Michelle Bridwell/Frontera Fotos; 17(r), Daniel J. Schaefer; 17(t), The Stock Market; 18, Marty Granger/Edge Video Productions; 19(c), (l), HRW Photo/Marty Granger/Edge Video Productions; 19(r), HRW Photo/M.L. Miller/Edge Productions; 20(b), R. Dahlquist/SuperStock; 20-23 (bckgd), HRW Photo; 21(t), Daniel Aubry/Odyssey Productions/Chicago; 23(t), R. Dahlquist/SuperStock; 25(c), (r), Michelle Bridwell/Frontera Fotos; 25(l), Tom Stewart/The Stock Market; 26, Michelle Bridwell/Frontera Fotos. **Chapter Two:** Page 28, 29(all), HRW Photo/Marty Granger/Edge Productions; 31(clockwise from the top),Ronnie Kaufman/ The Stock Market; Paul Barton/The Stock Market; Ed Bock/The Stock Market; Michael Heron/The Stock Market; P.R. Production/SuperStock; Tom and DeeAnn McCarthy/The Stock Market; 33(both), Michelle Bridwell/Frontera Fotos; 37(all), HRW Photo/Marty Granger/Edge Productions; 38(all), John Langford/HRW Photo; 42(cl), Daniel J. Schaefer; 42(all remaining), 44, Michelle Bridwell/Frontera Fotos; 46-48(bckgd), HRW Photo/Sam Dudgeon; 50(all), Michelle Bridwell/Frontera Fotos; 52(c), David Madison; 52(all remaining), Michelle Bridwell/ Frontera Fotos.

UNIT TWO: Page 54-55, G. Martin/SuperStock; 56(t), Manley/SuperStock; 56(all remaining), HRW Photo/ Marty Granger/Edge Productions; 57(bl), Robert Frerck/Odyssey Productions; 57(br), David J. Sams/Texas Imprint; 57(c), G. De Steinheil/Super-Stock; 57(t), Luis Villota/The Stock Market. **Chapter Three:** Page 58-61(all), HRW Photo/ Marty Granger/Edge Productions; 65-65, 67, HRW Photo/Marty Granger/Edge Productions; 68(l), Robert Fried; 68(r), John Madere/The Stock Market; 69(t), T. Rosenthal/SuperStock; 70(b), HRW Photo/ Marty Granger; 71(all), Daniel J. Schaefer; 75(all), HRW Photo/ Marty Granger/Edge Productions; 76(c), Alan Smith/Tony Stone Images; 76-78(bckgd), Kauko Helavuo/The Image Bank; 77(b), Mark Richards/PhotoEdit; 82(l), Pommier and Spooner/ SuperStock; 82(r), SuperStock. **Chapter Four:** Page 84(c), Marty Granger/Edge Video Productions; 85(both), Michelle Bridwell/Frontera Fotos; 86, 87, HRW Photo/Sam Dudgeon; 88(b), HRW Photo/ Marty Granger/Edge Video Productions; 92(b), Bob Daemmrich/The Image Works; 93(b), Dirk Weisheit/ DDB Stock Photo; 93(t), Branda J. Latvala/DDB Stock Photo; 94(all), 95-96, HRW Photo/Marty Granger/Edge Video Productions; 99(c), HRW Photo/M.L. Miller/Edge Productions; 99(l), Edge Productions; 99(r), Marty Granger/Edge Video Productions; 100-102(bckgd), Stephen Trimble; 101, G. Nieto/SuperStock; 102(c), Robert Frerck/ Odyssey Productions.

UNIT THREE: Page 108-109, John Mitchell/DDB Stock Photo; 110(br), (cl), Robert Frerck/Odyssey Productions; 110(t), Tim Street-Porter; 111(cr), Suzanne L. Murphy/DDB Stock Photo; 111(t), Rick Strange/The Picture Cube. **Chapter Five:** Page 112(b), Michelle Bridwell/Frontera Fotos; 113(b), Tony Freeman/PhotoEdit; 113(t), Michelle Bridwell/ Frontera Fotos; 116(b), Robert Frerck/Odyssey Productions; 119(both), Robert Frerck/Odyssey Productions; 121(l), HRW Photo/ Marty Granger/ Edge Productions; 126(b), John Neubauer/PhotoEdit; 126(r), HRW Photo/Marty Granger/Edge Produc-tions; 132(cl), Michelle Bridwell/Frontera Fotos; 132(all remaining), HRW Photo/Marty Granger/ Edge Productions. **Chapter Six:** Page 136(c), HRW Photo/Mavournea Hay; 137(b), Suzanne L. Murphy/DDB Stock Photo; 137(t), Robert Frerck/ Odyssey Productions; 138(cr), Robert Frerck/Odyssey Productions; 138(bl), Michelle Bridwell/Frontera Fotos; 138(t), Porterfield/Chickering; 140(b), Robert Frerck/Odyssey Productions; 141(both), HRW Photo/Marty Granger/Edge Productions; 146(br), Remedios Varo, *La Huida*, 1961, oleo on masonite, 123x98 centimeters; 146(l), Fernando Botero, *National Holiday*, oil on canvas, 671/2 X 38 1/2 inches. Private Collection, Courtesy, Marlborough Gallery ; 146(tr), Alejandro Xul Solar, *Uno*, 1920, Watercolor and pencil on paper on card, 6-1/2 X 8-1/4 inches. Courtesy, Rachel Adler Gallery, New York.; 147(bc), (l), Suzanne Murphy-Larronde; 147(r), James M. Mejuto; 147(tc), HRW Photo/Sam Dudgeon; 148, HRW Photo/Sam Dudgeon; 149(c), Larry Mulvehill; 151(cl), (cr), Robert Frerck/Odyssey Productions; 151(l), Nik Wheeler; 151(r), Porterfield/Chickering; 154-156(bckgd), HRW Photo/Sam Dudgeon; 158(b), Rick Reinhard/Impact Visuals; 160, Tim Street-Porter.

UNIT FOUR: Page 162(bckgd), 164(b), SuperStock; 164(c), Alejandro Xul Solar, *Horoscopo*, 1927, watercolor on paper laid down on card, 6-5/8 X 9 inches. Courtesy Rachel Adler Gallery, New York.; 164(c), P.L. Raota/SuperStock; 164(t), W. Woodworth/SuperStock; 165(b), Joe Viesti/Viesti Associates, Inc.; 165(t), S. Poulin/SuperStock. **Chapter Seven:** Page 166(b), Daniel J. Schaefer; 167(t), Daniel J. Schaefer; 170(c), Michael Newman/PhotoEdit; 170(r), Joe Polillio/Liaison International; 171 (cl), (cr), (l), Michelle Bridwell/Frontera Fotos; 171 (r), Chuck Savage/The Stock Market; 176(both), Michelle Bridwell/Frontera Fotos; 177, 178(b), Michelle Bridwell/Frontera Fotos; 178(l), Lynn Sheldon Jr./DDB Stock Photo; 178(r), D. Donne Bryant/DDB Stock Photo; 179(t), Jim Sparks/Tony Stone Images; 183(all), HRW Photo/Marty Granger/Edge Productions; 184(b), Archive Photos; 184-186(bckgd), HRW Photo/Sam Dudgeon; 185(b), Frieda Kahlo. *Frieda and Diego Rivera*, 1931. San Francisco Museum of Modern Art/Albert M. Bender Collection. Gift of Albert M. Bender.; 186(t), Frieda Kahlo, *Fulang-Chang and Me*, 1937, 251/4 X 19 1/8 X1 3/4 inches, including frame. The Museum of Modern Art, New York. Mary Sklar Bequest.; **Chapter Eight:** Page 192(b), 193(all), Daniel J. Schaefer; 194(bl), (t), HRW Photo/Marty Granger/Edge Productions; 194(br), Michelle Bridwell/Frontera Fotos; 195(br), HRW Photo/Marty Granger/Edge Productions; 201(l), (c), HRW Photo/Marty Granger/Edge Productions; 201(r), HRW Photo/M.L. Miller/Edge Productions; 202(tl), HRW Photo/Nancy Humbach; 202(tr), HRW Photo/Marty Granger/Edge Productions; 203, HRW Photo/ Marty Granger/Edge Productions; 204, K. Kummels/SuperStock; 206(cl), Fotex/Shooting Star; 206(cr), Sichov/Sipa Press; 206(l), Mantel/Sipa Press; 206(r), V. Fernández/Shooting Star; 207(c), (r), Daniel J. Schaefer; 207(l), Michelle Bridwell/Frontera Fotos.

UNIT FIVE: Page 216-217, Raga/The Stock Market; 218(br), Charles Erickson/Courtesy of El Museo de Barrio; 218(cl), E. Carle/SuperStock; 218(t), SuperStock; 219(bl), Andrea Brizzi/The Stock Market; 219(br), David Hundley/The Stock Market; 219(cl), Alan Schein/The Stock Market; 219(t), Sapinsky/The Stock Market. **Chapter Nine:** Page 220(b),

Michelle Bridwell/Frontera Fotos; 221(b), Sullivan & Rogers/Bruce Coleman, Inc.; 221(t), Robert Fried; 222-223(all), HRW Photo/Nancy Humbach; 230 (all), HRW Photo/Marty Granger/Edge Productions; 236-238(bckgd), HRW Photo/Russell Dian; 237(c), Robert Frerck/Odyssey Productions; 237(l), HRW Photo/Daniel Aubry; 237(r), Michael Newman/PhotoEdit; 238(b), George Bodnar/Retna, Ltd.; 238(t), David R. Frazier Photolibrary; 241(c), Michelle Bridwell/Frontera Fotos; 241(l), Michael Newman/PhotoEdit; 241(r), HRW Photo/Sam Dudgeon; 242(b), Boroff/TexaStock. **Chapter Ten:** Page 244(b), Al Tielemans/Duomo; 245(b), Don Smetzer/Tony Stone Images; 245(t), Bob Daemmrich/The Image Works; 246-248(all), HRW Photo/Dora Villani; 249(b), Scarborough/Shooting Star; 250 (bc), Y. Kahana/Shooting Star; 250(bl), Steve Granitz/Retna, Ltd.; 250(br), John Mantel/Sipa Press; 250(tc), Wide World Photos, Inc.; 250(tl), Arnie Sachs/1990 Consolidated News Pictures/Archive Photos; 250(tr), Dave Allocca/Retna, Ltd.; 251(b), Bill Aron/Tony Stone Images; 251(c), Mary Kate Denny/PhotoEdit; 251(cr), Bob Daemmrich/The Image Works; 254(t), Michael Newman/PhotoEdit; 256(c), HRW Photo/M.L. Miller/Edge Productions; 256(all remaining), HRW Photo/Marty Granger/HRW Productions; 260(b), Richard Hutchings/PhotoEdit; 261(both), Bruce Laurance/Courtesy of Ballet Hispánico of New York; 262, Mary Altier.

UNIT SIX: Page 270-271, Buddy Mays/Travel Stock; 272(t), Max & Bea Hunn/DDB Stock Photo; 272(all remaining), Buddy Mays/Travel Stock; 273 (bl), Brenda Tharp/F-Stock, Inc.; 273(br), Roy Morsch/The Stock Market; 273(t), Trisha Buchhorn/Texas Imprint. **Chapter Eleven:** Page 274(b), Buddy Mays/Travel Stock; 275(b), S. Vidler/SuperStock; 275(t), Anne C. Barnes/Billy E. Barnes Stock Photography; 276(t), Daniel J. Schaefer; 277(b), George Schiavone/The Stock Market; 277(c), Daniel J. Schaefer; 278(b), Daniel J. Schaefer; 283(all), HRW Photo/Marty Granger/Edge Productions; 284(l), Jeff Greenberg/PhotoEdit; 284(r), David Young-Wolff/PhotoEdit; 290-292(bckgd), HRW Photo; 295, Felicia Martínez/PhotoEdit. **Chapter Twelve:** Page 298(b), D. Palais/SuperStock; 299(b), Michelle Bridwell/Frontera Fotos; 299(t), Michael Newman/PhotoEdit; 300(b), Robert W. Ginn/PhotoEdit; 300 (t), HRW Photo/Marty Granger/Edge Productions; 301(b), Michael Newman/PhotoEdit; 301(t), HRW Photo/Marty Granger/Edge Productions; 302(b), Robert Winslow; 307(c), (r), HRW Photo/Marty Granger/Edge Productions; 307(l), M.L. Miller/Edge Productions; 308(c), Daniel J. Schaefer; 309(b), HRW Photo/Sam Dudgeon; 314(bl), Robert Frerck/Odyssey Productions; 314(br), Michelle Bridwell/Frontera Fotos; 314(tl), David Young-Wolff/PhotoEdit; 314(tr), Tony Freeman/PhotoEdit; 315(both), HRW Photo/Sam Dudgeon; 320(c), Buddy Mays/TravelStock.

ILLUSTRATION AND CARTOGRAPHY CREDITS

Arroyo, Fian: 41, 42, 63, 86, 87, 90, 182, 188, 205, 279, 290, 291, 292, 322

Campos, Edson: x, 9, 24, 44, 67, 91, 114, 115, 184, 185, 214, 228, 258, 266, 281, 286, 296, 311

Castro, Antonio: 122, 123, 124, 141, 179,

Cockrille, Eva Vagretti: 45, 127, 132, 134, 179, 194, 195, 198, 234, 259, 268

Gothard, David: 142, 208, 209, 210, 225, 240, 253, 280

Henderson, Meryl: 10, 13, 35, 127, 173, 288, 255

Huerta, Catherine: 130, 131, 132

Maryland Cartographics, Inc.: 1, 37, 55, 75, 99, 109, 121, 144, 163, 183, 257, 271, 283, 307

McMahon, Bob: 25, 34, 36, 46, 47, 48, 80, 106, 177, 190

Melomo, Joe: 12, 49, 151, 250

Ormberget, John: 51, 52, 62, 72, 74, 163

Patton, Edd: 72

Reppel, Aletha: 32

Tabor, Vicki: 11, 43, 70, 90, 97, 98, 118,119, 120, 133, 153, 159, 173,180, 188, 189, 196, 206, 212, 213, 226, 233, 234, 235, 241, 249, 267, 282, 289, 295, 306, 312, 314, 321

Tachiera, Andrea: 143

Tate, Elaine: 216, 271